Klassische Politik

Hans J. Lietzmann
Peter Nitschke (Hrsg.)

Klassische Politik

Politikverständnisse von der Antike
bis ins 19. Jahrhundert

Leske + Budrich, Opladen 2000

Gedruckt auf säurefreiem und alterungsbeständigem Papier.

Die Deutsche Bibliothek – CIP-Einheitsaufnahme
Ein Titeldatensatz für diese Publikation ist bei Der Deutschen Bibliothek erhältlich.

ISBN 978-3-8100-2597-5   ISBN 978-3-322-93221-1 (eBook)
DOI 10.1007/978-3-322-93221-1

© 2000 Leske + Budrich, Opladen

Das Werk einschließlich aller seiner Teile ist urheberrechtlich geschützt. Jede Verwertung außerhalb der engen Grenzen des Urheberrechtsgesetzes ist ohne Zustimmung des Verlages unzulässig und strafbar. Das gilt insbesondere für Vervielfältigungen, Übersetzungen, Mikroverfilmungen und die Einspeicherung und Verarbeitung in elektronischen Systemen.

Inhaltsverzeichnis

Hans J. Lietzmann / Peter Nitschke
Vorwort 7

Peter Weber-Schäfer
Der Politikbegriff der Antike 11

Daniela Deibel
Zum Begriff des Politischen bei Platon 23

Klaus Zmeskal
Der Politikbegriff in der römischen Republik 41

Bettina Koch
Zum mittelalterlichen Politikverständnis: Die *Civitas* als Fokus
des Politischen im *Defensor Pacis* des Marsilius von Padua? 49

Horst Denzer
Zum frühneuzeitlichen Politikverständnis 71

Raimund Ottow
Politikbegriffe der englischen Renaissance 83

Klaus-Gert Lutterbeck
Das Politische in der Moralphilosophie des Christian Thomasius.
Zur Geschichte politischer Theoriebildung im Alten Reich 101

Olaf Asbach
Politik und Wissenschaft in der französischen Frühaufklärung:
Die „science politique" des Abbé de Saint Pierre 119

Peter Nitschke
Politia, Politica und la Republique: Der Politikbegriff
der Prämoderne 147

Christine Chwaszcza
Politisches Handeln und politik-wissenschaftliches
Denken in den *Federalist Papers* 161

Bernd Ludwig
Politik als „ausübende Rechtslehre"
Zum Politikverständnis Immanuel Kants 175

Wilhelm Bleek
Friedrich Christoph Dahlmanns Politikkonzeption 201

Guido Wölky
Das Politikverständnis von Wilhelm Roscher 217

Literaturverzeichnis 235

Autorenverzeichnis 253

Vorwort

Politik ist heutzutage ein Allerweltsbegriff. Damit wird all das angezeigt, was mit Macht im öffentlichen Raum und der Repräsentation von Interessen, deren Koordination und Leitung zu tun hat. Scheinbar eine Selbstverständlichkeit. Das es sich allerdings mit dem Verständnis dessen, was *Politik* eigentlich ist (oder sein soll) etwas schwieriger gestaltet als es der Sprachgebrauch in den Medien gemeinhin darlegt, zeigt sich schon beim wissenschaftlichen Zugang zur Politik. Die deutsche Politikwissenschaft der Nachkriegszeit hat es sich angewöhnt im Kontext der angelsächsischen Interpretation den Politikbegriff in eine Trias von Bedeutungszuweisungen zu differenzieren, die sich in jedem Handbuch und in jeder Einführung zur Wissenschaft von der Politik wiederfindet: Politik ist demnach 1) eine Frage der Polity, der Verfassungszustände (sprich: der Ordnung des Politischen), 2) eine Angelegenheit der Policy, welche die Materien des Politischen als konkrete Sachthemen beschreibt und schließlich 3) Politik selbst im Sinne der Verfahrenssetzung, der Macht- und Gestaltungschancen, spezifisch der Anwendung von Policy und Polity. Diese Trias hat bekanntlich ihren inhaltlichen wie begriffsgeschichtlichen Ursprung in der Politeia-Konzeption der griechischen Antike, hier insbesondere der Lehren von Platon und Aristoteles.

Doch wie ist es dazu gekommen, daß aus einem ontologisch einheitlich gesehenen Gesamtverständnis von Polis, ihrer Verfaßtheit und ihrer Macht und Handlungschancen eine sich ausdifferenzierende Vielfalt von Zuschreibungsmustern von Politikbegriffen entstanden ist? - Wieso beinhalten heutige Zuschreibungen ganz selbstverständlich das Öffentliche als Herd des Politischen und nicht etwa die anthropogene Verfaßtheit des Menschen selbst, wie die antiken Klassiker dies gesehen haben? - Was überhaupt ist der öffentliche Raum, dieses spezifische und so selbstverständlich angenommene Terrain, auf das sich alle modernen Überlegungen zum Begriff der Politik mitunter vorschnell kaprizieren? - Und vor allem: welche Epistemologie liegt dem zugrunde?

Das alles sind Fragen, die an das fachwissenschaftliche Selbstverständnis von Politik rühren. Fragen dieser Art und ihre Beantwortungen sind im Sinne der Selbstinterpretation der Politikwissenschaft in gewissen Zeitabständen immer wieder neu zu formulieren. Nicht als Selbstbespiegelung einer eitlen Heuristik wegen, sondern als kognitiv ernstzunehmender Versuch, dem Gegenstand des Faches immer wieder neu zu begegnen und sich mit den jeweils vorherrschenden Lehrsätzen nicht zufrieden zu geben.

Die hier vorliegenden dreizehn Beiträge versuchen je auf ihre Weise das trennende und das Verbindende im Politikbegriff herauszukristallisieren - mit einem jeweils punktuellen oder etwas struktureller angelegten Zugriff in Zeit und Raum.

Hervorgegangen sind diese Arbeiten aus einer Tagung des Arbeitskreises der „Deutschen Vereinigung für Politische Wissenschaft", der sich mit der *Geschichte der Politikwissenschaft* und hier besonders der Geschichte der politischen Theorie befaßt. In der Summe finden sich annähernd alle dort gehaltenen Vorträge in diesem Band wieder. Hinzu kommen noch Beiträge, die von den Herausgebern für bestimmte Themen gewonnen wurden. Auch – oder gerade weil damit mehr als zwei Jahrtausende an Betrachtungsweisen über den Politikbegriff in den vorliegenden Band mit ein fließen, so kann doch kein Anspruch auf Vollständigkeit damit verbunden sein. Ihn zu erheben, wäre allzu vermessen. Dafür wurde ein Schwerpunkt in der sogenannten frühen Neu-Zeit zwischen dem 17. und dem beginnenden 18. Jahrhundert gelegt. Und auch die Dokumentation dreier Beiträge zum griechisch-römischen Verständnis in der Antike soll ausdrücklich als Anstoß zu dem eigentlichen Zweck des hier vorgelegten Bandes dienen: zu einer erneuten und gründlichen Debatte über die epistemologischen Grundlagen des modernen Politikbegriffs beizutragen – auch und gerade, soweit er sich heutzutage in vieler Hinsicht von dem unterscheiden sollte, was hier unter der Leitlinie einer *klassischen Politik* dokumentiert wird. Denn die klassische Politik, das zumindest wird im roten Faden der einzelnen Beiträge deutlich, basiert auf der Grundlage einer metaphysisch apostrophierten Synthese von Utilität und Normativität dessen, was man als Politik bezeichnet. Nicht zuletzt in der deutschen Lehre der sogenannten Staatswissenschaft hält sich dieser Duktus über die Aufklärung hinweg bis weit ins 19. Jahrhundert hinein - auch wenn andererseits die skeptische Entschleierung des metaphysischen Zugangs (und damit die Positivierung - aber auch die Utilisierung der Politik) bereits spätestens seit dem 16. Jahrhundert erfolgreich voranschreitet. Von beiden Seiten präsentiert der Band etwas; insofern verbietet sich eine lineare Interpretation in der fachwissenschaftlichen Selbstdiagnose. Die Codierungen des Begriffsbildes sind oft ambivalenter, als die Einführungsbücher in die Politikwissenschaft dies glauben machen. Sie sind vor allem nicht teleologisch: denn der Endzweck der Politik bleibt gerade gegenüber der Theologie vage. Sicherlich ist Politik von Nutzen, doch in welcher Hinsicht, ob als Ziel-Mittel-Kategorie oder als Selbstzweck, ob als funktionale Notwendigkeit um den Preis des Überlebens oder als Anleitung zum richtigen (besseren) Tun, daß bleibt so fabelhaft schillernd, wie die vielfältigen Interpretationen zum zentralen Referenzgegenstand, nämlich der Auslegung des Naturrechts. Wenn dabei also etwas deutlich wird, dann doch der Siegeszug der *Politik* als einer Fundamentalkategorie menschlicher Existenz – mit all ihren Schattenseiten, wenn es ums Herrschen geht, aber gerade deswegen heftig diskutiert.

Die vorliegenden Beiträge können und wollen nur Ausschnitte aus diesem über Zeit und Raum hinweg gehenden klassischen Diskurs geben: klassisch allemal, weil sie zu Leitbilder nachfolgender Epochen, z.T. bis auf den heutigen Tag geworden sind. Insofern sind auch die Literaturhinweise nicht an das jeweilige Einzelthema gebunden worden, sondern in einer Gesamtbibliographie am Ende des Bandes dokumentiert. Damit ist dann indirekt doch so etwas wie ein Reader auf die Fragestellung hin formuliert, der sich auch für den schnellen Überblick des Laien oder des Fachkundigen bewähren mag.

Zu guter Letzt sei allen gedankt, die an der zügigen Umsetzung des Bandes Ihren Beitrag geleistet haben. An erster Stelle Autoren und Autorinnen selbst, denn ohne ihre engagierte und disziplinierte Arbeit wäre dieser Band nicht so zeitig voran gekommen. Gleiches gilt auch für die Kräfte des Schreibbüros in Vechta, namentlich Frau Marianne Averbeck und Frau Rita Becker, die in bewährter Manier die Standards in die Texte brachten. Und dann war da auch noch die studentische Hilfskraft Susanne de Vries, der bei den Korrekturen (fast) gar kein Unsinn verborgen blieb.

Hans J. Lietzmann / Peter Nitschke   München / Vechta im März 2000

Der Politikbegriff der Antike

Peter Weber-Schäfer

Wenn ich – einem häufiger anzutreffenden Fehlschluß folgend – die Terminologie einer Sprache mit der in ihr möglichen Begriffsbildung gleichsetzen wollte, müßte ich meine Bemerkungen mit der Feststellung einleiten – und wohl auch gleich wieder beenden –, daß die griechisch-römische Antike nicht über einen Politikbegriff verfügte. Denn in der Tat gibt es weder im Griechischen noch im Lateinischen ein Substantiv, das unserem Wort „Politik" entspräche. Das klassische Griechisch kannte zwar das vom Begriff des Bürgers (*politês*) als Mitglied der Gemeinschaft der *polis* abgeleitete Adjektiv *politikos*, das wir mit „politisch" übersetzen können, es kannte das *politeuma*, die Bürgerschaft als Verband der Bürger einer polis, und es kannte die *politeia* als die innere Ordnung oder „Verfassung" eben dieser polis, aber es kannte kein Wort für Politik. Ähnliches scheint im Lateinischen der Fall zu sein. Jedenfalls führt ein Standardwerk wie Georges' *Deutsch-Lateinisches Handwörterbuch* als Übersetzung für das deutsche Wort „Politik" nur eher mühsame Umschreibungen an, wie *ratio rei publicae*, was ein wenig nach „Staatsräson" klingt, oder *rei publicae gerendae ratio et prudentia*, in etwa: „Vernunft und Klugheit bei der Leitung der öffentlichen Angelegenheiten" (Georges 1991: s.vv. „Politik", „Staatswissenschaft"). Auch das von der Vatikanischen Bibliothek herausgegebene *Lexicon recentis latinitatis* kommt hier nicht über Umschreibungen wie *ratio politica* oder *res politica* hinaus (Egger 1998: s.v. „Politik"). Aber das braucht uns nicht abzuschrecken, denn auch wenn es weder ein griechisches noch ein lateinisches Substantiv für „Politik" gibt, existiert in der griechischen politischen Theorie doch ein Terminus, über den wir uns dem Politikbegriff der Antike nähern können: der Terminus *koinônia politikê* oder „politische Gemeinschaft". Das Politische wird greifbar in einer besonderen Form der Gemeinschaft, eben der Gemeinschaft, die zwischen Bürgern der gleichen polis besteht. Auffällig an diesem Gemeinschaftsbegriff ist von moderner Warte aus gesehen, daß er im Vergleich mit seiner neuzeitlichen Ausdifferenzierung extrem kompakt gefaßt ist. Der antike Begriff der Gemeinschaft neigt in weitaus geringerem Maße zur terminologischen Ausdifferenzierung verschiedenartiger Formen der Gemeinsamkeit zwischen Menschen, als dies modernen Konzepten von Gemeinschaft entspricht. Und mit dieser terminologischen Kompaktheit geht seine Fähigkeit einher, Dimensionen menschlicher Gemeinschaft mit auszudrücken, die im Laufe der neuzeitlichen Begriffsentwicklung in den Hintergrund getreten oder verloren gegangen sind. Der kompakteren terminologischen Formulierung entspricht ein weiterer begrifflicher Inhalt.

Das im Griechischen für den Begriff der Gemeinschaft verwendete Wort *koinônia* scheint ursprünglich dem gehobenen Stil der Kultsprache zu entstammen, so wenn in der Ersten Pythischen Ode Pindars der Tyrann Phalaris von Akragas um seiner Grausamkeit willen aus der „trauten Gemeinschaft" (*koinônia malthaka*) der Harfenisten ausgeschlossen wird (Pindar 1967: 110, v. 96-97). Der kultische Kontext des Begriffs ist es auch, der die noch bei Epiktet auftretende Bezeichnung eines Kultverbandes als eine *pros ton Dia koinônia*, also eine „Gemeinschaft um des Zeus willen" ermöglicht (Arrian 1894: 2.19.27). Zum Fachterminus der Logik und der Ontologie einerseits, zugleich aber mit anderer inhaltlicher Akzentuierung auch der praktischen Philosophie und Politikwissenschaft wird das Wort bei Platon und Xenophon, insbesondere aber in dem ersten systematischen Diskurs zur politischen Philosophie in der *Nikomachischen Ethik* und der *Politik* des Aristoteles. In seiner lateinischen Entsprechung *communitas* hat es bis in die frühe Neuzeit hinein seinen Platz als Zentralbegriff der Sozialphilosophie behaupten können.

Als ein im Vergleich zur neuzeitlichen Verwendung des Begriffs 'Gemeinschaft' kompakteres Symbol erscheint der Terminus in der antiken und mittelalterlichen Politikwissenschaft insoweit, als er die sprachliche und damit auch begriffliche Trennung von Formen und Bereichen menschlichen Zusammenlebens in separate Felder wie 'Gemeinschaft' und 'Gesellschaft' oder gar 'Staat' und 'Gesellschaft' nicht zuläßt. Die für die soziologische Debatte seit der Mitte des neunzehnten Jahrhunderts bestimmende Unterscheidung zwischen Gemeinschaft als einem „dauernden und echten Zusammenleben" und Gesellschaft als etwas „Vorübergehendem und Scheinbaren", wie sie Ferdinand Tönnies entwickelt hat (Tönnies 1963: § 1), ist dem antiken Gemeinschaftsgedanken ebenso fremd wie die von Hans Freyer betonte Antithese zwischen „primären" und „sekundären" Systemen, „gewachsenen Ordnungen" und „gemachten Strukturen"(Freyer 1955: 83-90).Von seiner – in unserem Zusammenhang irrelevanten – Verwendung als *terminus technicus* der Logik und Ontologie einmal abgesehen, kann das Wort koinônia in der griechischen politischen Philosophie zunächst unterschiedslos jeden zweckbestimmten Zusammenschluß von Menschen bezeichnen, also jeden Personalverband, der nicht allein auf Instinkt (wie die Herdenbildung von Rindern und die Schwarmbildung von Bienen) oder bloßen Zufall gegründet ist, sondern eine ihm eigene, in seiner Zielbestimmtheit liegende Substanz besitzt. Der Begriff der Gemeinschaft wird dabei durchgehend in engem Zusammenhang mit demjenigen der Freundschaft (*philia*) gesehen, von der es bei Thukydides heißt: „Denn wir wissen, daß keine Freundschaft unter Einzelnen Bestand hat und keine Gemeinschaft zwischen Staaten, wenn sie nicht gegenseitig von ihrer Redlichkeit überzeugt sind" (Thukydides 1900: 3.10). Die Rede ist hier von Freundschaft als einer grundlegenden und naturgegebenen Verhaltensdisposition, in der die menschliche Fähigkeit zur Gemeinschaftsbildung begründet ist. Aristoteles beschreibt diese Verhaltensdisposition in einer längeren Abhandlung innerhalb der *Nikomachischen Ethik* als die Substanz der politischen Gemeinschaft (Aristoteles 1960: NE 8-9.1155 a 1ff.) und somit als diejenige Tugend des rationalen Seelenteils, die es möglich macht, den Menschen als ein „von Natur politisches" – also zum Zusammenleben in der *polis* fähiges und bestimmtes – Lebewesen zu bezeichnen (ebd.: P 3.1278b20 und öfter). In seinem allgemeinsten Bedeutungsumfang umfaßt der Terminus koinônia alle sozialen Beziehungen unter Menschen, unabhängig davon, ob sie auf expliziten oder impliziten Vereinbarungen beruhen, also von Menschen bewußt geschaffen wurden und damit auch veränderbar und im Extremfall aufkündbar sind, oder ob es sich um von Natur vorgegebene und damit dauernde und notwendige Institutionen des gemeinschaftlichen Handelns und Zusammenlebens handelt, deren Existenz vom Willen des einzelnen unabhängig ist. Wir haben es also zunächst einmal mit zahlreichen und sehr unterschiedlichen Arten des gemeinsamen Lebens und Handelns zu tun, die sich von ihrer Substanz, ihren Zielsetzungen und ihrer inneren Ordnung her ebenso sehr voneinander unterscheiden wie in ihrer Dauerhaftigkeit oder Unbeständigkeit, ihrem akzidentellen oder notwendigen Charakter. Als Obergriff kann der Begriff der Gemeinschaft eine größere Anzahl verschiedener Formen und Arten von Gemeinschaften bezeichnen. Zusammengehalten wird diese begriffliche Vielfalt der koinôniai durch die grundlegende Annahme, daß sie inhaltlich an ihnen gemeinsame komplementäre Ordnungsformen des sozialen Zusammenwirkens gebunden sind. Ordnungsfaktoren wie Freundschaft, Gerechtigkeit, Eintracht und – im politischen Idealfall – vom Einverständnis der Bürger getragene „politische" (im Gegensatz zu „despotischer") Herrschaft gelten als Formen des gemeinsamen Lebens, die jeder Gemeinschaft zugrunde liegen, und deshalb in jeder menschlichen Gemeinschaft gleich welchen Typs auffindbar sind. Die gemeinsame Bindung an komplementäre Ordnungen ermöglicht es der politiktheoretischen Analyse, eine unter den zahlreichen Gemeinschaften, in denen Menschen leben und handeln, zum exemplarischen Subjekt aller Aussagen über Gemeinschaft zu machen. Die Rede ist von der politischen Gemeinschaft als derjenigen Gemeinschaft, in der sich die diversen Ordnungen des Zusammenlebens jeweils in ihrer vollkommensten Form entfalten können.

In diesem Sinne wird für Aristoteles die „bürgerliche" oder „politische" Gemeinschaft, die koinônia politikê, die „von allen Gemeinschaften die vornehmste ist und alle anderen einschließt" (ebd.: P 1.1252a5), zum paradigmatischen Modell der Gattung Gemeinschaft überhaupt. Diejenigen menschlichen Gemeinschaften und Zusammenschlüsse, die sich auf partikuläre Ziele und Lebensbereiche beziehen, können als Subsysteme eines Gesamtsystems „Gemeinschaft" behandelt werden, auf das hin sie ausgerichtet sind und von dem aus sie erklärbar werden. Die höchste, weil von der Vernunft des Zusammenlebens unter der Herrschaft der guten Ordnung bestimmte Gemeinschaft ist so die politische Gemeinschaft als die umfassendste und auf das höchste dem Menschen erreichbare Ziel gerichtete, als diejenige Gemeinschaft also, „die um des Lebens willen (*tou zên heneken*) entsteht und um des guten Lebens willen (*tou eu zên heneken*) bewahrt wird" (ebd.: P 1.1252b29). Und diese Gemeinschaft ist dem Menschen anthropologisch in dem Sinne vorgegeben, daß sich seine Natur nur in ihr voll entfalten und ihr wahres Ziel erreichen kann. „Alle Gemeinschaften", heißt es in der *Nikomachischen Ethik*, „sind gewissermaßen Teile der politischen Gemeinschaft" (ebd.: NE 8.1160a8). Das Leben in der Gemeinschaft, spezifisch in der polis als höchster und umfassendster Form der Gemeinschaft unter Menschen, die sich zu einer Bürgerschaft, einem *politeuma*, zusammengeschlossen haben, wird damit zum Konstituens eines menschenwürdigen Lebens überhaupt, denn „der Mensch ist ein von Natur politisches Lebewesen, und derjenige, der von Natur und nicht durch zufällige Umstände außer aller politischen Gemeinschaft lebt, ist entweder mehr oder weniger als ein Mensch" (ebd.: P 1.1253a2). Polis und politeuma, Bürgerschaft und Staat, werden in der Aristotelischen Analyse in eins gesetzt. Denn die antike Polis definierte sich nicht wie der moderne Staat durch die Einheit von Staatsvolk, Staatsgebiet und Staatsgewalt, sondern ausschließlich durch die Verfassung (*politeia*) als Ordnung der Bürger (*politai*). „Die griechische Polis", schreibt der Rechtshistoriker Uwe Wesel, „war in erster Linie eine Gemeinschaft von Bürgern, die sich nicht territorial verstand, wie ein moderner Staat, sondern personalistisch" (Wesel 1997: 118). Bürger war für das griechische Denken derjenige, der zur Erbringung bestimmter Beiträge zum öffentlichen Wohl imstande und zugleich verpflichtet war wie Steuerleistungen, Teilnahme an der Arbeit beratender und richtender Kollegialorgane und nicht zuletzt der Verteidigung der polis.

Die enge rechtliche Verklammerung der militärischen mit der politischen Partizipation – dies sei *en passant* angemerkt – und nicht irgendwelche Theorien über eine angebliche intellektuelle oder emotionelle Unterlegenheit des weiblichen Geschlechts war auch der Grund für die fast durchgehend zu konstatierende Beschränkung der aktiven Bürgerrechte in der Antike auf den männlichen Teil der Bevölkerung. Das heißt aber nicht – wie einige neuere Autoren anzunehmen scheinen –, daß Frauen generell nicht zur Bürgerschaft gerechnet worden wären. Auffällig ist in diesem Zusammenhang, daß es etwa im attischen Rechtssystem deutliche Unterschiede in der Rechtsstellung von Frauen gab, die das Bürgerrecht der Stadt besaßen, und solchen, die nicht als Bürgerinnen galten. Im strengen Sinne müssen wir hier wohl zwischen einem aktiven Partizipationsrecht, von dem Frauen im politischen Bereich ausgeschlossen blieben, und einem passiven oder latenten Bürgerrecht unterscheiden, das nicht ausschließlich für Männer galt. Sicherlich falsch ist jedenfalls die gelegentlich vertretene Ansicht, aus der politischen Rechtlosigkeit der Frau in der Antike könne auf ihre generelle Rechtlosigkeit auch im zivilrechtlichen Sinne geschlossen werden. So spricht Uwe Wesel zwar an einer Stelle seiner großen Rechtsgeschichte von Athen zur perikläischen Zeit als einer „radikalen Demokratie, wie es sie in der Weltgeschichte später nicht mehr gegeben hat. Wenn man die völlige Rechtlosigkeit der Frauen und die große Zahl von Sklaven beiseite läßt" (ebd.: 124), um wenige Seiten später zu schreiben: „Rechtsfähig – vermögensfähig – waren alle athenischen Bürger, Männer wie Frauen. Aber geschäftsfähig waren nur die Männer. Wenn sie achtzehn Jahre alt geworden waren. Eine Frau blieb ihr Leben lang geschäftsunfähig" (ebd.: 135). Die beschränkte Geschäftsfähigkeit der Frau, die ja generell für die westliche Gesellschaft bis in die frühe Neuzeit hinein bestimmend blieb, ist eben nicht dasselbe wie eine allgemeine Rechtlosigkeit, und die noch vor einiger Zeit auch in Kreisen der Altertumswissenschaft verbreitete Vorstellung von der antiken polis als einer Art von Männerbund, aus dem Frauen und Sklaven in gleicher Weise ausgeschlossen blieben, ist in der neueren Forschung einer differenzierteren Betrachtungsweise gewichen (vgl. hier u.a. Schuller 1995, Lefkowitz 1992, Dettenhofer 1994 u. Schnurr-Redford 1996).

Wie schon gesagt ist der Begriff der Gemeinschaft in der antiken politischen Philosophie durchgängig dem Bereich einer Theorie der Freundschaft (philia) zugeordnet, wie sie von Xenophon und Platon ansatzweise entwickelt (vgl. Xenophon 1962: 2.2-6, 3.11 u. Platon 1990: *Gorgias*, 507C-508A; *Symposion*, 188B-D; *Politeia*,351D, 442C-D; *Nomoi*, 738D-E) und von Aristoteles systematisch ausgebaut wurde. Paradigmatisch können die Grundlagen der antiken philia-Theorie anhand ihrer diskursiv-systematischen Darstellung im achten und neunten Buch der *Nikomachischen Ethik* des Aristoteles geschildert werden (ebd.: 8-9.1155a1-1172a15). Freundschaft wird hier als die zugrunde liegende Substanz der Gemeinschaft, Gerechtigkeit (*dikaiosynê*) als ihre bestimmende Form behandelt. Beide Tugenden, Freundschaft wie Gerechtigkeit, sind für Aristoteles nicht Produkte der Gemeinschaft im Sinne von sozialen Konventionen oder Errungenschaften gelungener Sozialisierung des Menschen. Im Gegenteil, sie gehen der Gemeinschaft voran, bilden erst die Voraussetzung der Sozialisierbarkeit des Menschen. Es handelt sich nicht um soziale, sondern um „natürliche", im Wesen des Menschen und nicht der von ihm geschaffenen gesellschaftlichen Ordnung begründete Tugenden. Die Klassifikation real existierender Typen der Gemeinschaft kann dann anhand der ihnen zugrunde liegenden Formen der Freundschaft vorgenommen werden, weil die Tatsache als erwiesen gilt, „daß alle Gemeinschaften Teile der politischen Gemeinschaft sind. Nach ihnen aber müssen sich die jeweils entsprechenden Freundschaften richten" (ebd.: 8.1160a28). So wie die „Gerechtigkeit als Ganzes" in ihrer die anderen Tugenden der menschlichen Gemeinschaft strukturierenden Rolle mit der „Tugend als Ganzes" gleichgesetzt werden kann (ebd.: 5.1129b11-1130a13), stellt für Aristoteles auch die Freundschaft als Substanz der politischen Gemeinschaft, und damit jeder menschlichen Gemeinschaft, die Quelle aller sozialen Beziehungen dar. Da der Mensch seiner Natur nach auf das Leben in der Gemeinschaft angelegt ist, kann die Fähigkeit zur Freundschaft als primäres Konstituens seiner psychischen Ordnung bestimmt werden. So wie es aber verschiedene Typen der Gemeinschaft gibt, die ihre gemeinsame Erfüllung in der übergreifenden

Ordnung der politischen Gemeinschaft finden, gibt es auch verschiedene Typen der Freundschaft, die sich vom angestrebten Ziel her unterscheiden und deshalb verschiedene Formen annehmen. Die Typologie der Freundschaft als Substanz prägt die politische Gemeinschaft und damit auch ihre Ordnung, in der sich die Gerechtigkeit als ihre Form verwirklichen kann. Als Grundtypen der Freundschaft gelten eine „Freundschaft um des Nutzens willen", eine „Freundschaft um des Vergnügens willen" und – als höchste Form der Freundschaft – die „Freundschaft um des Guten willen" mit ihren jeweils eigenen Zielsetzungen und differierenden Formen.

Diese politische Gemeinschaft nun, deren Aufgabe es ist, das gute Leben für ihre Bürger zu ermöglichen und zu sichern, die Gemeinschaft, in der sich das eigentliche Ziel menschlicher Existenz verkörpert, entsteht aus der Freundschaft der Tugendhaften, einer Freundschaft, die aus dem gemeinsamen Streben nach dem Guten entsteht und in dem Bewußtsein auf dieses ausgerichtet ist, daß dieses höchste für den Menschen erreichbare Gut nur in der Gemeinschaft mit anderen angestrebt und gefunden werden kann. Diese gemeinsame – oder genauer gesagt: gemeinschaftliche – Natur alles dessen, was für den Menschen im eigentlichen Sinne gut sein kann, wird als selbstverständlich vorausgesetzt. Zu klären ist allenfalls die Frage, warum erst die polis und nicht bereits der Einzelmensch so etwas wie ethische Autarkie und damit die innerweltliche Glückseligkeit (*eudaimonia*) erreichen kann, die das Ziel allen menschlichen Handelns darstellt. Warum bedarf der Tugendhafte der substantiellen Gemeinschaft mit anderen? Ist er nicht aufgrund seines Tugendbesitzes demjenigen Glück, daß sterbliche Menschen erreichen können, so nah, daß er ein autarkes Leben führen kann und keiner von außen hinzukommenden Mittel bedarf? Derjenige, der in seiner Glückseligkeit autark ist, besitzt bereits alles, dessen er bedarf und braucht keine Freundschaft. Und dennoch gilt Freundschaft als eines der höchsten Güter. So scheint es unmöglich, daß gerade der Glückliche, der ja *per definitionem* alles besitzt, dessen er bedarf, über dieses höchste Gut nicht verfügen sollte. Der Freund aber scheint etwas anderes zu sein als bloß ein außerhalb des eigenen Selbst liegendes Mittel, mit dessen Hilfe andere Ziele angestrebt werden können. Er ist ein zweites Selbst und kann uns deshalb das geben, was wir allein nicht erlangen können. Wenn zudem der Glückliche tugendhaft ist, so hat er auch den Wunsch, Gutes zu tun. Dann aber braucht er Freunde, und sei es nur, um ihnen Gutes zu tun, weil er dem Freund all das wünscht, was er selbst anstrebt oder besitzt. An dieser Stelle muß das Aristotelische Argument auf seine eigenen anthropologischen Grundlagen zurückgreifen, um einem scheinbaren Paradox zu entkommen.

Das menschliche Leben ist durch die Fähigkeit zu Wahrnehmung und die aus ihr und der Vernunft entspringende Erkenntnisfähigkeit bestimmt. Erkenntnis kann aber, soll sie einen Sinn haben, nicht im Stadium der Potentialität verharren, sondern muß realisiert werden. Als das einzige Lebewesen, das über „die Wahrnehmung des Guten und Schlechten, des Gerechten und

Ungerechten" verfügt (ebd.: 1.1253a16), lebt der Mensch nur dann wirklich, wenn er nicht nur wahrnehmen und denken *kann*, sondern auch tatsächlich wahrnimmt und denkt. Das menschliche Bewußtsein ist aber nun einmal so strukturiert, daß Wahrnehmung und Denken immer von dem Bewußtsein begleitet sind, *daß* wir wahrnehmen und *daß* wir denken. Ist nun das von Wahrnehmung und Denken bestimmte Leben etwas in sich Gutes und Begehrenswertes, so ist auch das Bewußtsein, *daß* ich lebe, erstrebenswert. Wenn aber der Freund im eigentlichen Sinne so etwas wie ein zweites Selbst ist, muß der Tugendhafte für den Freund das gleiche anstreben wie für sich selbst. „Er muß vom Freund mitwahrnehmen, daß dieser ist, und dies geschieht im Zusammenleben und in der Gemeinschaft des Sprechens und des Denkens. Und wenn für den Glücklichen das Sein um seiner selbst willen wünschenswert ist, da es von Natur gut und angenehm ist, und wenn ähnliches auch vom Sein des Freundes gilt, so muß auch der Freund zum Wünschenswerten gehören. Was aber für ihn wünschenswert ist, das muß er auch besitzen, oder er wird in dieser Hinsicht bedürftig sein. Also bedarf der Glückliche tugendhafter Freunde" (ebd.: 9.1170b10). Die Freundschaft um des Guten willen als die höchste Form der Freundschaft, aus deren Substanz die politische Gemeinschaft als die höchste und alle anderen umfassende Form der Gemeinschaft lebt, ist also die Freundschaft des tugendhaften Menschen, der für seinen Freund das Gute wünscht und tut und zugleich vom Freund erwartet, daß dieser ebenso wie er um seiner selbst willen lebt und handelt. Das scheinbare Dilemma der Autarkie des Glücklichen löst sich auf, wenn festgestellt werden kann, daß die wahre Freundschaft zum anderen letztlich der *philautia* entspringt, der Selbstliebe als derjenigen Freundschaft, die der tugendhafte und in sich gefestigte Mensch zu sich selbst empfindet. Der reife und vernunftbestimmte Mensch lebt in Harmonie mit sich selbst, begehrt mit allen Fähigkeiten seiner Seele das Gute und kann deshalb auch das Gute für den anderen mitbegehren und so die Gemeinsamkeit mit anderen in der politischen Freundschaft erreichen. Die vollkommene Freundschaft als eigentlicher Inbegriff der Freundschaft, der sich andere, unvollkommene Formen der Freundschaft nur partiell annähern können, beruht auf der Freundschaft des Menschen, der seine Natur im höchsten Maße aktualisiert hat, zu sich selbst, auf seiner Fähigkeit, in vernunftbestimmter Übereinstimmung mit der Ordnung seiner eigenen Seele zu leben. Die Seele des tugendhaften und vernünftigen Menschen befindet sich nicht im Aufruhr gegen sich selbst, und seine psychische Ordnung ist zugleich die Ordnung der guten, weil von Gerechtigkeit bestimmten Gemeinschaft. Aus der gelebten Übereinstimmung des „reifen Mannes" mit sich selbst und seinen Mitmenschen, die nun zu Mitbürgern werden, entsteht die Gemeinsamkeit der Eintracht (*homonoia*), die der gemeinsamen Teilhabe an der Vernunft entspringt. Und die Vernunft, die als *differentia specifica* den Menschen von den anderen Lebewesen unterscheidet, ist es, die ihn erst im eigentlichen Sinne zum Menschen macht. Politische Freundschaft, die Freundschaft, auf der die Eintracht der politischen Gemeinschaft beruht, ist ihrem Wesen nach Freundschaft unter Gleichen, deren Gleichheit in ihrer gemeinsamen Teilhabe an der Vernunft besteht. Vernunft aber wird im Rahmen der politischen Anthropologie der Antike als das Göttliche im Menschen begriffen, als diejenige seiner Qualitäten, aus der erst die gemeinschaftsstiftende Gleichheit von Menschen entsteht, deren Herrschaftsordnung vom Prinzip der Freiheit bestimmt ist.

Die Bestimmung der Vernunft als des göttlichen Elements im Menschen weist zugleich auf eine weitere Dimension des antiken Begriffs der Gemeinschaft, insbesondere der politischen Gemeinschaft hin, die in der politiktheoretischen Diskussion der Moderne normalerweise keinen Platz mehr im Diskursraum findet, ohne daß ihr Fehlen üblicherweise auch nur bemerkt würde. Die Rede ist von dem, was Antike wie Mittelalter als die sakrale Dimension des Politischen und der politischen Gemeinschaft erkannten. Wenn Aristoteles die Vernunft als ein in seiner Potentialität – wenn auch nicht immer in der jeweiligen individuellen Aktualisierung – allen Menschen gemeinsames konstitutives Element der Seele bestimmt, aus dem heraus Gemeinschaft erst ihren Sinn erhält, und die gleiche Vernunft als das göttliche Element in der menschlichen Seele identifiziert, handelt es sich nicht um eine rhetorische Floskel. Es geht um den dem vormodernen Denken selbstverständlichen Hinweis auf die sakrale Dimension, die jeder politischen Gemeinschaft zugrunde liegt, die sich nicht bewußt der Anstrengung der Säkularisierung unterzogen hat. Für die griechische polis und die römische *res publica* war die Einbettung politischer Ordnung in den sakralen Raum eine so selbstverständliche Tatsache, daß sie kaum einer gesonderten Erwähnung wert schien. Eben diese Selbstverständlichkeit einer stillschweigenden Voraussetzung aber ist es, die dazu geführt hat, daß diese Dimension in der neuzeitlichen Lektüre und Interpretation antiker Texte zur Politik häufig übersehen wird. Dennoch ist sie von zentraler Bedeutung für eine Theorie der Gemeinschaft, für die die sakrale Einbindung allen Seins und Handelns eine anthropologische Konstante darstellte. Die sakrale Sphäre der Erfahrung, die sich symbolisch im Kult äußert, erschien im gleichen Maße als unverzichtbares Element der psychischen Struktur des Menschen wie seine Fähigkeit, sein Tun und Handeln auf innerweltliche Ziele auszurichten.

Zu dieser engen Verbindung von sakralem und politischem Bereich im Denken wie in der institutionellen Ordnung der Antike finden wir in einer Studie des Althistorikers Ernst Badian zur römischen Steuerverwaltung wie beiläufig die Aussage (Badian: 1997: 5): „Als der alte Stadtstaat des Mittelmeerraums in das volle Licht der Geschichte tritt, wird er, politisch gesehen, von einer kleinen Oberschicht regiert – mit einem Minimum an Personal und Regierungsmaschinerie. Die Pflichten der Regierung sind sehr einfach: das Wohlwollen der Götter gegenüber der Bevölkerung sichern; den Staat gegen äußere Feinde verteidigen und gegebenenfalls seine Macht und sein Territorium vergrößern; den inneren Frieden bewahren". Die Reihenfolge, in der die Staatsaufgaben hier aufgeführt werden, ist nicht zufällig, sondern entspricht der Rangfolge ihrer Wertigkeit im antiken Denken. Die Aufrechterhaltung der Verbindung zwischen sakraler und säkularer Welt im Kult galt als eine der vordringlichsten Aufgaben der organisierten politischen Gemeinschaft; und Institutionen, die der Pflege des Staatskults dienen, sind die ältesten politischen Institutionen, die sich überhaupt ausmachen lassen. Genau genommen hat ja selbst die Stadt, die wir mit einer abkürzenden späteren Bezeichnung Athen nennen, diesen Namen offiziell nie getragen. Der eigenen Interpretation nach handelte es sich nicht um eine Stadt namens Athen, sondern um die *polis tôn Athenaiôn*, die „Stadt der Athener". Die polis ist, wir haben das bereits gesehen, zunächst einmal kein Staat, sondern ein Personalverband. Der Personalverband der *Athenaioi* aber, das politeuma der Bürger, die diese Stadt bilden und aufrechterhalten, ist nichts anderes als der Kultverband der Göttin Athene, der Schutzgottheit der Stadt. Die sakralen Ursprünge der Gemeinschaft bleiben bis in ihre profansten Institutionen hinein erhalten, so daß eine Trennung zwischen säkularem und sakralem Bereich menschlicher Existenzformung und die allmähliche Verdrängung des Sakralen aus der Politik, wie sie eines der selbstproklamierten Ziele des neuzeitlichen Aufklärungsstrebens war, in der Gemeinschaftsphilosophie der Antike weder intendiert noch auch nur denkbar war.

Was sind also die Punkte, in denen sich die klassische Begrifflichkeit des Politischen in signifikanter Weise von derjenigen neuzeitlicher Aussagen zum gleichen Thema unterscheidet?

Ich habe schon eingangs auf die kompakte Symbolik des antiken Gemeinschaftsdenkens hingewiesen, die eine getrennte Behandlung anthropologischer, ontologischer und auf die Theorie der Gemeinschaft bezogener Themen in Theorie und Praxis unmöglich machte. Zugleich verhinderte die Kompaktheit der Symbolik eine begriffliche Differenzierung zwischen sozialen Gebilden wie Gemeinschaft, Gesellschaft und Staat. Das antike Denken kennt hier nur eine Varietät von nebeneinander bestehenden und einander überlagernden Gemeinschaften unvollkommener Art, die ihren Sinn erst erhalten, wenn sie als notwendige aber in sich allein nicht existenzfähige partikuläre Manifestationen einer sie übergreifenden autarken und in ihrer Autarkie vollkommenen Gemeinschaft begriffen werden. Diese vollkommene Gemeinschaft ist die politische Gemeinschaft als höchste soziale Organisationsform des Menschen. Die Güter, die sich in dieser Gemeinschaft verwirklichen, sind aber auch – im Gegensatz zu vielem, was etwa in der neueren Debatte um sogenannte Gemeinschaftswerte zur Sprache kommt – keine durch gesellschaftlichen Konsens oder institutionelle Regelungen festlegbaren *community values*, sondern anthropologisch vorgegebene Ziele, zu deren Erreichung die Gemeinschaft dient, ohne sie selbst bestimmen zu können, und von deren Existenz die ihre abhängt. Eine Diskussion um die relative Wertigkeit individueller und sozial fundierter Zielsetzungen führte deshalb im Rahmen der sprachlichen Symbolik der Politik in der Antike auch nicht, wie man vielleicht erwarten könnte, nur zu anderen Ergebnissen als in der neuzeitlichen Debatte, sondern sie konnte gar nicht erst geführt werden, weil die spezifisch neuzeitliche Denkfigur, die sich in der analytischen Abstraktion eines von allen sozialen Bindungen befreit gedachten Individuums manifestiert, der antiken politischen Philosophie in einem sehr wörtlichen Sinne undenkbar war. Ein Individuum als autonome Einheit, das seine Eigenwertigkeit erst aus eben dieser Autonomie bezieht, ist mit der antiken Vorstellung vom Menschen als eines von Natur politischen Lebewesens (*zôon physei politikon*) unvereinbar. Eben diese Denkfigur aber ist es, die eine analytische Abwägung von personbezogenen und sozial ausgerichteten, individuell gesetzten und gesellschaftlich bedingten, Zielsetzungen und Werten gegeneinander überhaupt erst ermöglicht. Die antike Theorie der politischen Gemeinschaft kannte keine community values, weil sie keine *individual values* kannte.

Aus dem gleichen Grunde bietet die antike Gemeinschaftstheorie auch keinen Raum für eine kontraktualistische Theorie der bürgerlichen Gesellschaft und ihres Staates gleich welcher Ausprägung. Die politische Freundschaft, die die Bedingung der Möglichkeit eines Vertragsschlusses bildet, geht ihr zwar der durch sie konstituierten Gemeinschaft ontologisch voraus. Aber sie kann jene durch Gerechtigkeit strukturierte Form, die den Abschluß des Grundvertrages wie anderer Verträge zwischen gleichberechtigten Partnern ermöglichen würde, erst in der real existierenden politischen Gemeinschaft annehmen. Deren Basis ist kein Vertrag, sondern eine konstante Bedingung menschlichen Seins. Eine Gemeinschaft, die insoweit „von Natur vorhanden" ist, als ihre Existenz die Voraussetzung für die Möglichkeit jeglicher vertraglichen Bindung ist, kann selbst nicht als durch einen Vertrag irgendwelcher Art entstanden gedacht werden. Die politische Gemeinschaft kann weder Freundschaft noch Gerechtigkeit erzeugen, sondern setzt beides voraus. Die konkrete Manifestation politischer Freundschaft und bürgerlicher Gerechtigkeit unter Gleichen aber nimmt erst in der bereits vorhandenen politischen Gemeinschaft faßbare Gestalt an. Das Symbol der Gemeinschaft, das funktional dem neuzeitlichen Mythos vom Gesellschaftsvertrag entspricht, ist im antiken Falle das sakrale Symbol der göttlichen Stiftung der polis.

Drei Punkte scheinen es zu sein, in der sich antikes politisches Denken von seinem neuzeitlichen Äquivalent fundamental unterscheidet:
(1) Der antike Begriff der koinônia oder res publica kennt keine Unterscheidung zwischen der Gemeinschaft als einer „primären" oder „natürlichen" Organisation menschlichen Zusammenlebens und der Gesellschaft als einer „sekundären" oder „gemachten" Struktur, weil in ihm alle realen Formen des Zusammenlebens als in der menschlichen Natur angelegt gesehen werden, also *eo ipso* natürlich sind.
(2) Noch weniger ist hier die seit Hegel in der Staatsphilosophie üblich gewordene Gegenüberstellung von Gesellschaft oder Gemeinschaft auf der einen und Staat auf der anderen Seite möglich, weil die antike Theorie den Staat als ein eigenständiges Phänomen nicht kannte. Die politische

Theorie der Antike befaßte sich nicht mit dem Staat, sondern mit der menschlichen Gemeinschaft und den Institutionen, die dieser Gemeinschaft ihre Form verleihen.

(3) Das antike politische Denken kannte keine Begrifflichkeit, die eine Trennung zwischen sakralen und säkularen Formen der Gemeinschaft zulassen würde, weil diejenige Form der Gemeinschaft, die im eigentlichen Sinne als der menschlichen Natur angemessen galt, stets beide Dimensionen der Erfahrung zu verkörpern hatte.

Zum Begriff des Politischen bei Platon

Daniela Deibel

Die Frage nach Platons Politikverständnis setzt an mit der Frage nach Platons Perzeption des Politischen, d.h. der Wahrnehmung von gesellschaftlicher Ordnung und Ordnungshandeln in seinem Umfeld. Das Umfeld ist die griechische Poliswelt, aus der heraus Platon erstmals das Politische in reflexiver Form erfasste und es begrifflich konzeptionalisierte. Es liegt nahe, seine reflexive Konzeptionalisierung vom Politischen anhand des von ihm benutzten Ensembles von Begriffen aus seinen Texten selbst heraus zu verstehen. Ein interessantes Phänomen verweist auf die Relevanz einer solchen Untersuchung. Obwohl in Platon gemeinhin der Beginn der abendländischen Reflexion über das Politische, also der politischen Philosophie gesehen wird, beurteilen ihn immer wieder Interpreten insbesondere im Hinblick auf sein Werk *Politeia* als unpolitisch (Arendt 1994, Flaig 1994, Trampedach 1994), anti-politisch (Sparshott 1971), a-politisch (Leys 1971) oder totalitär-politisch (Popper 1992[7]).

Wie ist das möglich? Setzen die Interpreten ihren eigenen Politikbegriff voraus, lesen Platon und beurteilen ihn als unpolitisch? Die Vermutung liegt nahe, betrachtet man exemplarisch einige Autoren. Wayne Leys sagt zu Beginn eines Aufsatzes: „I define as political any activity, institution, or issue that pertains to a division of opinion". Das Politische hat es für Leys also mit Meinungsverschiedenheiten zu tun. Platon dagegen verwende das Politische immer in „reference to the common good, the order, or harmony that is desirable in a community" (Leys 1971: 168f.). Das Ergebnis des Aufsatzes präsentiert Platon als a-politisch. Hannah Arendts Politikbegriff ist konzentriert auf Handeln und Entscheiden. Bei Platon sieht Arendt weder eine freie Willensbildung der Herrschenden und Beherrschten, noch konkrete Prozesse, in denen entschieden wird. Somit ist Platon für Arendt unpolitisch (Arendt 1994). Weitere Autoren stellen in ihrem Gefolge fest, Platon zerstöre die Räume, in denen Politik stattfinde, welche sie zuvor als das Politische definiert haben (z.B. Flaig 1994: 39ff., 62-67). Karl Popper argumentiert aus einer ähnlichen Perspektive. Für Popper ist Platon jedoch nicht unpolitisch, sondern totalitär-politisch (Popper 1992[7], XXIX, 136-143). Ebenso wenig wie der hier angedeutete angloamerikanisch geprägte Politikbegriff scheint bei Platon ein machtorientiertes und herrschaftszentriertes Politikverständnis auffindbar zu sein. Kaum ein Autor bescheinigt Platon die analytisch-empirische Fähigkeit, die politischen Verhältnisse im Sinne vorfindbarer Machtstrukturen in seiner Umgebung realistisch zu erkennen. So wird Platon immer wieder als philosophisch-spekulativ und politisch unrealistisch beurteilt, was in den Augen der betreffenden Autoren zu dem Schluß führt, Platon sei a- oder unpolitisch.

In der vielfältigen und reichhaltigen Platonliteratur ist es durchaus üblich, Platon mit einer eigenen Definition vom Politischen als unpolitisch zu interpretieren. Hier wird eine Analysemethode vorgestellt, die zu einem anderen Ergebnis führt. Die These der vorliegenden Untersuchung behauptet erstens, dass es in den platonischen Dialogen ein macht- und herrschaftszentriertes ebenso wie ein meinungsbildungs- und prozessorientiertes Politikverständnis gibt. Zum zweiten soll gezeigt werden, dass eben dieses Verständnis von Platon einem normativen Bild vom Politischen gegenübergestellt wird, welches nur in Verbindung und vor allem im Spannungsverhältnis zum ersteren Verständnis den spezifisch platonischen Politikbegriff ausdrückt.

In Platons Dialogen wird das Verständnis, welches Politik an der Macht, aber auch jenes, das das Politische an Meinungsbildungsprozessen orientiert sieht, als das Polispolitische thematisiert, welches Platon reflektiert und einem philosophischen Maßstab für Politik unterstellt. Aus historischer Perspektive ist das Polispolitische die Gesamtheit der gemeinsamen Angelegenheiten der Bürger einer griechischen Polis, welche in bestimmten Prozessen in einem gewissen Rahmen von den Polisbürgern zu regeln sind. Dieses Politische ist zu Beginn zugleich historisches Faktum und Idee. Als historisches Faktum ist es erstmalig für uns erkennbar in den Überlieferungen durch Homer, als Konzept entsteht es ansatzweise bei Herodot und Thukydides. Die Konzeptionalisierung des eigenen gemeinsamen Handelns wird zum Begriff des Politischen, der sich innerhalb der empirischen Gegebenheiten, die durch politisches Handeln geschaffen werden, kristallisiert. Erst in Platons Dialogen löst sich das Konzept vollständig aus den empirischen Zusammenhängen, die es hervorgebracht haben, und wird normativ überhöht. All dies drückt sich bei Platon in einem differenzierten Begriffsinstrumentarium aus. Platon verwendet bestimmte Begriffe für das Polispolitische, d.h. für die gesellschaftliche Realität seiner politischen Lebenswelt. Daneben benutzt er andere Begriffe, die ein Konzept als Idee des Politischen über das Polispolitische stellen. Zwischen den Begrifflichkeiten ergibt sich ein Spannungsverhältnis, welches das platonische Politikverständnis bestimmt. Die exemplarisch erwähnten Autoren haben weder das von ihnen im voraus definierte Verständnis gefunden, noch können sie, gefangen in ihren eigenen Definitionen, das spezifisch Platonische ausmachen.

Insofern empfiehlt es sich, nach den platonischen Begriffen selbst zu fragen, ohne das zu untersuchende Begriffsfeld vorher zu eng einzugrenzen. Als Arbeitsgrundlage dient ein elementares, allgemein gehaltenes Verständnis vom Politischen, mit dem all die Begriffe in eine Untersuchung der platonischen Dialoge einbezogen werden, die im weitesten Sinne mit jener menschlichen Grundkonstante zusammenhängen, die auch Aristoteles formuliert hat: mit dem menschlichen Leben in gesellschaftlichen Ordnungsformen und deren Ausprägungen und Artikulationen. Die in diesem Sinne vorläufig ausgewählten Begriffe werden mit Hilfe eines Index im jeweiligen Kontext untersucht und im Verlaufe (der hier nicht im Einzelnen zu erläuternden) Interpretation eingegrenzt, erweitert oder spezifiziert.[1] Das Ziel dieser politologisch-philologischen Untersuchung muß es sein, anhand der analysierten Begrifflichkeiten im Rahmen des platonischen Gesamtwerkes einen Begriff des Politischen zu destillieren. Die „politischen" platonischen Dialoge werden in drei Abschnitten untersucht: zuerst sind „die früheren Dialoge", sodann die *Politeia* und „die späteren Dialoge" (im wesentlichen *Politikos* und *Nomoi*) zu behandeln. Die Einteilung der Dialoge orientiert sich an der gängigen Forschungsmeinung (z.b. Vlastos 1991: 45-80). Als „politische" Dialoge stellen sich diejenigen zur Disposition, welche aufgrund der vorläufigen Begriffs- und damit Stellenauswahl in Erscheinung treten. Die ausgewählten griechischen Begriffe werden im Laufe der Interpretation vorgestellt und anhand einzelner Schlüsselpassagen beispielhaft kontextuell geklärt. Für die Zielsetzung dieser Analyse ist es von Nutzen, die platonischen Begriffe hier im Griechischen (in griechischer Umschrift) zu belassen. Sie werden in und mit der Untersuchung umschrieben und interpretiert. Es liegt in der forschungsleitenden Hypothese selbst begründet, dass sich die relevanten Begriffe nicht mit einem bestimmten Wort übersetzen lassen. Insofern werden nur längere Passagen ins Deutsche übertragen, wobei sich die Übersetzung größtenteils an Friedrich Schleiermacher orientiert (Schleiermacher 1991).

I. Die früheren Dialoge

Die Analyse widmet sich zu Beginn dem Ensemble von Begriffen, das in den früheren Dialogen das Politische im polisweltlichen Sinne ausdrücken könnte. Das erste Adjektiv, das hier ins Auge fällt, ist *politikos* (provisorisch: politisch, öffentlich) bzw. *ta politika* (die politischen Angelegenheiten, die Angelegenheiten der Polis). Der Begriff findet sich in den früheren Dialogen häufig als Gegenbegriff zu *idios* oder *oikeios* (privat, z.B. *Gorgias* 484d8, *Protagoras* 318e6-319a2), womit die spezifisch griechisch-polisweltliche Trennung der Lebensbereiche in das Öffentlich-Politische und das Private ausgedrückt ist (vgl. Arendt 1994, Meier 1993). Diese scheinbare Nebensächlichkeit verdeutlicht einen Sachverhalt, der für die Interpretation der platonischen Dialoge von grundsätzlicher Bedeutung ist. Platon geht in seinem Denken von Bedingungen aus, die er selbst erfährt: von der Poliswelt, dem Polispolitischen. Die *politika* erscheinen in den früheren Dialogen nicht nur als Ge-

---

[1] Die Untersuchung liegt vor im Rahmen meiner Magisterarbeit: Daniela Deibel, Die Politeia und das Politische bei Platon, unveröffentl. Magisterarbeit Erlangen 1997. An dieser Stelle werden deren Hauptthesen referiert.

gensatz zum Begriff des Privaten, sondern auch zu dem der „Philosophie" oder des „Philosophen". So stehen die politika kaum in positivem Zusammenhang mit normativen Vorgaben der Philosophie des Sokrates oder Platon. Sie finden sich vielmehr meist im Kontext aktueller Verhältnisse in der Polis und zugleich in einem Spannungsverhältnis zur sokratischen Philosophie (z.B. *Gorgias* 519c3, *Menon* 93a7, *Symposion* 192a7). Das Wort kann verwendet werden in Verbindung mit dem Verb „handeln" (*prattein,* z.B. „die politischen Angelegenheiten betreiben", *Gorgias* 521d7-8) oder „sich kümmern" (*epemelein* 516b12). Sokrates betont, seine innere „göttliche Stimme", sein *daimonion (Apologie* 31d1), habe ihm eben davon abgeraten. Sie warne ihn, in den politischen Dingen aktiv zu sein *(ta politika prattein, prattein ta politika pragmata, Apologie* 31d6,8). Wer die politischen Angelegenheiten betreibt, handelt und partizipiert. Angesprochen sind die Partizipationsmöglichkeiten in der Volksversammlung, in den Gerichten und an anderen Bürger zugänglichen Verwaltungsaufgaben, durch welche die gemeinsamen Angelegenheiten der Polis geregelt wurden (Bleicken 1991[3], Meier 1993, Hansen 1995). Scheinbar enthält sich Sokrates dieser Partizipation.

Ein weiterer relevanter Begriff ist *dēmosios* bzw. ta *dēmosia* (öffentlich, von *dēmos*: Volk). *Dēmosios* kennzeichnet weniger den Prozess dessen, *wodurch* die Polisangelegenheiten geregelt werden, als den Bereich, *wo* die Entscheidungsprozeduren stattfinden *(Hippias maior* 282b4, *Gorgias* 484d5, 522b9, 527b6-7, *Protagoras* 324c1, 325b4-5, 357e8). In der *Apologie* wird darauf hingewiesen, dass Sokrates nicht *dēmosia*, sondern *idia*, d.h. nicht „öffentlich" in der Volksversammlung, sondern „privat" umhergehend Ratschläge erteile, um seine Mitmenschen zu erziehen *(Apologie* 31c4-5). Bekanntlich stand der historische Sokrates tagtäglich auf dem Marktplatz und verwickelte die Bürger in seine Fragen. Dennoch lesen wir hier, Sokrates habe bei seiner Tätigkeit des Denkens und Diskutierens nicht wirklich den Bereich des Öffentlichen betreten. Politischer Handlungen im polisweltlichen Sinne *(ta politika prattein)* habe sich Sokrates ohnehin mit wenigen Ausnahmen enthalten *(Apologie 32-33a).* Warum aber - fragen wir - wurde er dann aus offensichtlich politischen Motiven hingerichtet?

Die Sicht der Dinge scheint sich zu klären, stößt man auf eine Stelle im Dialog *Gorgias (Gorgias* 521d7-8, vgl. 527d): Sokrates alleine betreibe (prattein) wahrhaft *(alēthōs)* die politischen Angelegenheiten (ta politika) und die politische Kunst *(politikē technē).* Die Wendung erklärt sich durch die genauere Betrachtung des Begriffs der politikē technē - ein Begriff, der uns auch auf der Suche nach dem spezifisch sokratischen Begriff des Politischen den Wegweisen wird. Platon kennt und benutzt den polisweltlichen Politikbegriff der politika und dēmosia, der durchaus mit dem heutigen macht- oder interessenzentrierten Verständnis vergleichbar ist. Aus dem polisweltlichen Treiben der politika hält Sokrates sich zurück. Doch widmet er sich den politika im Sinne seiner eigenen technē politikē, im Sinne einer normativen Vorstellung von einer gewissen Kunst des Politischen, einem eigenen Leitwissen vom Politischen. Die Spannung zwischen der sokratischen Kunst des Politischen und dem polisweltlichen Verständnis wird von Platon erkannt und ausgedrückt. Der Tod des Sokrates hängt eng mit dieser Spannung zusammen. Die vorliegende Untersuchung konzentriert sich von daher auf den Leitbegriff der technē politikē in seinem Verhältnis zu den politika.

Bei dem Versuch einer genaueren Bestimmung des angesprochenen normativen Leitbegriffs fällt der Blick auf die *Apologie*. Sokrates weist auf die Notwendigkeit „sachverständiger" Erziehung der Jugend hin. Es geht um eine Herausbildung der „menschlichen und bürgerlichen Tugend" *(aretēs, tēs anthropinēs kai politikēs, Apologie* 20b4-5). Die beiden - menschliche und politische Tugend - werden in einem Atemzug genannt. Für Sokrates kann es nur eine Tugend geben, die leitend für alles Handeln ist. Sie zielt immer zugleich auf ein Miteinander von Menschen, ohne das dieselben nicht gedacht werden können: die politische Tugend. Sie muß, da es im Miteinander geboten ist, Gerechtigkeit, Besonnenheit, Tapferkeit und all die Tugenden umfassen, von denen Sokrates in seinen Gesprächen handelt. Schon in einer der allerersten Schriften, der Apologie, deutet Platon diese „Ganzheit" der Tugend, die Tugend schlechthin an. Sie gründet für Sokrates notwendigerweise in einem Wissen: wer die „Heilkunde" erlernt hat, ist ein „Heilkundiger", einer, der die „Baukunst" erlernt hat, ein „Baumeister". Ebenso ist einer, der gelernt hat, was gut und gerecht ist, ein Gerechter: er handelt gerecht - (*Gorgias* 460b). Fähigkeiten und Tugenden basieren auf Wissen. In diesem Sinne findet sich die politikē technē auch oft synonym benutzt als *politikē epistēmē* (politisches Wissen). Die politische Kunst ist politisches Wissen. Wissen ist erwerbbar für den, der nach der Weisheit strebt. Wer nach der Weisheit strebt, philo-sophiert (*philosophoun,* von *sophia:* Weisheit und *philos*: Freund). In diesem Sinne ist das Philosophieren als politisches zu verstehen. In der Gefallenenrede des Perikles in Thukydides' *Peloponnesischen Krieg* wird eben jenes Bild des philosophierenden Bürgers gezeichnet: die athenischen Bürger lieben die Weisheit (philosophoun) und das Schöne *(philokaloun),* während sie sich um die öffentlichen (politika, dēmosia) und um die privaten (*oikeia,* idia) Angelegenheiten kümmern (Thukydides 1993: II 37-41).

Im Dialog *Protagoras* (*Protagoras* 318e3-319a6) wird um die Lehrbarkeit jener politischen Kunst oder Tugend gestritten. Sokrates leugnet, dass Sophisten wie Protagoras sie lehren können. Der Sophist sieht sie als eine „Technik" (beinahe im modernen Sinne als etwas, was man wie ein Handwerk erlernen kann), für Sokrates ist sie Tugend, die auf Wissen gründet (328d4-333). Am Schluss des Dialoges stellt sich heraus, dass die *aretē politikē* in Sokrates' Ansicht durchaus lehrbar ist, jedoch nicht, weil sie, wie Protagoras meinte, in den Prozessen der Polis-Politik bzw. durch Lehrer wie ihn selbst, gefördert werden könnte, sondern weil sie wie alle Tugenden einheitlich auf Wissen (epistēmē, 361b1,3) gründet und durch Weisheit (sophia, 360d2,4) und somit im Philosophieren zu erwerben ist. Diese Weisheit verfolgt und lehrt aus Platons Perspektive weder Protagoras noch die Polis-Politik, sondern alleine Sokrates (361a-362a). Im Dialog *Gorgias* kreist das Gespräch zwischen Sokrates und dem Sophisten Gorgias und einigen anderen wieder um die politische Kunst. Sokrates bestreitet, dass sie aus Sophistik und Rhetorik bestehe. Sie umfasse vielmehr Gesetzgebung *(nomothetikē)* und Gerechtigkeit *(dikaiosynē)*. Die politische Kunst müsse die Seele bessern. Sophistik und Rhetorik schmeichelten nur ihrem sinnlichen Teil (*Gorgias* 463d-465e). Das Philosophieren ist nach Meinung Sokrates´ die einzige Quelle für jene Kraft zur Besserung der Seele und damit der Polis (500, 527d). Die Polis wird nach Sokrates' normativer Ansicht vom Politischen dadurch in Ordnung gebracht, dass die Seelen der sie konstituierenden Polisbewohner „in Ordnung" sind. Und darin besteht die politikē technē: sie ist die Seelenbesserung, die Sokrates bei seinen Mitbürgern zu erreichen strebt.

Fassen wir an dieser Stelle den ersten Abschnitt zusammen. Platon greift in den früheren Dialogen den polisweltlichen Politikbegriff auf, versteht ihn auf die Angelegenheiten, Prozesse und den Bereich des Öffentlichen in der Polis bezogen, um *für* diese Angelegenheiten nach einem politischen Leitwissen zu suchen: Sokrates' Leitwissen würde es dem Menschen ermöglichen, *in* den politika das spezifisch Menschliche in seiner auf Wissen gründenden Tugendhaftigkeit zu verwirklichen. Das politische Miteinander beginnt für Sokrates in der eigenen Seele, wo ständig ein Dialog stattfindet (vgl. Arendt 1993[3]). Dies setzt sich fort im „privaten" Gespräch, zuhause oder auf dem Marktplatz, und wäre die Vorbereitung auf das Miteinander in den öffentlichen Räumen der Polis, welche die Sophisten und Redenschreiber mit ihrer Lehre und Kunst beherrschen. Wegen dieser bereits vergebenen Autorität im politisch-aktuellen Polisgeschehen macht sich der Sokrates der früheren Dialoge wenig Gedanken um eine institutionelle oder anders konkrete Verwirklichung des Leitwissens in der realen Polis. Sokrates erteilt Ratschläge privat (idia), nicht öffentlich (dēmosia, s.o., *Apologie* 31c4-5). Dennoch setzt er sich dem Polispolitischen aus: er beansprucht die geistig-intellektuelle Autorität für seine Zeit, die dem Politischen in seinem normativen Verständnis den Weg anzeigen sollte - wie anders hätte er sonst während seines Prozesses die Speisung im Prytaneion fordern können? (*Apologie* 36d)

Wenn man die Frage stellt, was für den frühen Platon das Politische war, ergibt sich die Spannung zwischen einem polisweltlichen Verständnis, das Platon beschreibt, und Sokrates' Leitwissen vom Politischen, welches er für sein eigenes im polisweltlichen Sinne nicht-politisches Handeln heranzieht. Für Platon ist Sokrates in den früheren Dialogen der einzige Polisbürger, der die Idee der wahren Polis und die Idee des wahren Bürgers, wie wir sie in der Gefallenenrede des Perikles bei Thukydides finden (Thukydides 1993, II 37-41), noch repräsentiert. Den philosophierenden Bürger im Sinne Thukydides´ mag es in Athen nie gegeben haben. Sokrates aber gibt es. Doch auch Sokrates ist gezwungen, sich aus den politischen Prozessen seiner Heimatstadt zurückzuziehen und sein politisches Wissen auf private Weise (idia) zu pflegen.

Der Rückzug gelingt ihm nur scheinbar. Im Polispolitischen der Stadt Athen ist nirgends Platz für den philosophierenden Bürger.

II. Die Politeia

Im Dialog *Politeia* (Verfassung) werden die Begriffe ta politika und ta dēmosia ähnlich wie in den früheren Dialogen verwendet. Sie beschreiben die Angelegenheiten der Polis. Zusätzlich fällt in der *Politeia to koinon*, das Gemeinsame, ins Auge. Der Begriff tritt meist in normativer Bedeutung auf, verlässt allerdings nie den polisweltlichen Boden. Koinon ist das „gemeinsame Beste" aus der Sicht der jeweils von Platon angesprochenen Polis. Der Begriff der politika weist an einigen Schlüsselstellen eine Assoziation mit der Machtkomponente auf. So zum Beispiel im „Philosophenkönigsatz", der berühmte Satz, in dem Platon betont, dass die Poleis, oder gar die ganze Menschheit, nur gerettet werden können, wenn Philosophen Könige oder Könige Philosophen würden und somit eine Politeia - eine Verfassung - entstünde, wie er sie in der *Politeia* beschreibt (vgl. ebd.: 473c11-e2). Dieser Satz beinhaltet eine Verbindung der Begriffe *dynamis* (Macht) und *politikos* in Gegenüberstellung zur Philosophie: Politische Macht *(dynamis te politikē)* und Philosophie *(philosohia)* müßten zusammenfallen *(tūto eis tauton xympesē)*, um jene Politeia ins Leben zu rufen, die Sokrates gerade im Gespräch beschrieben hat *(hēn nyn logō dielēlythamen*, 473e2). Wenn sie zusammenfallen sollen, heißt das, dass Platon sie im aktuellen Geschehen getrennt sieht. Die Philosophie ist im konkreten Polisleben nicht kompatibel mit der Politik. Die Polis-Politik (politika) wird von der Macht regiert. In der athenischen Demokratie liegt sie in den Händen von Rednern und Kriegsherren *(strategoi)*, welche von der sophistisch gebildeten Intellektuellenschicht geprägt sind.

Aus dem „Gleichnis vom Schiff" (488a-489d) erhellt ebenfalls, dass Platon sich der Machtkomponente in der Politik im allgemeinen und der faktischen Machtverhältnisse in seiner Polis im besonderen bewusst ist. Die „jetzigen politischen Machtinhaber" *(nyn politikūs archontas,* 489c4) werden mit den um den Posten des Steuermannes streitenden „Schiffsleuten" verglichen. Platon spricht von den jetzt (nyn) bestehenden politischen Verhältnissen in seiner Polis. Damit ist von einer Politik die Rede, die Platon miterlebt, also selbst erfährt und erfahren hat. Mit dieser Polis-Politik ist die Philosophie nicht zu verbinden. Der wahre Steuermann, d.h. der Philosoph, der nach Platons eigener Ansicht zur „Macht" geeignet wäre, sitzt als „Buchstabenkrämer" (488e6) verkannt in einer Ecke des Schiffes.

Platon geht wie in den früheren Dialogen auch in der Politeia von einem polisweltlichen Politikbegriff aus, sieht ihn wie Sophisten und andere Zeitgenossen machtorientiert, um wiederum darüber hinaus nach einer Alternative zu fragen, welche diesmal nicht nur in einem Leitwissen - der technē politikē (die in der *Politeia* schlicht nicht auftaucht) -, sondern in einem Leitbild in der Seele des Philosophen bestehen soll: einer Polis, in der die politika von Philosophen regiert werden. Diese Polis wird in der *Politeia* Politeia genannt. Es wird sich im Verlaufe der weiteren Analyse zeigen, dass die Politeia ein Paradigma ist, ein Musterbild, welches der herkömmlichen Politik als Maßstab dient. Was hier nur kurz erwähnt werden kann, ist der Rahmen des platonischen Gesamtwerkes, in den sich die Erkenntnis dieses Paradigmas einordnen läßt: in Platons Denken ist durchweg ein Streben nach der Erkenntnis des jeweiligen Besten, Wesentlichen aus der Erfahrungswelt heraus zu beobachten. Für jedes Phänomen mußte es eine „Bestheit" im Sinne eines Maßstabs geben. So galt Platons Suche in der Nachfolge Sokrates´ letztendlich allein jenem Wesentlichen, das als Maßstab Ordnung in die Unordnung der ihn umgebenden Phänomene bringen könnte (dies gilt ganz in griechischem Sinne immer zugleich in handlungs- und erkenntnistheoretischer Hinsicht). Die Idee des Guten erkennt Platon schließlich als oberstes Prinzip der erstrebten Ordnung. Als politisches Lebewesen erfährt Platon jedoch die Spannung zwischen Aktualität und Potential zuerst im Politischen, das ihn unmittelbar umgibt: in seiner Heimatstadt Athen, die seinen Lehrer Sokrates getötet hat. So beginnt und endet die Suche nach einem Maßstab in der Suche nach der besten politischen Ordnung: der besten Politeia. Diese Politeia wäre jene Verfassungsform, in der Menschen am gerechtesten leben würden. In ihr wäre der Grundsatz der Gerechtigkeit verwirklicht, welche Platon in einer Art Formel beschreibt: „Jedem das Seine" bzw. „Jeder soll das tun, wozu er die größte Fähigkeit hat" (*ta hautū prattein*, 370a, 433d9-434a1). Die Politeia ist somit der Schlüsselbegriff des Politischen im Sinne reflexiver Politik, dem Platon in der *Politeia* nachgeht.

Warum ist für Platon die entworfene Politeia mit dem Grundsatz „Jedem das Seine" die gerechteste Verfassungsform? - Sie ist die gerechteste, in der Menschen leben können. Auch wenn Platon in den *Nomoi* zugesteht, die Politeia sei eine Polis für Götter (*Nomoi* 739d-e) gewesen, eine Polis, die als ganze gesehen ohnehin göttlich war, im Himmel (*en ūranō Politeia* 591e-592b) liege, so war sie doch für Menschen konzipiert. Das Menschsein unterscheidet sich in der griechischen Tradition vom Göttlichsein durch die Gebundenheit an materielle Bedürfnisse, welche der Vernunft untergeordnet sind, diese aber zugleich in ihrer Freiheit binden. Insofern ist die Verfassung der Politeia wie eine menschliche Seele aufgebaut: Vernunft, Muthaftes (eine traditionelle griechische Vorstellung des „mittleren" Seelenteils) und Bedürfnisse sind repräsentiert. Platons Polis in der *Politeia* besteht aus den Philosophen, welche die Gemeinschaft lenken sollen wie die Vernunft die menschliche Seele. Ferner gibt es die Gruppe der Wächter, die wie der muthafte Teil der Seele die Philosophen unterstützen, und drittens die Handwerker und Bauern, die für das leibliche Überleben der Polis sorgen, so wie der Teil der Bedürfnisse und Leidenschaften im Menschen. Platons Polis ist aufgebaut wie ein Mensch. Das wird umso deutlicher, blickt man auf den Beginn des Dialogs. Am Anfang steht die Frage nach dem gerechtesten Menschen. Platon läßt Sokrates diesen gerechtesten Menschen an dem Modell der gerechtesten Polis erläutern, da man ihn so besser erkennen könne (368c-369a). Der eigentliche Grund für die Analogie liegt freilich in jener Menschenwesentlichkeit, die Gerechtigkeit nur im Miteinander, ihre Vollendung nur in der politischen Gemeinschaft entfalten läßt. Der Mensch selbst verwirklicht sich als wahrer Mensch - und das ist im Sinne Platons der Gerechte - nur in der wohlgeordneten Gemeinschaft. Ein unlösbares Paradoxon liegt in dieser Einsicht. Wir kommen später darauf zurück. Im gerechtesten Menschen herrscht die Vernunft zum Wohle des Ganzen. Ebenso in der besten Polis. Die Analogie ist der Grund dafür, dass die Vernünftigen die anderen regieren. Demokratie finden wir nicht vor. Die Analogie zeigt andererseits, dass Platon das Vernunftgemäße in jedem Menschen angelegt sieht. Die Anlage muß gefördert werden. In der Politeia geschieht dies durch Erziehung, welche den Philosophenkönigen anheim gegeben ist. Wäre die Polis für Götter - reine Vernunftwesen - gemacht, würden von vornherein alle gleich an der Regierung beteiligt (vgl. Flaig 1994, 46f., 60f.). Interessanterweise stellt sich am Ende heraus, dass nicht einmal die menschenmögliche Polis realisierbar ist.

Aus Platons Sicht sind in der Poliswelt Philosophie und politische Macht unvereinbar. In Platons entworfener Polisverfassung, in der Politeia, stehen sie sich zumindest gegenüber. Doch sind sie insofern kompatibel, als die Philosophie mit Hilfe der Macht in Form der Philosophenkönige die Polis durchdringen könnte. Dass Platons entworfene Politeia in der Poliswelt jemals realisiert wird, ist dennoch äußerst unwahrscheinlich für Platon, zumal es in der Leitidee der *Politeia* selbst begründet liegt, dass die Philosophen gar nicht die Macht erlangen *wollen* (519d, 521b). Wenn Macht und Philosophie nicht wie im Philosophenkönigsatz beschrieben zusammenfallen, wird die Politeia nicht verwirklicht werden: der Philosophenkönigsatz bedeutet die einzige Realisierungschance für die Politeia (Reeve 1988). Platon war sich in seinen Reflexionen des Machtfaktors in der Politik wohl bewusst. Nicht minder bewusst war er sich der Problematik des Machtfaktors, sobald dieser mit philosophischem Wissen konfrontiert wird. Umgekehrt formuliert: Philosophenwissen ist von der Macht (der Durchsetzung) abhängig, wird aber zugleich von ihr verdrängt oder korrumpiert. Innerhalb der von Platon entworfenen besten Polisverfassung, der Politeia, würde Macht die Philosophen weder korrumpieren noch überhaupt anziehen. Die Philosophen müßten zur Macht überredet oder sogar gezwungen werden. So versucht Platon innerhalb der Politeia die Spannung zwischen politischer Macht und philosophisch reflektiertem politischen Wissen zu lösen, wodurch die Realisierung der Politeia in der Poliswelt wiederum erschwert ist. Platon erkennt und akzeptiert die Unmöglichkeit der äußeren Realisierung seiner Politeia. Folgende Stelle beseitigt jeglichen Zweifel an dieser These: Glaukon fragt, nachdem Sokrates seine Meinung über die Philosophenherrschaft kundgetan hat, nach den „jetzigen Polisverfassungen" *(tōn nyn legeis politeiōn)*: welche davon denn nun der Philosophie angemessen *(prosēkūsan,* 497a9-10) sei, so dass in dieser das Philosophenkönigtum eine Chance hätte. Aber selbst auf diese Frage, wo es nur um die Bedingungen der Philosophenherrschaft geht, antwortet Sokrates hoffnungslos: „Keine von den jetzt bestehenden Poleis *(nyn katastasin poleōs)* ist einer philosophischen Natur *(philosophou physeōs)* angemessen" (497b2-3).

Was geschieht mit dem Paradigma der Politeia, wenn es nicht durch das Zusammenwirken mit der politischen Macht in der Poliswelt implementiert werden kann? Die Politeia könnte zumindest als Maßstab für die Einrichtung von Poleis in der Poliswelt fungieren: als Paradigma, als Musterbild, das nachzuahmen wäre. Die Politeia ist somit der Begriff des Politischen, der explizit als Maß für das Polispolitische Prinzipien formuliert, die durch die Idee des Guten strukturiert werden. Dieser Begriff des Politischen wird jedoch nur als Leitwissen für das Handeln des Philosophen selbst dienen können. Betrachtet man eine Textpassage im IX. Buch, schließt sich der Kreis dieser Interpretation. Die folgenden Worte konzentrieren letztendlich das gesamte Unternehmen der Politeia auf die Seele des Philosophen: Auf die Frage, wie der philosophische Mensch *(noun echōn,* 591c1) sein Leben gestaltet, antwortet Sokrates: er wird „die *in ihm bestehende Verfassung (tēn en hautō politeian)* wohl beachten [...] vor dem, was die bestehende innere Verfassung *(tēn hyparchousan hexin)* auflösen wird, davor wird er sich hüten [...] Also, sprach er, wird er sich wohl nicht mit politischen Angelegenheiten *(ta ge politika)* einlassen wollen, wenn ihm jenes am Herzen liegt? - Beim Hunde, sprach ich, in seiner eigenen Polis *(tē heautou polei)* gar sehr, vielleicht jedoch nicht in seinem Vaterlande *(en ge tē patridi),* wenn ihm nicht ein göttliches Geschick *(theia [...] tychē)* zu Hilfe kommt. – Ich verstehe, sagte er, du meinst in der Polis, die wir jetzt durchgegangen sind, indem wir sie gegründet haben, welche in Worten *(en logois)* liegt; denn auf Erden glaube ich nicht, dass sie irgendwo zu finden sei. – Aber, sprach ich, im Himmel (en ouranō) ist doch vielleicht ein Paradigma *(paradeigma)* aufgestellt für den, der sehen, und nach dem, was er sieht, sich selbst einrichten will *(heauton katoikizein)*." (591e1-592b4).

Platon spricht von einer in der Seele eines Menschen bestehenden Verfassung, die entweder *hexis* oder *en hautō politeia* genannt wird. In dieser politeia wird sich der, der vernünftig ist, mit den politika beschäftigen. Er wird, wenn es die äußeren politika nicht zulassen, sich in seine eigene Seelenverfassung zurückziehen, diese in Ordnung halten - wie er es sonst mit der äußeren politischen Ordnung tun würde. Er wird seine Seele so weit gerecht einrichten, dass er zum gerechten Handeln nach außen dispositioniert ist. Insofern ist die parallele Verwendung von en hautō politeia und hexis verständlich. Denn hexis ist vor allem später bei Aristoteles nichts anderes als die Disposition eines Menschen, in einer bestimmten Situation in bestimmter Weise zu handeln (Aristoteles, *Nikomachische Ethik*). Aus Platons Sicht wird der Vernünftige seine in ihm bestehende Verfassung so einrichten, dass die Vernunft herrscht, und somit die Disposition zu gerechtem Handeln nach außen gewährleistet ist.

Wie verhält sich nun ein gerecht eingerichteter Mensch in einer aus Platons Sicht schlechten Polis? Er wird sein Mindestmaß an Partizipation als Polisbürger erfüllen, indem er in allen Situationen gerecht, gemäß seiner inneren hexis oder politeia en heautō handelt. Er wird politisch wenig aktiv zutage treten, sich aber in jedem Fall an die Gesetze seiner Polis halten, so wie es Sokrates zeitlebens getan hat (dies läßt sich an den früheren Dialogen, insbesondere im *Kriton* nachvollziehen, vgl. auch *Politeia* 496c-e). Er wird das Seinige tun. Paradoxerweise findet sich ein Bürger um so weniger in den politika zurecht, je gerechter er ist. Für den griechischen Polismenschen, der sich nicht erst seit Aristoteles als *zoon politikon* verstand, bedeutete die Partizipation an den politika die Verwirklichung seines Menschseins. Insofern bezahlt der Gerechte einen hohen Preis (Voegelin 1957: 91f.; Jaeger 1947: 87ff.). Der gerechteste Mensch in Platons Augen, Sokrates, bezahlte seine Gerechtigkeit mit der gänzlichen Verhinderung der Partizipation: mit dem Tode. Er ist nicht geflohen, als es ihm angeboten wurde, und hat sich somit den Gesetzen seiner Heimatstadt gebeugt (vgl. *Kriton*). Eben dies ist jenes Mindestmaß an gerechtem Handeln, welches der Philosoph in einer schlechten Polis nach außen, d.h. seiner Umwelt, verwirklichen kann. Mit diesem „shift to the soul", jenem „slight switch" von der Metapher der guten Polis zur Realität der gerecht eingerichteten Seele (Voegelin 1957: 91f.) bewahrt Platon seine Ordnungsidee vor der gänzlichen U-Topie (Ortlosigkeit): auch wenn es die gerechte Polis nach dem Paradigma der *Politeia* in der Poliswelt nicht gibt, so gibt es doch „die gerechte Seele [...], nämlich die des Sokrates." (Spaemann 1997: 163f.).

Die Frage nach dem Politischen bei Platon in der Politeia weist auf einen Ordnungsbegriff, der wie in den früheren Dialogen vom polisweltlich Empirischen ausgehend über dieses hinausgeht und für den politisch Handelnden ein Paradigma bereitstellt, welches im Großen (in der Verwaltung und Leitung der Polis) und im Kleinen (in der Verwaltung und Ordnung der eigenen Seele als Disposition zum gerechten Handeln) genutzt werden kann. Wie in den früheren Dialogen entsteht eine Spannung zwischen den beiden Verständnissen vom Politischen, eine Spannung, die historisch durch den Tod des Sokrates ihren Höhepunkt erreicht. Sokrates ist selbst Sprössling der Poliswelt. Er wächst im Moment höchster Blüte heran, und verlässt die Heimatstadt im Aufkeimen des Verfalls, um das bedrohte Polisideal des vernünftigen Bürgers wenigstens für sich aufrechtzuerhalten. Doch die Poliswelt, die Sokrates hervorgebracht hat, ist aus Platons Sicht nicht mehr imstande, das eigene Bürgerideal zu ertragen. Sokrates wird hingerichtet. In Platons Dialog *Politeia* wird die Spannung zwischen polisweltlicher Politik und philosophischem Maßstab *in* das neue Paradigma der Politik integriert (Gebhardt 1999). Es gibt in der Politeia Philosophie und politika, die sich gegenüberstehen.

Die Wahrheit des Philosophisch-Politischen wird in eine menschliche Polis bewusst einbezogen: diese Polis existiert aber nur in den Gedanken (*en hautō politeia [...] en logois*, 591e-592b) des Philosophen. Auf die äußere Welt wird das Paradigma allenfalls im Gespräch, welches in der Politeia geführt wird, oder durch das gerechte Handeln des Philosophen ausgeweitet. Nur auf diese Weise tritt die „reflexive Politik" in die Geschichte ein.

III. Die späteren Dialoge: Politikos und Nomoi

III.1 Der Politikos

Es lohnt, den *Politikos* kurz als Verbindungsglied zwischen *Politeia* und *Nomoi* zu betrachten. In dem Dialog geht es weder um den „Politiker", den Politikos, noch um seine ihn auszeichnende epistēmē politikē. Beide sind bereits aus der *Politeia* in der Gestalt des Philosophenkönigs und seines zugehörigen Wissens bekannt. Die Politeia der *Politeia* steht als Modell oder Paradigma über dem Gespräch des *Politikos*. Das eigentliche Thema des *Politikos* sind die Nachahmungen (*memimēmenas tautēn*, 293e3-6) der wahren einzigen Politeia (*monē orthē politeia*, 293e2, 297d5, 300e12), welche Platons Gesprächspartnern und Lesern geläufig ist. Platon ist mehr denn je bewusst, dass der wahre Philosophenkönig von den Vielen des Volkes nicht erkannt werden würde (301d-e). Die einzig wahre Politeia ist in der Poliswelt nicht zu verwirklichen. Die Konsequenzen, die Platon im *Politikos* aus dieser Einsicht zieht, sind andere als in der *Politeia*. In der *Politeia* kapituliert Platon in bezug auf die äußere Verwirklichung seiner Politeia. Er zieht sich in die eigene Seele zurück. Im *Politikos* beschäftigt er sich tatsächlich mit der äußeren Poliswelt: die wahre Politeia der *Politeia* muß nachgeahmt werden *(memimēmenai)*.

In Platons Denken beginnt sich eine Idee abzuzeichnen, auf welche Weise eine philosophisch durchdrungene Politik ohne das immer gegenwärtige Handeln und Wirken eines Philosophen möglich ist. Es ist die Idee der Gesetze: der *Nomoi*. Dementsprechend werden im *Politikos* in einem Schema sämtliche Formen der in der Poliswelt bestehenden Polisverfassungen systematisiert - nach dem Maßstab ihrer Gesetzestreue (302-303). Die wahre einzige Politeia steht als Maßstab über sämtlichen Verfassungen, nach ihren Schriften (*tois tautēs syngrammasi*, 297d6) müßten sich die Gesetze der anderen richten (297d-e). Während jene das Beste im Menschenmöglichen war, sind diese nun „am zweitbesten" (*deuteron*, Politikos 297e3, Nomoi 739e, 875d), ein Attribut, welches auch der Verfassung der *Nomoi* beigeordnet werden wird. Insofern ist der *Politikos* ein Vorverweis auf die *Nomoi*, welche eben jene Gesetze beschreiben werden, die den Geist der „wahren Verfassung" festhalten können. Dieser Geist, das Wissen des Philosophen, sollte die

Polis in jedem Falle durchdringen, nun aber nicht mehr auf dem Wege des in der *Politeia* beschriebenen Philosophenkönigtums, sondern durch die zweitbeste Lösung der Gesetze. Es ist kein Zufall, dass im *Politikos* der Begriff der epistēmē oder technē politikē, der in der *Politeia* gefehlt hatte, wieder große Bedeutung erlangt (z.B. 259c2-3). Nicht das Wirken des Philosophen, sondern das philosophische Wissen selbst durchdringt die Polis.

Der Name des Dialoges, der Begriff politikos, der nichts anderes als den Philosophenkönig der *Politeia* assoziiert, verdeutlicht, dass dem Philosophen nicht mehr die Alternative des Rückzugs in die eigene geistige Welt zur Verfügung steht. Der politikos, die Personifizierung des Platonisch-Politischen, muß sich mit der Polis-Politik auseinander setzen, indem er ihr sein Wissen und sein Können zur Verfügung stellt. Dieses wird prägend für das Leben in der Gemeinschaft, ohne dass deren Wohl von der faktisch nicht realisierbaren Philosophenherrschaft abhängig ist.

III.2 Nomoi

In den *Nomoi* (Gesetze) entwirft Platon eine Polisverfassung, die konkretere Vorgaben zur Einrichtung und Leitung der Polis beinhaltet als die *Politeia* selbst. Der Philosophenkönig ist nicht imstande zu herrschen (875c-d und *Politikos*). Er muß schriftlich festhalten, wie die Polis einzurichten ist. Gesetze sind per se dogmatischer als die flexible situationsbedingte Entscheidungsfreiheit des Philosophenkönigs. Das heißt aber nicht, dass diese Polis durch die strengen Gesetze autoritärer geführt wird als die Politeia. Im Gegenteil: die Gesetze selbst sind aus historischer Perspektive griechischer Verhältnisse in ihren Vorgaben in vieler Hinsicht entschärft (es gibt z.B. keine Güter-, Frauen- und Kindergemeinschaft und keine Gleichstellung der Frauen). Die *Nomoi* sind, wie im *Politikos* angekündigt, nur eine Nachahmung der Politeia. Als Modell liegt aber noch immer die Politeia der *Politeia* zugrunde: die eigentlich, so gibt Platon jetzt zu, doch nur für „Götter oder Göttersöhne" *(theoi ē paides theōn*, 739d) kreiert war. Man müsse in jener „das höchste Muster einer Verfassung *(paradeima ge politeias)*" sehen und „dieses [...] so weit als möglich zu verwirklichen bemüht sein. Und so dürfte der Polis, an welche wir jetzt Hand angelegt haben [...], der zweite Rang gebühren (deuterōs)" (739d6-e7). Die Verfassung, die in den *Nomoi* entworfen wird, hat eine größere Realisierungschance als die Politeia der *Politeia*. Die Möglichkeit der Realisierung besteht nun durch eine Verschiebung im Philosophenkönigsatz, der sinngemäß in den *Nomoi* wieder aufgegriffen wird, nicht mehr im Zusammenfallen von Macht und Philosophie, sondern von Macht und Gesetzgebung. Die Macht sieht Platon diesmal konkret in einem Tyrannen verkörpert, der für ihn zum Mittel wird: „wenn ein Tyrann *(tyrannos)* da wäre, jung, besonnen" und es „zu seiner Zeit einen ausgezeichneten Gesetzgeber *(nomothetēn axion)* gibt und [...] ein glücklicher Zufall *(tina tychēn)* denselben an einen Ort mit ihm zusammenführt" (710b-d), könnte die in den *Nomoi* beschriebene Polis entstehen.

Kommen wir zurück zur Analyse der polisweltlichen Begrifflichkeiten, insbesondere zum Adjektiv politikos. Dieses taucht zwar weiterhin wie in den früheren Dialogen und der *Politeia* im Plural als ta politika in polisweltlichem Rahmen und Bedeutungsgehalt auf (z.b. 808b1-2, 917a8). Daneben gibt es wie in den früheren Dialogen und in der *Politeia* noch immer den empirisch verwendeten Begriff dēmosios (626a7,d8, 713e8, 780a2, 877d8-9 etc.). Platon beschreibt in den *Nomoi* die Gründung seiner Politeia in der Poliswelt. So muß es auch die als polisweltlich erwiesenen Begrifflichkeiten geben. Doch abweichend von der bisher bei Platon üblichen Verwendung des Wortes politikos im Begriff der politika, finden sich einige höchst interessante Textpassagen, in denen das Wort in normativer Bedeutung auftritt.

Im letzten Buch handelt Platon vom eigentlichen Ziel der Polis. Das Telos, auf das die Gesetzeswächter achten müßten, wird als politisches bezeichnet. Wer das *skopon politikon* (das politische Ziel) nicht kenne, dürfe nicht Herrscher genannt werden (962a-b). Erkennbar sei es durch den *nous politikon*, die politische Vernunft (*noun gar de [...] ton de politikon*, 963b1), die als Einheit der in der *Politeia* beschriebenen vier Tugenden, nämlich Gerechtigkeit, Weisheit, Tapferkeit und Besonnenheit, identifiziert wird. Der nous politikon stellt sich sowohl als das Ziel der Polis heraus als auch als das Mittel, mit dem das Ziel erkannt wird (963a-b). Die Vernunft ist hier als politische gedacht. Sie setzt sich nicht erst nach dem Denkvorgang im Politischen durch. Die Politik ist für Platon in den *Nomoi* schon immer vom Vernünftigen durchdrungen.

Aus welcher Quelle schöpft nach Platons Ansicht die Vernunft ihre Kraft? Der nous wird in den *Nomoi* stärker als in der *Politeia* mit dem Göttlichen *(theion)* assoziiert. Die politische Vernunft speist sich aus dem Göttlichen, sie ist im letzten göttlich. Sie ist das göttliche Prinzip, das die Verfassung der *Nomoi* durchwaltet. „Gott ist das Maß aller Dinge" (716c4), nach welchem die Menschen der *Nomoi* wie die Marionetten „gottgefällig" spielen sollen (644d7-645b2). Die vernünftige Lenkung des besten Gemeinwesens ist göttlich inspiriert und legitimiert. Dabei ist die Polis selbst nicht göttlich wie die Politeia der *Politeia*. Sie wird nicht von dem göttergleichen Philosophen regiert. Platon greift auf traditionelle Bestände der Poliswelt zurück, um den moralisch-politischen Maßstab für die Politik in der gleichen Verbindlichkeit wie in der *Politeia*, jedoch in einer den Zeitgenossen geläufigen Weise herstellen zu können. Deshalb spricht er nicht mehr von der Idee des Guten, sondern von Gott als Maßstab des Politischen.[2] Gott ist der Maßstab für das

---

2 Hier ist freilich einzuwenden, dass Platon die gesamte sakrale Welt der Polis auf einen einzigen Gott reduziert. Insofern entwirft Platon auch in diesem Sinne eine neue Theologie, die nur teilweise auf traditionellen Beständen aufbaut: dennoch waren monotheistische Vorstellungen der Poliswelt vor Platon nicht fremd (Xenophanes).

Wissen, das die Gesetze der zweitbesten Polis und damit die Polis selbst durchwaltet. Es wäre ein Irrtum zu glauben, für Platon habe sich an der Wesentlichkeit jenes Maßstabes der Politik im Vergleich zur *Politeia* etwas geändert. Nur die Beschreibung des Maßstabes hat sich gewandelt, was sicherlich mit historisch belegbaren wissenschaftlichen Erkenntnissen aus Platons Umfeld in Verbindung steht: die Bahnen der Sterne wurden erstmals als geregelt erwiesen, woraus man schloß, die Gestirne müßten vernünftige Seelen sein (dies ist auf Eudoxos von Knossos zurückzuführen, Burkert 1977: 480ff.). Hinter der Ordnung des Kosmos schien die Vernunft zu stehen. Wenn der nous aber den Kosmos ordnete, mußte er göttlich sein (*Nomoi* 966c-967d).

„[E]s ist schwer zu erkennen, dass die politische Kunst (politikē [...] technē) nicht den Nutzen des Einzelnen *(to idion)*, sondern das allgemeine Wohl (koinon) im Auge haben müsse [...] wenn jemand auch hinreichend durch die Kunst *(en technē)* zu der Erkenntnis *(to gnōnai)* gelangt ist, dass es sich [...] so verhalte, so wird er doch, sobald er zu einem [...] Selbstherrscher über die Polis *(autokratōr archē poleōs)* werden sollte, welcher niemandem Rechenschaft abzulegen braucht, schwerlich stark genug sein, diesem Grundsatz *(dogmati)* treu zu bleiben und sein ganzes Leben hindurch vor allem andern stets das Gemeinwohl (koinon) in der Polis zu fördern und diesem sein eigenes Sonderinteresse nachzustellen, sondern die Schwäche der Menschennatur *(thnētē physis)* wird ihn stets zur Habsucht *(pleonexian)* und zur überhöhten Wahrnehmung seines eigenen Vorteils *(idionpragian)* treiben [...] So müssen wir uns an das Zweite (to deuteron) halten, nämlich an Ordnung und Gesetz *(taxin te kai nomon)*" (875a-d).

Die politische Kunst sollte dem weisen Herrschenden Erkenntnis und Kraft bringen, für das Beste des Ganzen anstelle für seinen eigenen Vorteil zu sorgen. Aufgrund seiner realistischen Einschätzung der menschlichen Natur ist dies aus Platons Sicht nicht möglich. Der Autokrat (wörtl.: der [für sich] selbst herrscht) wird seine Macht missbrauchen (sollte überhaupt die erste Hürde der Machterlangung überschritten sein). Das koinon (das Gemeinsame) der Polis wird in den *Nomoi* nicht mehr durch die Herrschaft des weisen Königs erreicht, sondern durch die Gesetze des weisen, gesetzgebenden Philosophen. Man müsse sich an das Zweite halten, wie Platon am Ende der zitierten Passage betont. Platon versucht, die Spannung zwischen polisweltlicher und gedanklicher Realität zu lösen. Dabei reagiert er reflexiv auf eine Entwicklung in der Poliswelt, die im 4. Jahrhundert ihren Höhepunkt erreicht. Tatsächlich hatte man zu Beginn des Jahrhunderts in der athenischen Demokratie die Autorität der Gesetze gegenüber der Beschlusskraft der Athener in der Volksversammlung gestärkt. Durch einen Akt der Differenzierung wurden einige Gesetze im Abstraktionsniveau als höherstehend erkannt und zu „Verfassungsgrundsätzen" erhoben (vgl. dazu Hansen 1995, Lehmann 1997). Der westlich-europäische Gesetzesbegriff ist von jenen Entwicklungen sowie Platons Reflexionen in den *Nomoi* bis heute geprägt.

Die Frage nach dem Politischen für Platon kreist wieder und wieder um Schlüsselbegriffe, die den Sokrates der früheren platonischen Dialoge scheinbar ein Leben lang beschäftigten. Auch in Platons späterem Denken läßt sich das Politische nicht in einem Begriff, nicht einmal in einer positiven Beschreibung ausdrücken. Das Politische scheint für Platon in einem Spannungsverhältnis zu liegen. Dennoch gibt es eine Passage, wo er das Politische unzweideutig als normatives Konzept in Worte fasst: *„Estin gar dēpou kai to politikon hēmin aei touto auto to dikaion."* - „Es ist nämlich wohl für uns das Politische immer eben dieses Gerechte" (757c5-6). *„Auto to dikaion"* („eben dieses Gerechte") ist eine Gleichheit, die „die Ehrenstellen *(timas)* nach Verhältnis verteilt, indem sie denen welche reicher an Tugend *(aretēn)* sind, auch reichere Ehren erweist, und denen welche sich dagegen an Tugend und Bildung umgekehrt verhalten, das ihnen hiernach Gebührende *(to prepon [...] kata logon)*." (757c3-5). An dieser Stelle der *Nomoi* bezeichnet Platon das als „das Politische", was in der *Politeia* der Grundsatz des Ordnungsmodells der Politeia war: der Grundsatz der Gerechtigkeit, welcher in der Formel „Jedem das Seine" zusammenzufassen ist. Das Politische ist hier die Ordnung der menschlichen Gemeinschaft, die so aufgebaut ist, dass jedem „das Seine" (ta hautū prattein, 370a, 433d9-434a1) zukommt, und jeder das tut, wozu er am besten geeignet ist. Da es in den *Nomoi* um die zweitbeste Polis geht, fügt Platon an seine Definition des Politischen einen Zusatz an: „so ist es notwendig, die Gleichheit des Loses ebenfalls anzuwenden, um die Unzufriedenheit der Menge nicht zu erregen." (757e2-5). Die Politeia der *Nomoi* wird dementsprechend als Mischung aus Monarchie und Demokratie vorgestellt (756e8-757a). Das Politische selbst ist hier aber das Gerechte, wie es in der Politeia der *Politeia* in Form der Gerechtigkeit aufgetreten ist: Jeder soll das Seinige tun.

Hier geht es um das Politische als Konzept, das normativ die gute Ordnung der denkbar besten Gemeinschaft beschreibt. Der Begriff assoziiert an einer anderen Stelle aber auch einen Teil eben dieser Ordnung: das politikon als Anteil des einzelnen Bürgers am Politischen, welches sich aus der Gesamtordnung der Gemeinschaft der Bürger konstituiert. Bei der Erläuterung der Bestrafung von Verbrechen zählt Platon die Reihenfolge der Gewichtigkeit der Vergehen auf: „Hochmut" *(hybris)* gegen öffentliche Heiligtümer der Polis oder gegen gemeinsame Heiligtümer der Phylen stehen an erster Stelle, die Kränkung des politikon findet sich an fünfter Stelle: „fünftens aber, wenn to politikon eines einzelnen Bürgers *(to politikon [...] hekastū)* mit Hochmut behandelt wird *(hybristhen)*, was veranlasst, den Schutz des Rechtes *(dikēn)* anzurufen" (885a). Jedem Mitglied der Gemeinschaft gebührt ein Anteil an dem den Mitgliedern Gemeinsamen. Ganz in der griechischen Tradition liegt die Vorstellung, dem Einzelnen komme ein Teil *(meros)* am gemeinsamen Schicksal, der *tychē*, zu. Das den Polisbürgern Gemeine ist in der griechischen Poliswelt das „Polishafte", das Politische (politikon). Die Einzelnen haben Anteil am Wesenhaften der Polis. Das politikon, das ihnen zusteht, ist vergleichbar mit einem Recht, einer gewissen Würde, die dem Bürger gebührt. Im Athen des 4. Jahrhunderts gab es in der Tat ein Recht auf respektvolle Behandlung. Das sogenannte Hybris-Gesetz sollte die Einzelnen vor Missachtung bewahren. Anscheinend führte man eine Debatte um die Frage, ob dieses Recht Sklaven zuzugestehen sei (Demosthenes: Gegen Meidias, Aischines: Gegen Timarchos). Die Wendung bei Platon folgt aus der Verletzung des politikon die Anrufung der dikē, des Rechtsschutzes. Die athenische Polis sowie die an ihr orientierten platonischen *Nomoi* kennen den Begriff des Politischen als Konzept gemeinsamer guter Polisordnung in Assoziation bzw. enger Verbindung mit dem Rechtsprinzip. Die gute Ordnung schützt das Politische mit Hilfe des Rechts, der Gesetze, die in den *Nomoi* expliziert werden.

IV. Zusammenfassung

Die vorgeschlagene Analysemethode geht von der Semantik der Polis aus, rekonstruiert diese kontextualistisch im platonischen Gesamtwerk und zeigt einen Klärungsprozess auf, an deren Ende ein von Platon philosophisch reflektierter Begriff des Politischen steht. Die Semantik der Poliswelt wird destilliert aus bestimmten Begriffen, mit denen Platon die Poliswelt beschreibt. Sie enthalten prozessuale, partizipative und machtpolitische Aspekte, können politisch-öffentliche Bereiche abstecken und das Gemeinwohl der Gemeinschaft ausdrücken. Sie erfassen jedoch in der Tat noch nicht das spezifisch platonisch Politische. Denn dieses liegt in der Konfrontation empirischer mit normativen Begriffen. Anders als die poliswelltlichen Begriffe verändern sich die normativen im Verlaufe des platonischen politischen Denkens. Das kennzeichnet eine gewisse Veränderung in Platons Philosophie der Politik.

Durch alle Dialoge hindurch konstant bleibt die von Platon erfahrene Spannung in jenem zweifachen Verständnis vom Politischen. Beide Konzepte entstammen der griechischen Poliswelt. Das Verständnis, welches hier das poliswelltliche genannt wurde, prägt das Handeln der Athener in Platons aktueller Umgebung ebenso wie jenes andere Verständnis, welches im Laufe der Entstehung der Polispolitik aus derselben erwachsen ist: ein normatives Verständnis vom Politischen. Letzteres erhob sich aus den durch das griechische politische Handeln bestimmten Gegebenheiten als göttlicher Maßstab für die erfahrene menschliche Kontingenz. Diese Entwicklung nahm ihren Anfang nach Homer und erreicht den Höhepunkt in den platonischen Dialogen. Das urgriechische Streben nach Weisheit (sophia) und Maß *(metron, Solon)* versucht, diesen Maßstab zu fassen. Was von Sokrates und Platon in der poliswelltlichen Kultur vorgefunden wird, ist ansatzweise ein Konzept vom Politischen, welches bereits die Spannung zwischen dem Maßstab der Weisheit und der poliswelltlichen machtpolitischen Realität in sich birgt. Diese Situation wird von Sokrates und Platon in der ihnen eigenen Konsequenz durchdacht. Im Augenblick der durchdringenden Reflexion löst sich der Reflektierende aus der ihn umgebenden Polis, d.h. Politik, und steht ihr kritisch gegenüber.

Hier, im Athen des 4. Jahrhunderts, entsteht nichts anderes als die politische Philosophie, die Philosophie in unserem Sinne überhaupt. Das Politische wird in die geistige Tätigkeit integriert, nachdem sich Geist und Politik durch einen dramatischen Schnitt getrennt zu haben schienen: Platon sah den in seinen Augen einzigen vernünftigen Polisbürger Sokrates aus den politischen Angelegenheiten der Polis zurückgedrängt, am Ende getötet. Diese politische Erfahrung wird von Platon reflektiert. In der Reflexion wird die Spannung zwischen verfallender Poliswelt und politischer bester Ordnung von Platon in ein einziges Paradigma integriert: in die Politeia, Platons Begriff für eine philosophisch reflektierte Politik.

Der Politikbegriff in der römischen Republik

Klaus Zmeskal

Im vorliegenden Beitrag werden einige Überlegungen zum Politikbegriff im antiken Rom, u.a. dem republikanischen Rom angestellt. Dabei wird nicht ein antiker Autor interpretiert, sondern es werden einige Aspekte der politischen Praxis in der römischen Republik untersucht.

Lassen sich in dieser Praxis Regelmäßigkeiten erkennen? Wenn ja, welches Bild läßt sich anhand dieser Regeln vom Selbstverständnis der politischen Elite der Republik zeichnen? Welche Schlüsse lassen sich aus dieser Praxis für den Politikbegriff ziehen?

I. Ethymologische Unterschiede zwischen res publica und polis

Das griechische Wort *polis* bezeichnet die Form des Staates, die für griechisches Staatsdenken bestimmend wurde. Gemeint ist damit in der Regel der griechische Stadtstaat, eine Organisationsform, die sich durch den Grad der politischen Partizipation der Bürger, wie auch immer diese Gruppe in den jeweiligen griechischen Staaten definiert gewesen sein mag, auszeichnete und bestimmte. Interessant ist nun, daß die lateinische Übersetzung dieses Begriffes, *civitas*, wörtlich: die Bürgerschaft, gerade nicht die Bezeichnung der Römer für ihren Staat war. Wenn auch griechische Vorbilder bestimmend für die römische Staatstheorie und -philosophie waren, bewiesen die Römer in diesem Bereich Originalität, wenn sie ihren Staat *res publica* nannten, die öffentliche oder gemeinsame Sache im Gegensatz zur *res privata*, der Privatangelegenheit.

Der römische Begriff für „Staat" verweist also auf ein Feld, das gleichsam zwischen den privaten Bereichen der jeweiligen Akteure liegt, und nicht auf die Rolle dieser Akteure selbst, wie sich dies in der ethymologischen Abhängigkeit des *polites* von polis zeigt, des Bürgers vom Staat.

Res publica und res privata sind dabei nicht im modernen Sinne als öffentlich und privat zu verstehen. Für einen Angehörigen der römischen Elite ist diese Unterscheidung so nicht denkbar.

II. Homogenitätsstreben der römischen Elite

II.1 Nivellierung

Dies wird besonders deutlich angesichts der Tatsache, daß sich die Angehörigen der Elite in Kernbereichen der res privata einer gewissen Kontrolle durch ihre *peers* unterwarfen. Dies geschah u.a. durch folgende Maßnahme.
Verstieß ein Angehöriger der politischen Elite gegen den Moralkodex der Elite, wurde er de facto aus dem Senat ausgeschlossen, oder vielmehr, technisch genauer, er wurde nicht in die formale Senatsliste aufgenommen und verlor damit sein durch Bekleidung eines politischen Amtes erworbenes Recht, an den Senatssitzungen teilzunehmen (Bleicken 1989: 108-110). Dieses Übergehen in der Senatsliste geschah offenbar mit dem Hinweis auf eine Verfehlung, der sogenannten *nota censoria*. Unter den erhaltenen Hinweisen finden sich zahlreiche Verfehlungen aus dem staatlichen Bereich: Pflichtversäumnisse, Unterschlagungen und ähnliches. Es finden sich aber auch Verfehlungen aus dem rein privaten Bereich, die auch durch keine juristische Sanktion bedroht waren. Ein Ehemann, der seine Frau ohne Grund verstieß, konnte ebenso mit der nota censoria belegt werden, wie ein Herr, der grundlos seine Sklaven mißhandelte (Sacher 1953: 1064). Diese Übertretungen blieben wohlgemerkt ohne Rechtsfolgen im juristischen Sinne. Beging sie ein Angehöriger der politischen Elite, wurde er aus dem Gremium, in dem sich diese Elite artikulierte, ausgeschlossen (Baltrusch 1989: 8-25, 28-30 u. 128-131)

II.2 Konsensualität

Eine andere Auffälligkeit der politischen Praxis in Rom ist das Streben der Elite nach Konsens. An und für sich sind die römischen Amtsträger mit einer bemerkenswerten Machtfülle ausgestattet. Dazu kommt, daß eine klare Hierarchie zwischen den Ämtern festgelegt ist, die für die meisten Fälle eine Kompetenzkollision verhindert.
Trotzdem sichern sich Amtsträger in allen Fragen von einiger Bedeutung mit ihren Entscheidungen ab, indem sie Rücksprache mit dem Senat, der Versammlung der ehemaligen Amtsträger, nehmen. Wo dies aus äußeren Gründen – etwa während eines Feldzuges – nicht möglich ist, beraten sich die Amtsträger mit angesehenen Personen aus ihrer Umgebung, ihrem *consilium*.
Dieses Instrument wird etwa auch von einem pater familias herangezogen, ehe er eine gravierende Entscheidung in seiner res privata trifft.
Die Konstellation ist dabei ähnlich wie die zwischen Amtsträger und consilium/Senat. Die Kompetenzen liegen klar beim *pater familias*/Amtsträger. Die Entscheidung in der Sache steht ihm rechtlich aufgrund seiner *patria potestas* zu. Trotzdem berät er sich mit einem Personenkreis, der in der An-

gelegenheit ganz offensichtlich keine Entscheidungsbefugnis hat, und holt dessen Meinung ein. An dieses Votum ist er nicht gebunden, wie einige Fälle zeigen. Der Amtsträger wird nicht zur Rechenschaft gezogen, wenn er den ihm erteilten Ratschlag verwirft und eine andere Entscheidung trifft, auch wenn es de facto schwierig gewesen sein dürfte, sich gegen das Gewicht und Ansehen der Ratgeber durchzusetzen.

In der Regel beobachten wir, daß römische Amtsträger sorgfältig darauf bedacht sind, sich im Einvernehmen mit einer Mehrheit ihres Standesgenossen oder doch wenigstens einem einflußreichen Teil zu befinden (Bleicken 1989: 78f., 118f.)

Eine der Ursachen für diese Selbstbeschränkung könnte in einem Selbstschutzbedürfnis der Angehörigen der politischen Elite liegen. Ein römischer Politiker durchläuft relativ wenige Stationen einer stark reglementierten Laufbahn. Im wesentlichen ist die Reihenfolge der Ämter festgeschrieben, ebenso die Mindestalter und Zulassungsvoraussetzungen, d.h. die qualifizierenden Ämter. Ämter werden in der Regel nur einmal, nur für die Dauer eines Jahres und nur mit Unterbrechungen durch amtslose Zeiten bekleidet. Sobald diese Laufbahn absolviert ist, wird der jeweilige Politiker, mit wenigen Ausnahmen, keine Ämter mehr bekleiden. Er gehört aber weiterhin dem Senat an. Fehlverhalten, auch und gerade unpolitisches Fehlverhalten, wird gegebenenfalls mit dem Ausschluß aus dem Senat geahndet. Der Einzelne hat also kein Interesse daran, die Position des Senates zu schwächen. Darunter würde sein eigener Einfluß, sobald er aus der hervorgehobenen Position des Amtsträgers abgetreten ist, leiden.

II.3 Integrationsfähigkeit

Obwohl die römische Elite stets ein ausgeprägtes Standesbewußtsein pflegt und zelebriert, zeichnet sie sich durch die Fähigkeit aus, Außenstehende in ihren Kreis zu integrieren, dies freilich z.T. nach erheblichen Widerständen und auch nur, wenn diese sich durch besondere Leistungsbereitschaft und Engagement für den römischen Staat auszeichnen.

Die Entstehung der Nobilität, also der Spitze der römischen Oberschicht selbst, in einem über Generationen andauernden Verschmelzungsprozeß von Patriziat, dem altrömischen Adel und den Oberschichten des Plebejerstandes gibt davon ein beredtes Zeugnis. Einen ähnlichen Prozeß beobachten wir dann in der entwickelten Republik. Im wesentlichen war der Zugang zu den hohen Staatsämtern den *nobiles* vorbehalten. Trotzdem gelang es immer wieder nicht nur Angehörigen der weiteren Führungsschicht, sondern auch Politikern aus den nichtprivilegierten Schichten, den sogenannten *homines novi*, wenn sie durch besondere Leistungen u.a. im militärischen Bereich auf sich aufmerksam gemacht hatten, bis zu den höchsten Ämtern vorzudringen. Dabei wurde ihnen zwar häufig erbitterter Widerstand entgegengesetzt, sie wurden aber auch von Angehörigen der Elite unterstützt und gefördert. Ihre

Nachkommen standen dann voll gleichberechtigt innerhalb der Nobilität (Gelzer 1912: u.a. 39-45 u. 59-61).

III. Leistungsideologie der römischen Elite

Die Herrschaftsform der römischen Republik wurde als Meritokratie bezeichnet, als Herrschaft derer, die sich um den Staat verdient gemacht haben (Hoelkeskamp 1996: 302-305). Damit ist eine, vielleicht die ausschlaggebende Komponente für die Legitimation politischer Macht in Rom genannt: Leistung, oder besser: Einsatzbereitschaft (Hoelkeskamp 1987: 204ff. u. 241ff.).

Wer in Rom politische Macht ausüben wollte, mußte sein Engagement für den Staat unter Beweis stellen. Dies geschah vor allem im militärischen Bereich. Die Beteiligung an bedeutenden Siegen und hervorragende militärische Einzelleistungen gewährleisteten in der Regel, in hohe Ämter gewählt zu werden. Dieses Engagement konnte sich sehr persönlich und unmittelbar äußern (MacMullen 1988: passim). Bei der Bewerbung um ein politisches Amt wurden häufig die Narben gezeigt, die man während des Militärdienstes davongetragen hatte.

Die Bewährung als Feldherr sicherte für die Zeit nach der Amtsperiode eine einflußreiche Position im Senat und eröffnete die Möglichkeit, sich für Nachwuchs aus dem eigenen Umfeld zu engagieren.

Die *comitia centuriata*, diejenige Form der Volksversammlung, die mit den umfassendsten Kompetenzen ausgestattet war, gliederte sich nach dem Vermögen ihrer Mitglieder in mehrere Klassen. An dieses Vermögen waren die militärischen Verpflichtungen geknüpft, denen der einzelne römische Bürger unterworfen war. Die Einstufung in eine hohe Klasse brachte mit sich, daß der Einzelne – zumindest im Prinzip – beim Militärdienst besonders belastet wurde, aber auch, daß aufgrund des Abstimmungsmodus seine Stimme in der Volksversammlung größeres Gewicht besaß.

Nicht nur die politischen Partizipationsmöglichkeiten der römischen Oberschicht, sondern auch die breiterer Bevölkerungsgruppen waren offenbar – zumindest im Prinzip – an individuelles militärisches Engagement für den Staat geknüpft (Bleicken 1989: 98).

Für die politische Elite lassen sich andere Formen des Einsatzes für das Gemeinwesen beobachten. Verschiedene Ämter brachten die Verantwortung für infrastrukurelle und soziale Projekte mit sich. Censoren etwa, aber auch andere, wurden häufig mit dem Bau von Wasserleitungen oder Straßen beauftragt. Dabei stockte der zuständige Magistrat das vorhandene Budget meist aus eigenen Mitteln auf. Einige andere Ämter waren mit der Ausrichtung von Spielen verknüpft. Vor allem hier steuerte der jeweilige Amtsträger beträchtliche private Mittel bei, um die Spiele entsprechend reichlich ausstatten zu können. Unter Spielen sind dabei nicht in erster Linie Gladiatorenkämpfe oder ähnliches zu verstehen. Viel wesentlichere Bestandteile waren die kultischen Handlungen, die wesentlich zum 'Seelenfrieden' der römischen Bevölkerung beitrugen und u.a. die öffentlichen Bewirtungen, die für einen Teil der verarmten Stadtbevölkerung einen unentbehrlichen Zuschuß zum Lebensunterhalt darstellten. Völlig aus privaten Mitteln wurde dagegen die Errichtung von Tempeln und anderen Gebäuden bestritten, die dann dem öffentlichen Gebrauch für Märkte, Gerichtsverhandlungen oder ähnlichen Veranstaltungen überlassen wurden.

Derartige Anlässe boten also die Möglichkeit, sich zu profilieren und sein Engagement für die res publica unter Beweis zu stellen. Die Großzügigkeit gegenüber der römischen Bevölkerung war eine allgemeine Pflicht der Führungsschicht. Diese Verpflichtung hatte aber nicht nur rationale Aspekte, etwa in der Weise, daß Stimmen für Wahlen gekauft werden sollten. Beschenkt wurden auch Bevölkerungskreise, die an den Wahlen gar nicht teilnehmen durften (Veyne 1988: 312-440).

Selbstverständlich wurden die materiellen Ressourcen, die diese Art von Engagement erst möglich machten, häufig im Dienst für die res publica erworben, sei es durch den jeweiligen Politiker selbst oder durch Angehörige seiner Familie, die ihrem Nachkommen dann die Grundlagen für seine Karriere zur Verfügung stellten.

III.1 Folgen für res publica – res privata

Der materielle Aspekt des Engagements für die res publica verweist auf ein interessantes Problem. Eine der wesentlichen Voraussetzungen für eine politische Betätigung stellten beträchtliche finanzielle Ressourcen dar. Der jeweilige Politiker brachte also wesentliche, hier materielle Teile seiner res privata für Zwecke der res publica auf und 'erwarb' dadurch gleichsam einen Anspruch auf eine gewisse politische Macht. Diese politische Macht setzte er nun dazu ein, um seine eigenen Ziele zu verfolgen. Dabei ist für ihn offenbar der Unterschied zwischen res privata und res publica nicht vorstellbar. Durch sein Engagment machte er seine res privata zur res publica und nunmehr war – überspitzt formuliert – die res publica seine res privata.[1] Dieses Paradox läßt sich in moderne Begriffe von öffentlicher und privater Sphäre nicht übertragen und stellt wohl eine der Schwierigkeiten dar, einen Politikbegriff der römischen Republik zu umreißen.

---

1   Baltrusch (1989: 2) konstatiert die Notwendigkeit von „Übersichtlichkeit [....] und [...] Homogenität der Führungsschicht" und dem daraus resultierendem öffentlichem Interesse auch privater Handlungen. So auch Bleicken (1975: 364).

III.2 Unbedingte Notwendigkeit von Konsensualität und Homogenität

Wegen dieser Verschränkung von res privata und res publica im Bewußtsein der politischen Elite war es für die römische Republik unabdingbar, Instrumente zu entwickeln, die eine Kontrolle und Hemmung von ausbrechenden Individualinteressen erlaubten. Die Geschlossenheit der politischen Elite, ihre starke Betonung von Konsens und Homogenität bildeten eben diese Instrumente. Die ideologischen Grundlagen dieser politischen Kultur, die uns in der Literatur der ausgehenden Republik und der frühen Kaiserzeit begegnet, sind genau diese: Einsatz- und Opferbereitschaft für die res publica und Einigkeit und Geschlossenheit der Oberschicht.

III.3 Folgen bei deren Verlust

Diese Grundlagen wurden dem einzelnen Politiker in einem lebenslangen Erziehungs- und Sozialisationsprozeß eingeprägt. Ein wesentlicher Teil seiner Erziehung bestand in der permanenten Konfrontation mit den Leistungen seiner Vorfahren und den Ämtern, den *honores*, mit denen die res publica diese zur Belohnung für diese Leistungen und Verdienste auszeichnete (Fusco 1982: 17; Hoelkeskamp 1996: 302-305) Für die Nachkommen der politischen Elite standen zu wenige offene Stellen zur Verfügung, um den Ehrgeiz jedes Einzelnen zu befriedigen. Die daraus resultierende Konkurrenzsituation motivierte den einzelnen Politiker, nach Möglichkeit seine Mitbewerber durch sein Engagement zu übertreffen. Bis er schließlich an die Spitze der Ämterhierarchie vordrang – falls er überhaupt zu den wenigen gehörte, die ein Spitzenamt erreichten – stand er in ständiger Unterordnung zu einem Vorgesetzten, dem er verantwortlich war. Erreichte er ein Spitzenamt, waren in der römischen Verfassung alle Vorkehrungen getroffen, um die Amtszeit so kurz wie möglich zu halten, in der Regel ein Jahr, und den römischen Amtsträger möglichst wenig 'mit seinen Befugnissen allein zu lassen'.

Das ständige Anwachsen des römischen Reiches stellte schließlich im Laufe des 2. Jh. v. Chr. immer höhere Anforderungen an die Administration des riesigen Gebietes, die es erforderlich machten, Spitzenkommandos für immer längere Zeiträume zu vergeben. Dadurch und durch die ständig anwachsenden Ressourcen, die sich den jeweiligen Amtsträgern in den Provinzen anboten, wurde die 'emotionale Selbstdisziplin' der römischen Elite überfordert. Die jahrelange Abwesenheit des Nachwuchses, aber auch der Amtsträger von Rom, ließ ein Erlernen des Konsenses und der Homogenität, die unabdingbar für den Zusammenhalt der politischen Elite waren, nicht mehr zu. Die nahezu unbegrenzten Profilierungsmöglichkeiten des Einzelnen lösten einen eskalierenden Exzeß der Konkurrenz aus, in dem nicht mehr die Leistungen des Einzelnen das maßgebliche Kriterium für sein Ansehen unter den Standesgenossen darstellte, sondern persönliche Beziehungen und die Verfolgung von Einzelinteressen die Entscheidungsgrundlage für die Handlungen des Einzelnen bildete. Schließlich verfolgten immer mehr Politiker ihre Ziele ganz offen auch gegen die Interessen der res publica, wenn diese ihren eigenen entgegenstand. Die psychologische Rückbindung an die res publica war nicht mehr möglich, weil die Differenz zwischen res publica und res privata, und damit die Unterordnung der einen unter die andere, für den jeweiligen Politiker nicht artikulierbar war. Um eine 'angemessene' Würdigung der eigenen Leistung zu erzwingen, wurden schließlich eine Reihe von Bürgerkriegen geführt. Der Konsens und die Homogenität der politischen Elite wurden endgültig zerstört. Die res publica, also das gemeinsame Feld zwischen den res privatae der Einzelnen, zerriß (Meier 1966: passim).

IV. Politikbegriff

Die Homogenität der Elite sollte durch ihre Konsensualität gewahrt werden. Diese wird aber nicht institutionell erzwungen, sondern durch Übung erlernt. Dabei bleiben zahlreiche Ausbruchsmöglichkeiten, um sich zu profilieren. Die Legitimation für die Herrschaft der Elite ebenso wie für die Übergriffe des Einzelnen bildet dabei ihre/seine Leistung für die res publica. Daraus ergibt sich zum einen das Spannungsfeld zwischen res publica und res privata, zum anderen die grundsätzliche Offenheit der Elite für Außenstehende, die bereit sind, sich der Ideologie der Meritokratie zu unterwerfen. An und für sich von den Leistungen ihrer Vorfahren profitierend, verloren die Einzelnen ihren Anspruch auf Elitenzugehörigkeit, wenn sie die erforderlichen Leistungen nicht erbrachten. Durch die wachsenden Anforderungen an die Verwaltung des Reiches gewann zum einen der Leistungsaspekt objektiv und subjektiv an Gewicht. Zum anderen verlor die Erziehung zum Konsens ihre Wirkmöglichkeit.

Welche Effekte haben diese Voraussetzungen für Politik in der römischen Republik?

Politik ist das Reservat einer kleinen Gruppe, die sich einerseits durch eine bemerkenswerte Offenheit und Integrationsfähigkeit auszeichnete, andererseits aber höchste Anforderungen an die Leistungsbereitschaft und den 'Korpsgeist' ihrer Mitglieder stellte.

Übersetzt in die drei Dimensionen des sozialwissenschaftlichen Politikbegriffes (*polity*, *politics* und *policy*) fällt dabei ins Auge, daß für römische Politik die Ebenen polity und politics von beträchtlicher Bedeutung sind. Die Ebene policy spielt eine geringe Rolle. Die Ideologie der Meritokratie mit ihrer besonderen Gewichtung von Engagement und Standesdisziplin verliert ihre Wirksamkeit durch die Reduktion auf Verfahrensfragen. Eine tatsächliche Auseinandersetzung mit den inhaltlichen Aspekten von Politik fand nicht statt. Dieser Inhalt war immer disponibel, solange er nur von den richtig qualifizierten Akteuren in den korrekten Verfahrensweisen vertreten wurde. Möglicherweise liegt darin der tiefere Grund für das Scheitern der Republik. Das Ausblenden (oder vielmehr Nicht-Einführen) der inhaltlichen Ebene von Politik konzentrierte die Legitimation für das politische Handeln der Elite auf rein formale Aspekte. Die Betonung dieser Formalia ermöglichte, daß die einzelnen Angehörigen der Elite sich ihrer Rückbindung an jedwede 'Gemeinwohl'-konzeption entledigen konnten. Genauer: Wenn es je eine Gemeinwohlvorstellung gegeben hat (z.b.: Größe des römischen Staates, Einigkeit der Bürger), so ließ sie sich in Handlungsanweisungen übersetzen und zerlegen, die wir in der römischen Literatur unter dem Schlagwort *mos maiorum* wiederfinden.

Die Überlagerung des Gemeinwohles in der res publica durch die res privatae der Einzelnen wurde durch die besondere Betonung der Qualifizierungselemente in der Nobilität hervorgerufen. Die Beantwortung der Frage „Wer darf Politik machen?" wurde vollkommen formalisiert und auch keiner tatsächlichen Kontrolle unterworfen, weil diese Kontrolle angesichts der Konkurrenz innerhalb der Elite nur zum Instrument der Profilierung Einzelner geworden wäre. Der Formalisierung der Qualifikation stand die Homogenisierung der Elite gegenüber. Aber auch die Beantwortung der Frage „Wie wird Politik gemacht?" erstarrte in legalistischen Verfahrensfragen, die schließlich angesichts des Versagens der Sozialisierungsinstrumente für die Angehörigen der Elite die Geschlossenheit der Nobilität nicht mehr gewährleisten konnte. Das politische System der römischen Politik bot keine Antwort auf die Frage „Welche Politik wird gemacht?". Jeder inhaltliche Diskurs war unmöglich, denn von Bedeutung war lediglich, ob der Akteur qualifiziert war und ob er die korrekten Verfahrensweisen einhielt. Welche Inhalte er vertrat, war nicht Gegenstand der Auseinandersetzung, weil das 'politische Vokabular' dafür nicht existierte. So konnte jeder Akteur die Inhalte verfolgen, die seine individuellen waren, ohne daß seine politische Umwelt dies artikulieren oder auch nur hätte wahrnehmen können. Das Fehlen dieser Kommunikationsebene hat schließlich die römische Republik in einer Reihe von Bürgerkriegen zerstört, die jeder der Beteiligten in dem Bewußtsein führte, daß er zum politischen Handeln qualifiziert war und sein politisches Handeln die korrekten Formen wahrte. Daß der Inhalt seiner Politik das Gemeinwesen, die res publica zerstören mußte, blieb ihm verborgen oder uneinsehbar.

Zum mittelalterlichen Politikverständnis: Die *Civitas* als Fokus des Politischen im *Defensor Pacis* des Marsilius von Padua?

Bettina Koch

"Wir begehren, daß die Vorrechte, die die früheren Kaiser durch allgemeine Gesetze allen hochheiligen Kirchen des wahren Glaubens verliehen haben, fest und unverbrüchlich bewahrt werden".[1] So heißt es in dem erstmals 534 publizierten *Codex Justinianus* (1991: I,ii,12).

Mit dem *Codex Justinianus* als Teil des *Corpus Iuris Civilis* ist eine der im Mittelalter einflußreichsten Rechtssammlungen angezeigt. Geht es im 6. Jahrhundert noch darum, die vom Kaiser der Kirche gewährten Rechte zu bestätigen und zu schützen, so hat sich das Verhältnis von *imperium* und *sacerdotium* bis zum 14. Jahrhundert grundlegend gewandelt.

Wenn Dante in seiner *Divina Commedia* (1972) gerade im *Corpus Iuris* ein Werkzeug sieht, die zerstörte Ordnung des Reiches wieder herzustellen (Purg. VI,88f.), geschieht dies nun in Kritik an der aktuellen päpstlichen Stellung: Das Bestreben des Papstes, sich zusätzliche Rechte aneignen zu wollen und selbst die Führung des Reiches für sich zu beanspruchen, stellt für ihn den Grund für die aktuellen Wirren, besonders in seiner Heimat Italien, dar. Hatte Justinian durch seine Ordnung das Reich – bei Dante versinnbildlicht als Pferd – gesattelt und gezäumt, so ist für Dante der Sattel leer; der Papst versucht das Tier am Zaum wegzuführen (Purg. VI,95f.).

Indem Dante das Problem des Verhältnisses von imperium zu sacerdotium aufgreift, behandelt er eines der zentralen Themen mittelalterlichen politischen Denkens, welches gleichsam eines der Hauptantriebsmomente für die politiktheoretische Reflexion offenbart.

Würdigt Dante das Problem der zwei Gewalten in der *Commedia* lediglich sehr allgemein und deutet es nur am Rande an, so formuliert er seine Kritik an der päpstlichen Machtanmaßung, dem Anspruch des Papstes auf *plenitudo potestatis*, in der 1317[2] verfaßten *Monarchia* wesentlich elaborierter (1989): In ihr bemüht er sich um den philosophischen Beweis der Notwendigkeit einer Universalmonarchie *ad bene esse mundi*. Zudem geht es ihm um den rechtmäßigen Besitz des imperium der Römer sowie um die Dar-

---

1 Hier zit. n. der deutschen Auswahlübersetzung des *Codex Justinianus* (1991: 32). – Bei den hier im folgenden zitierten Quellentexten wird der üblichen Zitierweise gefolgt.
2 Zur Datierung der *Monarchia*: Imbach/Flüeler (1989: 25).

legung, inwiefern die Autorität des Kaisers als gottesunmittelbar anzusehen ist (Mon. I,ii,3).

Die Beweisführung des Poeten verläuft zugunsten der Gottesunmittelbarkeit der kaiserlichen Autorität, die eine Neubestimmung der päpstlichen Stellung zur Folge hat: Am Ende stehen sich in Dantes Traktat die vormaligen Gegner nicht mehr als Kontrahenten gegenüber; vielmehr haben sie ihr jeweiliges fest umrissenes Aufgabenfeld mit aufeinander bezogenen Funktionen, die auf das zweifache Ziel des Menschen ausgerichtet sind, das diesseitige wie das jenseitige. Über weltlichen Besitz verfügt der Papst in seiner neuen Rolle nicht mehr; weltliche Gerichtsbarkeit ist hier für ihn ebenso ausgeschlossen (Mon. III,xv,10).

Dante beläßt es dabei, den zwei Gewalten mehr oder minder gleichberechtigte Positionen nebeneinander zuzuweisen. Beide beziehen ihre Autorität direkt von Gott. Ihr Verhältnis zueinander ist durch *concordia* bestimmt (ebd.). Durch die Gottesunmittelbarkeit der beiden Gewalten ist ein subordiniertes Verhältnis – aus dem sich das Recht auf Amtseinsetzung ableiten ließe – ausgeschlossen. Um seine Position zu untermauern, negiert der Poet die Rechtmäßigkeit der Konstantinischen Schenkung, welche den weltlichen Herrschaftsanspruch der Kirche begründet (Mon. III,x,14-20).

Im Ganzen läßt sich die *Monarchia* als Versuch deuten, den 1302 in der Bulle *Unam sanctam* (1989) von Bonifaz VIII. erhobenen Anspruch auf die päpstliche Machtfülle in geistlicher wie weltlicher Hinsicht (plenitudo potestatis) zu widerlegen. Bonifaz hatte dort alle, die sich seinem Befehl widersetzen, der Ketzerei beschuldigt. Steht die Bulle in direkter Relation zum Konflikt zwischen Bonifaz VIII. und Philipp dem Schönen von Frankreich, so verschärft sich diese Auseinandersetzung nochmals unter Johannes XXII. und Ludwig dem Bayern. Wie schon der vorherige Konflikt zwischen Philipp und Bonifaz, wird auch die Auseinandersetzung von theoretischen Schriften begleitet, die auf die Streitpunkte Bezug nehmen.

Rührt Dante noch nicht grundsätzlich an dem Dualismus zwischen Papst und Kaiser, so geht wenige Jahre später Marsilius von Padua in dem 1324 abgeschlossenen *Defensor Pacis* einen Schritt weiter:

Obwohl der Einheitsgedanke, wie er von Dante vorgetragen wird, ebenso von der Aristoteleskommentierung des arabischen Philosophen Averroes († 1198) beeinflußt ist wie im Denken des Marsilius (Hübener 1994: 235), sieht Dante diesen Gedanken durch das Konzept der Weltmonarchie wie durch das Bezogensein der zwei Gewalten auf Gott als erfüllt an. Auch die seinstranszendierende Einheit wird als solche anerkannt.

Marsilius akzeptiert dies nicht. Zwei in dieser Welt tätige höchste Gewalten, selbst mit getrennten Aufgabenbereichen, führen nach seiner Anschauung zwangsläufig zu Kämpfen zwischen den Autoritäten. Letzteres wiederum hat die Spaltung und möglicherweise den Untergang des politischen Gemeinwesens zur Folge (DP I,xvii,5). Daneben spricht Marsilius grundsätzlich jedem Priester, ob er nun Papst, Bischof oder einfacher Priester ist, das Recht ab, zwingende Regierungsgewalt auszuüben (DP I,xix,12); ihre Funktion ist eine andere.

In dem bestehenden Konkurrenzverhältnis zwischen Papst und Kaiser und den daraus resultierenden Konflikten sieht Marsilius ein Problem, welches einerseits den Philosophen, besonders Aristoteles, der im späten Mittelalter als *der* Philosoph angesehen wird, nicht bekannt war und die Hauptursache für den von ihm diagnostizierten Unfrieden darstellt. Es ist der aus der Heilsgeschichte erwachsene Anspruch des Papstes auf plenitudo potestatis (DP I,i,7) – hier nimmt Marsilius also auf die gleiche Problematik Bezug wie zuvor Dante. Durch den päpstlichen Machtanspruch sind die notwendigen Voraussetzungen für ein prosperierendes Gemeinwesen, die Marsilius mit *pax et tranquilitas* benennt, in ihrem Bestand bedroht und zum Teil zerstört (DP I,i,1).

Ausgehend von seiner Problemanalyse entwirft Marsilius ein Modell, in dem Frieden und Ruhe gewährleistet sind. Es geht ihm um die Beschreibung der *civitas*, die ihm Ausdruck für die *perfecta communitas* ist (DP I,iii,5). Ein Wesenszeichen des vollkommenen Gemeinwesens ist seine Selbstgenügsamkeit (*per se sufficiencie vocata est civitas*, DP I,iv,5). Durch die Projektion des Entwurfs in die Zukunft trägt er deutlich utopische Züge.

Obwohl sich Marsilius zunächst ebenso wie die meisten anderen Autoren seiner Zeit auf die Analyse eines Problems beschränkt, entwickelt er im Zuge seiner Darlegungen dennoch eine nahezu allgemeine Theorie, die sich als Versuch lesen läßt, „to frame a set of criteria for a good social and political life in general, without references to constitutional, or territorial considerations" (Nederman 1995: 21). Vor dem Hintergrund einer allgemeinen Theorie wäre es eine zu starke Verkürzung, wollte man in diesem Kontext den Terminus *civitas* eindeutig auf die „Stadt" oder das „Reich" beziehen.

Nach der Darlegung des Problems, welches ihn zu seiner Reflexion und zum Abfassen des *Defensor Pacis* veranlaßt, beginnt er mit seiner eigentlichen politiktheoretischen Erörterung.

In ihr offenbart er, indem er seine Vorstellung von der besten Ordnung kundtut, die ihm eigene Vorstellung des Politischen. Sie ist deutlich prozeßorientiert.

Es geht ihm dabei:
- um die Bestimmung des Ursprungs des Politischen und seiner Konsequenzen.

Letzteres begründet Marsilius' Annahme:
- die von ihm aufgezeigte Entwicklung verlaufe vom weniger Vollkommenen zum Vollkommenen.

Dazu bedarf es im Gemeinwesen:
- der Bestimmung der besten Regeln,
- der Auswahl und der Einsetzung geeigneter Personen in ihre Funktion,
- der funktionalen Differenzierung sowie
- der Neubestimmung des Verhältnisses von imperium und sacerdotium.

I. Der Ursprung des Politischen und seine Konsequenzen

Den Ursprungs des Politischen sieht Marsilius in der Sündhaftigkeit des Menschen begründet. Am Anfang steht der Fall des Menschen, ausgelöst durch den Genuß der verbotenen Frucht im Paradies (DP I,vi,1). Folge des Sündenfalls sind der Verlust der göttlichen Gnade und der Unschuld sowie der Verlust der Gesundheit der Seele des Menschen (DP I,vi,2).

Der Mensch hat sich also in seinem politischen Stand vom eigentlichen Mensch-Sein entfernt. Die Imperfektibilität zwingt ihn, in politischer Gemeinschaft und in funktionaler Differenzierung zu leben. In seinem Bestreben um die möglichst beste Ordnung ahmt der Mensch die Natur nach, die gleichsam Abbild der göttlichen Ordnung ist (DP I,iii,2).

Die politische Ordnung läßt sich hinsichtlich ihrer Funktion, die Krankheit der Seele zu heilen, als „Seelentherapeutikum" deuten. In diesem Anliegen offenbart sich zugleich die doppelte Bestimmung des Menschen, in der Hans Blumenberg einen wesentlichen Topos mittelalterlicher Theologie ausgemacht, die gleichwohl nicht vom politischen Denken zu trennen ist: der gleichzeitige Bezug zu Gott und Mensch, von Theozentrismus und Anthropozentrismus (1996: 559).

Die von Marsilius aufgezeigte Entwicklung bewegt sich im Grunde auf denselben Spuren, wie sie auch in Dantes *Commedia* aufzuweisen sind: von der Sündhaftigkeit, die Dante im *Inferno* und im *Purgatorio* beschreibt, hin zum ewigen Heil (*Paradiso*).[3] Heilsgeschichtliche Perspektiven sind hier auf das Engste mit dem profanen Politischen verknüpft:

Indem der Ausgangspunkt seiner Überlegungen zum Wesen des Politischen von der Sündhaftigkeit des Menschen markiert wird und Marsilius die Auffassung vertritt, erst mit dem Sündenfall im Paradies komme das Politische in diese Welt und mache Vergemeinschaftung und politische Ordnung notwendig (DP I,vi,1), wird ein wesentlicher Unterschied gegenüber dem antiken Denken deutlich. Gerade die Verbindung der politischen Sphäre mit der christlichen Theologie offenbart den spezifisch mittelalterlichen Charakter seines Denkens. Dieses Unterschieds ist er sich selbst bewußt: Die (antiken) Philosophen haben sich Marsilius zufolge nicht mit dem ewigen Leben beschäftigt, sondern lediglich mit dem logisch Beweisbaren (DP I,iv,3). Allein darauf bezogen sich ihre politiktheoretischen Erörterungen.

Letztere Feststellung führt zu Marsilius' Schlußfolgerung: ein vollkommenes Gemeinwesen konnten die Philosophen nicht entwerfen, denn neben dem, was von ihnen dargelegt wurde, bedarf es etwas anderem, welches für

---

3 Die Ähnlichkeit mit Dantes *Commedia* hat allerdings Grenzen, da bei Dante diejenigen, die in der Hölle schmoren, grundsätzlich vom ewigen Heil ausgeschlossen sind. Dieser Gedanke kommt bei Marsilius nicht zum tragen; bei ihm ist zunächst niemand absolut von der göttlichen Gnade ausgenommen.

die künftige Welt Bewandtnis hat (*pro statu futuri seculi*): den Kult und die Verehrung Gottes. Hier ist es Aufgabe der civitas, dafür die geeigneten Lehrer (*doctores*) zu bestimmen (DP I,vi,4).

Indem Marsilius die Priester, die theologischen Lehrer, als einen Bestandteil der civitas betrachtet, verdeutlicht er zugleich die Unmöglichkeit, das Religiös-theologische nicht als Gegenstand des Politischen anzusehen. Von ihm gehen sowohl positive Effekte auf die diesseitige Ordnung aus, wie es gleichsam für das jenseitige Schicksal von Belang sind. Hinsichtlich der Auswirkungen auf die weltliche Ordnung anerkennt Marsilius zwar die ähnlich gelagerte Funktion, die selbst die Philosophen den heidnischen Priester zugestanden hatten, verdeutlicht gleichwohl den wesentlichen qualitativen Unterschied zwischen heidnischen und christlichen Priestern.

Obwohl er mit den Philosophen darüber übereinstimmt, daß man allen religiösen Systemen gute Auswirkungen auf die Moralität des menschlichen Handelns bescheinigen kann, indem sie Belohnung oder Strafe ankündigen (DP I,v,10f.), kommt ihnen dennoch nicht die gleiche Qualität wie im Christentum zu: Denn den heidnischen Religionen fehlt es an der richtigen Vorstellung von Gott – wahres Priestertum kann es nur im Christentum geben (DP I,v,14).

Neben der Pflege des Kultes sieht Marsilius die Aufgabe der christlichen Priester in der Erziehung (*disciplina*) der Menschen. Um diese Funktion erfüllen zu können, sind die evangelischen Gesetze zu lehren; ihre Befolgung ist die Quelle der ewigen Seligkeit. Sittliche Normen, die der menschliche Geist ausfindig macht, wirken dabei unterstützend (DP I,vi,8f.).

Mit diesen Positionen offenbart Marsilius einen eschatologischen Wesenszug seines Denkens, wie es gleichsam geschichtsphilosophische Züge in sich birgt. Geschichtsphilosophie ist hier untrennbar mit der Heilsgeschichte verbunden. Letzteres verdeutlicht sich besonders an dem Gedanken, Gott sei hinsichtlich der Erlösung den Menschen immer weiter entgegengekommen.

Konnten sich die Gläubigen durch die Befolgung der religiösen Gebote vor der Verkündung des evangelischen Gesetzes wohl vor jenseitiger Strafe schützen, so hatten sie sich allein dadurch die ewige Seligkeit nicht verdient. Mit der Offenbarung des fleischgewordenen Sohns hat sich die Situation grundlegend geändert:

Aus diesem Grund wird das evangelische Gesetz auch ‚Gesetz der Gnade' genannt (*lex gracie vocata est*), denn mit Christi körperlichem Tod wurde die Erbsünde vom Sündenkonto der Gläubigen getilgt (DP I,vi,4). Marsilius schließt dabei nicht aus, daß die (noch) Nichtchristen beim Jüngsten Gericht ebenso in den Genuß der Gnade kommen können; alle Christen können die Seligkeit aber schon vorher erlangen (ebd.).

II. Entwicklung zur Vervollkommnung

Die hier aufgezeigte geschichtsphilosophische Sicht bestimmt Marsilius' weiteren Überlegungen. Ebenso wie sich die Anwartschaft auf die göttliche Gnade im Zuge der (Heils-)Geschichte immer weiter verbessert, so strebt auch die ‚zivile' Gesellschaft hinsichtlich ihrer Differenzierung zur Vervollkommnung. Beides stellen aufeinander bezogene Größen dar.

Marsilius geht in seiner Betrachtung der Entwicklung nach dem Sündenfall davon aus, die Menschheit befinde sich zunächst im Status der Ungerechtigkeit. Erst im Laufe der Entwicklung gelange sie zu immer höheren Gerechtigkeitsstandards, deren Ende die civitas als vollkommenes Gemeinwesen bilde (DP I,iii,5).

Die kleinste Einheit menschlicher Vergemeinschaftung stellt für Marsilius die Familie dar. Sie ist für ihn noch nicht im engeren Sinne als politisch anzusehen. In ihr regiert einzig die Willkür des *pater familias*. Das Politische ist für den Artisten Marsilius immer verbunden mit einem wenigstens minimalen Gerechtigkeitsstandard. Willkürherrschaft, wie er sie in Familien vorzufinden meint, ist vorpolitisch (DP I,iii,3; Nederman 1990: 701).

Erst wenn sich mehrere Familien zusammenfügen und so Dorfgemeinschaften entstehen, entwickeln diese einen politischen Charakter. Dorfgemeinschaften sieht Marsilius allerdings lediglich als semipolitisch an; sie bewegen sich zwischen Willkür und politischer Gemeinschaft. In ihnen wird die Herrschaft meist durch den Ältesten des Dorfes ausgeübt. Den zumindest teilweisen Willkürcharakter dieser Vergemeinschaftungsform verdeutlicht Marsilius durch ein Beispiel:

Man stelle sich vor, ein Sohn des Ältesten habe seinen Bruder getötet. Folgte der Älteste (der ja zugleich Vater ist) in seiner Funktion als Richter der Regel, daß begangenes Unrecht auszugleichen sei, so verlöre er möglicherweise durch sein Urteil auch den zweiten Sohn; läßt er hingegen Gnade walten, so bleibt das Unrecht ungesühnt. Dem Gerechtigkeitsstandard des Dorfes wäre damit nicht Genüge getan (DP I,iii,4). Dieser ambivalente Charakter, der sich besonders in mangelnder funktionaler Differenzierung äußert, führt Marsilius dazu, der genannten Stufe der Vergemeinschaftung noch nicht vollends den Status des Politischen zusprechen zu wollen.

Wirklich politische Gemeinschaften entstehen erst, wenn die menschlichen Zusammenschlüsse durch quantitativen Zuwachs ihren dörflichen Status verlassen haben. Erst auf dieser Stufe der Vergemeinschaftung entsteht das, was vorher nicht oder nur ungenügend vorhanden war: Gesetze oder Gewohnheitsrechte als regelndes Element (ebd.). Daneben kann bei anwachsender Größe des Gemeinwesens aufgrund der zunehmenden gesellschaftlichen Differenzierung durch die Entwicklung der *artes* – hier ist unter anderem an arbeitsteilige Prozesse gedacht – die Versorgung der *cives*, die allein schon für das *vivere* notwendig ist, besser gewährleistet werden. Es geht aber nicht nur um das vivere, sondern ebenso um das *bene vivere* (DP I,iii,5). Mit zunehmender Größe und Differenzierung vollzieht sich aus der Sicht Marsilius' also etwas, was sich wohl am besten mit dem Terminus „Verrechtlichung" benennen läßt. Insofern ist es auch nicht schlüssig, diesen Prozeß als ‚Denaturalisierung des Naturrechts der früheren Generation' (Ullmann 1961: 270) darzulegen. Vielmehr hat die *lex humana* als *ius civile* Anteil an der *lex naturalis*.

Das Naturrecht bezeichnet bei Marsilius einmal den Teil des menschlichen Rechts, der in allen *regiones* gleichermaßen Gültigkeit besitzt (DP II,xxii,7). Daneben faßt Marsilius unter Naturrecht die Diktate der richtigen Vernunft, die unter der *lex divina* stehen. Hieraus ergibt sich, daß das Naturrecht als zusätzliche Kategorie neben dem menschlichen und dem göttlichen Recht überflüssig ist. Der Inhalt des Naturrechts findet sich entweder im positiven menschlichen Recht oder im positiven göttlichen Recht wieder (Tierney 1991: 9). Marsilius offenbart sich in der eben beschriebenen Position gleichsam als Rechtstheoretiker.

In Marsilius' Vorstellungen von den ersten Gemeinschaftsformen werden bestimmte Qualitäten sichtbar, die für ihn untrennbar mit dem Politischen verbunden sind: Willkür*herrschaft* ist nicht nach bestimmten festgesetzten Regeln geordnet. Herrschaft im eigentlichen Sinne findet hier gar nicht statt. Nur insofern sich Gewaltausübung an Regeln gebunden weiß, kann überhaupt von Herrschaft gesprochen werden. Erst durch die Existenz eines gegenseitigen Rechtsverhältnisses begründet sich Herrschaft. Nur sie ist Gegenstand des Politischen.

Die Regeln, die das Rechtsverhältnis wiedergeben, sind gleichsam Spiegel des jeweiligen Gerechtigkeitsstandards einer Gemeinschaft. Das sich hierin offenbarende korrespondierende Verhältnis zwischen Gerechtigkeitsvorstellungen und Politik weist bei Marsilius zudem starke Gemeinsamkeiten mit Ciceros Gerechtigkeitskonzeption auf (Nederman 1990a: 621). Letztere ist bekanntlich sehr platonisch beeinflußt.

Insofern die ordnungs- bzw. gerechtigkeitsschaffenden Regeln einen der zentralen Aspekte innerhalb Marsilius' politiktheoretischer Reflexion bilden, kann Politik hier im Prinzip nicht ohne eine Bindung an Gerechtigkeitsstandards gedacht werden – ohne Gerechtigkeit kein Politisches.

Aufgabe des Menschen ist es, die ordnungsschaffenden Regeln zu entdecken. Aus diesem Grunde sieht Marsilius es als notwendig an, zunächst zu bestimmen, wer Gesetzgeber sein darf und wie der Gesetzgebungsprozeß geregelt sein sollte. Zuerst bedarf es dafür allerdings der Spezifizierung dessen, was Gesetz (lex) heißen darf und was nicht.

III. Die Bestimmung der besten Regeln

Das Naturrecht ist in Marsilius' Überlegungen quasi nicht vorhanden. Es fällt somit als regelndes Moment aus. Das evangelische Gesetz als Ausfluß der lex divina ist zumindest seinen Glaubensgenossen bekannt. Doch fehlt ihm eine Qualität, um innerhalb einer diesseitigen Gemeinschaft nachhaltig ordnungsstiftende Funktionen erfüllen zu können.

Um der Bestimmung dessen, was Gesetz heißen darf und was nicht als solches zu bezeichnen ist, näher zu kommen, offeriert Marsilius zunächst verschiedene Bedeutungen von ‚Gesetz'. Nachdem er drei Möglichkeiten genannt (und verworfen) hat, bleibt eine vierte, in der ‚Gesetz' in zweifacher Hinsicht verstanden werden kann: Einerseits kann unter ‚Gesetz' dasjenige gefaßt werden, welches Auskunft gibt über die Dinge, die gerecht oder ungerecht, nützlich oder schädlich sind. Andererseits kommt die Qualität ‚Gesetz' einer Regel zu, die das Gerechte und Nützliche zum Inhalt hat, zusätzlich aber mit zwingender Gewalt ausgestattet ist (DP I,x,4).

Im erstgenannten Sinne handelt es sich nicht um ‚Gesetz', wie er es verstanden wissen will, sondern um Rechtslehre. Im Sinne einer Rechtslehre ist demzufolge auch das evangelische Gesetz aufzufassen. Erst die Ausstattung mit zwingender Gewalt verwandelt eine Regel in ein ‚Gesetz' in dem Sinne, wie Marsilius es versteht. Doch damit noch nicht genug: das ‚Gesetz' muß durch menschliche Autorität (*auctoritas humana*) entstanden sein (DP I,x,6).

Daraus ergibt sich als Definition für ‚Gesetz' eine zwingende Regel über das Gerechte und Nützliche in einem Gemeinwesen, die durch menschliche Autorität entstanden ist.

Dennoch grenzt Marsilius das evangelische Gesetz nicht gänzlich von seiner Gesetzesbestimmung aus: Das evangelische Gesetz wie seine alttestamentarischen Vorgänger stehen in (einer zunächst nicht näher spezifizierten) Beziehung zur lex humana (DP I,x,7).

Die Notwendigkeit für die Festlegung von Gesetzen sieht Marsilius u.a. in ihrem Nutzen bezüglich richterlicher Urteile. Nur mit ihrer Hilfe können Urteile richtig gefällt werden. Insofern in Marsilius' Konzeption selbst der Regent an sie gebunden ist, führen sie zu einer höheren Rechtssicherheit im Gemeinwesen: *ergo legis instirucio necessaria est in policia* (DP I,xi,1).

Hier schließt sich die Frage nach der *auctoritas humana*, als Erzeugerin der lex humana, an: Menschliche Ursache und damit *legislator humanus* ist die *universitas civium* oder die *valentior pars*, also die Gesamtheit der cives oder deren bedeutendster Teil (DP I,xi,3).

Die Aussage, die universitas civium sei Gesetzgeber, legt die Frage nahe, wer denn hier als civis zu verstehen ist – wer also die Mitspielern in dem Gemeinwesen sind –, die gleichsam die Möglichkeit offeriert, den Charakter der civitas näher zu bestimmen:

Marsilius nennt die civitas die *communitas liberorum*, die Gemeinschaft der Freien (DP I,xii,6). Demzufolge ist Freiheit die erste Voraussetzung, nicht nur um Funktionen innerhalb der Gemeinschaft wahrnehmen zu können, sondern um überhaupt politikfähig zu sein. Letzteres verdeutlicht sich u.a. an dem von Marsilius verwendeten Freiheitsbegriff. Für ihn beinhaltet Freiheit unabdingbar das Recht, d.h. die Freiheit, sich die Regeln, nach denen man lebt, selbst auferlegen zu können. Sobald eine Gemeinschaft nicht nach ihren eigenen Regeln leben darf, und mögen diese Regeln noch so gut sein, würde sie tyrannisch beherrscht (ebd.).

Doch Freiheit des einzelnen reicht Marsilius noch nicht aus, um die Qualität eines civis zuerkannt zu bekommen. Daneben bedarf es des guten Willens für die Gemeinschaft; cives zeichnen sich durch ihr Interesse am Erhalt des Gemeinwesens aus. Fehlt es jemandem an diesem Interesse, so kann derjenige nicht civis sein, sondern wird zu den Sklaven gerechnet: *Omnio non volentes manere policiam computantur inter servos, non inter cives* (DP I,xii,2).

Daneben zählen Frauen, Knaben und Fremde ebensowenig zu den cives (DP I,xii,4) wie die Böswilligen und Urteilslosen, die Marsilius auch von der politischen Partizipation ausnimmt (DP I,xiii,3).

Grundsätzlich erachtet er aber die Mehrheit als weder bösartig noch urteilslos. Sie verfügten zudem über gesunden Menschenverstand, dazu Vernunft und den Willen, in politischer Gemeinschaft zu leben (ebd.). Der Ausschluß der Knaben ist zudem zeitlich befristet; sie sind zumindest in Besitz einer Anwartschaft auf Teilnahme am Politischen.

Möchte man die Freien in irgendeiner Form quantitativ bestimmen, so ist hier zunächst auf die mittelalterliche Verfassungswirklichkeit zu verweisen, die ausschließt, daß die Anzahl der von Marsilius gemeinten Freien sonderlich groß gewesen sein dürfte. Dennoch hat die Bezeichnung der universitas civium als legislator vielfach dazu beigetragen, in dieser wie auch immer zu bestimmenden Gesamtheit demokratische Strukturen im Sinne eines modernen Demokratieverständnisses zu erblicken. Alan Gewirth (1979) ist einer der Hauptvertreter der „Demokratiethese". Demgegenüber sieht Conal Condren in dieser Interpretation bzw. in der damit verbundenen Frage, ob Marsilius nun ein Demokrat sei oder nicht, grundsätzlich das Problem der falschen Fragestellung, die er mit der „English speaking tradition" erklärt (1980: 316), welche sich durch ihre republikanische Präferenz auszeichnet.

Allein das Aufkommen einer demokratischen Interpretation des Marsilius verdeutlicht die Problematik, die mit dem Terminus universitas civium verbunden ist. Denn letztlich hält Marsilius seine genaue Bedeutung in der Schwebe, die hier nicht weiter ergründet werden soll. Wichtig ist zunächst nur, daß Marsilius den Gesetzgeber von einer Gesamtheit verkörpert wissen will, die er für fähiger erachtet, über Annahme oder Ablehnung zu entscheiden als jeden beliebigen Teil von ihr (DP I,xiii,2). Warum?

Zunächst geht Marsilius davon aus, daß Regeln, die man sich selbst auferlegt hat oder denen man zumindest zustimmen konnte, besser eingehalten werden als andere, denen diese Zustimmung versagt geblieben war, oder wo grundsätzlich nicht das Recht auf Mitwirkung bestand. Zudem sieht er aus dem Grundsatz „was alle angeht, mögen auch alle entscheiden" eine größere Sicherheit und Stabilität für das Gemeinwesen erwachsen (DP I,xiii,4).

Der mögliche Einwand, es wäre vorteilhafter, den Klügsten die Entscheidung zu überlassen, entkräftigt er mit dem Hinweis, in der Gesamtheit seien alle Weisen enthalten; somit ist die Klugheit der Gesamtheit größer als die des klügsten Teils für sich allein genommen (DP I,xiii,6).

Einige Einschränkungen, die sich zuvörderst aus praktischen Überlegungen ableiten, nimmt er jedoch vor: Nicht jeden erachtet er für gleichermaßen geeignet, die notwendigen Regeln zu finden. Neben der persönlichen Fähigkeit, die nicht bei allen gleichermaßen vorhanden ist, bedarf es zudem eines gewissen Maßes an Muße, um in die Lage versetzt zu sein, die möglichen Gesetze ausfindig machen zu können. Würden alle cives gleichermaßen und unabhängig von ihrer jeweiligen Effizienz von dieser Aufgabe beansprucht, bestünde die Gefahr der Vernachlässigung derjenigen Verpflichtungen, die für den Bestand der Gemeinschaft ebenso erforderlich sind.

Daraus leitet Marsilius aber nicht ab, auch ein kleinerer Teil als die Gesamtheit könne Gesetzgeber sein. Auch wenn der Artist das Argument so nicht explizit bringt: Die Zuweisung an eine andere Gruppe als die Gesamtheit bezüglich der Gesetzgebungskompetenz bewirkte gleichsam die Entfreiung desjenigen Teils, der aufgrund mangelnder Fähigkeit von der Gesetzgebung ausgenommen wäre. Denn Marsilius sieht ja gerade im Recht, nach den eigenen Regeln leben zu dürfen, eine Qualität, die nur dem Freien zukommt.

Wenn Marsilius dennoch zuläßt, die Gesetzesfindung einem Teil der Gesamtheit zuzusprechen, so vollzieht er diesen Schritt in einer Weise, die keine Beschneidung der Freiheitsrechte mit sich bringt. Marsilius denkt hier in erster Linie an die Klugen und Erfahrenen, die von der Gesamtheit gewählt werden können, um die Gesetzesfindung, die ihnen von allen noch am leichtesten fällt, zu übernehmen. Auch wenn dieser Gruppe allein durch den Wahlakt eine herausgehobene Position innerhalb des Gemeinwesens zukommt, so ist die Aufgabe der Gesetzesfindung nicht gleichbedeutend mit dem Recht zur Beschlußfassung, also dem Ausstatten der gefundenen Regeln mit zwingender Gewalt. Selbst wenn die Gesetzesfindung nicht von der universitas vollzogen wird, so ist damit kein Ausschluß der weniger weisen Mitglieder des Gemeinwesens angezeigt: Wenn nicht jeder gleichermaßen befähigt ist, die besten Regeln zu erforschen, heißt dies nicht, daß die weniger Fähigen nicht auch etwas zum Gesetz beitragen könnten. Soweit es auch nicht jedem gegeben ist, das richtige Gesetz zu finden, so ist es wesentlich leichter, das Gefundene abzulehnen, oder durch Zusätze, Streichungen respektive Änderungen zu modifizieren (DP I,xiii,7f). Da auch das Gesetz zur Vollkommenheit strebt, der Prozeß aber auf Klugheit, Erfahrung und Zeit beruht (DP I,xi,3), wäre der Ausschluß eines Teils gleichbedeutend mit einem potentiellen Verzicht an Erfahrung. Dies stünde der Vervollkommnung des Gesetzes (und des Gemeinwesens) im Wege.

Marsilius erkennt daneben die Schwierigkeiten bei der Entscheidungsfindung, wenn eine zu große Zahl mit der Gesetzgebung betraut ist. Aus rein praktischen Erwägungen offeriert er, die Gesamtheit könne eine kleinere Gruppe (*experti seu prudentes*) wählen oder bestimmen, um den Gesetzgebungsprozeß zu vereinfachen. Den Gewählten oder auf anderem Wege legitim in ihr Amt Gekommenen stünde dann die Aufgabe zu, Annahmen, Überarbeitung oder Modifizierung der Gesetzesvorschläge zu übernehmen (DP I,xiii,8).

Offen muß hier wieder bleiben, wen Marsilius unter experti seu prudentes faßt. Einerseits sind es natürlich jene „wise men of leisure" (Nederman 1992: 982), die durch keine weiteren Aufgaben innerhalb des Gemeinwesens belastet sind. Damit sind die prudentes umschrieben. Die experti hingegen können ebenso auf eine juristisch geschulte Elite deuten, die als Konsequenz des (neuen) Rechtsstudiums zunehmend an Bedeutung gewinnt. Zuvor war das Recht „eine Angelegenheit von Königen, Granden und weisen alten Männern" (Kantorowicz 1998: 183). Meinte Marsilius lediglich weise alte Männer, so offenbarte er sich in dieser Hinsicht als wahrer Traditionalist.

Die Ausführung der Gesetzgebung durch Repräsentanten stellt für Marsilius keineswegs eine Notwendigkeit dar. Lediglich dann, wenn es innerhalb eines Gemeinwesens als vorteilhaft erkannt wird, präferiert er diese Möglichkeit.

Auch wenn das Repräsentationsverhältnis den Schluß nahe legt, die funktionale Übertragung des Gesetzgebungsprozesses deute auf einen Vorgang, der mit der Souveränitätsübertragung vergleichbar wäre, so ist dies keineswegs im Sinne Bodins Souveränitätsverständnisses zu verstehen: Der Gedanke der Souveränität, wie ihn Bodin im 16. Jahrhundert entwickelt, ist dem Mittelalter fremd. Ein mittelalterliches Äquivalent macht Walter Ullmann (1974) in dem Gedanken der Jurisdiktion aus. Jurisdiktion umschließt im mittelalterlichen Kontext sowohl die Rechtgebung als auch die Rechtsprechung. Dem gegenüber zielt die von Marsilius vorgeschlagene Legitimierung einer kleinen Gruppe lediglich auf den Gesetzgebungsprozeß, der zumindest im *Defensor Pacis* von der Rechtsprechung funktional getrennt erscheint. Selbst für den *Defensor Minor*, einer späteren Schrift von Marsilius, in der die höhere Jurisdiktionsgewalt auf den römischen Kaiser bezogen wird, kann nicht argumentiert werden, der Kaiser sei souveräner Herrscher. Ein Monopol auf alle Regierungsgewalt erlangt er dadurch nicht (Nederman 1995a: 327). Auf die hier sich andeutende Trennung zwischen Gesetzgebung und Rechtsprechung im *Defensor Pacis* wird noch einzugehen sein.

Geht es bei der Auswahl der Befähigsten um eine funktionale Übertragung, so bietet Marsilius daneben die Möglichkeit, die Gesamtheit könne sich auch grundsätzlich von einem ganz bestimmten Teil repräsentieren lassen.

Repräsentation meint dann die legitime Ausübung aller Rechte der universitas civium. Dabei hat Marsilius eine Gruppe im Sinn, die er mit valentior pars bezeichnet und die mindestens ebenso mysteriös ist wie die universitas civium selbst. Die Problematik, die mit diesem „bedeutendsten Teil" verbunden ist, liegt partiell im Repräsentationsverhältnis selbst begründet, denn Marsilius unterläßt es, in irgendeiner Weise offenzulegen, wie die Repräsentation der universitas civium durch die valentior pars entsteht. Doch ist dies im Zuge seiner Erörterungen nicht wesentlich. Offensichtlich hält er diese Gruppe für gleichermaßen befähigt, die Aufgabe der Gesamtheit zu erfüllen, die in qualitativer wie in quantitativer Hinsicht bestimmte – nicht näher erläuterte – Kriterien erfüllen muß: *valenciorem inquam partem, considerata quantitate personam et qualitate in communitate[...]* (DP I,xii,3).

Unabhängig von der Zuweisung der Aufgaben des legislator humanus an die universitas civium oder die valentior pars kommt dem Gesetzgeber allein die Bestätigung, Auslegung und Aufhebung der Gesetze zu (DP I,xii,9). Der Gesetzgebungsprozeß weist somit auf ein zentrales Feld operativer Politik im marsilianischen System.

Die bisherigen Ausführungen bezüglich der Gründe, die Marsilius zu der Position geführt haben, die universitas allein besitze das Recht des Gesetzgebers, offenbaren Aspekte des politischen Verfahrens. Zu ergänzen ist hier, daß die selbe Instanz, die in der Versammlung der cives über die Annahme eines Gesetzes entschieden hat, das Gesetz auch veröffentlichen muß; die Veröffentlichung ist Teil des Gesetzgebungsverfahrens. Letztere ist notwendig, denn aus Unkenntnis soll nicht gegen die gemeinschaftlichen Vorschriften gehandelt werden; kein civis oder Fremder (*advena*) soll sich mit mangelndem Wissen entschuldigen können (DP I,xii,3). Darüber hinaus unterläßt es Marsilius, verfahrenstechnische Fragen näher zu erörtern; lediglich auf einen Punkt sei hingewiesen:

Die Grundlage, auf der die gesetzgeberischen Entscheidungen getroffen werden, ist das Konsensprinzip. In diesem Sinne kann es im marsilianischen System auch keine politische Opposition geben, selbst unterschiedliche Parteien sind nicht denkbar; denn es gibt nur ein *bonum commune*. Das Ganze ist da zum Nutzen der Allgemeinheit, *ad commune conferens* (DP I,ix,6). Da die Menschen sich nämlich zum gemeinschaftlichen Leben zusammengeschlossen haben, um ein zufriedenes Dasein zu erlangen, haben alle das Recht, was zu ihrem Schaden sein könnte, zurückzuweisen (DP I,xii,7). Dies gilt erst recht für das Gesetz; ungerechte Gesetze führen zu Knechtschaft, Unterdrückung und Auflösung des Gemeinwesens (*solvere politicam*, ebd.).

Auch wenn jüngst argumentiert wurde, der Aspekt der Herrschaft sei im Denken Marsilius' wesentlich zentraler als das Konsensprinzip (Canning 1999: 24f.), so übersieht diese Interpretation die Notwendigkeit des Konsenses als Voraussetzung für jede legitime Herrschaftsausübung, im Grunde für das Entstehen des Gemeinwesens selbst (DP I,ix,5): Bei fehlendem Konsens ist weder die Einhaltung von Gerechtigkeitsstandards noch die Einheit der

Gemeinschaft gewährleistet. Ohne die Beachtung des Konsensprinzips besteht Tyrannis (DP I,viii,3); Zwietracht kann den Untergang des Gemeinwesens nach sich ziehen (DP I,v,7). Das bonum commune mag zwar in unterschiedlichen regiones differieren; innerhalb eines Gemeinwesens kann es aber nur ein Gemeinwohl geben. Es geht Marsilius nicht um die Erörterung, ob es eine Weltregierung (also ein bonum commune) geben soll oder ob es besser sei, in unterschiedlichen Gegenden verschiedene Regierungen zu haben. Auch wenn er diesen Punkt grundsätzlich für wert erachtet, näher untersucht zu werden, so mißt er diesem Problem für seine Ausführungen keine Bedeutung zu (DP I,xvii,10). Die Rechte des legislator humanus beschränken sich nicht ausschließlich auf den Gesetzgebungsprozeß; neben der Rechtsfindung und -gebung obliegt es ihm, die übrigen Organe der civitas einzusetzen und in ihren Funktionen zu unterscheiden (DP I,viii,1).

IV. Auswahl und Einsetzung

Die civitas kommt nicht ohne Lenkung oder Leitung aus. Daraus ergibt sich als erste Pflicht des Gesetzgebers, das regierende oder richterliche Amt zu besetzen (DP I,vii,1), dessen Aufgabe es ist, nach dem Gesetz das Handeln der Menschen zu regeln (DP I,x,2).

Auf die Bindung des Regenten an das Gesetz wurde oben hingewiesen; wie kommt die Regierung aber in ihr Amt? Da es Marsilius um das beste Gemeinwesen geht, forscht er auch nach der besten Form der Einsetzung. Unabhängig von seiner eigentlichen Präferenz des Einsetzungsverfahrens liegt ihm das entscheidendste Kriterium in der Zustimmung der Untertanen – *subditorum consensus* – (DP I,ix,5). Da Marsilius hier quasi auf dem Reißbrett die beste Regierungsform entwirft, sich hier also erst Herrschaft konstituiert, heißt dies, daß es ohne die Zustimmung der zu Beherrschenden gar keine Untertanen geben kann. Herrschaftsausübung ist zunächst abhängig von einer zweifachen Zustimmung:
- von der Bereitschaft, in Gemeinschaft leben zu wollen und
- von der Herrschaftsakzeptanz für das Funktionieren des gemeinschaftlichen Lebens.

Erst durch die zweite Zustimmung entstehen *subdites*. Ohne dieses Einverständnis kann auch niemand civis sein. Vergegenwärtigt man sich, daß das Freiheitsmoment notwendig mit der Zustimmung zu den ordnungsgebenden Regeln verbunden ist, unabhängig davon, ob diese Regeln nun gut oder schlecht sind, und Marsilius jede Gemeinschaft, die nicht nach ihren eigenen Gesetzen leben darf, als unfrei einschätzt, so ist bei der Herrschaftsausübung bzw. bei der Akzeptanz von Regierungsgewalt ein ähnlicher Gedanke grundlegend: Zunächst ist für Marsilius jede Regierungsform annehmbar, die mit

Zustimmung der cives besteht. Herrschaftslosigkeit hingegen akzeptiert er nicht. In einem Gemeinwesen ohne Regierung sieht er innerhalb kürzester Zeit Streitigkeiten und Rechtsverletzungen entstehen, die zu Kämpfen und schließlich zum Untergang der Gemeinschaft führen. Damit verbunden ist der Verlust des zufriedenstellenden Daseins. Ursache des Untergangs sind ihm dabei weniger die Streitigkeiten selbst, als vielmehr der fehlende Ausgleich für die Verletzung der Normen des Gerechten (DP I,xiii,6).

Da im marsilianischen System die Auswahl des richtigen Regenten maßgeblich für die Funktionsfähigkeit des Gesamten ist, offenbart Marsilius relativ konkrete Vorstellungen vom besten Herrscher. Dessen herausragende Stellung deutet auf die besondere Relevanz, die der Auswahl sowie dem Auswahlverfahren des/der richtigen Kandidaten zukommt. Marsilius' Argumentation trägt hier ausgesprochen aristokratische Züge.

Der aristokratische Charakter gründet sich zunächst in der Präferenz des Wahlverfahrens schlechthin; Wahl an sich ist aristokratisch (Manin 1997: 134). Dessen ist sich Marsilius bewußt; das Wahlverfahren stellt sich bei ihm in keiner Weise *demokratisch* (im modernen Sinne) dar. Neben der Vorstellung, bei der Wahl wähle auch Gott mit (DP I,ix,2), geht es um die Auswahl des Besten. Klugheit und sittliche Tüchtigkeit, vor allem ein Höchstmaß an Gerechtigkeit (*prudentia et moralis virtus, maxime iusticia*) soll der künftige Regent besitzen (DP I,xiii,9; DP I,xiv,2), der Hüter des Gerechten (*custos iusti*) ist (DP I,xiv,2); daneben Liebe und eine wohlwollende Einstellung (*amor seu benivolenci [...] ad policiam et cives*) gegenüber der Gemeinschaft (DP I,xiv,7). Letzteres kommt besonders in Marsilius' Forderung nach *epieikeia* als eine Eigenschaft des Regenten zum Ausdruck; Billigkeit wird ihm immer dort abverlangt, wo das Gesetz versagt. Damit ist das Recht verbunden, ein richterliches Urteil milder zu fällen, als es die gesetzlichen Normen vorsehen, wenn diese im konkreten Fall als zu streng angesehen werden (DP I,xiv,7).

Aus diesem Grunde ist es notwendig, bei der Auswahl des zukünftigen Regenten besondere Sorgfalt walten zu lassen: Die Gesetze mögen noch so gut sein, ein schlechter Charakter des Herrschers kann das Gemeinwesen schädigen (DP I,xiv,6).

Dennoch ändert sich für Marsilius durch die Freiheit zur Auslegung der Gesetze in Ausnahmefällen nichts an der grundsätzlichen Bindung des Herrschers an die Gesetze. Aus der Rechtsbindung erwächst eine höhere Sicherheit und Beständigkeit des Gemeinwesens (DP I,xi,7).

An die geforderten Qualitäten des Regenten ist letztlich auch Marsilius' Begründung für den Vorzug des Wahlverfahrens gebunden. Hier argumentiert er mit der Unmöglichkeit des Versagens der Wahl, denn nur die Wahl ermöglicht die Einsetzung des wirklich besten Herrschers: Es soll der Beste der cives Regent sein, da ihm die Regelung der innergemeinschaftlichen Handlungen obliegt (DP I,ix,7).

Dem Argument, aus einer Regierung, die durch Erbfolge bestimmt ist, entstehe eine größere Sicherheit und Kontinuität für das Gemeinwesen, hält er entgegen, die Nachfahren eines Regenten seien prinzipiell nicht von der Wahl ausgenommen, könnten also, so sie den Anforderungen entsprechen, ebenfalls in das Regierungsamt gewählt werden. Es sei aber nicht sicher, ob unter den Nachkommen des Regenten immer auch ein geeigneter Kandidat für das Regierungsamt sich befinde (DP I,xvi,11).

Auch wenn Marsilius seine Argumentation um die Einsetzung der Regierung durch Wahl unter monarchischen Vorzeichen führt, so heißt dies nicht, daß er dem gegenüber alle anderen Regierungsformen verwirft. Jede Form der gemäßigten Regierung (Marsilius greift hier auf die Verfassungsformen des Aristoteles zurück) ist legitim; für alle empfiehlt er die Einsetzung der Regierung durch Wahl. Die Monarchie ist ihm aber die vielleicht beste Regierungsform (DP I,ix,9).

Ist der hier skizzierte Monarch, wie oben dargelegt, nicht souverän hinsichtlich seiner Bindung an das Recht, so ist er dies auch nicht bezüglich seiner potentiellen Amtsdauer. Zwar begrenzt Marsilius Herrschaft nicht auf eine bestimmte Anzahl an Jahren, dennoch gibt der legislator humanus nicht alle seine Rechte unwiderruflich an den Regenten ab. Bei Fehlverhalten behält die universitas civium das Recht, den Monarchen zu tadeln, zurechtzuweisen oder auch wieder von seinem Amt zu entbinden. Wird er zurechtgewiesen, so nicht als Regent, sondern als Untertan. In diesem Sinne besteht ein repräsentatives Verhältnis zwischen Regierendem und Regierten lediglich so lange, wie es auf Konsens basiert. Zerbricht das konsensuale Prinzip, kann die Gesamtheit letztlich einen neuen Regenten bestimmen (DP I,xv,2). Die Absetzung der Regierung ist lediglich als Ausnahme gedacht und nicht als Regel.

Die civitas ist durch die Einsetzung einer Regierung allerdings noch nicht vollkommen. Es fehlen weitere Funktionen, die eingesetzt werden müssen, nachdem das Gemeinwesen über eine legitime Regierung verfügt. Auch hier ist die primäre Ursache, wie zuvor bei der Einsetzung der Regierung, der legislator humanus, also die universitas civium oder die valentior pars. Ausführendes Organ – als sekundäre Ursache – wird die *pars principans* nach den vom legislator festgelegten Richtlinien. Marsilius verwendet in diesem Kontext den Begriff ‚Repräsentation' nicht, doch legt er dar, die *communitas universa* erfülle diese Aufgabe, auch wenn die Ausführung bei den *principantes* liege (DP I,xv,4).

V. Funktionale Differenzierung

Im Zuge der Erörterung der innergemeinschaftlichen funktionalen Differenzierung stützt sich Marsilius auf die gesellschaftliche Sechsteilung des Aristoteles: *agricultura, artificium, militaris, pecuniativa, sacerdocium et iudicalis seu consiliativa.* Lediglich die Krieger, Priester und Richter rechnet er zu den Organen der civitas im engeren Sinne; Bauern, Handwerker und Kaufleute gehören im weiteren Sinne dazu. Sie erfüllen unentbehrliche Aufgaben für das Gemeinwesen (DP I,v,1), sind aber nicht Gegenstand seiner weiteren funktionalen Argumentation; lediglich die Kauf- oder Geldleute spricht er kurz an: Ihre innergemeinschaftliche Aufgabe sieht Marsilius u.a. in der Beschaffung und Bereitstellung von Lebensmitteln, besonders in Zeiten von Mißernten. In gewisser Hinsicht obliegt ihnen auch die Vorratshaltung für das Gemeinwesen (DP I,v,9).

Das richterliche Amt wurde oben angesprochen. Der oberste Richter ist gleichzeitig Regent: *iudicalis seu principans et consiliativa* (DP I,v,7). Er erfüllt diese Funktion allerdings nicht allein: aus den Klugen innerhalb der Gemeinschaft soll der richterliche und beratende Teil gebildet werden (DP I,vii,1). Seine Aufgabe faßt Marsilius relativ allgemein: *cuius est iusta et conferencia communia regulare*, das für die Allgemeinheit (Ge-)Rechte und Förderliche zu regeln. Es geht zuvörderst um den Ausgleich ungerechter Handlungen (DP I,v,7). Neben die metaphysische Gerechtigkeitsvorstellung tritt also eine funktionale: Gerechtigkeit wäre demzufolge auch Ausgleich für begangenes Unrecht.

Die nächste Funktion leitet sich aus der oben angeführten Gesetzesdefinition Marsilius' ab. Die Ausstattung der Regeln mit zwingender Gewalt weist auf die Notwendigkeit von *militares* als zwingende Ordnungsgewalt. Den Kriegern obliegt nicht nur die Durchsetzung der richterlichen Entscheidungen und der ordnungsstiftenden Regeln in der Gemeinschaft; sie sind ebenso für die äußere Sicherheit verantwortlich. Weisungsbefugt ist der Regent. Die im Mittelalter übliche Verbindung von „Judikative" und „Exekutive" ist ebenso notwendig, wie sie gleichwohl von Marsilius als problematisch erkannt wird: Bei der Wahl des falschen Regenten bestünde die Gefahr, der Herrscher könne sich – gestützt auf seine militärische Macht – zum Despoten wandeln. Einen Ausweg sieht Marsilius hier in der quantitativen Begrenzung des kriegerischen Teils. Er dürfe lediglich so umfassend sein, wie es seine Aufgabe erfordere, hingegen dem Regenten nicht die Möglichkeit offenbaren, despotisch zu regieren (DP I,v,8).

Bei aller Differenzierung in funktionaler Hinsicht, letztlich maßgeblich für das Funktionieren des Gemeinwesens ist die Einheit des Gesamten. Die Bezeichnung ‚Einheit in der Vielheit' wäre hier sicher nicht der falscheste Ausdruck, denn Einheit (*unitas civitatis aut regni*) meint Einheit der Ordnung, nicht Einheit schlechthin. Sie entsteht durch das Bezogensein der einzelnen Bestandteile auf eine Regierung (DP I,xvi,11).

Innersystemisch hat Marsilius nahezu alle von ihm als notwendig erachteten Funktionen beschrieben. Indem er die Priester in die civitas einbindet, gelingt es ihm, die Sorge um das Seelenheil zu befrieden, ohne eine Instanz außerhalb des Gemeinwesens zulassen zu müssen. Durch diese Integration ist das Problem der zwei widerstreitenden Autoritäten gelöst, die Hauptursache des von ihm zu Beginn seiner Darlegungen konstatierten Unfriedens beseitigt. Auch der Selbstgenügsamkeit des Gemeinwesens, die Marsilius als unverzichtbar erachtet, um civitas heißen zu dürfen (DP I,iv,5), ist Genüge getan.

Dadurch ändert sich nichts an der realen Existenz des Papstes, den Marsilius polemisch „Bischof von Rom" nennt. Ähnlich wie zuvor bei Dante führt ihn seine Argumentation letztlich zu einer Neubestimmung der päpstlichen Stellung; nebenbei nimmt er seine Gesetzgebungsdiskussion von neuem auf: Wer ist befugt, die evangelischen Gesetze in der civitas zu offenbaren und zu interpretieren? Es geht also um kirchenpolitische Programmatik im engeren Sinne, die das Verhältnis von imperium zu sacerdotium neu beschreibt.

VI. Das Verhältnis von imperium und sacerdotium

Die Beschreibung des Verhältnisses der zwei Gewalten zueinander ist aus mehreren Gründen problematisch: Marsilius schließt nirgends im *Defensor Pacis* explizit Ungläubige von der politischen Partizipation aus (Nederman 1994: 912). Gleichwohl verortet er die Priester innergemeinschaftlich und belegt ihre Auswahl mit ausgesprochen hohen moralischen Ansprüchen. Denn ist man hier nachlässig, so steht das Seelenheil der Gläubigen wie die politische Ordnung in Gefahr (DP II,xvii,8 u.11). Insofern weist der gläubige menschliche Gesetzgeber, der für Marsilius Ursache der kirchlichen Ordnung ist, gleichsam auf die Jurisdiktion wie auf die civitas selbst. Die Frage der Investitur knüpft hier an. Die von Marsilius in der *Dictio I* des *Defensor Pacis* dargelegten allgemeinen Grundsätze menschlicher Ordnung erhalten im zweiten Teil eine explizit kirchenpolitische Wende.[4]

Stand zuvor der menschliche Gesetzgeber im Zentrum seiner Überlegungen, so ist es nun der gläubige menschliche Gesetzgeber. Marsilius schließt zunächst aus, ein einzelner (Christus ausgenommen) könne festlegen, zu welchen Handlungen oder Unterlassungen die Menschen verpflichtet seien, um in der gegenwärtigen wie in der künftigen Welt der Strafe zu entgehen. Dessen befähigt erachtet er lediglich ein allgemeines Konzil oder von diesem Konzil autorisierte Personen (DP II,xxi,8). Alleinige Ursache des Konzils ist der gläubige menschliche Gesetzgeber. Ihm kommt es zu, das Konzil einzu-

---

4 Die kirchenpolitische Programmatik kann an diesem Ort nur insofern gewürdigt werden, als sie in Bezug zu den bisherigen Aussagen gestellt wird. Sie dienen hier dem Zweck, die Interdependenz des profan Politischen und des Theologischen zu verdeutlichen. Ausführlicher zu diesem Kontext: Löffelberger (1992) und Torraco (1992).

berufen und geeignete Personen zu bestimmen, die Konzilsmitglieder sein sollen (*personas ad hoc idoneas determinare*). Es besteht sowohl aus Klerikern wie aus Laien (DP II,xxi,1).

Die für die civitas aufgezeigte Einheit der Ordnung gilt auch hier: Die Einheit des Glaubens bedingt eine einheitliche Interpretation der Glaubensinhalte. Uneinigkeit führt unweigerlich zu Spaltung und Irrtum unter den Gläubigen (*Christi fideles*, ebd.). Sind sich alle Theologen als experti einig, stellt sich für Marsilius kein Problem. Besteht indessen kein Konsens, so weist er den Laien die alleinige Entscheidungsbefugnis zu. Sie entscheiden, welche der vorgetragenen theologischen Positionen die richtige sei (DP II,xx,5). Damit ist dem Bedürfnis nach Einheit allerdings noch nicht Genüge getan:

Ist in der civitas eine einheitliche Leitung notwendig, um Streit und Zerwürfnisse zu verhindern, so bedarf es auch im sacerdotium eines Oberhauptes. Die *auctoritas*, die führende Stelle zu besetzen, obliegt wiederum dem allgemeinen Konzil oder dem gläubigen Gesetzgeber, der niemanden über sich hat (*quod generali consilii aut fidelis legislatoris humani superiore carentis*) (DP II,xxii,9). Die oberste Position, also die päpstliche Funktion, ist jetzt nicht mehr an den Inhaber des römischen Bischofstuhls gebunden; ihm soll lediglich dann der Vorzug eingeräumt werden, wenn mehrere Kandidaten gleich gute Qualitäten für das Amt aufweisen und der römische Bischof einer von ihnen ist (DP II,xxii,8). Die Investitur erfolgt durch das Konzil (DP II,xxii,9).

Die Aufgabe des Papstes besteht letztlich in der Leitung der Sitzungen – hier muß er für den geordneten Ablauf sorgen – und in der Weiterleitung der Konzilsbeschlüsse an die Teilkirchen (DP II,xviii, 8). Die Durchsetzung der Beschlüsse liegt nicht in seiner Kompetenz; sie ist alleinige Aufgabe des gläubigen menschlichen Gesetzgebers oder des/der von ihm Beauftragten (DP II,xxi,4).

Bemerkenswert ist, daß es sich bei diesen Beschlüssen, die z.T. reine Glaubensfragen beinhalten, um zwingende Regeln handelt, die ihrem Wesen nach unter Marsilius' Gesetzesdefinition fallen, also von ordnungspolitischer Relevanz sind. Darüber hinaus verfügen sie über eine zusätzliche Qualität, die sie von der reinen lex humana abhebt: Der Heilige Geist steht den Beratungen bei; er hat die (eigentliche) Leitung und gibt Offenbarung ein (DP II,xix,2). Nur dem Konzil spricht Marsilius die Fähigkeit zu, Zugang zur ewigen Wahrheit zu finden (Nederman 1992a, 92). Neben die lex humana tritt hier also die mit zwingender Gewalt ausgestattete geoffenbarte lex divina. Die bisher dargelegten Zusammenhänge werden im Anhang noch einmal graphisch verdeutlicht (Appendix).

Abschließend ist zu erörtern, ob die civitas wirklich den Fokus des Politischen darstellt oder ob in ihr nicht vielmehr das Ende des Politischen sich manifestiert. Wie das Politische hier aufzufassen ist, hängt indes nicht zuletzt von der ideologischen Verortung des Marsilius selbst ab. Wie gegensätzlich die Interpretationsansätze sind, mögen einige Beispiele verdeutlichen.

Bezeichnet der katholische Theologe Albertus Pighius († 1542) bereits im 16. Jahrhunderts Marsilius als „homo magnis aristotelicus quam christianus" (zit. n. Quillet 1970: 51), so vertritt Hermann Segall die gegenteilige Position, indem er zu dem Ergebnis gelangt, Marsilius sei „mehr Christ als Aristoteliker" (1959: 51). Leo Strauss verbindet beide Positionen zum „Christian Aristotelian" (1963: 227). Jüngst wurde dieses Interpretationsschema ‚Christ versus Aristoteliker' um die Variante erweitert, Marsilius sei „uomo ideologico più evangelico" (Piaia 1997: 88).

Legt man die Unterscheidung Karl Mannheims zugrunde, der innerhalb gesellschaftlicher Prozesse zwischen „rationalisierte[n] Gebiete[n]", die nicht mehr im engeren Sinne Gegenstand des Politischen, sondern dessen Ergebnis sind, und dem „irrationalen Spielraum, [...] wo nicht regulierte Situationen zu Entscheidungen zwingen", differenziert (1995: 99f.), ergeben sich vor diesem Hintergrund letztlich zwei Deutungsmuster, die die unterschiedlichen Interpretationen reflektieren:

Marsilius beschreibt die civitas als das vollkommene Gemeinwesen, in der das gemeinschaftliche Leben nach der vollkommenen lex humana geordnet ist. Das heißt, ist der Status der civitas erreicht, dürften keine weiteren gemeinschaftlichen Lebensbereiche existent sein, die noch zu rationalisieren sind. In Konsequenz dieser Überlegung wäre dann die civitas als der Ort anzusehen, in der Politik als ordnungsstiftendes Moment nicht mehr benötigt wird. Das Politische offenbarte sich dann in dem Prozeß, dessen Ergebnis die civitas wäre. Letzterem würde selbst dann Bestand zukommen, wenn man den mittelalterlichen Theozentrismus unberücksichtigt ließe.

Zieht man theozentristische Überlegungen mit in die Interpretation ein, gewinnt der ambivalente Charakter, den Marsilius der lex naturalis zuweist, neue Bedeutung: Ihr Schwanken zwischen dem menschlichen und göttlichen Recht stattet die am Ende der Entwicklung stehende lex perfecta mit einer besonderen Qualität aus. Sie muß sich im Einklang mit dem geoffenbarten göttlichen Recht befinden.

Stellt man zur Disposition, die Gemeinschaft regelnden Bestimmungen seien nicht nur bezüglich der menschlichen Fehlbarkeit lex perfecta, also im Rahmen der Imperfektibilität die bestmöglichen, sondern im weitesten Sinne vollkommen und bezogen auf die lex divina, dann stellt sich die Frage, inwieweit die civitas noch einen bestimmten Punkt auf einer fortlaufenden Zeitschiene für sich in Anspruch nehmen darf oder ob in ihr nicht gleichsam das Ende der Zeitschiene selbst sich manifestiert, was gleichbedeutend mit dem Ende des Politischen wie dem Ende der Geschichte wäre. Das Ergebnis könnte dann in einer *civitas dei* auf Erden liegen.

So oder anders gewendet, es bleibt der civitas immer ein utopischer Charakter zu eigen. Inwieweit Marsilius selbst an die Verwirklichung seines Modells geglaubt hat, muß offenbleiben. Ob Marsilius mehr *aristotelicus* oder *christianus* war, kann hier ebensowenig abschließend beantwortet werden. Sicher war er beides. – Zumindest Dante ist am Ende seiner Wanderung durch das *Paradiso* (XXXIII), die er in der *Commedia* erzählt, Gottes ansichtig geworden.

Appendix

Ursprung des Politischen:
Adams „Fehltritt"
(also die Sündhaftigkeit des Menschen)
↓
Verlust der Gnade, Unschuld, Gesundheit der Seele
↳ macht Vergemeinschaftung notwendig
↓
Annahme:
⇨ alles führt vom weniger Vollkommenen zum Vollkommenen;
⇨ der Mensch ahmt in diesem Bestreben die Natur nach

gilt für

das logisch Beweisbare	das logisch nicht Beweisbare
womit sich die Philosophen beschäftigen	
das Diesseitige:	das Jenseitige
⇨ *communitates*	
⇨ *modi regiminis* } strebt zur Vervollkommnung	
⇨ *modi vivendi*	

Vollkommenheit findet ihren Ausdruck in der:

civitas

Vorraussetzungen sind:

⇨ norma iusticie und die Gewähr-   ⇨ Befolgung des evangeli-
leistung, daß die Normen einge-   schen Gesetzes
halten werden   ⇨ doctores, für die Lenkung
⇨ funktionale Differenzierung   des Menschen zur Ausrich-
                                     tung auf die künftige Welt

→ *communitas perfecta* ←
für das
vivere et bene vivere   ewige Seelenheil
↑   ↑
└──── vom menschlichen Geist ────┘
      gefundene sittliche Normen fördern

Zum frühneuzeitlichen Politikverständnis

Horst Denzer

I. Einleitung

Facetten des Politikverständnisses der frühen Neuzeit auch nur zu skizzieren, bedeutet das Beackern eines ziemlich weiten Feldes. Beschränkung und Abgrenzung tun deshalb not. Eine Einschränkung auf das neuzeitliche deutsche Naturrecht im 17. Jahrhundert, die die eigenen Forschungen zu Samuel Pufendorf nahe gelegt hätten, erschien dennoch nicht opportun.

Die Beschränkung auf Deutschland hätte leicht vergessen lassen, daß es im Reich eine verspätete Entwicklung gab. Wichtige Neuansätze des politischen Denkens und des Politikverständnisses gab es in Westeuropa ein Jahrhundert früher, im 16. Jahrhundert: In Italien der Staat der politischen Effizienz bei Machiavelli, Guicciardini und Botero, in Frankreich die Souveränitätslehre Bodins und die monarchomachischen Widerstandslehren, in Spanien die Erneuerung des Völkerrechts in der spanischen Spätscholastik, in England die wirklichkeitstranszendierende politische Idealbildung in der Utopia des Thomas Morus und in Holland die Bejahung der Staatsräson und des Machtstaates durch Lipsius.

Die Gründe dafür liegen auf der Hand. In Spanien hat die Kolonialpraxis und die Frage der Berechtigung der Landnahme in Amerika eine neue rechtliche Würdigung der zwischenstaatlichen Beziehungen herausgefordert. In Italien hat der Zerfall der Reichsidee in den oberitalienischen Städten und die Eigendynamik des beginnenden Handelskapitalismus zur nicht mehr ethisch-theologisch motivierten Legitimation dieser Stadtstaaten durch die Machterhaltung und die politisch-ökonomische Effizienz geführt. In Frankreich haben die Religionskriege mit dem Höhepunkt der Bartholomäusnacht (1572) die staatliche Einheit bedroht, die auf dem einen König, dem einen Glauben und dem einen Gesetz beruhte. Wegen der Glaubensspaltung genügte nicht mehr die göttliche Legitimation des Königs aus der Analogie zur Schöpfungsordnung und die mittelalterliche Vorstellung vom König als Bewahrer des Rechts; es mußte mit der Souveränität ein interkonfessionell unstrittiges Legitimationsprinzip hinzutreten, und der König sah sich, um die Staatseinheit aufrecht zu erhalten, zur Setzung neuen Rechts gezwungen. Wegen der Schwäche der Stände konnte der Glaubensstreit nicht durch Zugeständnisse an die Stände abgefedert werden, sondern trieb die jeweils unterlegene Glaubenspartei zur Theorie des Tyrannenmords.

Die Fokussierung auf das neuzeitliche Naturrecht hätte dazu verführt, das Neue im Politikverständnis herauszuarbeiten sowie die Tradition und das Alte den früheren Zeiten zuzuordnen. Solche feinsäuberlichen Trennungen gibt es aber nicht. Im Neuen gibt es immer Traditionsbestände und im Alten kündigt sich Neues an. Die Zäsur „Neuzeit", so willkürlich sie immer noch sein mag, wird dadurch gesetzt, daß das Neue überwiegt.

Der Schwerpunkt auf das moderne Naturrecht hätte die Vielfalt der Beschäftigung mit der Politik in der frühen Neuzeit aus dem Blick verloren. Neben den angedeuteten vielfältigen westeuropäischen Entwicklungen stehen auch im Reich zahlreiche Typen der Beschäftigung mit der Politik nebeneinander: der Spätaristotelismus mit vielfältigen Nuancen; der aus den Niederlanden einfließende stoische Späthumanismus; vielfältige praktische Politiken: Staatenkunde, Staatenbeschreibung und ältere Statistik; Regimentstraktate, Kameralistik, Ökonomik und Polizeiwissenschaft; Staatsräson- und Arcana Imperii-Lehren; Reichspublizistik und Anwendung der Souveränitätslehre auf Staatsverfassungen; politische Klugheitslehren; christliche Staatslehre und christliches Naturrecht. Dabei ist die Aufzählung nur eine Grobgliederung ohne Anspruch auf Vollständigkeit. Das neuzeitliche Politikverständnis ist erst herauszuarbeiten aus dem Vergleich von modernen und traditionellen Elementen und deren Mischungsverhältnis.

Aus dem großen Feld frühneuzeitlicher Politik, das durch die Zeitspanne von zwei Jahrhunderten, den Raum Westeuropas und des Reiches sowie durch die Vielfalt der Beschäftigung mit Politik umgrenzt ist, werden hier mit Bedacht drei Beispiele ausgewählt:

1. Aus der westeuropäischen Entwicklung des 16. Jahrhunderts die Souveränitätslehre von Jean Bodin (1529-1596). Sie ist grundlegend für die politische Wissenschaft der Neuzeit; sie prägt eine neue Staatsgründungs- und Staatsformenlehre, basierend auf systematischer Ableitung und Rechtsvergleichung; sie tradiert aber durch Bodins Weltbild und Theologie auch altes Denken, die Offenbarung rangiert in diesen Feldern vor der rationalen Erkenntnis.
2. Hermann Conring (1606-1681) steht für den Spätaristotelismus in Deutschland und für die Verbindung von Rechtsgeschichte und Politik.
3. Samuel Pufendorf (1632-1694) ist der bedeutendste deutsche Vertreter des modernen frühneuzeitlichen Naturrechts, das das universelle Recht und die Rechtssystematik entwickelt.

Diese Beispiele werden unter der leitenden Fragestellung betrachtet: Wodurch unterscheidet sich das in der frühen Neuzeit herausgebildete Politikverständnis vom herkömmlichen; kann man von etwas Neuem gegenüber der Tradition sprechen? Sicher gilt:

„Am Beginn der Neuzeit, in der Zeitenwende des Humanismus, der Glaubensspaltung und der beginnenden Eroberung der Erde, sind jene Begriffe geprägt und jene Prinzipien formuliert worden, die das Grundgerüst des modernen Staatsdenkens bilden. Auf sie gründen sich die revolutionären Taten und die Verfassungsschöpfungen des ausgehenden 18., des 19. und 20. Jahrhunderts; aus ihnen entstand das verpflichtende Bild des konstitutionellen Staates; durch sie ist das politische Bewußtsein unserer Zeit im letzten geprägt" (Imboden 1963: 3f.).

Aber es geht nicht nur um die Wirkungsgeschichte nach vorne, sondern auch um die Traditionsbindung nach hinten.

II. Leitmotiv: Modernität und Traditionalität des Politikverständnisses

Politikbegriff und Politikverständnis spiegeln wider, was die historischen Entwicklungen und Fakten der Lösung durch Politik aufgegeben haben. Das veränderte Politikverständnis der frühen Neuzeit kann, durch diese historischen Wandlungen induziert, folgendermaßen umrissen werden: die Auflösung der geistlichen und geistigen Einheit Europas; die Entdeckung der Neuen Welt und die Erforschung anderer Kontinente, die die europäische Weltsicht relativieren; die Entdeckung der Individualitäten und Persönlichkeiten als autonome Beweger und Akteure von Geschichte und Politik; in der Folge des Individualismus die Inthronisation der menschlichen Vernunft als der wichtigsten Erkenntnisquelle für menschliches Handeln; der Aufstieg des Frühkapitalismus und der Naturwissenschaften; die Herausbildung der Nationalitäten; die Realität von Religions- und Bürgerkriegen; die Wiederentdeckung der Antike; der Wandel der Waffen- und Heerestechnik und der Kriegsführung; das Aufbegehren unterdrückter Schichten und die Stabilisierung territorialer Gewalten.

All das hat die Anforderungen an Staat und Politik verändert sowie Verständnis und Begriff von Politik gewandelt. Der Kampf um die Interpretation von Begriffen und besonders eines so zentralen Begriffs wie dem der Politik ist zwar nur ein Nebenkriegsschauplatz der objektiven Entwicklungen in der Geschichte. Aber hier spiegeln sich die leitenden Ideen, in denen sich die materielle Lage eines Zeitalters kondensiert. Diese Ideen können geschichtsmächtige Individuen und herrschende Schichten beflügeln, ihren Triebfedern und Energien Ziele geben. Ob die Ideen und Begriffe selbst wieder die Ursache für Veränderungen sind, kann nicht prinzipiell entschieden werden. Aber alle historische Erfahrung spricht dafür, daß materielle und immaterielle Faktoren unauflöslich ineinander verwoben sind und keine einlinigen Kausalketten zulassen.

Was macht nun die Modernität des neuzeitlichen Politikverständnisses aus? Der Staat wird als eine von Menschen autonom geschlossene Vereinigung angesehen. Er ist durch Vertrag entstanden, nicht bloß im Einklang mit dem Herkommen oder der göttlichen Schöpfungs- oder der Weltordnung stehend. Nicht mehr die Legitimität, das Ziel der gerechten Ordnung oder des guten Lebens, steht im Vordergrund, sondern die Legitimation. Da Politik auf menschlicher Setzung beruht, muß sie sich vor der menschlichen Vernunft rechtfertigen und im Einklang mit ihr stehen. Sie hat nicht mehr ihren Grund in der göttlichen Offenbarung, im Herkommen oder in der Logik der Weltordnung.

Staatsräson ist der Ausdruck für die Verselbständigung des politischen Systems von jeder übergeordneten religiösen, weltanschaulichen oder moralischen Autorität. Mit amoralischer Offenheit werden die Techniken des Machterwerbs und der Herrschaftssicherung diskutiert. Die Souveränität wird das Fundament der modernen Staaten. Die absolute Setzungsgewalt befreit den Herrscher von traditionellen Bindungen; er hat nun das Monopol der Rechtssetzung, der Machtausübung und der physischen Gewaltsamkeit. Die Souveränität denkt den Staat im Innern vom Herrscher und von Außen von den Grenzen her. Von der Souveränität wird auch die Legitimation der Staatsform hergeleitet. Ein Staat gilt dann als gut, ordentlich eingerichtet, wenn die Souveränität eindeutig zugeordnet ist und keinen Anstoß für innere Konflikte gibt. Es geht nicht mehr um den guten Staat und seine Legitimation durch gute Herrschaft.

„Recht" in einem solchen Staat ist etwas (willkürlich) Gesetztes; es ist nicht etwas Hergebrachtes, das es zu wahren und zu schützen gilt. „Politik" wird so für die handelnden Personen verfügbar. Die großen Handelnden sind wie die Beweger auf dem Schachbrett der Geschichte. Je mehr sie bewirken und verändern, desto größer ist ihr Name. Kein Wunder, daß in den Religionskriegen und im Dreißigjährigen Krieg die großen historischen Gestalten im Zentrum der Aufmerksamkeit stehen. In ihnen manifestiert sich das Selbstbewußtsein des Individualismus, Setzer von Fakten und Schöpfer von Politik zu sein. „Politik" wird so zugleich zu etwas Berechenbarem und Rechenhaften. Man kalkuliert mit Quadratmeilen, Seelenzahlen, Ressourcen und Revenuen der Staaten. Die Polizei sorgt für Reglementierung. Die Herrscher sind nicht nur die Quelle der Ordnung, sondern auch für Zivilisation, Wohlfahrt und Zufriedenheit ihrer Untertanen. Die Sorge gilt zuerst dem Überleben: der Ernährung, dem Schutz von Leib und Leben, vor Krankheit und Tod, erst danach dem guten Leben als Folge staatlicher Zucht, Disziplin und Ordnung.

Die mittelalterliche Glaubens- und Ordnungseinheit ist aufgelöst; die Glaubensspaltung hat das gemeinsame Fundament zerstört. Der moderne Staat ist ein säkularer. Die weltliche Gewalt ist zum Friedenswahrer in einer religiös gespaltenen Welt geworden. Zwischen geistlicher und weltlicher Ordnung kehrt sich das Kräfteverhältnis um. Die Religion hat sich der innerweltlich begründeten Staatsgewalt und den von ihr definierten Zwecken unterzuordnen und nicht umgekehrt. Schutz des Lebens, Ordnung und Friede rangieren vor der theologischen Wahrheit.

Trotz dieser modernen Elemente bleiben traditionelle Inhalte des Politikbegriffes und -verständnisses erhalten und bestehen. Das öffentliche Leben bleibt unbestritten christlich. Der Einklang mit der Offenbarung wird erstrebt, auch wenn er nicht mehr konstitutiv für das Staatsverständnis ist. Die Fragen nach der Legitimität und Beschränkung von Herrschaft werden nach wie vor gestellt. Aristotelische Politikentwürfe der guten Ordnung und des guten Lebens bleiben im christlich-moralischen Kontext präsent. Die Leitbilder des gerechten, friedenswahrenden Herrschers, die Anforderungen der Fürstenspiegel, des guten Regiments sind weiter gültig. Tyrannen bleiben verdammt bis hin zum Tyrannenmord, wenn auch unter den erschwerten Bedingungen der Souveränität des Herrschers. Die Säkularisierung hatte ihre Grenze am staatskirchlichen Regiment der Fürsten. Die mittelalterliche Weltordnung und Hierarchie hatten zwar nicht völlig ausgedient, aber sie mußten sich den Platz mit den neuen Realitäten der souveränen Staaten und der Territorialherrschaften teilen.

In der Forschung wird von den einen immer wieder die Modernität des frühneuzeitlichen Politikverständnisses hervorgehoben. Andere betonen dagegen die starken Traditionsstränge und -bindungen. So steht eine Auffassung gegen die andere. Hier ist die These vertreten, daß das frühneuzeitliche Politikverständnis sowohl moderne, wie traditionelle Elemente enthält. Übergangszeiten sind auch Zeiten der Eklektiker. Auch so systematische Denker wie Pufendorf konnten sich nicht durchgängig dem Zwang zum Zusammenfügen und Mit-einander-Kombinieren entziehen und wollten das auch gar nicht. Sie versuchten sogar das Zusammenspiel von Disparatem als notwendig zu begründen. Die Mischung von modernen und traditionellen Elementen variiert deshalb je nach den unterschiedlichen historischen Situationen und Interessenlagen. Es gibt sicher einen entscheidenden Modernisierungsschub, und zwar nicht nur beim modernen Naturrecht, sondern auch bei den hergebrachten Lehren im Aristotelismus und in den Klugheits- und Regimentslehren. Der Aristotelismus öffnete sich z.B. der systematischen und kausalen Denkweise der heraufkommenden Naturwissenschaften. Und die Klugheits- und Regimentstraktate nahmen die machiavellistische Herrschaftsbewahrungstechnik auf. Aber die alten Traditionen wurden wiederbelebt, wenn es aus bestimmten Gründen notwendig und opportun erschien. Dies sei an wenigen Beispielen verdeutlicht.

Vertragstheorien und säkulare Herrschaftsbegründungsthesen haben dort Konjunktur, wo es um Festigung und Gründung neuer Territorialstaaten geht. Im westlichen Europa haben strikte Souveränitätstheorien dort zuerst Anklang gefunden, wo Religions- und Bürgerkriege den Staat bedrohten. In Deutschland kamen sie der Interessenlage der protestantischen Fürsten entgegen, die ihre Souveränität gegenüber dem Reich und ihr Staatskirchenregiment nach dem Grundsatz „Cuius regio eius religio" gegen den katholischen Universalanspruch verteidigen mußten. Damit hängt auch zusammen, daß die Grenze des Staatsgebiets gerade in den Ländern der Reformation konstituierende Bedeutung erlangt hat. Bei den katholischen Reichsständen galten dagegen die traditionellen, christlich legitimierten Staatsvorstellungen weiter. Die katholischen Fürsten und vor allem der Kaiser hatten ja neben der Festigung der eigenen partikularen Herrschaft zugleich die universelle Rolle der römischen Kirche zu beachten. Den protestantischen Ständen war deshalb in der Gründungsphase das Naturrecht als ein antitraditionelles Staatsgründungsparadigma hoch willkommen. Doch bald fand auch da eine Rückwendung zum Aristotelismus statt. Denn nun mußte man die eigene Staatsräson nicht nur gegenüber der christlichen Tradition, gegenüber dem Kaiser und der römischen Kirche verteidigen, sondern auch gegen theokratische Auswüchse der eigenen Religion, nämlich gegenüber Genf.

Das Politikverständnis hängt auch davon ab, wer die Politik macht. In den neuen protestantischen Ständen brauchte man zur Sicherung der noch nicht gefestigten Herrschaft eine professionelle Staatsverwaltung, die aus den Schichten rekrutiert wurde, die ein besonderes Interesse am neuen Staat hatten: den Pfarrern und dem an der eigenen Landesuniversität ausgebildeten Bürgertum, bzw. den dort lehrenden Professoren. Das Bürgertum brachte Professionalität in die neuen vordringlichen Staatsaufgaben, die darin bestanden, für das körperliche und geistige Wohl der Bürger zu sorgen. In den traditionellen Staaten genügte dagegen der Adel, der das höfische Spiel der Politik als Wiederholung des immer Gleichen beherrschte und außerdem das hergebrachte repräsentative Militärhandwerk. Sobald der Adel aber das Verwaltungshandwerk an den konfessionell orientierten Hochschulen gelernt hatte, geriet das Bürgertum als das revolutionäre Element wieder ins Hintertreffen, weil es inzwischen bei den Staaten nicht mehr um die Legitimation neuer Herrschaft, sondern um die Festigung der bestehenden ging.

Das Naturrecht hatte seine natürliche Lobby in Staaten, die aus Religionskriegen mit einer neuen Identität hervorgingen oder die starke religiöse Minderheiten im Staatsverband hatten oder die von einer Religion zur anderen übergewechselt waren. Hatten sich diese Staaten aber wieder gefestigt, kam es beim Erhalt der Herrschaft wieder stärker auf politische Klugheit an. Traditionelle Klugheitslehren, der Aristotelismus, und hier vor allem ein solcher mit stoischem Einschlag wegen der ausgeprägten Phronesis-Orientierung gewannen an Boden. Auch wenn es um die Neukodifikation von Recht oder um die Kodifikation von neuem Recht mit universellem Geltungsanspruch ging, war das Naturrecht besonders gefragt. In Deutschland hat das Naturrecht deshalb seine lange Geltung vor allem der Entwicklung in ein rationales System der Rechte zu verdanken (Christian Wolff).

Das Bestreben, den unterschiedlichen Anforderungen an eine Staatstheorie gerecht zu werden, ist auch dafür verantwortlich, daß sich neue und alte Politiktheorien zusehends angleichen. Das neue Naturrecht sucht jenseits seiner Rationalität und kausalen Ableitung sich auch der traditionellen Legitimierung durch Rechtsvergleichung und Zitierung von Autoritäten zu bedienen. Der alte Aristotelismus sucht durch Systematisierung und deduktive

Ableitung die Rationalität und Rechenhaftigkeit der neuen Lehren zu integrieren.

Diese Beispiele mögen als Beleg für die Verschränkung von moderner und traditioneller Politikvorstellung genügen. Die spezielle Amalgamierung ist nun an den beispielhaft herausgegriffenen Autoren zu belegen.

III. Jean Bodins Souveränitätslehre

Bodins Souveränitätslehre ist ein besonders zukunftsträchtiger und wirkmächtiger Teil des modernen Politikbegriffs. Gerade deshalb muß man nach den Traditionsbindungen und den Verortungen in der geschichtlichen Lage fragen.

Im Gegensatz zu anderen Ländern verbanden sich in Frankreich die Elemente zu einer erfolgreichen Entwicklung der Souveränitätslehre. Im Italien Machiavellis hingegen fehlte der Nationalstaat als autonomer Handlungsrahmen sowie die Erhebung eines Herrschers aus den Rivalitäten des Adels und die Abstraktion der Herrschaft von der Herrscherpersönlichkeit. Im England des Thomas Hobbes wurde die Souveränität wegen der Bürgerkriege und wegen der totalen Infragestellung des Königtums zur Despotie verengt. Im Deutschen Reich schließlich fehlten der Nationalstaat, die unbestrittene Führungsrolle des Königtums, das von ethischen und traditionellen Bindungen abstrahierende politische Handeln und die moderne Nivellierung der bürgerlichen Gesellschaft statt der Gemengelage feudaler Rechte und Herkommen.

Im Frankreich des 16. Jahrhunderts dagegen paßten alle Teile des Puzzles zusammen: die Herausbildung des Nationalstaates, die Heraushebung des Königtums aus dem Adel und das Schwinden der eigenständigen Machtbasis des Adels, zugleich die Bedrohung von Nation und Königtum durch Religionszwist und Bürgerkrieg, die beginnende Idee der autonomen Rechtssetzung durch Individuum und Herrscher und die Dokumentation der politischen Debatte durch einen selbstbewußten, am römischen Recht geschulten Juristenstand. Der Jurist Bodin war von Ausbildung und Herkunft dafür prädestiniert, in seiner Zeit die Souveränitätslehre systematisch zu entwickeln.

Über diesen modernen Entwicklungen darf man die beharrenden historischen Umstände nicht gering schätzen: das Vorherrschen einer rivalisierenden Ständegesellschaft, die Bewältigung des Alltags nicht nur durch Vernunft und Verstand, sondern mehr noch durch göttliche Vorsehung und Heilsplan, Glaube und Aberglaube. Es war eine religiös geprägte Welt, die deshalb von der Glaubensspaltung so ins Mark getroffen wurde. Es war eine Zeit der Häresie- und Hexenprozesse; in beide war Bodin involviert: als junger Mann nur knapp dem Scheiterhaufen entgangen, wurde er mit seiner *Démonomanie* zum Vater zahlreicher Anleitungen zur Führung von Hexenprozessen, wie z.

B. dem in Deutschland berüchtigten „Hexenhammer". So ist es kein Wunder, daß Bodins Weltbild sich am humanistischen Stufenkosmos und der christlichen Schöpfungshierarchie orientiert. Darin haben alle menschlichen Gemeinschaften und der Staat ihren natürlichen Platz. Wissenschaft bleibt dabei als Erschließung der Schöpfung auf die Theologie bezogen, auch wenn die Erkenntnis weltlich-rational ist.

Die zeitbedingte Durchmischung von modernen und traditionellen Elementen kann man schon an der Staatsdefinition ablesen. Allein dieser kleine Teil seiner politischen Philosophie wird hier herausgegriffen. „Republique est un droit gouvernement de plusieurs mesnages, et de ce qui leur est commun, avec puissance souveraine. (Der Staat ist die rechte Regierung mehrerer Haushalte und des ihnen gemeinsamen Gutes mit souveräner Gewalt)" (1981 I,1). *Republique* meint den Großflächenstaat, der nicht wie die griechische Polis durch die Einheitlichkeit der Lebensverhältnisse und die politische Mitwirkung, sondern nur durch die Gemeinsamkeit der Herrschaft bestimmt ist. „Staat" heißt das durch autonome politische Entscheidung Recht setzende, nicht das aufgrund von Tradition oder göttlicher Ordnung Recht wahrende Gemeinwesen. Die *Puissance souveraine* ist Gesetzgebungsgewalt. Das Gesetz des Souveräns ist primär Willens-, d.h. Willkür-Akt, nicht vernünftige Norm. Der Souverän ist seinen Gesetzen nicht unterworfen. Die lehensrechtliche Vorstellung von den wechselseitigen Rechten und Pflichten von Herrschern und Beherrschten wird hier aufgegeben. Der Souverän wird zur Quelle der immerwährenden und absoluten Herrschaft und der Staats- und Souveränitätsbegriff machen bis hierher die Modernität von Bodins Lehre aus.

Nun kommen aber die traditionellen Elemente: *Plusieurs mesnages* besagt, der Staat gründe nicht auf mit natürlichen unveräußerlichen Rechten begabten Individuen, sondern auf Haushalten und Familien. Der moderne Individualismus, wonach der Staat durch den Gesellschaftsvertrag und die Zustimmung der Einzelnen legitimiert sei, ist noch nicht zum Durchbruch gekommen. Alte Vorstellungen von den den vorstaatlichen Gemeinschaften verbleibenden Rechten wirken bei Bodin nach. Das *droit gouvernement* nimmt alte aristotelische und stoische Staatszielbestimmungen des guten und glücklichen Lebens sowie mittelalterliche Bindungen des Herrschers an göttliches und natürliches Gesetz auf. Der Staat ist damit ergänzend zur Willkür des Souveränitätsbegriffs auch dem Gedanken der Gerechtigkeit und der wahren Staatsbestimmung verpflichtet. Das ist nicht nur ideengeschichtliches Traditionsgut, sondern auch Vorgriff auf naturrechtliche Staatsbegrenzung der Gegenwart. Ähnliches gilt für die Vorstellung, daß der Staat nur darauf Zugriff hat, *ce qui leur est commun:* Lehensrechtliche Traditionen der begrenzten Reichweite staatlicher Macht und ihrer Konkurrenz mit weiterbestehenden niederen Herrschaftsrechten werden hier fortgeschrieben. Zugleich werden moderne Unterscheidungen zwischen privatem und öffentlichem Gut, zwischen Staat und Gesellschaft bis hin zum Gedanken der Sozialpflichtigkeit des Eigentums im Grundgesetz antizipiert. Bodin unterscheidet mit diesen Vorstellungen zwischen Gesetzen, die auf der Willkür des Souveräns beruhen, und Verträgen, die der Fürst zu halten verpflichtet ist und die den Bürgern eigene Rechte reservieren und sie vor Despotismus schützen.

IV. Hermann Conrings Spätaristotelismus

Kommen wir zu den deutschen Beispielen. Hermann Conrings Spätaristotelismus wird gemeinhin dem Traditionsbestand zugeschlagen, Samuel Pufendorfs Naturrecht dem modernen Politikverständnis, also zwei verschiedene Welten. Doch schon auffallende biographische Parallelen sollten uns warnen, die Fronten so klar zu ziehen. Der eine Generation Ältere stammte ebenso aus einem lutherischen Pfarrhaus, war auch in seiner Politikauffassung vom lutherischen Staats- und Staatskirchenverständnis und von der Ablehnung calvinistischer Theokratieanwandlungen geprägt und er anerkannte den Bedarf an neuem Recht und dessen neue Grundlegung zur Legitimation der lutherischen Territorialstaaten. Auch er wurde in Leiden durch den Neustoizismus beeinflußt, führte ebenso einen Briefwechsel mit dem leitenden Mainzer Minister Boineburg über Politik und wissenschaftliche Behandlung von Politik. Beide waren wache, vielseitige und anregende Denker und beide schätzten sich. Beide empfanden den politischen Strukturwandel in ihrer Zeit, beide frönten einem wissenschaftlichen Fortschrittsoptimismus.

Natürlich war und blieb Conring Aristoteliker. Der „incomparabilis Aristoteles" war die Richtschnur seines wissenschaftlichen Lebens. In seiner *De civili prudentia liber unus* (1662) grenzt er in aristotelischem Sinne die Aufgabe der Politik sowohl gegenüber der Jurisprudenz, die sich in positivistisch verstandener Gesetzeskenntnis und -anwendung erschöpft, als auch gegenüber Machiavellis Staatsräsonlehre ab, die das politische Handeln dem Machtinteresse des jeweiligen Herrschers ausliefert. Jenseits von positivem Recht und purer Machtpolitik bindet er verantwortliches politisches Handeln an den Staatszweck, das Glück der im Staat vereinigten Menschen zu befördern. Ziel der *prudentia civilis* war wie bei Aristoteles das *bonum commune*, wie im Mittelalter die Friedenswahrung und Gewährleistung der Rechtsordnung. In den Annalen der Helmstedter Hochschule steht, Conring solle „textum Politicorum Aristotelis dextre et perspicue explizieren, auff die exempla variarum rerum publicarum accomodieren". Davon zeugen neben den Frühwerken *De morali prudentia, Aristotelis laudatio* und einem Kommentar der aristotelischen Politik eine Fülle von Dissertationen und Abhandlungen über Begriffe und Teilbereiche der Politik: (über den Staat, die verschiedenen Staatsformen, den Wandel der Staaten, den Bürger, einzelne Staatstätigkeiten und die Souveränität), die aus der Lehrtätigkeit und den Disputationen mit Studenten hervorgegangen sind. Sie gehen meist von aristotelischen Definitionen aus und sind von aristotelischem Geist erfüllt.

Aber Conring geht in zweifacher Hinsicht über Aristoteles hinaus und das in Parallelität zu der Entwicklung der modernen Politiklehren. Einmal kommt es zu einer historisch-empirischen Anreicherung und Grundlegung der Politik in der Staatenkunde, der Beschäftigung mit dem deutschen Recht und der Reichsverfassung und durch eine teils sehr modern klingende Quellen- und Urkundenkritik *(Der Ursprung des deutschen Rechts, Zur Rechtsstellung des Klosters Lindau)*, bedingt durch die Beschäftigung mit Machiavelli und den Staatsräsonlehren. Das allen Staaten Gemeinsame wird nicht wie bei Aristoteles allein aus dem Staatsziel der Vollendung des Menschen und aus der philosophischen Ethik abgeleitet. Vielmehr sollen die Grundprinzipien des Staates auch aus der Kenntnis (*peritia, notitia*) der Vielfalt der Staaten und der Gesetze gewonnen werden. Jurisprudenz (eigentlich: *iuris peritia*) und Staatenkunde (*notitia rerumpublicarum*) werden so zur historisch-empirischen Grundlegung von Politik.

Zum andern: Es gibt eine überempirische Wissenschaft von der Politik: Im Gegensatz zu Aristoteles kann die Politik über eine bloße Klugheitslehre hinaus zu einer *scientia* werden. Wie die physische Natur des Menschen sind auch die allgemeinen Ursachen und Strukturen politischer Gemeinwesen *aeternae veritates*. Die Politik sucht und untersucht die allgemeinen Gesetzmäßigkeiten. Soweit kann man von den Staatssachen sicheres und unzweifelhaftes Wissen und Beweise von ihnen gewinnen („civilium rerum cognitionem certam et indubitatam adeoque et demonstrationes earum reperiri" 1730, VI, 399). Das klingt alles sehr nach der analytischen, systematischen und sehr wissenschaftlich stringenten Entwicklung der Wissenschaft vom Naturrecht bei Pufendorf. Und so verwundert es nicht, daß Conring sagt: Das Naturrecht sei Bestandteil der Ethik und umfasse die Normen des Verhältnisses der Menschen zu sich selbst, zu anderen Menschen und zu Gott. Es kann in seinem Gesamtumfang deduktiv, d.h. *more mathematico* entwickelt werden. Conring lehnt deshalb ausdrücklich Grotius ab und begrüßt Pufendorfs Entwurf der *Elementa iurisprudentiae universalis* mit Nachdruck. Freilich führt bei Conring kein Weg zum deduktiven „Allgemeinen Staatsrecht" wie etwa bei Pufendorf und seinen Nachfolgern. Denn im Staatsrecht gäbe es nur die *utilitas*: „Omne jus publicum mere est positivum"(1730, II, 248).

Die Ursache für diese Entwicklung liegt, wie Horst Dreitzel treffend bemerkt hat, in der zunehmenden Praxisferne und Unbrauchbarkeit der aristotelischen Politik. Sie richtet sich an Adel und Bürgertum mit gelehrter Ausbildung. Die Professionalisierung des gelehrten Politicus konnte sich jedoch nicht durchsetzen gegen den Hof, der im Territorialstaat immer mehr zum Zentrum der Machtausübung wurde (Dreitzel 1983: 154f.).

V. Samuel Pufendorfs modernes Naturrecht

Pufendorf ist ein ausgesprochen methodisch bewußter und exakter Denker (vgl. *Jus naturae et gentium*, Briefwechsel mit Boineburg, *Eris scandica*). Das macht seine Modernität eigentlich noch mehr aus als seine deduktive und systematische Entwicklung aller Rechtsverhältnisse oder der Paradigmenwechsel in der Legitimation des Staates. Aber gerade weil er so modern erscheint, muß man hervorheben, wo auf traditionelle Vorstellungen zurückgegriffen wird. Das tut Pufendorfs Modernität keinen Abbruch. Vielmehr wird dadurch auch bewußt, wo bei methodisch sauberem wissenschaftlichen Vorgehen die Grenzen der Deduktion einer Wissenschaft von der Politik liegen.

Pufendorfs neuzeitliches rationales, methodenbewußtes, systematisches und säkulares Naturrecht hat die Legitimation des Staates grundlegend verändert. War der Staat bis zum Mittelalter die natürliche und in Harmonie mit der Schöpfung befindliche Ordnung des menschlichen Zusammenlebens, so ist er nun mit Beginn der Neuzeit primär eine künstliche, durch Vertrag entstehende und eine bewußte, sich vor der Vernunft legitimierende, menschliche Schöpfung. Das Naturrecht ist Abschied vom mittelalterlichen Rechtsbewahrstaat und Legitimation des modernen Rechtssetzungstaates. Darin liegt der Paradigmenwechsel in der Staatslegitimation.

Nun zum notwendigen Rückgriff auf die Tradition, und zwar ausgerechnet zur Erreichung moderner methodischer Sauberkeit: Pufendorf entgeht der methodischen Aporie des Thomas Hobbes, aus dem Sein der menschlichen Natur Normen für menschliches Handeln entwickeln zu wollen, indem er die Zielorientierung und damit die Moralität menschlicher Natur und die Zweckbindung des Staates an das gute Leben aus dem traditionellen teleologischen Naturrecht übernimmt. Zugleich wird er aber auch den neuzeitlichen methodischen Ansprüchen und individualistischen Prämissen gerecht, alle Rechtsverhältnisse und menschlichen Gemeinschaften auf letzte Ursachen zurückzuführen und sie daraus wieder methodisch stringent und systematisch abzuleiten.

Pufendorf beginnt deshalb in seinem Naturrecht mit der Grundlegung von Moralität und unterscheidet zwischen der physischen und der moralischen Natur des Menschen. Er trennt damit Natur- und Moralwissenschaften nach ihren Gegenständen (Kausalität der physischen Natur und Freiheit der menschlichen Natur), er verbindet sie aber zugleich durch die Einheitlichkeit der Methode, die sichere Erkenntnis *more geometrico*. Denn durch die Bindung des freien Willens an das Naturgesetz entstehen aus den Willensentscheidungen notwendige Wirkungen. Die Natur des Menschen ist sowohl durch unveräußerliche natürliche Rechte wie auch durch die *socialitas,* die Verpflichtung für das Gemeinschaftsleben gekennzeichnet. Daraus folgt die enge Bindung von Recht und Pflicht. Die Natur des Menschen führt aus individualistischer und methodischer Notwendigkeit zum Naturzustand. Er ist sowohl das gedankliche Modell für die freie Entscheidung der Individuen zu zwischenmenschlichen Vertragsbeziehungen und gesellschaftlichen Zusammenschlüssen wie zugleich die Analyse des Staates in seine Teile, um daraus die Notwendigkeit des Staates sicher ableiten zu können.

Der Staat ist wegen der Verpflichtung zur Sozialität die natürlichste und wegen der natürlichen Rechte des Menschen zugleich die künstlichste Form der Gemeinschaft. In ihm vervollkommnet sich die menschliche Natur, wird das Naturrecht zum vollkommen geltenden und erzwingbaren Recht. Zugleich kann er aber nur aus der freien Entscheidung und Zustimmung der Individuen, durch Vertrag, entstehen. Der Staat hat eine doppelte Legitimität: Mit der Legitimierung durch die Verpflichtung zur Sozialität und durch das Streben der menschlichen Natur nach Vollkommenheit stützt sich Pufendorf auf die aristotelische Tradition, mit der Legitimierung durch die Zustimmung der Individuen steht er auf dem Boden des neuzeitlichen Individualismus. Dies hat Auswirkungen auf die Staatsgründungsverträge. Pufendorf kennt nicht einen einheitlichen Herrschaftsvertrag, sondern unterscheidet zwischen dem Gesellschaftsvertrag und dem Unterwerfungsvertrag mit der Zwischenschaltung eines Beschlusses über die Regierungsform. Er sichert dadurch zugleich die Unteilbarkeit und Unveräußerlichkeit der Souveränität wie die Möglichkeit von Herrschaftsbeschränkung. Unbeschränkte Herrschaft wie durch die Zustimmung von Kontrollorganen beschränkte Herrschaft sind bei ihm möglich. Er legt mit seinem Naturrecht deshalb ebenso die Grundlage für den aufgeklärten Absolutismus wie für den konstitutionellen Staat.

Pufendorfs traditionelle Einsprengsel haben als Grund auch die gesellschaftliche Wirklichkeit in seiner Zeit. Er wirkte in einem weitgehend traditionellen Universitätssystem. Und die Staatszwecke des heraufkommenden Wohlfahrtsstaates legten eine Rückbindung an alte Vorstellungen vom guten Leben nahe.

Politikbegriffe der englischen Renaissance

Raimund Ottow

Die Konzentration auf Entwicklungen des „Politik"-Begriffs in der Zeit um 1600, der Zeit der Renaissance und einer kulturellen Blüte in England, erscheint attraktiv, weil – und das ist die zentrale These – sich in dieser Zeit zwei heterogene Politik-Begriffe kreuzen: der traditionelle aristotelisch-scholastisch-humanistische Politik-Begriff einerseits und der jüngere machiavellistische Politik-Begriff andererseits, der selbst aus Entwicklungen im Humanismus herauswächst. Dolf Sternberger hat in seinen *Drei Wurzeln der Politik* diese beiden „Politik"-Konzepte paradigmatisch herausgestellt, denen er einen von Augustinus herkommenden eschatologischen Politik-Begriff als dritte grundlegende Begriffstradition an die Seite stellte (Sternberger 1984). Diese dritte Tradition soll hier eine geringere Rolle spielen, obgleich in der puritanischen Tradition die Eschatologie oder Apokalyptik, eine messianische Mentalität, zweifellos eine Rolle spielte. Dabei tritt jedoch der Politik-Begriff selbst zurück, so wie auch Sternberger in dieser Tradition im Grunde eher eine „Anti-Politik" sah.

I. Zwei „Politik"-Begriffe

Bekanntlich findet die Rezeption der *Politik* des Aristoteles durch die lateinische Übertragung durch Wilhelm von Mörbecke im 13. Jahrhundert einen wesentlichen Anstoß (Rubinstein 1987). Mörbecke latinisiert die griechische Politeia und macht damit den Politik-Begriff dem europäischen Bewußtsein zugänglich. Dieser Schritt wird in gewissem Grade rückgängig gemacht durch den italienischen Humanismus, der, an der Reinheit der lateinischen Sprache interessiert, auch bei der Übersetzung griechischer Texte auf lateinische Wörter zurückgreift. Leonardo Brunis Neuübersetzung der aristotelischen ‚*Politik*' folgend, werden die Begriffe *civitas/civitatis* oder *res publica* für die *Polis* eingesetzt, ein Schritt, der jedoch nur begrenzt erfolgreich ist. Im englischen Kontext rückt im 15. und frühen 16. Jahrhundert der *Commonwealth*-Begriff in die Stelle der Bezeichnung des politischen Gemeinwesens, während sich der Staatsbegriff, bei gelegentlicher Verwendung seit dem späten 16. Jahrhundert, in England nicht durchsetzen kann. In seinem *Picture of a perfit Commonwealth* von 1600 leitet Thomas Floyd den Commonwealth-Begriff sowohl von der Polis als auch von der *res publica* her: „This word Common wealth is called of the Latine word, *Respublica, quasi res populica,* the affairs of the people: which the latines call the Government of a common wealth, or of a civill societie, and is called of the Grecians a politicall government, derived of the Greeke word *Politia,* which signifieth the regiment and estate of a citie, disposed by order of equitie, and ruled by moderation of reason, which answereth and concurreth most fitly to this my present discourse & purpose, as the order & estate whereby one or many townes are governed, administered, ordained to that end, that every society should by due order or policie be framed" (Floyd 1973, Kap.1: 3f.). Dieser doppelten Herleitung entsprechend stehen in der Literatur der Zeit die Begriffe *politic, civil* und *public* oft austauschbar nebeneinander. Der inhaltliche Kern des derart tradierten aristotelischen Politik-Begriffs ist die auf Tugend gestützte normativ richtige Ordnung des politischen Gemeinwesens, deren zentrale Normen Gerechtigkeit und Gemeinwohl sind. Den Kontext bildet eine ja auch noch in der frühen Neuzeit wesentlich ständisch strukturiert gedachte Gesellschaftsidee, im Englischen: *body politic,* wenn auch die Abgrenzungen der Stände allmählich unsicher und durchlässig werden, intellektuell reflektiert in der humanistischen Umwertung des Adels-Begriffs, der zufolge *vera nobilitas* durch Tugend definiert ist (Peltonen 1995: 35ff.).

Mit der Intervention Machiavellis wird der Politik-Begriff reflexiv und aktivistisch (Skinner 1994, Bd. 1: 128-38; Rubinstein 1994). Wenn in den spätmittelalterlich-scholastischen Fürstenspiegeln eine Ordnungshierarchie gedacht ist, die von der Religion über die Moralphilosophie zur Ethik und Politik absteigt, dann stellt sich Politik hier als eine Art konkretisierende Ableitung aus übergeordneten Normenordnungen dar, die im ganzen auf das Seelenheil als *summum bonum* hingeordnet sind, dem gegenüber die Politik eine dienende, instrumentelle Funktion hat. Der Humanismus bleibt zwar im ganzen christlich geprägt, emanzipiert jedoch die Moralphilosophie, in ihren antiken Inspirationen, aus der unmittelbaren theologischen Umklammerung und differenziert damit – modern gesprochen – Religion und Moral, Theologie und Moralphilosophie aus. Und Machiavelli vollzieht den weitergehenden Schritt, auch die Politik auszudifferenzieren, d.h. aus der theologischen und moralphilosophischen Umklammerung herauszulösen. Das wird an zwei Punkten besonders deutlich. Im *Principe* argumentiert Machiavelli, daß der Fürst sich die Freiheit nehmen muß, situativ zu entscheiden, ob die Beachtung moralischer Normen machtstrategisch nützlich ist oder nicht. Die moralischen Normen verlieren ihre unbedingte Geltung und werden, anstatt daß die Politik ihnen dient, in der Selbstdarstellung und -stilisierung der Macht selbst zum Instrument politischer Zwecke, die durch den Erwerb, die Stabilisierung oder Erweiterung des politischen Macht- und Herrschaftsbereiches definiert sind. Damit ist das Verhältnis zwischen Moral und Politik umgekehrt, was gleichzeitig bedeutet, daß die Politik moralphilosophisch entnormativiert ist. Daß Machiavelli gleichzeitig empfiehlt, den Schein der Moralität, so weit es geht, aufrecht zu erhalten, unterstreicht um so mehr das reflexive, instrumentelle Verhältnis der Politik zur Moral. Im *Principe,* aber auch in den republikanischen *Discorsi*, finden wir zweitens ein ebenso instrumentelles Verhältnis zur Religion, die Machiavelli als Ordnungsmacht ersten Ranges identifiziert, und dieser Ressource soll sich die Politik bedienen. Und ein Aspekt dieser normativen Ausdifferenzierung und Emanzipation der Politik bei Machiavelli ist eine aktivistische Wende: Wenn die Politik nicht mehr normative Vorgaben passiv zu realisieren hat, die außerhalb ihrer selbst generiert sind, dann kann sie selbst in ein aktives, gestaltendes Verhältnis zur Welt treten. Der Begriff der *virtù*, entnormativiert, beschreibt diese Gestaltungsmacht im Verhältnis zur *fortuna*.

Die allgemeine These lautet, daß der Politik-Begriff sich im Zuge der englischen Machiavelli-Rezeption tendenziell aufspaltet zwischen einem eher substantialistischen Politik-Begriff, der das politische Gemeinwesen und seine normative Wohlordnung in der aristotelischen Tradition meint, und einem aktivistischen, das kluge, vorausschauende, kalkulierte – mit Habermas zu sprechen: *strategische Handeln* – bezeichnenden Begriff, der oft machiavellistische Anklänge hat. Dabei ist festzuhalten, daß Politik als strategischer Handlungsbegriff nicht auf die Sphäre der „Politik" im engeren Sinne beschränkt bleibt, sondern auch das Alltagshandeln und die Alltagssprache durchdringt. Die *Politik*, als strategisches Handeln verstanden, wandert aus und verallgemeinert sich (Rubinstein 1987: 53f.).

II. Die Machiavelli-Rezeption

Die Schicksale der Lehre Machiavellis sind in den Grundzügen bekannt: In den 1550er Jahren kommen seine Schriften auf den Verbotsindex der katholischen Kirche, und erst allmählich, zum Ende des Jahrhunderts hin, setzt eine Normalisierung im Umgang mit dem Skandal Machiavelli ein; vorsichtige Rechtfertigungen erscheinen im Druck. 1603 und nochmals 1607 beruft sich Francis Bacon auf die Autorität Machiavellis, die „seemeth not to be contemned" (Bacon 1989: 96, 323). Diese Entwicklung ist eingebettet in intellektuelle Transformationsprozesse, die mit den Begriffen: Staatsräson, *arcana imperii*, Tacitismus, Neostoizismus, *Les Politiques* und Souveränitätsdoktrin hier nur angedeutet werden können.

Die englische Machiavelli-Rezeption bleibt in den Anfängen etwas im Dunkeln (grundlegend: Raab 1964). Etwa seit 1530 gibt es eine gewisse Kenntnis Machiavellis bei einer Reihe englischer Humanisten, die entweder selbst in Italien waren oder über gute Beziehungen nach Italien verfügten. Reginald Pole, ein jüngerer Verwandter Heinrichs VIII., der lange in Italien lebte, sagte sich einige Jahre nach dem Beginn der englischen Reformation vom König los und denunzierte Machiavelli in seiner *Apologia ad Carolum Quintum* von 1536 als satanischen Autor. Pole glaubte auch, daß Thomas Cromwell, Heinrichs führender Minister zur Zeit der Reformation, ein Machiavellist war, dem es gelungen sei, den König von seinen wahren Herrscherpflichten abzuziehen (vgl. Donaldson 1992, Kap.1). Auch in England wurde Machiavelli auf den Index verbotener Autoren gesetzt und das Bild Machiavellis als satanischer Autor senkte sich in der Folge derart in das allgemeine Bewußtsein, daß *Old Nick*, von Niccolò, als Bezeichnung des Teufels geläufig wurde. Diese „Verteufelung", im wörtlichen Sinne, führte dazu, daß längere Zeit eine positive Machiavelli-Rezeption gleichsam nur clandestin stattfand: William Thomas, ein englischer self-made-Humanist, der ebenfalls in Italien gelebt hatte, schrieb als intellektueller Berater des minderjährigen Königs Edward VI. um 1550 Denkschriften für den König, die wesentlich auf Ideen Machiavellis beruhten. Im radikalprotestantischen Milieu dieses Hofes konnte das gefährlich sein, weshalb Thomas den König bat, die Papiere geheimzuhalten. Auch eine etwas spätere Schrift, die Stephen Gardiner zugeschrieben wird, der sich als Theologe zwischen Rechtsprotestantismus und Katholizismus bewegte, ist machiavellistisch insofern der Gemahl Maria Tudors, Philipp II. von Spanien, im englischen Kontext als neuer Fürst konzeptualisiert wird (siehe Gardiner 1968; Donaldson 1992, Kap. 2; Kahn 1994, Teil 2, Kap. 4: 96ff.). Felix Raab zitiert in seinem Standardwerk zur englischen Machiavelli-Rezeption einen *Treatise of Treasons against Queen Elizabeth and the Crown of England* von 1572, worin der Verfasser ausführt: „[...] that I call a machiavellian state and regiment: where religion is put behind in the second and last place: where the civil policie, I meane, is preferred before it, and not limited by any rules of religion, but the religion framed to serve the time and policy; where both by word and example of the rulers, the ruled are taught with every change of the prince to change also the face of their faith and religion: where, in appearance and show only, a religion is pretended, now one, now another, they force not greatly which, so that at heart there be none at all: where neither by hope nor fear of ought after this life, men are restrained from all manner vice, nor moved to any vertue what so ever: [...] where no restraint nor allurement is left in the heart of man, to bridle him from evil, nor to invite him to good: but from the vain fame only and fear of lay lawes, that reach no further then to this body and life: that I call properly a machiavellian state and governance" (Raab 1964: 60). Die Ablehnung Machiavellis verknüpft sich derart mit dem Politik-Begriff, daß die Politik als aktives politisches Handeln unter den Verdacht der Entnormativierung gerückt wird. Diese Ablehnung hinderte jedoch nicht, daß die Rezeption der Schriften Machiavellis Fortschritte machte.

1560 erschien die erste englische Ausgabe von Machiavellis *Arte della Guerra* und in den achtziger Jahren druckte John Wolfe den *Principe* und die *Discorsi* auf italienisch nach, unter Angabe eines italienischen Druckortes, was jedenfalls anzeigt, daß es in England einen Markt dafür gab (Donaldson 1992, Kap. 3); parallel zirkulierten englische Übersetzungen im Manuskript. „Everything indicates", resümiert Raab, „that, at least from the middle eighties onwards, Machiavelli was being quite widely read in England and was no longer the sole preserve of italianate Englishmen and their personal contacts, as had been the case earlier". Trotzdem blieb „the reading of Machiavelli [...] still the preserve of a small section of society" (Raab 1964: 53, 68). Ein Beleg für die paradoxe Situation wachsender Rezeption bei öffentlicher Verurteilung findet sich in Christopher Marlowes Prolog zum *Jew of Malta*, für den Marlowe Machiavelli selbst auf die Bühne treten läßt:

„Albeit the world think Machevill is dead,
Yet was his soul but flown beyond the Alps,
And now the Guise [der Duc de Guise als Hauptverantwortlicher der Bartholomäusmacht] is dead, is com from France [...]
Though some speak openly against my books,
Yet will they read me [...]; and when they cast me off,
Are poisond by my climbing followers".

Marlowe schreibt Machiavelli zwei Hauptgrundsätze zu: Verachtung der Religion und Gründung von Politik auf Gewalt:

„I count religion but a childish toy,
And hold there is no sin but ignorance [...]
Might first made kings, and laws were then most sure
When like the Dracos they were writ in blood".

Es ist nicht ohne Interesse, daß Marlowe selbst im Ruf eines Atheisten stand und nach dem Zeugnis eines Denunzianten die Meinung vertreten haben soll, „That the first beginning of religion was only to keep men in awe" (Marlowe 1997, App.: 513); und ein Kollege und Zeitgenosse Marlowes, der Dramatiker Robert Green (1558-92), konfrontierte ihn mit der rhetorischen Frage: „Is it pestilent Machivilian pollicy that thou hast studied?" (zit. n. Schaffeld 1998: 309).

Shakespeare erwähnt Machiavelli nur selten. Eindrucksvoll ist jedoch eine Szene aus *Henry VI*, dritter Teil, die Richard of Gloucester, den zukünftigen Kronusurpator, in einem Monolog zeigt, der seine Machtbesessenheit und seine Entschlossenheit offenbart, die Krone mit machiavellistischen Mitteln an sich zu reißen:

„[...] I [...] Torment myself to catch the English crown:
And from that torment I will free myself,
Or hew my way out with a bloody axe.
Why, I can smile, and murder while I smile,
And cry, Content, to that which grieves my heart
And wet my cheeks with artificial tears,
And frame my face to all occasions.
I'll drown more sailors than the mermaid shall;
I'll slay more gazers than the basilisk;
I'll play the orator as well as Nestor,
Deceive more slily than Ulysses could,
And, like a Sinon, take another Troy.

I can add colours to the chameleon,
Change shapes with Proteus for advantages,
And set the murdrous Machiavel to school.
Can I do this, and cannot get a crown?
Tut! were it further off, I'll pluck it down!"
(Henry VI, 3. Teil, Akt 3, Szene 2).

1595 erschien die erste englische Übersetzung von Machiavellis *Geschichte von Florenz,* und in die 1590er Jahre fällt nach Markku Peltonen auch das Erscheinen eines ersten englischen Werkes, in dem von Machiavellis *Discorsi* positiver Gebrauch gemacht wurde, ohne ihn zu nennen: Richard Beacons *Solon his follie: or a politique discourse, touching the reformation of common-weales conquered, declined or corrupted.* Herrschaft stützt sich auf Rhetorik, heißt es dort, und eine rhetorische Strategie bestehe darin, bittere Botschaften unter dem Gewande von „pleasing names" zu verbreiten – eine Praxis, die „in a publike magistrate [...] is rightly tearmed pollicie, but in private persons, the same is not unjustly condemned by the name of deceit" (zit. n. Peltonen 1995: 88f.); die Politik wird, mit anderen Worten, durch eine Sondermoral geleitet. Ähnliches sagt John Hitchcock in seinem *Sanctuary for honest men* von 1617. Bei der Diskussion der vier Kardinaltugenden schreibt er der Klugheit des Fürsten eine Sonderrolle zu, der – wie Machiavelli gesagt hatte – in der Lage sein muß, „enterchangeably to assume the skinne of the Foxe and the Lion", und er muß Dinge tun, „which in private persons were vicious and unlawfull" (zit. n. Peltonen 1995: 158). 1611 publizierte Anthony Stafford eine Kritik der Korruption zeitgenössischer Politik unter Berufung vor allem auf Tacitus' und Seneca, denn während Machiavelli gleichsam nur der „Theoretiker" der Machtpolitik sei, kannten diese die Praxis. Tacitus' Spruch, daß die praktizierte Tugend notwendig zum Untergang führt, sei speziell in dieser Zeit gültig (Peltonen 1995: 128f.). In Francis Bacons *Essayes or Counsels, Civill and Morall* überwiegen die Bezüge auf Tacitus jene auf Machiavelli, dem Bacon jedoch generell sein realistisches Menschenbild zugute hält, indem er zeigt, „what men do and not what they ought to do". Ohne die Einsicht in die Gestalten des Bösen, so Bacon, „virtue lieth open and unfenced"; und in seinem Essay *Of Goodnesse and Goodnesse of Nature* nimmt Bacon Machiavellis Kritik des Christentums als Religion der „Guten" auf, die leicht zum Opfer der Tyrannen und Ungerechten werden und schließt daraus, daß die Tugend der Güte nur in Maßen zu praktizieren sei (Bacon 1985: An anderer Stelle warnt er davor, die amoralischen Ratschläge der Machiavellisten als den besten Weg zu einer politischen Karriere zu betrachten – hier ist an Verstellung, Schmeichelei, Verleumdung und dergleichen zu denken, denn wenn es auch möglich sei, durch diese Art „corrupt wisdom", d.h. „with these dispensations from all the laws of charity and virtue, and an entire devotion to the pressing of his fortune", die eigene Karriere zu befördern, so sei es doch im Leben wie mit Wegen: „the shortest way is commonly the foulest and muddiest" (Bacon 1981, Buch 8, Kap. 3, 76).

III. Politik und Religion: Hooker

Eine der Dimensionen des Politik-Begriffs ergibt sich aus seiner Verwendung als Abgrenzungsbegriff zur Kirchenordnung. Mit der Reformation gerät das Verhältnis von Kirchenorganisation und Staat in den Streit: Dualistischen Theorien treten solche gegenüber, die entweder die Kirchenorganisation durch die Politik bestimmen wollen, oder solche, die umgekehrt die Politik mehr oder weniger der Religion oder der Kirche unterwerfen wollen, entweder abgeleitet aus traditionellen Herrschaftsansprüchen des Papstes oder aus dem protestantischen Rückgang auf die unverfälschte *Heilige Schrift*: sola scriptura. Richard Hooker, wohl der bedeutendste politische Theologe der Zeit, unterzieht in seinem Werk *Of the Laws of Ecclesiastical Polity* puritanische Doktrinen, die die Einheit von Staat und Kirche gefährden, einer scharfsinnigen Kritik. Er akzeptiert – darin liegt sein zentraler Nachweis –, daß die Kirchenordnung und die politisch-staatliche Ordnung, die politic society, separate Ordnungsbereiche sind (Hooker 1989, Buch 1, Kap. 10); doch argumentiert er, daß die politische Selbstordnung der Gesellschaft, nach einem aristotelisch inspirierten, angedeuteten Vertragsargument, sich auch auf alle nicht zwingend aus der heiligen Schrift ableitbaren Dimensionen der Kirchenordnung erstreckt. Auf der anderen Seite jedoch kritisiert er auch die modernen Machiavellisten, die als Ungläubige – der Titel des betreffenden Abschnitts spricht von ‚affected atheism (Hooker 1676: 191ff.; vgl. Raab 1964: 64) – ein nur-politisches, instrumentelles Verhältnis zur Religion entwickeln.

„[They] would fain believe that the hearty devotion of such as indeed fear God, is nothing else but a kind of harmless Errour, bred and confirmed in them by the sleights of wiser men. For a politick use of Religion they see there is, and by it they would also gather that Religion itself is a meer politick device, forged purposely to serve for that use. Men fearing God, are thereby a great deal more effectually, than by Positive Laws, restrained from doing evil; in as much as those Laws have no farther power than over our outward actions only, whereas unto mens inward cogitations, unto the privy intents and motions of their hearts, Religion serveth for a bridle. [...] This is the politick use of Religion. In which respect, there are of these wise malignants, some who have vouchsafed it their ma[r]vellous favourable countenance and speech, very gravely affirming, That Religion honoured, addeth greatness; and contemned, bringeth ruin unto Commonweals: [...] But when they should define what means are best for that purpose, behold, they extol the wisdom of Paganism [...] and not make it nice for so good a purpose to use, if need be, plain forgeries" –

Ein eloquentes Plädoyer gegen ein instrumentelles, in diesem Sinne *politisches* Verhältnis zur Religion.

„Such are the counsels of men godless, when they would shew themselves politick devisers able to create God in Man by art."

Die scheinbare Weisheit dieser „execrable crew", wie Hooker diese Machiavellisten nennt, ist leer, weil ohne echten Glauben die Religion weder zu Gott führt noch der politischen Stabilisierung eines Staates nützlich sein kann. Damit legt Hooker den Finger in die Wunde. Aber wenn er auch den Politik-Begriff an dieser Stelle pejorativ einführt, hält er doch, wie schon der Titel seiner Schrift zeigt, an einem positiven Politik-Begriff fest. *Polity* ist die selbstbestimmte und wohlgeordnete politische Gemeinschaft, die wesentliche Dimensionen der Kirchenordnung mit umfaßt. Der Zwiespalt der Begrifflichkeit zeigt an, daß der Politik-Begriff ambivalent geworden ist.

Als Gegenbegriff zur Kirchenordnung verwendet James Stuart, der schottische und seit 1603 englische König (James VI and I 1994: 5, 6, 26, 45, 130), gelegentlich *Policy* auch im Sinne der politischen Grund- oder Verfassungsordnung (ebd.: 181; vgl. auch 42), und er bezeichnet sich in Analogie zur Hausgewalt des Vaters in der Familie als „politique father of his people" (ebd.: 183). *Policie* dient sodann auch dazu, den Grad der Zivilisation eines Reiches anzuzeigen, der sich etwa an einer gesetzmäßigen Ordnung festmacht.

IV. Taktische „Politik"

In der Schrift des englischen Humanisten Thomas Starkey *A Dialogue between Pole and Lupset*, kurz vor der englischen Reformation entstanden, spielt die Religion für den Politik-Begriff keine Rolle. Wenn Starkey unter Berufung auf die aristotelische Anthropologie für die *vita activa* plädiert, dann, weil der Mensch bestimmt sei zu „commyn cyvylyte one ever to be redy to helpe another, by al gud & right pollycy" (Starkey 1989: 6). Darunter fallen auch die menschlichen Ordnungen und Gesetzgebungen, „other certayn custumys & manerys by long use & tyme confyrmyd & approvyd", sowie „lawys wryten & devysyd by the polytyke wytte of man [...]" (ebd.: 11). Hier ist die Politik in einem durchgreifend säkularen Zusammenhang gedacht, dessen normative und aktivistische Seite, die *good & right policy* und der *politic wit*, das wohlgeordnete politische Gemeinwesen und die politische Klugheit, aufeinander verweisen, ein Zusammenhang, der in der Folgezeit aufbricht. So beklagt Thomas Elyot in diesen Jahren, daß „That maner of injurie, whiche is done with fraude and disceyte, is at this present tyme so communely practised, that if it be but a litle, it is called policie [...]" (Elyot 1992, Buch 3, Kap. 4; vgl. Baker 1978: 84). Die Moral lockert sich, und solange Täuschung und Betrug diesseits der Juridizierbarkeit angesiedelt sind, gelten sie als läßliche Sünden, als *Politik*.

In Edward Halls Geschichte der *Union of the two Noble and ilustre Families of Lancastre and Yorke* von 1548 ist die Tendenz, den Politik-Begriff mit strategischem Handeln in Verbindung zu bringen, bereits recht ausgeprägt (Hall 1809). Wenn Hall über die *Politique Gouvernaunce of Kyng Henry the VII* schreibt, dann meint er, daß der erste Tudor-Herrscher es verstand, seine Machtrivalen auszuschalten, ohne einen Bürgerkrieg zu riskieren, und seine Finanzen so zu organisieren, daß er innen- wie außenpolitisch unabhängig war. In *Holinsheds Chronicles*, 1577 zuerst publiziert, meint „The Politike Conquest of William I", daß William den richtigen Zeitpunkt für die Invasion wählte, eine kluge Militärstrategie und eine kluge Politik der Machtsicherung nach dem Sieg verfolgte (Holinshed 1807/1808, Bd. 2, Anfang). In diesem Politik-Begriff ist die richtige Kombination von Gewaltanwendung und anderen, eigentlich politischen Mitteln der Machtsicherung gedacht. Zum Bericht über einen Hinterhalt der französischen Marine steht als Randvermerk einfach: „A Policie" (a.a.O. Bd. 2: 723), und wenn der französische König in Einsicht militärischer Unterlegenheit einer Schlacht ausweicht, bezeichnet Holinshed dies als „The Policie of the French King" (a.a.O. Bd. 2: 730). „A good policie" beschreibt ein Täuschungsmanöver der englischen Flotte (a.a.O. Bd. 2: 778), „A politike madnesse" ist eine vorgetäuschte Geistesverwirrung eines politischen Verschwörers (a.a.O. Bd. 2: 854) und Earl of Westmoreland, „using more policie then the rest", brachte Rebellen dazu, ihre Waffen niederzulegen, um sodann ihre Anführer zu verhaften (a.a.O. Bd. 3: 37f.); die Beispiele ließen sich vermehren. Hier meint *Politik* wesentlich List und Verstellung im Handeln, das vorwiegend – aber nicht ausschließlich – im politisch-militärischen Bereich spielt.

Der von Jean Bodin beeinflußte Charles Merbury unterscheidet in seinem *Briefe Discourse of Royall Monarchie* von 1581, der als frühabsolutistisch gilt, verschiedene Arten der Erwerbung einer Krone: durch Erbschaft, Schenkung, Eroberung, Wahl oder durch *Pollicie*, eine geschickte Politik (Merbury 1972: 17ff.).

V. Parallelen in der literarischen „Politik" - Rezeption

Blicken wir auf die Literaten der Zeit, so finden wir bei Edmund Spenser parallel einen pejorativen und einen eher positiven Politik-Begriff. In dem großen Epos der Zeit, *The Fairy Queen*, eine mythisch-allegorische Idealisierung der Herrschaft Elizabeths I, in der eine neo-chevalereske Tugend im Stile Ludovico Ariostos gefeiert wird (Spenser 1996; Ariost 1980; Danner 1998), kämpft, wie könnte es anders sein, das Gute mit dem Bösen. Und eine der Gestalten des Bösen führt Spenser mit diesen Versen ein:
„[...] proud Lucifera men did her call,
That made herself a queen, and crowned to be –

Yet rightful kingdom she had none at all,
Ne [auch nicht] heritage of native sovereignty,
But did ursurp with wrong and tyranny
Upon the sceptre which she now did hold:
Ne [nicht] ruled her realms with laws but policy,
And strong advisement of six wizards old,
That with their counsels bad her kingdom did uphold"
(Spenser 1996, Buch 1, Canto 4, Stanza 12).

Politik wird in Gegensatz gebracht zur Herrschaft der Gesetze und mit Betrug und Tyrannei gekoppelt. Und wenn der Rat der Zauberer auch „schlecht" ist, so scheint er doch effektiv zu sein, was einem Machiavellisten als Kriterium genügen mag. An anderer Stelle dagegen koppelt Spenser Policy mit *Justice: Mutability*, deren Gegensatz die neostoische Kardinaltugend *Constantia* ist, derangiert alle Ordnung der Welt:

„ [...] she the face of earthly things so changed
That all which Nature had established first
In good estate, and in meet [angemessene] order ranged,
She did pervert and all their statutes burst;
And all the worlds fair frame [...]
She altered quite and made them all accursed [...]
Ne [nicht nur] she the laws of Nature only break,
But eke [auch] of Justice and of Policy,
And wrong of right and bad of good did make, [...]
And all this world is woxen [wurde] daily worse.
O piteous work of Mutability!"
(a.a.O. Buch 7, Canto 6, Stanzas 5/6, s. a. Buch 2, Canto 9, Stanzas 48, 53).

Mit dem jung verstorbenen Christopher Marlowe, dessen Dramen in den Jahren um 1590 entstanden sind, betreten wir ein dramatisches Universum, in dem die Leidenschaft alle Tugend überrennt und alle Ordnung sprengt – in erster Linie die Leidenschaft der Macht- und Ruhmsucht. Der große Tamburlaine, der skythische Räuber, der sich zum Herrscher Asiens aufschwingt, beruft sich auf

„Nature, that fram'd us of four elements
Warring within our breasts for regiment,
Doth teach us all to have aspiring minds.
Our souls, [...] always moving as the restless spheres,
Wills us to wear ourselves and never rest
Until we reach the ripest fruit of all,
That perfect bliss and sole felicity,
The sweet fruition of an earthly crown"
(*Tamburlaine the Great*, Marlowe 1997, Teil 1, Akt 2, Szene 7).

Tamburlaine wird beschrieben als ein Mann, der, ganz im Sinne von Machiavellis virtù, „treadeth fortune underneath his feet, And make the mighty god of arms his slave" (a.a.O. Teil 2, Akt 3, Szene 4). Doch sieht Mortimer, der Mörder Edwards II. in dem gleichnamigen Drama, schließlich ein, daß das Rad der Fortuna nicht aufzuhalten ist:
„Base Fortune, now I see, that in thy wheel
There is a point, to which when men aspire,
They tumble headlong down; that point I touch' d [...]"
(a.a.O. Akt 5, Szene 6).

Die Hybris und ihre tragischen Folgen sind auch ein Grundmotiv in Marlowes Bearbeitung des Faust-Stoffes, wo das Streben nach Macht gleichsam von Politik und Krieg auf die Wissenschaft übertragen ist und zum Pakt mit dem Teufel führt:
„*Faustus:* Had I as many souls as there be stars,
Id give them all for Mephistophilis.
By him Ill be great emperor of the world [...]"
(a.a.O. Akt 1, Szene 3).

Auch die erotische Leidenschaft zeichnet Marlowe als ein Element, das die Ordnung zerstört, wie die Liebe Edwards zu Gaveston, die ihn einen bestialischen Tod erleiden läßt, oder Didos Liebe zu Aeneas, die in der Schlußszene von *Dido Queen of Carthage* drei unglücklich Liebende als Leichen und einen brennenden Palast sieht.

Die Politik selbst erscheint bei Marlowe als eine endlose, tragische Verkettung ungezügelter Leidenschaften: Stolz, Ehrgeiz, Machtgier, Intrige, Verrat, Rache, Mord, Bürgerkrieg – dies in einer Welt, die die aristotelische Wohlordnung aufgesprengt hat. Policy steht in erster Linie für Täuschung und Intrige, gelegentlich aber auch einfach für vorausschauend geschicktes Handeln, wenn der persische König im *Tamburlaine* das Schlachtfeld verläßt, um seine Krone zu verstecken, die ihn zum Angriffsziel macht – „in policy [...] a goodly stratagem" (Marlowe 1997, Teil 1, Akt 2, Szene 4). Im Drama *Edward II.* schließt sich selbst der Bruder des Königs den verschworenen Lords an, die ihm anfangs mißtrauen:
„*Lancaster:* I fear me you are sent of policy
To undermine us with a show of love"
(a.a.O. Akt 2, Szene 3).

Nachdem die Lords Gaveston gefangen haben, lassen sie sich überreden, ihm eine letzte Unterredung mit dem König zu gewähren – bis auf Warwick, der den Plan faßt, Gaveston meuchlings zu ermorden,
„If Warwicks wit and policy prevail"
(a.a.O. Akt 2, Szene 5).

Dem Tacitus-Motiv: *Necessitas non habet legem*, das benutzt wurde, um Notstandsmaßnahmen außerhalb des Rechts zu legitimieren, entspricht in Marlowes *Jew of Malta* die Erklärung des Juden Barabas:
„[...] in extremity We ought to make bar of no policy"
(a.a.O. Akt 1, Szene 2).

Und indem er zwei Parteien gegeneinander ausspielt,
„Making a profit of my policy; [...] he from whom my most advantage comes, Shall be my friend"
(a.a.O. Akt 5, Szene 2).

Machiavellistisch wirkt eine Szene im *Tamburlaine*, in der der christliche König von Ungarn von Höflingen aufgefordert wird, eine günstige Gelegenheit zum Überfall auf die Türken zu nutzen und den beeideten Friedensvertrag zu brechen, indem sie sophistisch argumentieren, daß ein Eid Ungläubigen gegenüber nicht bindend sein kann, („In whom no faith nor true religion rests"); ja, es sei sogar „superstition, To stand so strictly on dispensive faith" (a.a.O. Teil 2, Akt 2, Szene 1). Die Bartholomäusnacht bot sich einer machiavellistischen Dramatisierung an: mit Giftmorden, Meuchelmorden und einem instrumentellen Verhältnis zur Religion als Teil einer machiavellistischen Machtstrategie, die sich in dem Monolog des Duc de Guise in Marlowes *The Massacre at Paris* offenbart:
„That like I best that flies beyond my reach.
[...] the diadem of France,
Ill either rend it with my nails to naught,
Or mount the top with my aspiring wings,
Although my downfall be the deepest hell.
For this I wake, when others sleep;
For this I wait, that scorns attendance else;
For this, my quenchless thirst whereon I build,
Hath often pleaded kindred to the king;
For this, this head, this heart, this hand and sword,
Contrives, imagines, and fully executes,
Matters of import aimed at by many,
Yet understood by none.
For this, this earth sustains my bodys weight,
And with this weight Ill counterpoise a crown,
Or with seditions weary all the world.
For this, from Spain the stately Catholic
Sends Indian gold to coin me French écus;
For this, have I a largess from the Pope,
A pension and dispensation too;
And by that privilege to work upon,
My policy hath framd religion.
Religion: *O Diabole!*

Fie, I am ashamd, however that I seem,
To think a word of such a simple sound
Of so great matter should be made the ground"
(Marlowe 1997, Szene 2).

Hier liefert die Religion den Vorwand und den ideologischen Schleier der Machtstrategie der Erzfeinde des protestantischen England: des französischen Katholizismus, Spaniens und des Papstes.

Bei Shakespeare finden wir den Politik-Begriff vor allem im Sinne eines klugen und vorausschauenden, die Aktionen anderer in Rechnung stellenden, strategischen, oft geheimen Handelns. Das beginnt im einfachen Sozialverkehr mit der „policy of mind" (*Much Ado about Nothing*, Akt 4, Szene 1), der Verstellung („deep policy", *The Rape of Lucrece*, Vers 1815; *Henry VI*, 3. Teil, Akt 2, Szene 6, Vers 65), der Täuschung (*Taming of the Shrew*, Akt 2, Szene 1) und der Koppelung von ‚policy' und ‚stratagem' (*Titus Andronicus*, Akt 2, Szene 1, Vers 104); und es reicht im Bereich der eigentlichen Politik vom verantwortlich-staatsmännischen Handeln (*Richard II.*, Akt 5, Szene 1; *Henry VI..*, 2. Teil, Akt 4, Szene 1; *Henry VI.*, 1.Teil, Akt 5, Szene 4; 2. Teil, Akt 3, Szene 1, Vers 23; 3.Teil, Akt 1, Szene 2, Vers 58), über das schnelle Handeln (*Henry VI.*, 3. Teil, Akt 5, Szene 4, Vers 62) und die „Far-fet[ched] policy" (a.a.O. 2. Teil, Akt 3, Szene 1, Vers 293) als Kalkül von Handlungsschritten auch zum unrechtmäßigen Handeln (a.a.O. 2. Teil, Akt 3, Szene 1, Vers 231-42), Handeln mit Hinterabsichten (a.a.O. 2. Teil, Akt 3, Szene 1, Vers 341) und von „secret policies" (a.a.O. 1. Teil, Akt 3, Szene 3, Vers 12) bis zur Kriegslist (a.a.O. 1. Teil, Akt 3, Szene 2, Vers 2). An verschiedenen Stellen bringt Shakespeare „Politik" in Gegensatz zur Liebe, der aus politischen Rücksichten entsagt werden muß, und läßt eine Figur erklären: „[...] policy sits above conscience" (*Timon of Athens*, Akt 3, Szene 2, Vers 95), und auch „Politik" und „Ehre" bilden ein schwieriges Paar (*Coriolanus*, Akt 3, Szene 2). Wenn die Emotionen und moralischen Werte durch den strategisch kalkulierenden Verstand kontrolliert werden: Das ist Politik. Dem entspricht bei Marlowe die Ermahnung des *Juden von Malta* an das Instrument seiner Intrigen:
„First be thou void of these affections:
Compassion, love, vain hope, and heartless fear;
Be movd at nothing, see thou pity none [...]"
(Akt 2, Szene 3).

Machiavellisten sind gefühlskalte emotionale Monster, deren Vergnügen im Gelingen einer Intrige liegt, wenn der lachende Ithamore vom Juden sagt: „my master [...] the bravest, gravest, secret, subtle, bottle-nosd knave [...] has the bravest policy" (*Jew of Malta*, Akt 3, Szene 3). Die Moral, die sich ja auf intersubjektive Beziehungen richtet, hat keinen Raum, wenn der Jude erklärt: „[...] so I live, perish may all the world" (a.a.O. Akt 5, Szene 5). Nirgendwo bei Marlowe oder Shakespeare gibt es, soweit ich sehe, eine aristotelische Konnotation des Politik-Begriffs.

Was die leichte Muse Ben Jonsons (s. Worden 1994) betrifft, mag es hinreichen, auf die Figur *Sir Politick-Would-Be* im *Volpone* hinzuweisen: die Karikatur eines auf politische Nachrichten und Geheimnisse versessenen Engländers in Venedig, der keinerlei politische Funktion hat, es aber liebt, sich als Kenner der europäischen *arcana imperii* aufzuspielen, vertraut mit der Welt der hohen Politik, der geheimen Diplomatie und Intrige; dessen eingebildete Kenntnisse jedoch nichts als mißverstandenes Marktgeschwätz sind und der sich selbst wie ein geheimer Agent aufführt, der, weil er Contarini gelesen hat, glaubt als Venezianer durchzugehen und sich auf Machiavelli und Bodin beruft. Ihm zur Seite seine Frau *Lady Would-Be*, die den *dernier cry* der italienischen Mode nachäfft und in ihrer Egozentrik den Italienern schonungslos auf die Nerven fällt: eine Satire auf die Italien-Mode in England, Machiavellismus und *ragione di stato*.

In das ernste Fach fällt Jonsons Drama *Sejanus: His Fall* am römischen Kaiserhof, also gewissermaßen im genuinen taciteischen Milieu angesiedelt, das Jonson politische Schwierigkeiten bescherte. Kaiser Tiberius fürchtet sich vor Agrippina und ihren Söhnen und sucht den Rat Sejanus:

„*Tiberius:* When the master prince Of all the world, Sejanus, saith he fears, Is it not fatal?
Sejanus: Yes, to those are fear'd.
Tiberius: And not to him?
Sejanus: Not, if he wisely turn That part of fate he holdeth, first on them.
Tiberius: That nature, blood, and laws of kind forbid. [Tiberius und Agrippina sind verwandt]
Sejanus: Do policy and state forbid it?
Tiberius: No.
Sejanus: The rest of poor respects, then, let go by; State is enough to make the act just, them guilty.
Tiberius: Long hate pursues such acts.
Sejanus: Whom hatred frights, Let him not dream of sovereignty.
Tiberius: Are rites of faith, love, piety, to be trod down, Forgotten and made vain?
Sejanus: All for a crown. The prince who shames a tyrants name to bear, Shall never dare do any thing, but fear; All the command of sceptres quite do perish, If it begin religious thoughts to cherish: Whole empires fall, swayd by these nice respects; It is the license of dark deeds protects Evn states most hated, when no laws resist The sword, but that it acteth what it list"

(Akt 2, Szene 2).

Schließlich gibt Sejanus dem Kaiser den Rat, präventiv gegen Agrippina und ihre Söhne vorzugehen. In Sejanus als machiavellistischem Ratgeber haben wir die Verbindung von Policy, Staatsräson, Souveränitätsbegriff, Verach-

tung verwandtschaftlicher und religiöser Rücksichten, ungesetzlichem Handeln und Repression aus Staatsschutzgründen. In Jonsons Drama über die Catilinische Verschwörung rät Cäsar – der ein doppeltes Spiel spielt, mit den Verschwörern Kontakt hält, ohne sich jedoch zu kompromittieren – Catilina:
„You are not now to think whats best to do,
As in beginnings, but what must be done,
Being thus enterd; and slip no advantage
That may secure you. Let them call it mischief;
When it is past, and prosperd, twill be virtue.
Theyre petty crimes are punished, great rewarded [...]
Less ought the care of men, or fame to fright you,
For they that win, do seldom receive shame
Of victory, howeer it be achieved; [...]
Come, there was never any great thing yet
Aspired, but by violence or fraud:
And he that sticks for folly of a conscience
To reach it -
Catilina: Is a good religious fool.
Caesar: A supersticious slave, and will die beast"
(Akt 3, Szene 3).

Daß vor allem das Theater sich dieses Topos der Machtpolitik annimmt, hat mit einem machiavellistischen, aber auch allgemein humanistischen Thema zu tun: der Idee des theatrum mundi, der Welt als Theater. Darin wird zwischen den inneren Beweggründen, den Motiven die nur das Individuum selbst und allenfalls Gott kennt, einerseits, und der Außendarstellung andererseits unterschieden. Es wird realisiert, daß die Welt, und das ist in erster Linie die Welt des Hofes und der Politik, der Macht, von der Außendarstellung lebt. Eine frühe, man würde sagen: vor-bürgerliche, wesentlich höfische oder jedenfalls um den Hof zentrierte Form der Öffentlichkeit organisiert die Diskurse der Macht. Die Außendarstellung und die innere Welt der Akteure treten auseinander, und die machiavellische Machtreflektion siedelt sich in diesem Hiatus an, der gleichsam die genuine politische Region bezeichnet.

Das Resümee dürfte deutlich sein: Die machiavellistisch-taciteische Entnormativierung der Politik, im Verhältnis zur Religion und den moralischen Werten überhaupt, ist ein wichtiges Thema in der Literatur der Zeit. Der Politikbegriff selbst wandert aus der eigentlichen Politik aus und nimmt – jedenfalls vorwiegend – die allgemeine Konnotation strategischen, verschleierten, auch verbrecherischen Handelns an. Die Bewertung ist überwiegend negativ, bleibt jedoch ambivalent, weil realisiert wird, daß auch die Guten auf kluges, reflexives, eventuell strategisches Handeln angewiesen sind. Der aristotelische Politikbegriff tritt zurück.

VI. Ausblick

In den Jahrzehnten bis zum Bürgerkrieg verändert sich die Diskurslage in England: der taciteische Diskurs desintegriert. Das hat vor allem damit zu tun, daß die Ideologie der Staatsräson, wie sie prominent von Bacon als Lordkanzler vertreten wird, in dem sich verschärfenden Konflikt zwischen Krone und Parlament vor allem zugunsten der Krone, im Sinne der Ausweitung der monarchischen Prärogative, mobilisiert wird, die nicht mehr wesentlich traditionalistisch, sondern als souveräne Ausnahmegewalt beschrieben wird: necessitas non habet legem. Kritiker dieser Politik, die, wie im Fall des *Ship Money* der 1630er Jahre, diese Sonderabgabe als verfassungswidrig verwerfen und boykottieren, werden ohne Angabe von Gründen in Erzwingungshaft genommen.

Die Parlamentsseite rekurriert dagegen in erster Linie auf das *Common Law*, um subjektive Rechte und Eigentumsrechte zu schützen; die Prärogative wird dem Common Law untergeordnet. Der Politik-Begriff spielt als solcher in diesen Prozessen keine entscheidende Rolle; allerdings kann man sagen, daß der Raum der Politik sich erweitert: das Parlament rückt neben den Hof als konkurrierendes Zentrum politischer Kommunikation und Macht.

Mit dem Beginn des Bürgerkrieges, dem Sieg des Parlaments, der Hinrichtung des Königs und der Kampagne für das sogenannte *Engagement*, mit dem das republikanische Regime einen Loyalitätseid von allen Erwachsenen männlichen Bürgern verlangt, enwickelt sich eine bedeutende Strömung, die im Loyalitätskonflikt zwischen dem Treueeid gegenüber der besiegten Dynastie und dem herrschenden Regime für die Anerkennung der *De Facto-Macht* eintritt; die Forschung spricht hier von *De Factoism*, dem vielleicht auch Hobbes zuzurechnen ist. Diese Anerkennung wird z.T. daraus begründet, daß der Sieg des Parlaments als Zeichen des Willens oder als Werk Gottes zu werten sei. Gleichwohl werden auf diese Weise normative Komponenten aus den Legitimitätsanforderungen politischer Herrschaft eliminiert, und Victoria Kahn hat darin eine Fortwirkung des machiavellistisch-taciteischen Diskurses gesehen, der im vorliegenden Kontext anti-royalistisch wirkt (Kahn 1994).

Auf der anderen Seite finden sich weiterhin aristotelische Traditionen, etwa bei dem den Presbyterianern nahestehenden George Lawson, der in seiner *Politica sacra et civilis* von 1660 – kurz vor der Restauration erschienen – *Politica* bzw. *politics* definiert als „the rule of government of a polity", bzw. als „the act of well-ordering a commonwealth". Polity oder Commonwealth definiert Lawson sodann durch die Ideen hierarchischer Wohlordnung und des Gemeinwohls:

„A commonwealth is the order of superiority and subjection in a community for the public good"
(Lawson 1992, Buch 1, Kap. 2, Abschn. 2).

Neu daran ist, daß Lawson diese Bestimmung mit einer expliziten Souveränitätstheorie verknüpft, die sich zwingend aus der Erfahrung des Bürgerkrieges ergab. Interessant sind auch die Dialoge des Republikaners Algernon Sidneys über *Court Maxims*, die einige Jahre nach der Restauration im Exil entstanden. Machiavelli erscheint hier in einer Doppelrolle: zum einen als republikanischer Autor der *Discorsi*, die zitiert werden, ohne Machiavelli zu nennen, und zum anderen als Theoretiker korrupter und, im gegebenen Kontext, höfischer Machtpolitik. Der Republikaner rekurriert im dritten Dialog auf den antiken Mythos des weisen Gesetzgebers, den er als Paradigma des *political man* versteht. Das verwirrt den Höfling, weil für ihn ein political man ein höfischer Intrigant ist. Darauf erwidert der Republikaner, er kenne kein Wort, daß mehr mißbraucht werde, als das der „Politik", und erklärt, unter Berufung auf Aristoteles:

„*Polis* signifies a city, and a *politeia* is nothing but the art of constituting and governing cities or civil societies. And he that rightly understands and exercises that art is a politic man". (Das Ziel ist) *vita beata secundum virtutem*" [Hinweis auf Aristoteles: Politik, Buch III]. „It will easily appear then, that he who does this of all men deserves the greatest praise, and that the science by which he does it is the best and noblest of all sciences. By this you may see whether the name of policy be fitly given to that wicked malicious craft, exercised with perfidy and cruelty, accompanied with all manner of lust and vice, directly and irreconcilably contrary to virtue and piety, honesty or humanity, which is taught by Machiavelli and others" (Sidney 1996: 23f.).

Der Konflikt der Politikbegriffe und die Auseinandersetzung mit Machiavelli dauert an. Dabei hat Victoria Kahn in einer Untersuchung der *Machiavellian Rhetoric* in England darauf hingewiesen, daß Machiavelli in einer charakteristischen Doppelrolle auf beiden Seiten dieser Bifurkation des Politik-Begriffs anwesend ist: zum einen, und vordergründig, als Repräsentant einer entnormativiert-amoralischen Politik, die im Gegensatz zur Religion steht und als strategisches Handeln in den Alltag eindringt, und zum anderen als, weithin verschwiegene, Inspirationsquelle eines emphatisch republikanischen Diskurses, der an die aristotelische Tradition anschließt (Kahn 1994). Dieser Gegensatz wird im Laufe des 17. und 18. Jahrhunderts durch die Rezeption des modernen Naturrechts partiell überholt, in der die Politik diskursiv in ein juridisches Paradigma zurückgenommen wird: die Renaissance ist zuende.

Das Politische in der Moralphilosophie des Christian Thomasius. Zur Geschichte politischer Theoriebildung im Alten Reich

Klaus-Gert Lutterbeck

Wieso der deutsche vorkantische Naturrechtsdiskurs bisher kaum von der akademisch betriebenen politischen Ideengeschichte beachtet worden ist,[1] scheint auf den ersten Blick klar zu sein: So sind die Texte trotz der im Gefolge Pufendorfs aufbrechenden kritischen Frontstellung zur etablierten neuscholastischen Gelehrsamkeit unter methodischen Gesichtspunkten nur schwer zugänglich. Zusätzlich wird die Rezeption durch die sprachlichen Untiefen des noch wenig entwickelten Deutsch des Barock oder aber des spröden frühneuzeitlichen Gelehrtenlateins erschwert. Daß die Naturrechtsdiskussion zwischen Leibniz und Kant sich nicht in Mediokritäten erschöpft, zeigt jedoch schon das in den letzten Jahren sprunghaft angestiegene Interesse von philosophischer, juristischer, historischer und germanistischer Seite an Christian Thomasius (1655-1728) und Christian Wolff (1679-1754) sowie ihren Schulen.[2] In bezug auf Thomasius stellt sich aber vor allem die konkrete Frage, wie denn das ihm zugeschriebene apolitische, den status quo affirmierende Denken mit einer höchst politischen Praxis zusammenstimmen könne (vgl. Wolff 1951: 406; Brückner 1977: 193f.). Ist Thomasius doch in fast allen *Händeln* der Zeit verstrickt gewesen; vornehmlich als Kämpfer gegen die lutherische Orthodoxie, so etwa als Anwalt des Pietisten und Waisenhausgründers August Hermann Francke (des späteren erbitterten Gegners), vor allem aber als Streiter gegen den Wahn der Hexenverfolgungen (vgl. Thomasius 1987), wie er von Benedikt Carpzov und anderen ausging. Besonders Bloch hat diese Seite des Thomasius herausgestellt (Bloch 1985), aber auch neuere Veröffentlichungen belegen die agonale politische Praxis des Leipzigers (vgl. Schmidt 1995), der nicht in seiner Vaterstadt, sondern erst im preußischen Halle den nötigen Freiraum zur Entfaltung seiner Persönlichkeit als politischer Gelehrter fand. – Anlaß genug, um im folgenden durch eine kritische Analyse der Naturrechtslehre des Thomasius seinen zwischen Vergangenheit und Zukunft oszillierenden Politikbegriff – verstanden als Legi-

---

1 Die Ausnahme stellt die allerdings geisteswissenschaftlich orientierte Schule Hans Maiers mit den Arbeiten von Brückner (1977) und Denzer (1972) dar.
2 Aus der Vielzahl der Veröffentlichungen sei hingewiesen auf die von Schneiders (1986, 1989) und Vollhardt (1997) herausgegebenen Aufsatzsammlungen. Zuletzt sind in der Wolff-Edition die Ergebnisse eines Heilbronner Symposiums publiziert worden (Backhaus 1998).

timationstheorie staatlicher Vergemeinschaftung – freizulegen.[3] Dabei beschränkt sich die Untersuchung im wesentlichen darauf, die in den *Institutiones Jurisprudentiae Divinae* entwickelten Grundlagen der thomasischen politischen Theorie zu behandeln (vgl. Thomasius 1730, zuerst 1688).

I. Naturrecht und Politik

Die äußerst reservierte Haltung der politikwissenschaftlich betriebenen Ideengeschichte gegenüber der in Frage stehenden Tradition ist also offensichtlich nicht allein aus den angedeuteten Schwierigkeiten der Texterschließung erklärbar. Der Blick scheint vor allem dadurch verstellt zu sein, daß das deutsche Natur*recht* der Frühen Neuzeit als gleichsam politikferne *reine Rechtslehre* wahrgenommen wird. Hier wird jedoch sicherlich nicht die spezifisch moderne Kelsensche Auffassung vom Gegenstand der Rechtswissenschaft für die politikwissenschaftliche Ideengeschichte indirekt forschungsleitend.[4] Vielmehr ist zu vermuten, daß die Systematik der aristotelischen Philosophie die Heuristik vorstrukturiert, genießt diese doch den Rang der „Normal-Philosophie des vor-revolutionären Europa" (Bien 1985: 37). Das Naturrecht wird nicht thematisiert, weil es formal nicht an das aristotelische Paradigma der Politik anschließt. Ohne Zweifel nahm im Alten Reich die Gattung der aristotelischen Politiken – angestoßen von der Rehabilitierung des Aristoteles durch Philipp Melanchthon (vgl. Castan 1999) – bis zum Ausklang des 17. Jahrhunderts die beherrschende Stellung im Hinblick auf die Reflexion des Politischen ein. Die politische Philosophie im konfessionellen Zeitalter war primär aristotelisch.[5] Anders als in England, wo mit Thomas Hobbes das „End of Aristotelianism" erreicht war (Burns 1996: viii), hielt sich in Deutschland die späthumanistische Politiken-Literatur von den reinen Kommentaren zu den Schriften des Aristoteles über die *politica* des Althusius (vgl. Winters 1963) und die Helmstedter Richtung (vgl. Dreitzel 1970 u. 1983) eines Caselius', Arnisaeus' und Conrings sogar mit der *Politik* Fried-

---

3   Der vorliegende Aufsatz basiert in wesentlichen Teilen auf der Dissertation des Verfassers über „Staat und Gesellschaft bei Christian Thomasius und Christian Wolff. Eine systematische Betrachtung", Stuttgart-Bad Cannstatt 2001 [voraussichtl.] (Forschungen und Materialien zur deutschen Aufklärung: Abt. 2, Monographien; Bd. 16).

4   Kelsen (1934: 117), versteht die im Recht fixierte Gesellschaftsordnung als einen „Zwangsapparat, dem an und für sich kein politischer oder ethischer Wert zukommt, [...] dessen Wert vielmehr von dem dem Recht – als einem Mittel – transzendenten Zweck abhängt."

5   Charakteristisch für den protestantischen Aristotelismus des 17. Jahrhunderts ist die Rezeption und spezifische Transformation fremder Strömungen wie die von Machiavelli und Botero ausgehende Staatsräsonliteratur, die Bodinsche Souveränitätstheorie und der Neustoizismus Justus Lipsius'. Dazu für Henning Arnisaeus vgl. Dreitzel (1970: 129ff.).

rich Christoph Dahlmanns bis ins 19. Jahrhundert hinein durch[6]. Für Johann Christoph Senckenberg ist daher noch 1753 jede rechtsförmige Staatswissenschaft von einer genuin *politischen* zu unterscheiden:
„Die Wissenschaft vom Staate, ist entweder Politisch, welche die äußere und innere Einrichtung des [...] gantzen Landes in seiner Verfassung von innen und gegen auswärtige zu rechnen, samt der Haushaltung und ihrer Einrichtung, weniger nicht die Klugheit, sich in allem recht zu betragen, betrifft, oder Juristisch, da [...] die Rechte und Befugnisse der Landesherren, anbey seiner [ihrer] Stände und Untertanen, samt derselben Verhaltung unter sich, erörtert werden." (Bedenken über von Seckendorffs Fürsten-Staat und von Ludewigs Anmerkungen, zit. nach Hammerstein 1972: 213, Note 30)

Auch dieses Zeugnis eines Zeitgenossen darf indessen nicht die Sensibilität dafür trüben, daß im späten 17. und vollends im 18. Jahrhundert die aristotelische politische Philosophie von ihrer sozial- und moralphilosophischen Schlüsselstellung durch die säkulare Naturrechtslehre als *interdisziplinärer humanwissenschaftlicher Leitdiskurs* verdrängt wurde (vgl. Bödeker/Hont 1995). Seit Pufendorf thematisiert die säkulare deontologische Naturrechtslehre im Reich als *Vernunftrecht* die Steuerungsziele staatlicher Verwaltung wie auch ethisch-moralische Zielbestimmungen nach dem Vorbild des Hobbesschen *mos geometricus* theoretisch (vgl. Pufendorf 1998: I, II, §§ 4f.).[7] Der Kern des klassischen Politikverständnisses im formalen Sinne, nämlich die Definition des Zwecks staatlicher Vergemeinschaftung, wird in Rechtsbegriffe gebracht und als *ius publicum universale* im Rahmen moralphilosophischer Fundamentalreflexion diskutiert (vgl. Boehmer 1726: I, II, §§ 9f., 13; Glafey 1965: III, §§ 269ff.; Feder 1776: 279-327; Kuriki 1974; Link 1979: 45ff.; ders. 1985: 131ff.; Strauss 1989: 197ff.). Nach dem Selbstverständnis der Autoren werden die Zwecke des Staates wie des Menschen überhaupt nun nicht mehr durch die Exegese der christianisierten Klassiker postuliert, sondern *demonstrativ* aus der *natura hominis* erschlossen. Dabei wird der gesamte soziale Kosmos durch die deduktive Methode der Jurisprudenz normativ imprägniert. Mit der methodischen ist allerdings keine vollständige inhaltliche Disjunktion zwischen der klassischen und der naturrechtlichen politischen Philosophie verbunden,[8] wie sich ergeben wird. Doch die theoretischen naturrechtlichen Begriffssysteme erreichen nicht die Pra-

---

6   Dahlmann (1997); Ritter (1988: 107f.) weist zu Recht darauf hin, daß Dahlmanns Politik aufgrund ihrer durchgängigen Historisierung nicht mehr in einem systematischen Verhältnis zur aristotelischen Politik als praktischer Philosophie steht. Dennoch verweigert sie sich dem modernen Begriff des souveränen Staates, für den die Trennung von staatlicher und gesellschaftlicher Sphäre konstitutiv ist, wie Riedel (1975) zeigt.
7   Neben Pufendorf sind die Hauptvertreter der säkularen Naturrechtslehre im Alten Reich Christian Thomasius und Christian Wolff.
8   Daher kann man auch nicht von „dem politischen Aristotelismus in der deutschen politischen Philosophie der Prämoderne" sprechen, ohne das Naturrecht zu berücksichtigen. So aber Nitschke (1995).

xis,[9] das richtige Handeln bleibt weiterhin als gutes Handeln der Gegenstand von Klugheitslehren; mit dem Unterschied freilich, daß diese nun im Gegensatz zur klassischen *prudentia architectonica* (vgl. Bien 1990: XVIIIff.; ders. 1985: 228ff.) auf rein pragmatisch-technische Manuale reduziert und als solche auf den in der weisen (theoretischen) naturrechtlichen Pflichtenlehre formulierten Zweck hingeordnet sind:

„Wahre Klugheit [im Gegensatz zur Arglist] ist also der Weisheit subordinirt. Sie führt im vorkommenden Falle aus, was die Weisheit beschlossen hat. Nöthig neben der Weisheit ist sie eigentlich, wenn die Weisheit nicht alles voraus sehen, nicht auf alle Fälle einen völlig bestimmten Entschluß fertig halten kann. Klugheit beweist sich also in Ausübung der Pflichten, nicht nur der Pflichten gegen sich selbst, sondern auch bey Ausübung der Pflichten gegen andere." (Feder 1776: 480f.).

Der Degradierung der Klugheitslehre ungeachtet, werden Politik und Klugheit – den phronetischen Charakter der klassischen Politik wachrufend – identifiziert (Walch 1775: Bd. 1, Sp. 2151; Bd. II, Sp. 460f.). So ist der zeitgenössische Politikbegriff in der Klugheitslehre als vom Naturrecht abhängige Instrumentalkategorie zu suchen. Dabei bildet sich dann parallel zur tendenziellen Transformation der vielfach hierarchisch gebrochenen Ständegesellschaft zur in der Subjektion egalitären Untertanengesellschaft die Unterscheidung von Privatklugheit (/politik) und Staatsklugheit (/politik) heraus (Fabricius 1752: 596f.). Normative politische *Theorie*bildung aber findet – wie im folgenden anhand der Lehre des Thomasius im einzelnen aufgezeigt werden soll – im Naturrecht statt.

Die Theorie-Praxis-Dichotomie zwischen naturrechtlicher Pflichtenlehre und der fortbestehenden, gewandelten Klugheitslehre als rein anwendungsbezogener Handlungslehre außerhalb des Naturrechts führt über Kant im 19. Jahrhundert zur Verfestigung der theoretischen Politik in den Kategorien des Rechts.[10] Dies gilt für das von Juristen weiterhin betriebene „Allgemeine Staatsrecht" (vgl. Kuriki 1974: 577ff.) wie für Hegels *Grundlinien der Philosophie des Rechts oder Naturrecht und Staatswissenschaft im Grundrisse* oder auch Rottecks *Lehrbuch des Vernunftrechts und der Staatswissenschaften*.[11] Erst nach 1945 wird dann im Zuge der Bemühungen, eine normativ-

---

9 Die große Ausnahme stellt die ihrem Anspruch nach konsequent wissenschaftlich (im Sinne von theoretisch) demonstrierte praktische Philosophie Christian Wolffs (lateinische Reihe) dar. Dazu Kap. 3.2. und 3.3.1. der in Kürze erscheinenden Arbeit des Verfassers.
10 Kant (1983: 229) versteht die richtige Politik als ausübende Rechtslehre.
11 Hegel (1995). – „Im Doppeltitel 'Naturrecht und Staatswissenschaft im Grundriß' kommt beides zur Sprache: die Anknüpfung an die klassische, letztlich Aristotelische Form der 'Staatswissenschaft' und die Aufnahme des revolutionären Naturrechtsprinzips der Neuzeit." (Bien 1985: 46). Zu Rotteck (1830). Nach Rotteck ist das *allgemeine oder vernünftige Staatsrecht* ein integraler Bestandteil *der theoretischen oder rein philosophischen Staatslehre*. Dieser ist der Praxis untergeordnet: „Die praktische Staatslehre oder die Politik

ontologische Politikwissenschaft in Westdeutschland zu begründen (Bergstraesser, Voegelin), der Versuch unternommen, hinter diese Trennung zurückgehend, den Anschluß an die aristotelische Politikwissenschaft herzustellen (vgl. Hennis 1981; Maier 1966: 7f., 27f.). – Das im Alten Reich durch Pufendorf begründete säkulare Naturrecht der Frühen Neuzeit erweist sich somit bis weit über das Ende des Alten Reiches hinaus als *die* zukunftsweisende Gattung der normativen Reflexion des Politischen. Dies unbeschadet dessen, daß sich eine naturrechtliche Politiktheorie nicht begriffsgeschichtlich aufsuchen läßt, da der zeitgenössische Politikbegriff in der angedeuteten Weise seine Selbständigkeit verliert. Wenn also vom Politikbegriff im theoretischen Sinne bei Thomasius die Rede ist, handelt es sich notwendigerweise um eine Rekonstruktion ex post, die sich aus der systematischen Anlage seines Naturrechts ergibt.

II. Sozialität als Möglichkeit

Thomasius bestimmt in seinen *Institutiones* die menschliche Sozialität nach dem Sündenfall unter formaler Rezeption der aristotelischen Gesellschaftslehre.[12] Strukturbildend ist auf terminologischer Ebene weiterhin das Polismodell der griechisch-römischen Antike (vgl. Riedel 1994: 721) mit seiner Differenzierung von archetypischen einfachen und zusammengesetzten natürlichen Gesellschaften, wobei die Tönniessche Unterscheidung von Gemeinschaft und Gesellschaft (vgl. Clausen/Schlüter 1991) noch keine Rolle spielt. Danach wird das Haus *(oikos)* als die am wenigsten komplizierte zusammengesetzte Gesellschaft durch die einfachen Verbindungen zwischen den Eheleuten *(societas nuptialis)*, zwischen Eltern und Kindern *(- paterna)* sowie der Gesellschaft zwischen Herrn und Knecht *(- herilis)* gebildet. Aus mehreren Häusern setzen sich Dörfer zusammen, aus diesen wiederum formiert sich – wobei weitere Zwischenglieder aufgenommen werden – die bürgerliche Gesellschaft *(societas civilis/respublica)*. Schließlich weitet sich – anders als bei Aristoteles – der Blick ins Kosmopolitische, indem dieses umgekehrt pyramidenförmige Modell durch die Völkergesellschaft *(societas gentium)* als Einheit die maximale Integrationsstufe erreicht (vgl. Thomasius 1730: I, I, §§ 95-97). Sieht man von der zuletzt angeführten Ausnahme einmal ab, so erscheint nach diesem Schematismus auch bei Thomasius das po-

---

im engeren Sinne darf nur in der von dem Staatsrecht gezeichneten Form und Sphäre wirksam seyn [...]." (Rotteck 1830: 2).

12 Thomasius (1730). Im Text sind wörtliche Zitate aus den lateinischen Hauptwerken des Thomasius (1730 und 1718) auf deutsch wiedergegeben. Soweit es vertretbar schien, wurde dabei auf die deutschen Übersetzungen (1709a; 1709b) zurückgegriffen, andernfalls neu übersetzt.

litische System der respublica noch als das alle menschlichen Sozialbeziehungen strukturierende oberste Prinzip und damit als Analogon zum aristotelischen Begriff der *koinonia politike*. Das begriffliche Instrumentarium der Thomasischen Naturrechtslehre reflektiert damit in sprachlicher Hinsicht zunächst die alteuropäische Herrschafts- und Sozialstruktur in Form der Adelsgesellschaft (vgl. Brunner 1968), der die moderne begriffliche Trennung von Staat und Gesellschaft fremd gegenüber steht.

Doch die Thomasische Interpretation der Zwecke der natürlichen Gesellschaften bzw. der Ursachen, welche zu ihrer Errichtung geführt haben, weicht in charakteristischer Weise von der des Aristoteles ab: Thomasius unterscheidet explizit zwischen natürlichen Formen des Sozialen, die dem Menschen aufgrund des Ratschlusses Gottes durch die Schöpfung vorgeordnet sind, und solchen, deren Konstitution als bewußte Reaktion auf äußere Zwänge erfolgt (Thomasius 1730: I, I, § 95 u. III, I, §§ 4-6). So wird nach Thomasius die Ehe ebenso wie die väterliche Gesellschaft allein aufgrund eines inneren, von Gott eingepflanzten Triebes eingegangen. Dagegen ist das Zustandekommen der Assoziation zwischen Herrn und Knecht ebenso wie die bürgerliche Gesellschaft gleichsam als durch einen „äußeren Trieb" veranlaßt anzusehen (III, I, §§ 5f.). Die äußere Zwangslage, die zur rational ins Leben gerufenen Vergesellschaftung führt, besteht nach Thomasius im Falle der Gesellschaft zwischen Herrn und Knecht allein in der für beide Seiten gegebenen Notwendigkeit des Erwerbs der zum Leben erforderlichen materiellen Güter (III, I, § 11; III, V, § 5). Im Falle der societas civilis unterscheidet Thomasius zwischen einem *finis primarius* und einem *finis secundarius*, wobei der erste in der Friedenswahrung, der zweite (wie im Falle der societas herilis) in der ausreichenden Versorgung mit Gütern liegt (III, VI, § 4). Indem in diesem Zusammenhang der Staatszielbegriff der *eudaimonia* oder bürgerlichen Glückseligkeit *(beatitudo civilis)* auf „pax & tranquillitas communis" reduziert wird (III, I, § 21), nimmt die Distanz zu Aristoteles bereits konkretere Züge an, hatte der Stagirit die Verwirklichung der Eudämonie im Sinne des *guten Lebens* doch gerade zum vornehmsten Zweck der polis erklärt. Im sechsten Hauptstück der Institutionen „Über die Pflichten der in der Bürgerschaft Lebenden" *(De officiis viventium in civitate)* wird diese Ansicht von der Natur der politischen Gesellschaft ganz im Sinne Pufendorfs näher definiert (vgl. Pufendorf 1994: II, 5). Unter dem Mantel der Verteidigung der genuin aristotelischen Position gegen verfremdende Exegeten nähert sich Thomasius der Hobbesschen Ableitung des Gewaltmonopols aus einer belliziösen Menschennatur an (vgl. Hobbes 1994a: Kap. 1, 75ff. u. ders. 1994b: Kap. 12, 13). Der aristotelischen Auffassung vom Menschen als politischem Lebewesen hält er nun direkt entgegen, daß die Menschen nicht in der Weise zur politischen Gesellschaft getrieben würden, wie es im Hinblick auf die eheliche und väterliche Gesellschaft der Fall sei.[13] Will Thomasius die bürgerliche Gesellschaft auch immer noch als natürliche Gesellschaft verstanden wissen, so lehnt er die Begründung der Zivilsozietät aus einem natürlichen Trieb jedoch ab; Ephraim Gerhard hat das 1709 wie folgt übersetzt (Thomasius 1709a: III, VI, § 7):

„Denn wir leugnen auch dieses nicht/ daß die Republic eine natürliche sey/ und beschuldigen Aristotelem nicht/ als hätte er ungereimt Ding gelehrt/ wenn er gesagt: Der Mensch wäre ζῷον πολιτικον, (eine lebendige politische Creatur) aber daraus folget *nicht*/ was die Ausleger des Aristotelis haben wollen/ daß der Mensch nicht allein von Natur zu Republic geneigt sey/ sondern auch mit gewalt dazu gezogen werde/ also daß die Natur die bewegende HauptUrsach sey/ warumb sich der Mensch in die Republic begäbe/ die anderen Ursachen aber allzumal/ und unter denselben auch der Mangel und die Furcht nur vor zufällige und Nebenursachen gehalten werden müsten."

Daß es hier nicht um Finessen der Aristoteles-Interpretation geht, sondern der Boden des politischen Aristotelismus verlassen wird, zeigt sich darin, daß in Korrespondenz zur Staatszwecklehre für die Entstehung der Staaten die Furcht aufgrund der Gewaltbereitschaft der Menschen im Naturzustand als Hauptursache angenommen wird, daneben der Mangel an lebensnotwendigen Gütern aber erst in zweiter Linie.[14] Denn (III, VI, § 22):

„Es wird der Mensch durch seine angebohrne[n] Neigungen dahin getrieben/ daß er niemand unterthänig seyn/ sondern alles nach seinem Kopff machen will/ und kaum durch Furcht der Straffe dahin zu bringen ist/ daß er den regierenden gehorsam leiste/ und seine wilde Art/ und sein Gemüth/ so zu vielen Lastern/ von denen man auch bey den Bestien nicht ein mal ein Gleichnis findet/ geneigt ist/ ablege."

Dieser anthropologische Pessimismus führt in Thomasius' zweitem naturrechtlichen Hauptwerk, den *Fundamenta Iuris Naturae et Gentium,* sogar zur punktuellen Identifikation mit der Hobbesschen Position (vgl. Thomasius 1718, zuerst 1705). Thomasius ist nun überzeugt, daß menschliches Handeln aufgrund der vielfachen Gegensätzlichkeit der menschlichen Neigungen normiert werden muß, um einen „Krieg aller gegen alle" *(bellum omnium contra omnes)* zu verhindern (I, IV, § 1).

---

13 Vgl. dazu den Kommentar Biens (1990: XXX), zur *Politik* des Aristoteles (I, 2): „Darum besteht nun auch jedes staatliche Gemeinwesen von Natur, weil dies für die ersten Gemeinschaften gilt, deren Summe und Zusammenfassung der Staat ist. So wie jene beruht auch er nicht auf bloßer Willkür und Beliebigkeit, sondern auf natürlicher Notwendigkeit und natürlichem Trieb."

14 Thomasius (1730: III, VI, § 12): „Statuimus igitur [...], METUM MALORUM, QUAE HOMINI AB HOMINEM IMMINENT, esse causam principalem, quae homines ad societatem civilem impulit, indigentiam vero bonorum ad vitam sustentandam necessariorum esse causam secundariam." (Hervorheb. im Original.)

„Zum Exempel kann dir dienen/ wenn iemand viele rasende Leute ohne Zucht=Meister und Bande frey ließe/ mit einander vorzunehmen/ was sie wolten" (Thomasius 1709b: I, IV, § 1).

Auch ohne eine Darlegung der Spezifizierung der geselligkeitsfeindlichen Neigungen des Menschen, die Thomasius in seinen späteren Schriften auf der Basis einer konsequent durchgeführten Wende zu einer voluntaristischen Deutung der Menschennatur entwickelt (vgl. Schneiders 1971: 163ff. u. 201ff., 239ff.) und die ihn zu dieser Übereinstimmung mit Hobbes geführt hat, wird bereits hinreichend deutlich, daß hier eine Staatsauffassung zum Tragen kommt, die quer zur traditionellen steht: Die societas civilis ist hier nicht mehr wie die koinonia politike des Aristoteles als vollkommenste Gesellschaft die instinktiv angestrebte Form, in der der Mensch als Bürger zu seinem Telos kommt.[15] Nicht mehr von der Vergesellschaftung in der politischen Gemeinschaft her wird das Wesen des Menschen gedacht, sondern vom vorpolitischen homo solitarius. Ungeachtet dessen, daß das peripatetische Schema der natürlichen Gesellschaften beibehalten wird, empfängt das menschliche Leben, insofern es durch die politischen Verhältnisse bestimmt wird, nicht mehr die sinngebende Struktur, die es nach Aristoteles zur höchsten Existenzform nach der theoretischen macht (vgl. Aristoteles 1985: 1177b 10-26 u. 1178a 9). Überhaupt ist der aristotelische Politikbegriff hier unangebracht, die Verstaatlichung scheint ein im eigentlichen Sinne apolitisches Wesen zu betreffen, das nicht regiert, sondern beherrscht werden muß.[16]

Der hobbesschen Auffassung von der antibürgerlichen natura hominis korrespondiert Thomasius' voluntaristischer Gesetzesbegriff, der ihn als Rezipienten der Imperativtheorie der neuzeitlichen Souveränitätsdoktrin zeigt, wie sie ebenfalls von Hobbes ausgeprägt wurde:[17] So wirft er der kognitivistischen Schulphilosophie vor, die moralische mit der naturalistischen Betrachtungsweise zu verwechseln. Handlungen könnten nicht an sich gut oder schlecht sein, wie die Wertobjektivisten meinen, sondern nur in Relation zu einem normsetzenden Willen (Thomasius 1730: I, II, §§ 7, 76-91). Daher ist das Gesetz definiert als „der Befehl des Herrschers, welcher die Untertanen dazu verpfichtet, ihre Handlungen nach diesem Befehl einzurichten."[18] Dabei versteht Thomasius unter dem *imperans* denjenigen, der das Vermögen

---

15 Immer noch die bedeutendste Studie: Ritter (1956).
16 Diese an Aristoteles anschließende Unterscheidung von Regierung und Herrschaft wurde durch Sternberger wieder in die Diskussion gebracht. (Vgl. dazu und zum folgenden die Nachweise bei Meier 1978: 2). Aristoteles setzt die politische Herrschaft (πολιτιχη αρχη) im Sinne der Verwaltung des gemeinsamen Bürgerlichen mit der Möglichkeit der Partizipation aller Bürger von der partikularen despotischen (δεσποτεια) ab.
17 „Doctrinae quidem verae esse possunt; sed authoritas, non veritas facit legem!" „[...] legislatoris, id est imperantis, voluntas cognita instar legis sit". – Hobbes (1841: Cap. 26, 202 u. 219); vgl. Höffe (1996: 239-245).
18 Thomasius (1730: I, I, § 28): „Lex est iussum imperantis, obligans subjectos, ut secundum istum jussum actiones suas instituant."

(facultas) hat, andere zu verpflichten, und eine Verpflichtung durch die Androhung von Sanktionen im Falle ihrer Mißachtung auch durchzusetzen.[19] Damit ist klar ausgesprochen, daß die Macht als Rechtsquelle angesehen wird (Schneiders 1971: 101). Die Rechtsordnung eines Sozialverbandes wird auf den Willen des Gesetzgebers zurückgeführt, sie besteht aus willkürlich gesetzten Normen. Das heißt allerdings nicht, daß sich mit Thomasius der Rechtspositivismus die Bahn bräche, wie dem Rechtslehrer von juristischer Seite vorgehalten worden ist (Dries 1963: 98f.). Der Gesetzgeber wird keineswegs aus der Verpflichtung entlassen, das Naturrecht zu beachten (Thomasius 1730: I, II, § 98), wenn auch die Einlösung natürlicher Rechtsnormen von seiten der Untertanen nicht erzwungen werden kann,[20] wie noch genauer zu sehen sein wird.

Ungeachtet des negativen Menschenbildes und des sich daran anschließenden autoritären Gesetzesbegriffs, setzt Thomasius' Programm einer vernünftigen Rechtslehre die Rationalität des Menschen aber voraus, und zwar in zweifacher Hinsicht: Zum einen wird auf die Vernünftigkeit des Menschen als kognitive Qualität rekurriert, denn die Aufgabe der Naturrechtswissenschaft, den göttlichen Willen aus der menschlichen Natur zu deduzieren, verlangt nach Thomasius ein Subjekt, das mit einer „natürlichen Kraft zu raisonieren oder wahrhaftige Schlüsse aus wahrhaftigen Grundsätzen herzuleiten", begabt ist (Thomasius 1709a: I, II, § 66; vgl. auch Cataldi Madonna 1994). Zum anderen wird die menschliche Rationalität aber auch als normkonstituierende Basis für die Formulierung des obersten Naturrechtsprinzips in Anspruch genommen: Aus der vorausgesetzten Rationalität des Menschen (Thomasius 1730: I, I, § 35) folgt, „daß Gott wollte, daß der Mensch ein rationales Wesen *(animal rationale)* sein solle" (I, III, § 74). Thomasius knüpft diesbezüglich in einer weitergehenden Reflexion an die schon von Aristoteles hergestellte Beziehung zwischen der menschlichen Vernunft, dem Vermögen zu sprechen und der humanen Veranlagung zur Vergemeinschaftung an. Die Vernunft als subjektives Denkvermögen ereignet sich in Form einer inneren Rede und ist daher von der Gemeinschaftssprache abhängig und insofern gesellschaftsgebunden (I, IV, §§ 52ff.; vgl. Schneiders 1961: 53f.). Sie ist „nicht ohne Rede, die Rede findet außerhalb der Gesellschaft keine Anwendung, die Vernunft übt sich außerhalb der Gesellschaft nicht aus." (Thomasius 1730: I, IV, § 54) Daher kann die Sozialität des Menschen mit seiner Rationalität identifiziert und sogar als menschliche Neigung *(inclinatio)* aufgefaßt werden (§ 55). Dementsprechend lautet die oberste Maxime des Natur-

---

19 Thomasius 1730: I, III, § 35. Vgl. I, II, § 87. Vgl. den soziologischen Herrschaftsbegriff Webers (1985: 28): „Herrschaft soll heißen die Chance, für einen Befehl bestimmten Inhalts bei angebbaren Personen Gehorsam zu finden."
20 Thomasius, 1730: I, I, §§ 93, 104, 110f., 132; daher folgt in den Fundamenta: „Lex naturalis & divina magis ad consilia pertinet quam ad imperia." Thomasius (1718: I, V, § 34; vgl. ebd., § 23).

rechts nach den Institutiones: „Mache das, was notwendigerweise übereinkommt mit dem sozialen Leben des Menschen, und unterlasse, was diesem widerspricht."[21] Mit der natura hominis *rationalis ac socialis* erhebt Thomasius eine durchweg rationalistische Konzeption des Menschen zum Deduktionsgrund seines natürlichen Rechtssystems, obgleich er es gegen seinen Leipziger Lehrer Valentin Alberti ablehnt, die Wiederherstellung des vollkommenen Menschen vor dem Sündenfall zum Rechtsprinzip zu machen (I, II, §§ 40ff.; I, IV, §§ 43ff.). Auch die sich in letzterem äußernde Einsicht in die notorische Fallibilität des Menschen ändert daran nichts: Die geselligkeitsfeindliche Triebstruktur des Menschen, seine Irrationalität, die Thomasius im sechsten Kapitel des dritten Buches der Institutiones für die Entstehung von Gemeinwesen und damit zur Legitimation der Monopolisierung von Gewalt in der staatlichen Macht anführt,[22] tritt hier in den Hintergrund. Daß die beiden Argumentationsfiguren nicht vollkommen auseinanderfallen, wird allein durch den Hinweis angedeutet, die auf die Geselligkeit verwiesene Vernunfttätigkeit setze die Ruhe *(tranquillitas)* voraus. Daraus ist zu erkennen, daß die Aristoteles-Rezeption sich an dieser Stelle nicht in der Gesellschaftsgebundenheit der Vernunft erschöpft. Thomasius hat die menschliche Rationalität auch teleologisch verstanden, wenngleich in einer naturalisierten Form, denn seine Erkenntnislehre schließt den metaphysischen Essentialismus der Aristoteliker aus (vgl. Wiebking 1973: 15f.). Die Rationalität und Sozialität des Menschen bezeichnet eine zu erwerbende Qualität, sie ist nur potentiell – ihrer Möglichkeit nach – vorhanden. Die Bedingung dieser Möglichkeit ist die befriedete Koexistenz.[23]

III. Der Vertrag als Erfüllung des göttlichen Willens

Soweit die Naturrechtslehre des Thomasius bisher berührt wurde, zeichnet sie sich demzufolge durch zwei konkurrierende anthropologische Konzepte aus: durch das auf Hobbes zurückweisende pessimistisch-voluntaristische und das optimistische, rational-teleologische aristotelischer Provenienz. In Verbindung mit diesen anthropologischen Grundannahmen, die Hans Welzel als Indikatoren für die zwei antagonistischen Typen des existentiellen und ideellen

---

21 Thomasius 1730: I, IV, § 64: „Fac ea, quae necessario conveniunt cum vita hominis sociali, et, quae eidem re pugnant [sic!], omitte."
22 „[...] so kann doch die Ehrfurcht/ die man vor diesem [dem natürlichen Gesetz] hat/ den Menschen nicht verschaffen/ daß sie bey ihrer natürlichen Freyheit in gnugsamer Sicherheit leben können/ weil es darinnen eine grosse Menge Leute giebt/ die sich an kein Recht kehren [...]." Thomasius (1709a: III, VI, § 24; vgl. ebd. § 25f.).
23 Thomasius 1730: I, IV, §§ 55f. Diese Ambivalenz kündigt sich bereits bei Pufendorf an. Vgl. Denzer (1972: 164); Behme 1996.

Naturrechts genommen hat (Welzel 1990: 11), stehen ein *kontraktualistischer* sowie ein *schöpfungsrechtlicher* Argumentationsstrang. Dies zeigt sich in Anbetracht der Struktur der Legeshierarchie von Naturrecht und menschlichem (positivem) Recht, welche bereits in der Frage nach dem Verpflichtungscharakter des Naturrechts gestreift wurde: Thomasius versteht, die alte Distinktion von Grotius aufnehmend, Recht einerseits als passive moralische Qualität *(qualitas moralis passiva)*, nämlich als Verpflichtung *(obligatio)*, im Sinne der angeführten Definition des Gesetzes als Herrscherbefehl. Andererseits aber bestimmt er Recht als aktive moralische Qualität *(qualitas moralis activa)*, frei von obrigkeitlichem Befehl etwas zu haben oder zu tun, somit in der Freiheit zu begrenzt autonomem Handeln (Thomasius 1730: I, I, §§ 27, 82f., 134; vgl. Denzer 1972: 129ff.). Das strukturbildende Moment für die Rechtslehre und damit auch für die Begründungstheorie der bürgerlichen Gesellschaft ist dabei *die Priorität des Rechts als Gesetz*: Niemand ist befugt, entgegen seiner Verpflichtung zu handeln; nur dort, wo der Gesetzgeber *(superior)* keine Verpflichtung ausgesprochen hat, ist freies Handeln möglich. Recht als aktive moralische Qualität ist folgerichtig negativ definiert, damit jedoch nicht von dem Willen der gesetzgebenden Obrigkeit gelöst, denn die Existenz eines normenfreien Raumes wird dem Gesetzgeber zugerechnet: Soweit und indem der Gesetzgeber keine Verpflichtung ausgesprochen hat, ist autonomes Handeln legitim oder wird es legitimiert. Dies gilt auch für die Rechtsschöpfung durch Verträge, wie sich überhaupt die Eigenschaft des Rechtsinhabers darin äußert, mit anderen gleichen Personen Verträge abschließen zu können. Dementsprechend erfolgt die Schöpfung subjektiver Rechte durch Vertrag immer durch die Konzession des Höheren *(ex concessione superioris)*, letztlich aber durch die Konzession des Höchsten, Gottes *(ex concessione Dei)* (Thomasius 1730: I, I, § 85), da Gott auch nach der natürlichen Theologie des säkularen Naturrechts als die ultimative rechtsetzende bzw. die Freiheit zur Rechtsschöpfung erteilende Instanz angesehen wird.[24] Dementsprechend bewegt sich der die bürgerliche Rechtsordnung festsetzende Herrscher legitimerweise innerhalb der durch Gott konzedierten Grenzen.

Konsequenterweise erlangt die menschliche Obrigkeit auch ihre Herrscherstellung an sich nur aufgrund eines verpflichtungsfreien Raumes. Denn das Herrschaftsrecht im Sinne der legitimen Berechtigung, Rechtsbefehle oder Gesetze zu erlassen, mithin andere Personen zu verpflichten, erwirbt der Herrscher *(imperans)* nach Thomasius allein durch deren vertragliche Zu-

---

24 Gott äußert seinen rechtsetzenden Willen zum einen direkt durch das unmittelbar erkennbare göttliche positive Gesetz (durch Offenbarung), darüber hinaus indirekt durch die Verfassung der gottgeschaffenen menschlichen Natur, aus der die natürlichen Gesetze, der eigentliche Gegenstand der Naturrechtswissenschaft, deduziert werden. Vgl. Thomasius (1730: I, I, §§ 1ff., 31; I, II, §§ 71f., 98f., 117, 137; I, IV, § 80).

stimmung. Thomasius[25] rekurriert in dieser Hinsicht auf das Pufendorfsche Vertragsmodell (vgl. Pufendorf 1998: VII, II, §§ 7f.), welches im Gegensatz zum einstufigen Kontraktualismus der prominenteren Vertreter der politischen Philosophie der Neuzeit (Hobbes, Locke, Rousseau, Kant) durch einen Gesellschafts- und einen Unterwerfungsvertrag sowie eine dazwischentretende Beschlußfassung über die Staatsform *(forma regiminis)* gekennzeichnet ist und den Archetypus des deutschen Kontraktualismus darstellt (vgl. Kersting 1994: 217-236). Bemerkenswert am Thomasischen Kontraktualismus ist zunächst wieder seine Nähe zu Hobbes, die sich ankündigt, wenn er davon spricht, daß durch die Vereinigung aller Einzelwillen und -kräfte die große Menschenmenge zu einem „mächtigen Körper [...] beseelt wird" *(validissimum corpus animatur)* (Thomasius 1730: III, VI, § 28). Eine solche Formulierung dürfte der damals noch in Leipzig lehrende Jurist wohl schwerlich getroffen haben, ohne daß ihm das Titelkupfer des Leviathan vor Augen gestanden hätte. Aber auch inhaltlich nähert er sich dem nominell verachteten englischen Autor weiter an, wie sich anhand seiner Bestimmung der Kontrahenten beider Verträge zeigt. Der atomistischen Theorie des Engländers folgend, erkennt er in den vertragschließenden einzelnen *alle* Volksglieder[26] – und nicht wie der deutsche Naturrechtsdiskurs allgemein bis hin zu Schlözer allein die Hausväter (Oikodespoten) (vgl. Kersting 1994: 230). Thomasius wendet sich damit deutlich gegen die feudalistische Erbmasse des Hauptstroms des deutschen vertragstheoretischen Diskurses – ist doch die Affinität zwischen einer solchen Figur der Vertragsschließung unter den Spitzen sozialer Korporationen und dem „Statusvertrag" der Lehensbindung vgl. Oestreich 1967: 140) nicht zu übersehen. Anders als jene konservativen Vertragstheoretiker nimmt Thomasius dem Kontraktualismus nicht seine revolutionäre, gegen die ständestaatliche Sozialstruktur gerichtete Spitze. Am *pactum unionis* ebenso wie am *pactum subjectionis* partizipieren ausdrücklich alle Menschen, der Souverän steht auf den Schultern aller Individuen, die naturrechtliche Egalitätsprämisse wird im Kontraktualismus nicht unterlaufen (Thomasius 1730: II, III, §§ 12-15). Freilich stirbt auch bei Thomasius das durch den Vereinigungsvertrag aus allen Individuen fusionierte Volk als politisches Subjekt, denn der Herrschaftsvertrag schreibt als Unterwerfungsvertrag die Ungleichheit der Rechtsbeziehung zwischen Volk und Herrscher fest: Die vollkommene (erzwingbare) Verpflichtung der Bürger gegenüber

---

25 Thomasius (1730: III, VI, §§ 29-31). Vgl. §§ 32ff. die Staatsformenlehre nach den klassischen Formen unter Rezeption der Bodinschen Souveränitätstheorie.

26 Vgl. Thomasius (1730: III, VI, § 23). – In der dritten Bedeutung des – wenig glücklich vierfach differenzierten – Naturzustandes nach Thomasius (1730, I, II, §§ 47-62) bezeichnet der Begriff die natürliche Freiheit und Gleichheit aller Menschen (§§ 53, 56). Nach III, II, § 29 werden die Paszizenten als diejenigen bestimmt, die „bisher in der natürlichen Freiheit gestanden haben". Grundsätzlich alle Individuen werden also untereinander Mitbürger *(concives)*.

dem Souverän findet in der unvollkommenen (moralischen) Verpflichtung (vgl. Anm. 20) des Herrschers gegenüber dem Volk keine Entsprechung. Dem vertraglichen Ursprung des Staates entspricht seine Definition, die Thomasius sich ebenso wie die Vertragsfigur von Pufendorf geborgt hat: Der Staat *(civitas)* ist für ihn eine „zusammengesetzte moralische Person, deren Wille durch die Verträge vieler Menschen verbunden und geeint worden ist und für den Willen aller angesehen wird, so daß dieser die Kräfte und Fähigkeiten aller einzelnen zur Verwirklichung von allgemeinem Frieden und allgemeiner Sicherheit einsetzen kann."[27] Die *Majestät* wird sodann als oberste, keinem Menschen Rechenschaft schuldige Gewalt *(summa potestas)*, die Handlungen der Bürger zu regieren, und gegenüber Ausländern im Namen der Republik friedlich oder kriegerisch den Zweck des Staates zu verfolgen, bezeichnet (III, VI, § 115). Mit Nachdruck wird dabei hervorgehoben, daß die Majestät auch über dem durch sie selbst gesetzten Recht stehe (§ 118). Thomasius dient damit eindeutig der Legitimation des politischen Absolutismus, wie sie in Bodins Souveränitätslehre hervortritt (vgl. Quaritsch 1986: 46-65).

Ist Thomasius also zu den Kontraktualisten im Sinne der 'politischen Philosophie des Gesellschaftsvertrages' zu zählen, wie es bei Kersting geschieht (vgl. Kersting 1994: 228 u. 14, Anm. 11)? Gegen eine Interpretation, die Thomasius umstandslos zu einem philosophischen Kontraktualisten werden läßt, spricht die grundsätzliche Priorität der Gesetzes- vor der Vertragskategorie und der damit einhergehende gänzlich andere methodische Status seiner Vertragslehre. Wie bereits ausgeführt, setzt die vertragliche Errichtung der societas civilis die göttliche Konzession voraus, zudem aber besteht sogar die *ausdrückliche Verpflichtung* durch Gott, in die staatliche Gemeinschaft einzutreten, wie Thomasius in der Auseinandersetzung mit den orthodoxen Vertretern der Gottesunmittelbarkeit der Majestät feststellt:

„[Tatsächlich hat Gott] *vorher* den Menschen vorgeschrieben, daß sie bürgerliche Gesellschaften einrichteten, weil ja ohne diese der Friede und die Ruhe des menschlichen Geschlechts nicht bestehen könnte[n]. Völlig zu Recht wird GOTT daher als *Urheber* der Herrschaft im Staat oder der Majestät bezeichnet. Dies kann eben nicht aus dem Abschluß eines Vertrages bewiesen werden, und so gehört der *Ursprung* der Majestät schlechterdings zu GOTT als dem Urheber des natürlichen Gesetzes" (Thomasius 1730: III, VI, §73).

Beide Verträge weisen also auf die durch das natürliche Gesetz mediatisierte Verpflichtung Gottes zurück. Dabei nimmt Thomasius jedoch eine vermittelnde Position zwischen den Anhängern des Jure-Divino-Königtums

---

27 Thomasius (1730: III, VI, § 63): „[...] persona moralis composita, cujus voluntas ex plurium pactis implicita & unita, pro voluntate omnium habetur, ut singulorum viribus & facultatibus ad pacem & securitatem communem uti possit." Vgl. Pufendorf (1994: II, 6, § 10).

(Masius) und der auf der Souveränität der Kontrahenten im Naturzustand basierenden rein vertraglichen Gesellschafts- und Herrschaftsbegründung ein[28]: „Ein Mensch erwirbt das Recht, anderen zu befehlen, sowohl unmittelbarerweise aus göttlicher Konzession, als auch durch den dazwischentretenden Konsens eines anderen Menschen."[29] Daher gilt: „Daß aber die Herrschaft *unmittelbar* hergestellt wird, kommt am *nächsten aus den Verträgen*, durch welche der Staat zusammenwächst [coalescit], wie sich aus dem, was wir bis jetzt ausgeführt haben, ergibt, insofern nämlich das Volk seine Kräfte und Willen dem Fürsten unterwirft, der Fürst aber diese Unterwerfung wirklich akzeptiert" (III, VI, § 74).

Thomasius' Theorie kann nicht den Rang des neuzeitlichen philosophischen Kontraktualismus beanspruchen, vorausgesetzt, daß dieser – wie bei Kersting – als ein prinzipielles, auf dem Konsens der Individuen beruhendes legitimationstheoretisches Modell für die Vergesellschaftung und die Monopolisierung von Gewalt an sich aufgefaßt wird (vgl. Kersting 1994: 15 u. 44). Thomasius macht selbst darauf aufmerksam, daß seine Lehre sich grundsätzlich vom philosophischen Kontraktualismus unterscheidet, indem er gegen diejenigen Stellung bezieht, „welche die Verbindungs=Krafft aus dem Vergleich ursprünglich herleiten/ unter welchen/ wo mir recht ist/ Hobbes der Redelsführer ist."[30] Anders als die beiden antagonistischen anthropologischen Konzepte widersprechen sich die transzendente (schöpfungsrechtliche[31]) Herrschaftsbegründung und die vertragliche nicht, da nach Thomasius alles durch Vertrag geschöpfte Recht nur auf der Basis einer existierenden gesetzlichen Ordnung verpflichtet. Dies gilt für die privatrechtlichen Verträge innerhalb einer bestehenden bürgerlichen Rechtsordnung ebenso wie für die beiden die bürgerliche Gesellschaft und ihre politische Führung konstituierenden Urverträge. Letztere verpflichten aufgrund des Naturgesetzes, welches sich zunächst negativ in der göttlichen Konzession sowie positiv im Vertragstreuegebot äußert (Thomasius 1730: II, VII, § 3). Insofern aber darüber hinaus der Eintritt in die bürgerliche Gesellschaft nicht ins Belieben der Menschen gestellt ist, sondern positiv zur Ausfaltung der menschlichen Vernunftnatur und negativ zur Vermeidung von Unfrieden gefordert wird – wobei bereits darauf hinzuweisen war, daß Thomasius letzteres als Vorausset-

---

28 Die Ablehnung der Gottesunmittelbarkeit der Herrschaft führte zu einer brisanten Kontroverse mit dem dänischen Hofprediger Hector Gottfried Masius. Im Verlauf dieser und anderer Auseinandersetzungen verlor Thomasius die Gnade des sächsischen Kurfürsten. Er verließ daraufhin 1690 Sachsen und fand im brandenburgischen Halle als Professor und Gründungsmitglied der Universität eine neue Wirkungsstätte (vgl. Grunert 1997).
29 (Thomasius 1730): I, I, § 78): „Homo imperium vel immediate ex concessione divina nanciscitur, vel intercedente consensu alterius hominis."
30 Thomasius (1709a), Vorrede, § 38. Vgl. dens. (1730), I, I, § 135f.; (1718), I, IV, § 99; I, V, § 27: „Cadit & alia doctrina, jus omne ultimo esse ex pacto." (Mit Verweis auf Hobbes.)
31 Vgl. Thomasius (1730), I, I, § 78: „Ille [sc. Deus] imperium exercet jure creationis citra consensum hominis."

zung für die Realisierung der Vernünftigkeit erkennt, wird der durch das natürliche Gesetz vermittelte Wille Gottes auch direkt als normatives Prinzip für die Staatenbildung in Anspruch genommen. Thomasius führt also die Existenz von Herrschaft an sich nicht auf den Willen von kontrahierenden einzelnen im Naturzustand, sondern auf den arbiträr[32] schöpfenden Gott als causa remota zurück.[33]

Die eigentliche Funktion des Vertrages bei Thomasius liegt offensichtlich darin, die Kür eines bestimmten Regenten als Verfahren der empirischen Herrschaftsbegründung rechtsverbindlich zu fixieren, denn er schreibt: „Daß aber *diesem* oder *jenem* in einer Gesellschafft die Herrschafft zukomme/ kann man nicht allemal mit der Vernunfft erreichen/ sondern es wird bisweilen von nöten seyn/ daß man von einem Vergleich wissenschaft habe/ *wem nemlich* die Herrschaft durch einen vergleich auffgetragen sey/ als wie in einer Republic" (Thomasius 1709a: III, I, § 65; vgl. ebd. auch III, VI, § 93). Gott hat den Menschen wohl die Freiheit konzediert, ihren Herrscher auszuwählen (und – so wäre hinzuzufügen, sich für eine bestimmte Gesellschaft zu entscheiden), nicht aber die Entscheidung über die Vergesellschaftung unter einer Zentralgewalt an sich freigestellt. Die Distanz zu den positiv-rechtlichen Ursprüngen des Vertragsdenkens, wie sie sich anhand der Ablehnung der Anpassung des Vertragsmodells an die alteuropäische Sozialstruktur gezeigt hatte, bleibt auf den erwähnten inhaltlichen Aspekt beschränkt. Dagegen stellt die Historisierung des Kontraktualismus offensichtlich den Versuch dar, angesichts der mit dem konsequenten Individualismus gegebenen faktischen Distanz zur rechtshistorischen Empirie die Legitimationstheorie des revolutionären Prinzips des politischen Absolutismus dennoch anschlußfähig an traditionelles Recht zu machen.[34] Unter methodischen Gesichtspunkten ist der Rekurs auf eine historische Vertragslehre innerhalb eines Vernunftrechtssystems allerdings nicht zu rechtfertigen: Thomasius überträgt das Instrument der abstrakt-rationalistischen Staatskonstruktion auf die empirische Ebene der historischen Entstehung von Staaten, ohne sich allerdings über diesen Vorgang im klaren zu sein, da ihm der fiktionale Charakter des Vertragstheo-

---

32 Vgl. Thomasius (1730) I, I, § 31: „[...] deus non agat secundum legem [...] lex aeterna sit figmentum scholasticorum."

33 Ein naturrechtlicher Kontraktualismus im strengen Sinne stellt immer eine aporetische Konstruktion dar, insofern die konventionalistische Vertragstheorie selbst auf naturgesetzliche Konstanten zurückgeführt werden soll. Mit dem Regreß auf Gott als letzte entfernte Ursache im Rahmen eines theonomen Voluntarismus bleibt dieses Problem in der Institutiones allerdings verdeckt.

34 Vgl. Pufendorf (1985): Pufendorf hatte in seinem „Monzambano" in großem Stil die Normativität seiner naturrechtlichen Absolutismuskonzeption in die Rechtsgeschichte reprojiziert, indem er das Reich der Karolinger als monarchischen Einheitsstaat konzipiert hatte, von dem ausgehend er die weitere Reichsverfassungsgeschichte als Degenerationsprozeß erscheinen ließ.

rems verschlossen bleibt, wie an dieser Stelle lediglich angedeutet werden kann.[35]

IV. Conclusio

Der positive Aspekt der Menschennatur, seine potentielle Rationalität, hat also für die politische Theorie des Thomasius im engeren Sinn nur noch eine indirekte Bedeutung. Die Basis für die naturrechtliche Herrschaftsbegründung liefert allein die geselligkeitsfeindliche Triebstruktur des Menschen. Ihr entspricht das asymetrische Rechtsverhältnis zwischen Herrscher und Beherrschten, welches durch einen Unterwerfungsvertrag festgelegt wird, sowie der autoritär-voluntaristische Begriff des bürgerlichen Gesetzes. Der theonome Voluntarismus der schöpfungsrechtlichen Argumentation dagegen richtet sich auf die potentielle Vernünftigkeit des Menschen und setzt damit das optimistische Menschenbild voraus. Zu dieser moralphilosophischen Zielsetzung tritt die im engeren Sinne politiktheoretische Argumentation in ein instrumentelles Verhältnis – wobei sich die gesamte Doktrin immer noch als Naturrecht der Geselligkeit gibt. Dahinter steht die Einsicht, daß die faktische menschliche Ungeselligkeit nur durch ein absolutes Gewaltmonopol gebändigt werden kann, um die Chance auf die Ausbildung von Vernunft zu wahren:[36] Der Riß in Thomasius' Naturrechtslehre antizipiert bereits das Auseinandertreten der zwei Felder einer individualistisch und kontraktualistisch operierenden neuzeitlichen politischen Philosophie als Sozialtechnologie und das der alten praktischen Philosophie, in der Politik und Ethik noch nicht getrennt, sondern letztere ebenso wie die Politik im engeren Sinne (Verfassungslehre, Gesetzgebungslehre) noch integriert war in die übergreifende Einheit der Politik als Leitwissenschaft der Praxis. Doch bei Thomasius entläßt die „ideelle" Moralphilosophie die Politik als „existentielle" Sozialphilosophie noch nicht vollständig aus sich. Der im Kontraktualismus funktionalistisch begründete Staat ist widersprüchlicherweise zugleich historisch gedacht und bleibt aufgehoben in einem schöpfungsrechtlichen Universalkonzept. Entscheidend ist jedoch, daß er nicht mehr unmittelbar die Aktualisierung der menschlichen Potenz betreiben soll, wie bei Aristoteles (Beförderung der Tugendhaftigkeit der Bürger als Ziel der Erziehung durch Gesetze – vgl. Bien 1985: 234-243), im christlichen Naturrecht Valentin Albertis (vgl.

---

35 Vgl. Kap. 2.2.3. meiner angekündigten Arbeit (Anm. 3).
36 Vgl. den Schluß der scharfen Zurechtweisung derjenigen, die den Stand des perfekten Menschen zum Naturrechtsprinzip erheben wollen: „Ich halte auch [dafür,] derjenige werde schlechte Gnade verdienen/ der einen Fürsten/ welcher ihn wegen gemeinen Nutzens der Republic umb Rath fragte/ in Mori Schlauraffenland [die Utopie des Thomas Morus] weisen wollte." Thomasius (1709a), I, IV, § 45.

Alberti 1696: I, §§ 56, 62; vgl. auch § 58) oder bald schon wieder beim Rationalisten Wolff, sondern primär auf die Funktion festgelegt wird, *in der Friedenswahrung negativ die Voraussetzung für Vernunfttätigkeit und damit für moralische Praxis des einzelnen bereitzustellen.* Der Hobbessche Argumentationsstrang dominiert klar den Politikbegriff, während das aristotelische Erbe aus der Politik ausgelagert wird und nur noch in der Moralphilosophie im engeren Sinne Bedeutung erlangt, ohne daß aber das dünne Band zwischen Politik und Moral vollends – wie bei Hobbes – gekappt würde. Thomasius hat dieses Konzept in seinem zweiten naturrechtlichen Hauptwerk unter der nomothetischen Trias des Gerechten *(iustum)* als Prinzip der staatlichen Zwangsordnung, des Anständigen *(decorum)* als Regel des zwangsfreien menschlichen Verkehrs und des Ehrbaren *(honestum)* als Regulativ der 'inneren Handlungen' (des Willens) entfaltet. Ohne daß an dieser Stelle darauf weiter eingegangen werden kann, sei darauf hingewiesen, daß sich aus dieser Differenzierung, welche an der angeführten Unterscheidung der Pflichten in erzwingbare und unerzwingbare ansetzt, eine Vorwegnahme einer Trennung von Staat und Gesellschaft in moralphilosophischen Kategorien ergibt, die deutlich eine liberale Stoßrichtung erkennen läßt: Das sich selbst beherrschende Individuum wird in eine vom Staat als Herrschaftsapparat unterschiedene bürgerliche Gesellschaft entlassen, der undisziplinierte Triebmensch aber von der heteronomen staatlichen Zwangsordnung im Zaum gehalten. Die einander widersprechenden anthropologischen Grundannahmen werden dabei in der Perspektive eines moralischen Fortschreitens von der Außenleitung des Individuums durch den Staat zu seiner Innen- oder Selbstleitung durch die subjektive Vernunft tendenziell aufgelöst. In den *Institutiones Jurisprudentiae Divinae* sind Grundzüge dieses Konzepts bereits vorhanden: Bereits in diesem frühen Werk zeigt sich Thomasius als ein Denker, der mit deftigem Realismus und nicht immer widerspruchsfrei die Einbettung des Politischen in moralphilosophische Zwecksetzung lockert.

Politik und Wissenschaft in der französischen Frühaufklärung: Die „science politique" des Abbé de Saint Pierre

Olaf Asbach

> „*La Politique est le sublime de la raison.*"
> „*[...] & voilà le sublime de la Politique.*"
> (Saint-Pierre, 1733/1734)

I. Saint-Pierre und das politische Denken der Aufklärung

Im Abbé de Saint-Pierre einen Theoretiker der Politik, gar einen wichtigen Wegbereiter und Vertreter des neuzeitlichen Verständnisses von Politik und politischer Wissenschaft zu sehen, mag auf den ersten Blick überraschen. Wenn überhaupt, so ist sein Name der Nachwelt vor allem durch das Projekt in Erinnerung geblieben, dessen Propagierung und Umsetzung er jahrzehntelang energisch betrieben hatte, das *Projet pour rendre la paix perpétuelle en Europe*, das er 1713 und 1717 erstmals der Öffentlichkeit vorlegte.[1] Doch selbst in diesem Fall bewirkte die Prominenz derer, die es im 18. Jahrhundert aufgegriffen und weitergeführt haben – nämlich u.a. Rousseau und Kant –, daß ein Bild Saint-Pierres vermittelt wurde, das ihn zu einem Stichwortgeber reduziert und den politiktheoretischen Gehalt seines Denkens beiseite drängt.[2]

---

[1] Saint-Pierre hatte dem Erscheinen der ersten beiden Bände des *Projet* 1713 ein Jahr zuvor ein einbändiges *Mémoire pour rendre la paix perpétuelle en Europe* vorausgeschickt, das in den meisten Passagen in die Ausgabe von 1713 Eingang gefunden hat. Von beiden Werken hatte er Vorabfassungen (*prétirages*) herstellen und verbreiten lassen, die er zu einer letzten Kritik kursieren ließ (vgl. Robinet 1995: 13-15, detaillierter Asbach 2000: I. 2). 1729 veröffentlichte Saint-Pierre ein *Abrégé du projet de paix perpétuelle*, dem er 1738 eine wiederum erweiterte Fassung folgen ließ. Diese gliederte er nachträglich als Band 1 seinen – unvollständigen, die wichtigsten seiner Werke gar nicht enthaltenden – *Ouvrajes de politique et de morale* (16 vol., Rotterdam 1733-1741; im folgenden: Ouvr., Band und Seitenzahl) ein.

[2] Besonders Rousseau spielt hier eine zwiespältige Rolle: Betätigte er sich einerseits als Popularisator Saint-Pierres, indem er dessen zentrale außen- und innenpolitische Reformprojekte zusammenfaßte und tradierte, so hat er andererseits nicht nur diese Projekte, sondern auch Saint-Pierres Grundpositionen einer scharfen Kritik unterzogen. Diese Kritik galt je-

In großem Maße ist Saint-Pierre jedoch selbst dafür verantwortlich, daß sein Werk nur selten eine angemessene Behandlung erfahren hat. Schon Rousseau hatte die Form beklagt, in der sich Saint-Pierres Werke dem Leser darstellten: „weitschweifig, verworren, voller Längen, Wiederholungen" seien sie und „in so schlechter Ausdrucksweise [verfaßt], daß man ihre Lektüre nur schwer durchhalten konnte" (Rousseau 1981: 402). Nicht nur Rousseau, sondern allgemein war man, wie Jacob ter Meulen bemerkt, „in der Epoche der großen Schriftsteller Frankreichs nicht begierig, ein grosses, politisches Werk, das in einer ganz neuen Schreibart, in der Weise eines geometrischen Lehrbuches und in langweiliger Prosa geschrieben war, zu lesen" (ter Meulen 1917: I. 183). Denn die oft kritisierte Form von Saint-Pierres Schriften resultiert gerade aus dem Umstand, daß er vom Geist der Geometrie, der Demonstration, der rationalen Begründung und Aufklärung beseelt ist und sich beredt zu deren Anwalt macht. Ausdrücklich wendet er sich gegen die „Methode der Redner", die politische Werke mit dem „Schmuck der Eloquenz" versieht, während er sich „an jene Art von Beredsamkeit [halte], die der Geometrie und deren einfacher und eingänglicher Methode eigen ist" (Saint-Pierre 1718: 122f.) Dies freilich führt dazu, daß er Dutzende von Abhandlungen verfaßt, in denen er seine zahlreichen politischen Reformvorschläge in immer neuen Fassungen vorbringt, sie endlos wiederholt, sie immer neuen realen oder imaginären Einwänden aussetzt, um diese umständlich zu widerlegen und zum Anlaß neuer Ausführungen (*observations* und *éclaircissements*) zu nehmen. Gerade der Wille, mit seinen Schriften praktisch wirksam zu sein und die politisch Handelnden zu erreichen, führt dazu, daß er sich nie lange mit systematischen Begründungsversuchen aufhält und niemals zu einer gründlichen Darlegung seines politischen und philosophischen Denkens gelangt.[3] So kommt es, daß Saint-Pierre zwar – wie die folgenden Ausführungen deutlich machen sollen – an der Erarbeitung, Fortentwicklung und Verbreitung zentraler Begriffe und Konzeptionen des wissenschaftlichen und politischen Denkens und Handelns der entstehenden bürgerlichen Gesellschaft

---

    doch zumeist nur Zerrbildern, die Rousseau von Saint-Pierre zeichnete, was dazu führte, daß zahlreiche Übereinstimmungen und Kontinuitäten von Fragestellungen und Positionen zwischen beiden erfolgreich der Aufmerksamkeit der Beobachter entzogen wurden; vgl. hierzu die Hinweise bei Perkins: 1959: 97ff.; Carter 1987: 145ff.; sowie Asbach 1996; zu Rousseaus Rezeption und Kritik des Friedensprojekts vgl. Asbach 1999a: 116-138.

3 Saint-Pierre bemerkt dies gegen Ende seines Lebens selbstkritisch und erklärt sich den Umstand, daß viele seiner Vorschläge noch nicht verwirklicht worden sind, unter anderem damit, daß er sie nicht in die übliche, rhetorisch eingängige Form gekleidet habe, die ihnen eine ganz andere Aufnahme verschafft hätte (*Ouvr.* XIII. 258; Ms. Neuchâtel, R 157, 65). Dabei verkennt er freilich immer noch, daß es eben nicht nur um den ‚schönen Stil' geht, sondern vor allem um das völlige Fehlen eines Versuchs, seine Begriffe und Konzeptionen in dem systematischen Zusammenhang zu entwickeln, in dem sie faktisch bei ihm stehen und den er stets voraussetzt bzw. voraussetzen muß.

mitwirkt, daß er als eigenständiger Theoretiker dagegen kaum Beachtung findet.

Und schließlich ist der prima vista kuriose, doch rezeptionsgeschichtlich bedeutsame Umstand zu bedenken, daß Saint-Pierre – der als Mitglied der Académie française lange Jahre mit Problemen und Entwicklungen der französischen Sprache befaßt war – einen großen Teil seiner Werke, die v.a. in den letzten beiden Jahrzehnten seines Lebens erschienen, in einer der Lautsprache angenäherten Fassung drucken ließ. Sein Bestreben, die französische Rechtschreibung zu vereinfachen und rationaler zu gestalten, hat er im Alleingang gleichsam exemplarisch umzusetzen versucht. Das Resultat ist, wie nicht anders zu erwarten, daß der greise Saint-Pierre dadurch nun weithin in den Ruf eines verschrobenen Projektemachers geriet, der als politischer Denker nicht weiter ernstgenommen werden muß.

Diese Gründe vor allem sind es, die dazu geführt haben, daß der Bedeutung, die Saint-Pierre für die Entwicklung der französischen Aufklärung und ihre philosophischen und politischen Konzeptionen gehabt hat, nur selten nachgegangen worden ist. Insofern er nämlich für die Ausbildung der aufklärerischen Positionen und Tendenzen in gewisser Weise ‚mitverantwortlich' und auch repräsentativ ist, ist das Verständnis seiner Arbeiten nicht nur zur richtigen Einschätzung dieses Autors erforderlich, sondern auch zum Verständnis dieser Periode politischen Denkens und Handelns insgesamt. Saint-Pierre war aktiv an den intellektuellen Entwicklungen und Veränderungen beteiligt, die sich von der Glanzzeit der absolutistischen Herrschaft Ludwigs XIV. bis zur Blüte der Aufklärung in der Mitte des 18. Jahrhunderts vollzogen haben. Denn während dieser Zeit bewegte er sich in jenen Zentren der französischen Hauptstadt, in denen die wissenschaftlichen, politischen und gesellschaftlichen Tendenzen der Zeit diskutiert und – für die weitere europäische Entwicklung folgenreich – intellektuell verarbeitet wurden. Bereits in frühen Jahren hatte sich der 1658 in der Normandie geborene, in Caen und Rouen ausgebildete Saint-Pierre intensiv mit den Fortschritten der Naturwissenschaften seit Descartes befaßt, deren revolutionäre Neuerungen nach der Mitte des 17. Jahrhunderts über die engen Zirkel der Gelehrten hinaus für Aufsehen sorgten und für die Bildung einer „'public averti, capable de s'intéresser aux travaux scientifiques, d'en suivre le Progrès avec curiosité et intelligence': un public qui, pratiquement, n'existait pas au début du siècle" (Rouvillois 1996: 33). Nach seiner Übersiedlung nach Paris wurde er, nicht zuletzt durch seine Freundschaft mit Fontenelle, dem Kopf der Partei der *modernes* in der *Querelle des anciens et des modernes*, zum entschiedenen Verfechter der Positionen der Modernen. Die *Querelle*, die 1687 offen ausgebrochen war und sich zunächst auf die Frage nach der Überlegenheit von Literatur und

Kunst in der Antike oder in der französischen Klassik beschränkt hatte,[4] weitete sich rasch aus. Sie wurde zum Anlaß, ein umfassendes neues Selbstverständnis der Moderne zu entwickeln, die das Bewußtsein ihrer Überlegenheit über die Antike aus den methodischen Prinzipien und sachlichen Erkenntnissen der neuzeitlichen (Natur-)Wissenschaften bezog und auf der Idee eines kontinuierlichen geschichtlichen Fortschritts basierte.[5]

Die *Querelle* markiert den historischen Zeitpunkt, an dem die sich seit der ersten Hälfte des 17. Jahrhunderts auf dem Gebiet der Naturerkenntnis vollziehende, mit den Namen Galileis, Descartes' und – etwas später dann – Newtons verbundene Revolutionierung der Wissenschaften verallgemeinert wird. Die Prinzipien des methodischen Zweifels, der Kritik an unhinterfragbaren Autoritäten und der Gewinnung und Überprüfung allen Wissens auf dem Wege von Erfahrung und vernünftiger Einsicht greifen zunehmend auf Philosophie, Wissenschaft und Theologie über.[6] Zugleich führen aber die aktuellen und langfristigen Entwicklungen im Frankreich des ausgehenden 17. und 18. Jahrhunderts dazu, daß sich diese Debatten auch auf das Verständnis von Geschichte und Gesellschaft auswirken.[7] Die säkularen Umbrüche in den

---

4 Charles Perrault hatte am 27. Januar 1687 mit der Verlesung seines Lobgedichts auf *Le siècle de Louis le Grand* als dem Gipfelpunkt der zivilisatorischen Entwicklung in der *Académie française* einen Eklat und den entschiedenen Protest der bis dahin dominierenden Verehrer der antiken Kunst und Literatur ausgelöst. Dies bedeutete nicht nur den Auftakt zu der sich über Jahrzehnte hinziehenden *Querelle des anciens et des modernes*, sondern zu einem Prozeß philosophischer und wissenschaftlicher Selbstreflexion. Unmittelbar hatte sich der Disput auf die Frage nach der Vorbildlichkeit der Kunstwerke und ästhetischen Normen der Antike beschränkt, darauf also, ob die „Anciens [...] sont les sources du bon goût et de la raison, et les lumières destinées à éclairer tous les autres hommes", und ob sie „ont tout inventé" (Fontenelle 1687: 147/149). In diesem Falle „das Vollkommene [...] nur durch Nachahmung der Alten" erreicht werden (Jauß 1964: 48). Perrault hielt dem 1688 in seiner *Paralelle des Anciens & des Modernes* entgegen, „que cette grande preference qu'on donne aux Anciens sur les Modernes, n'est autre chose que l'effet d'une aveugle & injuste prévention", und „qu'il n'y a aucun Art ny aucune Science ou mesme les Anciens ayent excellé, que les Modernes n'ayent portez à un plus haut point de perfection" (Perrault 1688: I. 104f.).

5 Ein wichtiges Dokument dieser Debatte ist Fontenelles *Digression sur les Anciens et les Modernes* (1687), in denen er erklärt, aufgrund der prinzipiellen Gleichheit der Menschen aller Gegenden und Zeiten seien die Nachgeborenen den Alten gegenüber im Vorteil, da sie vom akkumulierten Wissen ihrer Vorgänger ausgehen und den prinzipiell unbeschränkten Erfahrungs- und Wissenshorizont kontinuierlich ausbauen können (vgl. Krauss 1969: 28ff.).

6 Werner Schneiders (1995: 16) hat zutreffend festgestellt, daß „das 'Zeitalter der Aufklärung' [...], die Umorientierung im Denken [...] schon in den achtziger Jahren des 17. Jahrhunderts" begonnen hat.

7 Tatsächlich dauerte es also – wie die weiteren Ausführungen noch deutlich machen werden – durchaus nicht erst bis zu Turgot oder Condorcet, bis das spezifisch 'moderne' Verständnis von Vernunft und Fortschritt auf konkrete Probleme von Geschichte und Gesellschaft übertragen wurde, wie es Iring Fetscher (1985: 427) anzunehmen scheint. Auch in dieser Hinsicht spricht einiges für Paul Hazards Urteil in seiner klassischen Studie über *La crise de la conscience européenne (1685-1715)*, in diesen Jahren seien die Inhalte der Aufklä-

gesellschaftlichen und ökonomischen Strukturen im Übergang zur modernen bürgerlichen Gesellschaft, im Prozeß der Herausbildung der Strukturen des modernen Zentralstaats und in der Entstehung des neuzeitlichen wissenschaftlichen und religiösen Weltbildes werden in der zweiten Hälfte der Regierungszeit Ludwigs XIV. aufgrund zahlreicher Krisen und Spannungen verstärkt spürbar; zu erinnern ist hier nur an die ökonomisch und gesellschaftlich gewaltigen Lasten der absolutistischen Expansionspolitik, an die Entmachtung des feudalen Adels durch die Zentralisierung staatlicher Herrschaft, an die repressive Politik gegenüber Hugenotten und Jansenisten wie auch gegenüber der in diesem Prozeß entstehenden 'kritischen Intelligenz'. All diese Entwicklungen und Konfliktfelder provozierten Neuorientierungen und eine zunächst noch im Bereich der literarischen Produktion und der entstehenden neuen Formen der Öffentlichkeit von Cafés, Salons und Akademien verbleibende Opposition, in der die neuen, kritischen Verfahren philosophisch-wissenschaftlicher Erkenntnis auf immer weitere Bereiche der geschichtlichen Wirklichkeit angewendet werden, so daß die gesellschaftlichen und politischen Einrichtungen, Mechanismen und Handlungsweisen zunehmend unter den Druck des Ausweises ihrer Vernünftigkeit und Legitimität geraten (Göhring 1947: 130ff.).

Vor dem Hintergrund dieses Prozesses, in dem versucht wird, angesichts der immer deutlicher werdenden Notwendigkeit zur radikalen Umstrukturierung von Staat und Gesellschaft neue Prinzipien, Ziele und institutionelle Lösungen zu finden, sind Saint-Pierres Wirken und seine Schriften zu betrachten und zu bewerten. Schon als Person verbindet er die heterogenen Kreise, aus denen heraus sich die Aufklärungsbewegung und ihr Verständnis von Wissenschaft, Gesellschaft und Politik entwickelt haben. Er konnte Erfahrungen verarbeiten, die er als Almosenier von Elisabeth Charlotte, der Schwägerin Ludwigs XIV. und Mutter des nach dessen Tod herrschenden Regenten, in der politischen Führungsschicht und in oppositionellen Kreisen in Versailles und im Palais Royal ebenso sammeln konnte wie als Mitglied der Académie française oder als Teilnehmer an den Diskussionen in den entstehenden Clubs und Salons der literarisch, philosophisch und politisch interessierten Kreise. Obwohl er anfangs der aristokratischen Reformbewegung unter Ludwig XIV. nahesteht, bei der sich Männer wie Vauban, Fénelon, Saint-Simon oder Boisguilbert um den Duc de Bourgogne scharten, bricht er radikal mit deren Verständnis von Geschichte, Gesellschaft und Politik, das im ganzen noch an der Rückkehr zur vorabsolutistischen, die Privilegien des Adels wiederherstellenden 'alten Verfassung' orientiert war. Auf den verschiedenen Ebenen seines Denkens erweist Saint-Pierre sich demgegenüber als ein weg-

---

rung des folgenden Jahrhunderts schon vorweggenommen worden, und verglichen mit diesen erschienen „die Kühnheiten der Aufklärung in der nach ihr so benannten Epoche blaß und bescheiden. In den Jahren, die das 17. Jahrhundert beschlossen, hat eine neue Ordnung der Dinge begonnen" (Hazard 1939: 514/515).

weisender Vorkämpfer und Vertreter aufklärerischen Denkens. Dies gilt, wie im folgenden gezeigt werden soll, einerseits für die grundlegenden Bestimmungen von Vernunft, Wissenschaft und Geschichte (Abschn. 2) und für ihre praktischen Dimensionen (Abschn. 3). Andererseits entwickelt Saint-Pierre einen neuen Begriff von Politischer Wissenschaft, der Politik und Wissenschaft in einen wechselseitigen Begründungszusammenhang bringt (Abschn. 4). Sie wird bei ihm zum zentralen Vehikel der Bestimmung, Verwirklichung und Regulierung der neu entstehenden, von den überkommenen Traditionen, Einrichtungen und ständischen Zwängen befreiten Gesellschaft.[8]

II. Vernunft, Geschichte und gesellschaftlicher Fortschritt

Saint-Pierres Begriff von Politik und seine Bestimmung von Bedeutung und Zielen politischer Wissenschaft gründet in seiner Konzeption von Vernunft und geschichtlichem Prozeß. Die zeitgenössischen Diskussionen um die Positionsbestimmung der *modernes*, ihrer Stellung, Fähigkeiten und Aufgaben in der Entgegensetzung zu den überkommenen philosophischen, wissenschaftlichen und gesellschaftlichen Traditionen dienen als Katalysator für die Ausbildung und Schärfung seines Verständnisses rationaler Philosophie und Wissenschaft und ihrer Beziehung zur gesellschaftlichen Praxis. An die Stelle der bisher dominierenden naturalistischen oder zyklischen Geschichtsvorstellungen (vgl. Schlobach 1980) rückt bei Saint-Pierre ebenso wie bei seinem Freund Fontenelle die Auffassung, daß Geschichte ein einheitlicher, vorwärtsgerichteter Prozeß ist. Diese Idee treibt Saint-Pierre weiter und entwirft in seinen Schriften ein Selbstverständnis der Moderne, wie es dem neuzeitlichen Denken insgesamt und selbst noch dem ihm korrespondierenden Alltagsbewußtsein zugrundeliegt. Erstmals wird bei ihm Geschichte als ein beständiger Prozeß des Fortschreitens begriffen, der einerseits alle Bereiche des geistigen, kulturellen, gesellschaftlichen und politischen Lebens erfaßt, andererseits Resultat des bewußten Erkennens und Handelns der gesellschaftlichen Subjekte ist.

---

8 Mit Recht, doch ohne viel Resonanz, hat Fetscher (1985: 436) Saint-Pierre „zu den Wegbereitern des Politischen Wissenschaft im 18. Jahrhundert" gezählt. Herbert Hömig (1988: 1ff.) hat diese Auffassung in seiner ausführlichen Einleitung in eine Ausgabe innenpolitischer Reformschriften Saint-Pierres ebenso noch einmal detailliert belegt wie Ira O. Wade in ihrer großen Studie zur Französischen Aufklärung, in der sie Bedeutung und Einfluß Saint-Pierres hervorhebt und erklärt (1977: I. 321f.) „all too often we have been content to sketch the Abbé's ideas and then to dismiss them as if they were childish or silly. This undoubtedly is an error. Saint-Pierre is certainly one of the founders in France of the science of government, in both its theoretical and practical aspects" (vgl. auch Keohane 1980: 364).

Für Saint-Pierre kann das ‚Goldene Zeitalter' der höchsten kulturellen und gesellschaftlichen Blüte folglich nicht in der Vergangenheit gesucht werden, so daß es – wie es die Position der *anciens* besagte – bestenfalls gelingen könnte, sich ihren Errungenschaften noch einmal anzunähern oder sie zu wiederholen. Vielmehr kann das ‚Goldene Zeitalter' nur etwas sein, was erst in der Zukunft zu erreichen ist, und zwar als Resultat eines menschheitsgeschichtlichen Lern- und Entwicklungsprozesses. Die Alten befanden sich seiner Ansicht nach im Stadium eines ‚eisernen Zeitalters'[9], in dem sie gleichsam noch in der Kindheit der Entwicklungsgeschichte der menschlichen Vernunft lebten[10], da sie erst begannen, jenes Wissen zu erlangen und die Techniken zu entwickeln und anzuwenden, derer es bedarf, um die gesellschaftlichen Grundlagen für die Realisierung des 'âge d'or' zu schaffen. Saint-Pierres gesamtes Werk wird vom geschichtsphilosophischen Vertrauen in den „progrez necessaire & indéfini de la Raison humaine" und in die „aquizition perpétuèlle de nouvelles lumières naturelles & de la raizon universelle" getragen (*Ouvr.* XV. 100/105). Dieses Vertrauen gründet in der Überzeugung von der prinzipiell unbeschränkten Lernfähigkeit und Perfektibilität der Menschen und der Hoffnung, daß sie sowohl in technischer als auch in praktischer Hinsicht Gebrauch von dieser Disposition machen und ihre Lebensverhältnisse so gestalten, daß sie dem Glück und „la plus grande utilité" der Menschen zugute kommen (*Ouvr.* II. 242).[11] Zwar besteht für ihn kein ernsthafter Zweifel daran, daß ein solcher Fortschritt zumindest langfristig tatsächlich stattfinden wird, doch gleichzeitig weist Saint-Pierre bereits explizit darauf hin, daß es dafür keine letzte geschichtsphilosophische Gewißheit und Garantie gibt. Der Fortschritt in der vernünftigen Gestaltung der Wirklichkeit findet nämlich dann nicht statt, wenn die Menschen die ihnen gebotenen und wissenschaftlich demonstrierbaren Chancen zu seiner Verwirklichung nicht ergreifen und die Hindernisse, die ihm entgegenstehen, nicht aus dem Weg räumen, „obstacles [...], qui non seulement ont retardé son progrèz, mais qui l'ont au contraire fait réculer en diférans pèys & en diférans siècles vers l'ignoranse & vers l'inprudanse" (*Ouvr.* XI. 276). Diese Gefahr eines Rückschlages für die bestehenden Möglichkeiten des geschichtlichen Fortschritts

---

9   Saint-Pierre spricht vom „âge de fer" als erster Stufe der Menschheitsentwicklung (*Ouvr.* III. 225ff.).
10 Vgl. Saint-Pierre (*Ouvr.* XI. 51): „ces Anciens [...] vivoient dans l'anfanse de la raison humaine".
11 Seine Bestimmung der Begriffe von Glück und Nutzen verweisen direkt auf den Utilitarismus und den Materialismus der Aufklärung: „Rien n'est precieux, rien n'a réellement de valeur ou de prix pour nous qu'à proportion que nous pouvons en tirer ou plaisir ou cessation de douleur, qui est une sorte de plaisir. [...] Les hommes sont hureux à proportion qu'ils sont délivrez de plus de maux & plus grans & à proportion qu'ils sentent plus de plaisirs & plus grans; & les maux & les biens sont plus grans à proportion qu'ils sont plus sensibles & plus durables" (*Ouvr.* II. 240). Zur Rede von der grenzenlosen „ perfection des hommes" (vgl. *Ouvr.* VI. 7f.).

durch innergesellschaftliche Konflikte oder äußere Kriege bildet eben den Antrieb für das gesellschaftliche und politische Eingreifen des philosophisch und wissenschaftlich Tätigen[12], wie er es zeitlebens fordert, da nur die angemessene Einrichtung der gesellschaftlichen Verhältnisse in und zwischen den Staaten die Fortführung der historischen Aufwärtsbewegung möglich mache.

Damit ist die relative Überlegenheit der Modernen über die Alten für Saint-Pierre unbestreitbar und geradezu unvermeidbar, und das Bewußtsein einer solchen systematischen und allgemeinen, alle Bereiche des Denkens und Handelns umfassenden Überlegenheit der Moderne teilt er mit vielen seiner Zeitgenossen. Allzu evident erscheint demgegenüber die „inferiorité marquée des anciens par rapport à leurs successeurs, le caractère global de la supériorité de ces derniers, qui est morale, autant que technique et politique, le rôle libérateur de la Raison et l'importance des sciences" (Rouvillois 1996: 18.) Descartes vor allem hat seiner Einschätzung nach „[su] surpasser en raizon les plus grans génies de l'Antiquité", und „il nous à donné plus de connoissanses vraisamblables sur la Fizique en vint ans, que dix mille sectateurs de Platon, d'Aristote, & d'Epicure n'avoient fait en deux mile ans" (*Ouvr.* XIV. 126/127). Diese scharfe Kritik und Abgrenzung hindert Saint-Pierre jedoch nicht daran – und dies ist gerade aufgrund seiner linearen Geschichtskonzeption nur konsequent –, gleichzeitig die Verdienste der Alten anzuerkennen, insofern sie einen unverzichtbaren Grundstein des seiner Ansicht nach bisher erreichten Fortschritts bilden. Die *anciens* sind nicht einfach das 'ganz Andere' der *modernes*, sondern sie sind Teil jener historischen Kontinuität, ohne die die 'Modernen' selbst nicht denkbar wären. Wenngleich also die Beschäftigung mit den Werken eines Sokrates, Platon, Aristoteles oder Archimedes heute nur noch von „peu d'utilité" sei, sieht Saint-Pierre in diesen Autoren doch „les premiers génies de leurs siècles", deren Leistung für ihre Zeit – und indirekt damit für alle weitergehenden Entwicklungen – von ebensolcher Bedeutung waren wie diejenigen Descartes' für die Neuzeit.

Die in Saint-Pierres Augen offenkundige Überlegenheit der *modernes* ist mithin nicht einem besonderen Genius der modernen Menschen geschuldet, sondern entspringt aus dem Moment innerhalb des historischen Kontinuums, in dem sie leben und wirken. Da Saint-Pierre von der grundsätzlichen Gleichheit der Menschen überzeugt ist, hängt es davon ab, in welcher Zeit und unter welchen sozialen und persönlichen Umständen jemand aufwächst, um seine Potentiale entfalten zu können; nicht die Natur, sondern die (historische) Kultur bewirkt die Unterschiede zwischen den Menschen und ihren materiellen und geistigen Erzeugnissen (vgl. *Ouvr.* XI. 265ff.). Wenn also „nos médiocres Savans ont vint fois plus de connoissanses que Socrate & Confucius", so ist dies nur deshalb möglich, weil sie „vivent dans un siècle vint fois plus sa-

---

12 Hierauf weist Saint-Pierre in einem 1713 entstandenen, unveröffentlichten Manuskript *Observation sur le genre Historique* (Ms. Neuchâtel, R 175, 10) deutlich hin.

vant & plus éclairé qu'eux" (ebd., 262). Somit können sie auf dem Grundstock eines im Laufe der Geschichte akkumulierten Wissens aufbauen, der für ihre antiken Vorläufer noch unerreichbar war. Wie der einzelne Mensch unmöglich als erwachsenes und voll ausgebildetes Wesen zur Welt kommen kann, muß auch die Menschheit erst Stadien der Unwissenheit und des Erwerbs von Wissen, technischen Fähigkeiten und institutionellen Strukturen durchlaufen, auf deren Grundlage die Lebensverhältnisse verbessert werden und ein weitergehender Fortschritt ermöglicht und erleichtert wird. Explizit parallelisiert Saint-Pierre dabei die Entwicklungsetappen der einzelnen Menschen mit denen der Menschheit insgesamt, des „progrèz de la Raizon du janre humain selon ses divers ages" mit dem „progrèz de chaque homme en particulier selon ses divers ages" (ebd., 270).[13] Zwischen diesen beiden Bildungsprozessen erkennt Saint-Pierre allerdings den wesentlichen Unterschied, daß im Gegensatz zum Menschen der historische Entwicklungsprozeß der Gattung potentiell unendlich und nicht der zyklischen Struktur der Natur unterworfen ist, in der auf Wachstum und Blüte stets Niedergang und Tod folgt. Während die einzelne „machine humaine" sterblich und vergänglich sei, gelte dies nicht für den allgemeinen „esprit humain": „le janre humain, êtant immortel par la succession perpétuèle & infini, se trouve au bout de dix mile ans plus propre à croître facilement en Sajesse, en Raison & en bonheur, que s'il n'étoit agé que de quatre mile ans" (ebd., 275).[14]

---

13 Saint-Pierre greift hier Gedanken aus Pascals Einleitung zum *Traité du vide* auf und entwickelt sie weiter. Saint-Pierre hatte sich mit Pascals Schriften schon seit den achtziger Jahren des 17. Jahrhunderts befaßt (vgl. *Ouvr.* XII. 87; s.a. ebd., 286ff., XV. 93ff., XVI. 267ff.) und erklärt, er schätze „la grandeur de l'esprit de Pascal" als „plus grand esprit, plus grand genie que n'ont eté Descartes, Newton, Leibnitz" (*Grans Esprits, Grans Genies.* Ms. Caen, Doss. VII, 3). Auch Pascal hatte in allem, was innerhalb der Erkenntnis nicht auf Offenbarung, sondern auf Vernunft und Erfahrung gründet, auf die Kontinuität des Wachstums des menschlichen Geistes und Wissens gesetzt „sa fécondité inepuisable produit continuellement, et ses inventions peuvent estre tout ensemble sans fin et sans interruption" (Pascal 1647: 132). Wie Saint-Pierre bereits Pascal die Entwicklungsstadien der Menschheit insgesamt mit denen des Individuums verglichen und daraus gefolgert, daß sich die vermeintlichen „Alten" realiter in der Kindheit der Menschheit befanden und ein falscher Respekt ihnen gegenüber deplaziert sei (vgl. ebd., 138-141).
14 Deshalb geht Hannah Arendts Versuch, in dieser Parallelisierung – wie sie schon Pascal vertreten hatte (vgl. Anm. 13) – einen Denkfehler erkennen zu wollen, am Kern des Problems vorbei („Wenn die Menschheit eine Kindheit kennt, dann kann sie dem Alter nicht entgehen, auf den biologischen Aufstieg folgt unweigerlich ein Abstieg; die Fortschrittsideologie ist denn auch [...] immer von einer Untergangsideologie begleitet gewesen"; Arendt 1970: 29). Arendt unterstellt Pascal und seinen Nachfolgern eine Naturalisierung der Geschichtsphilosophie, die keineswegs zwingend ist, da zumindest im Falle Saint-Pierres deutlich wird, daß es auch ganz im Gegenteil um die Folgerungen gehen kann, die sich aus der Möglichkeit der Menschen ergeben, Geschichte praktisch zu gestalten und sich aus den Zwängen naturhafter Verstrickungen zu lösen; – ganz gleich, in welchem Maße man Weg und Ziel für richtig und geeignet halten mag.

Saint-Pierre entwirft in seiner geschichtsphilosophischen Transformierung der *Querelle des anciens et des modernes* eine Konzeption, die sowohl auf eine konsequente Historisierung der Leistungen der jeweiligen individuellen und kollektiven Akteure hinausläuft als auch auf ihre Würdigung und Bewertung im jeweiligen historischen und kulturellen Kontext einerseits[15], sowie im Hinblick auf die Bedeutung, die sie für die Weiterentwicklung der Menschheit im ganzen gehabt haben, andererseits.[16] Dieses Bewußtsein über den geschichtlichen Charakter des jeweils erreichten Grades vernunftgemäßer Erkenntnisse führt Saint-Pierre schließlich jedoch auch dazu, den nunmehr erreichten Stand des Wissens über Natur und Gesellschaft nicht zu hypostasieren. Wie das Wissen der Vergangenheit, so sei auch das gegenwärtig erreichte nur eine Zwischenetappe, die durch die künftig möglichen Erkenntnisfortschritte überholt und „dans l'oubli", d.h. als weitgehend anonyme Voraussetzung in den dann weiter fortgeschrittenen Erkenntnisprozeß eingehen werde (Ms. Neuchâtel, R 175, 10-11). Die *Querelle* wird zum historischen Dauerphänomen, da die Fortschritte der praktisch werdenden Vernunft in der Moderne die je neuesten Entwicklungen bald wieder einholen und dem ‚Alten', ‚Überholten', nicht länger Nützlichen zuschlagen, denn, wie Saint-

---

15 Was die historischen Akteure anbetrifft, so ist bemerkenswert, daß Saint-Pierre zwar einerseits die Lehre von der überragenden Bedeutung der *Grands hommes* in der Geschichte vertritt, andererseits aber auch schon diese personalisierende Perspektive auf gesellschaftliche Entwicklungsprozesse hinter sich läßt und die anonymen, kollektiv erreichten Fortschritte noch höher einschätzt, sofern sie eine breitere gesellschaftliche Wirkung erzielten und das Leben der Menschen dauerhaft veränderten. Die Entwicklung des Buchdrucks etwa könne, obwohl sie von mittelmäßigen Geistern im Laufe der Zeit bewerkstelligt worden sei, „valoir cent fois davantage que tout ce que feu M. Leibnitz aleman et feu M. Neuton anglois trèz grans fiziciens, trèz grans Geometres ont inventé de plus utile Et publié dans leurs livres pour augmenter le bonheur de la Societé humaine, parce que le publiq tirera cent fois plus d'utilité de l'art de l'imprimerie que des Ecrits merveilleux de feu M. Leibnitz et de feu M. Neuton" (Ms. Rouen, 948, 976f.).

16 Deshalb besteht für Saint-Pierre die Bedeutung der Werke der *Anciens* nicht nur darin, daß sie die unerläßliche Grundlage sind, die es den nachfolgenden Generationen überhaupt erst ermöglicht hat, auf die inzwischen erreichte Stufe theoretischen und praktischen Wissens zu gelangen. Darüber hinaus halten sie als „monumens historiques du progrèz de la Raison humaine" (*Ouvr.* II. 263) auch das Bewußtsein über die bisher vollbrachten und damit auch für die Möglichkeit weiterer Leistungen wach. Und schließlich können die Werke der antiken Klassiker seiner Auffassung nach durchaus noch als Instrumente der politischen und moralischen Belehrung dienen. Da Saint-Pierre einerseits von der grundsätzlichen Gleichheit der Menschen hinsichtlich ihrer kognitiven und technischen Fähigkeiten ausgeht, andererseits den historischen Prozeß und die gesellschaftlichen Verhältnisse als solche betrachtet, die von kausalmechanischen Gesetzmäßigkeiten und Beziehungen bestimmt werden, ist es möglich, einmal festgestellte Kausalitäten in den gesellschaftlichen Einrichtungen wie auch im menschlichen Handeln festzuhalten und den Menschen zu Bewußtsein zu bringen, damit sie aus den bisherigen Erfahrungen lernen und vermeiden können, einmal gemachte Fehler zu wiederholen. Deshalb plädiert Saint-Pierre dafür, die in diesem Sinne als Träger allgemeingültiger Wahrheiten fungierenden Werke der Antike zu überarbeiten und in dieser Form zu verbreiten, wie er es selbst beispielhaft mit den Lebensbeschreibungen Plutarchs versuchte (vgl. *Ouvr.* XIV. 168ff.; Ms. Caen, Dossier III. 5).

Pierre kategorisch erklärt: „il est de la nature du meilleur, qui est nouveau, d'anéantir le moins bon, qui est ancien"(*Ouvr.* II. 248).[17]

III. Die praktische Dimension von Wissenschaft, Aufklärung und Kritik

Saint-Pierres Bestimmung der Begriffe, Aufgaben und Ziele von Philosophie und Wissenschaft und ihre Situierung innerhalb der Idee eines universalhistorischen Fortschritts der Vernunft, wie er sie in Entgegensetzung zu den Positionen der *anciens* vornimmt, ist keinem primär philosophischen Interesse geschuldet, sondern gehorcht von Anfang an einem praktisch gerichteten, aufklärerischen Impetus, der die Sphäre philosophischer Grundlagenreflexion schnell – oft leider allzu schnell – hinter sich läßt. Ihn treibt nicht das Interesse an den Positionen der *anciens* als solchen,[18] sondern das Bild, das er von ihnen zeichnet, ist vor allem als Konstrukt, als Negativfolie zu sehen und insofern nur von instrumentellem Wert, da auf diese Weise die geistigen und materiellen Faktoren aufgezeigt werden, die die weitere gesellschaftliche Entwicklung fördern oder behindern können. Die Betrachtung des Alten dient dazu, sich der seither vollzogenen Fortschritte sowohl in methodischer wie in inhaltlicher Hinsicht bewußtzuwerden, so daß der falsche, hinderliche Respekt vor ihm abgelegt werden kann (Ms. Neuchâtel, R 215, 3): „l'Evidence de ce progrèz nous aidera a sortir du grand respect pour lèz lumieres dez anciens, respect, qui est souvent un grand obstacle au progrèz de la raison." Entscheidend für die weitere Entwicklung ist somit ein prinzipiell kritisches Verhältnis zur Tradition und zu den überkommenen Autoritäten, deren Geltung nicht länger durch sie selbst gesichert ist. Folglich respektiere er auch nur, so schreibt Saint-Pierre 1698 in einem Brief, „dans les anciens [...] ce qu'ils nous prézantent de raizonable" (*Ouvr.* XVI. 175).

Die Kritik an den *anciens* ist – ganz im Sinne von Kondylis' Bestimmung des Charakters der Genesis aufklärerischen Denkens im neuzeitlichen Rationalismus (Kondylis 1986: 20ff. u.ö.) – die polemische Gestalt, in der

---

17 Daß er die eigenen Positionen davon nicht ausnimmt, illustrieren eindringlich seine stakkatoartigen Versicherungen in den *Observasions sur le Testament Politique du Cardinal de Richelieu*, in denen er jeden Abschnitt mit der Beteuerung beschließt, daß seine zuweilen scharfe Kritik an Richelieu dem Umstand geschuldet sei, daß er auf die Erfahrung der 100 Jahre zurückgreifen könne, die vergangen seien, seit dieser geschrieben habe. Nach weiteren hundert Jahren würden "les Filozofes politiques mes Successeurs" seine Fehler und Versäumnisse gewiß ebenso geißeln (vgl. etwa *Ouvr.* XVI. 19, 22, 25, 44 u.ö.).
18 Dabei hätte eine solche Beschäftigung durchaus seiner oben skizzierten Forderung eines jeweils historisch und kulturell zu situierenden Verständnisses von Werken der Vergangenheit entsprochen.

sich das Neue in strikter Abgrenzung vom überkommenen ‚Alten' zu bestimmen sucht. Dies gilt bei Saint-Pierre, der vornehmlich an der Zukunft, d.h. an der Frage nach dem wissenschaftlich, technisch und institutionell Machbaren interessiert ist, in doppelter Hinsicht. Zum einen nämlich propagiert er eine radikale Neubestimmung der Methoden und der generellen Aufgabenstellung von Philosophie und Wissenschaft in der zeitgenössischen Gesellschaft. Damit überschreitet er zum anderen die wissenschaftsimmanente Dimension: seine Kritik an den *anciens* wendet sich der Sache nach gegen die herrschenden Zustände in Wissenschaft und Gesellschaft im Frankreich und gesamten Europa der Jahrzehnte vor und nach der Wende zum 18. Jahrhundert. Saint-Pierres Bestimmung von Philosophie, Wissenschaft und Geschichte transportiert mithin eine entschiedene Kritik an den bestehenden gesellschaftlichen und politischen Verhältnissen mitsamt der überkommenen, bis dato als unhinterfragbar geltenden Strukturen und Vorstellungen des Alltags- wie des wissenschaftlichen Bewußtseins, die sie prägen, legitimieren und bisher aufrechterhalten haben. Erkenntnis-, Wissenschafts- und Gesellschaftskritik gehen bei ihm eine unmittelbare Verbindung ein.

Mit seiner Kritik an politischem und religiösem Fanatismus, Aberglauben, Traditionen und Vorurteilen sowie der Forderung, sie der Überprüfung durch die vernünftige Einsicht zu unterwerfen und nichts mehr für wahr zu halten, was nicht durch die eigene Vernunft und Erfahrung bestätigt wird,[19] vollzieht er, worauf noch näher einzugehen sein wird, einen kaum verhüllten Angriff auf die Strategien, mit denen die in Politik, Gesellschaft und Kirche etablierten Strukturen – und die darin enthaltenen Herrschaftsinteressen – gerechtfertigt wurden. Dementsprechend ist für Saint-Pierre die tatsächliche Bedeutung des im 17. Jahrhundert neu entwickelten Verständnisses von Philosophie und Wissenschaft in ihrer möglichen Anwendung auf die praktischen Probleme und Entwicklungen des gesellschaftlichen und individuellen Lebens zu sehen. Erst die konsequente Anwendung der „lumieres de la raizon" könne dazu führen, daß die Menschen ihre Urteile und Einsichten „sans le secours d'aucun autorizianisme, d'aucun fanatisme" treffen (Ms. Rouen 948, 537 bzw. 950, 583). Saint-Pierre beruft sich dabei auf die Methode Descartes', der gelehrt habe „a ne plus nous soumètre en rien à l'autorité humaine" (ebd. 948, 990), sondern von der eigenen Fähigkeit vernünftiger Einsicht und Erfahrung Gebrauch zu machen. Descartes „nous a apris à ouvrir les yeux & à en faire usaje", und hierdurch werde das scholastische Verfahren durchbrochen, bei dem durch die Berufung auf die Alten und die Auslegung ihrer Schriften alle neuen, das traditionelle Weltbild gefährdenden Erkenntnisse ausgeschlossen worden seien.

---

19 Der Erkenntnisfortschritt bemißt sich für Saint-Pierre „par l'augmantasion du nombre des démonstrasions spéculatives, soit d'ancienes véritez inportantes qui n'avoient été qu'indiquées par les Anciens, soit par l'augmentasion du nombre des nouvèles véritez inportantes non seulemant indiquées, mais ancore démontrées" (*Ouvr.* XI. 277f.).

Da Saint-Pierre die Forderung nach Aufklärung und rationaler Begründbarkeit über (natur-)wissenschaftliche, philosophische oder theologische Fragen hinaus für alle Sphären menschlichen Handelns erhebt, kommt den Versuchen, die Möglichkeit und die Notwendigkeit einer grundlegenden Reform der politischen und gesellschaftlichen Strukturen aufzuzeigen, innerhalb seines Werkes ein zentraler Stellenwert zu. Seine politischen Konzeptionen basieren unmittelbar auf seinem Verständnis der Möglichkeit eines prinzipiell uneingeschränkten historischen Fortschritts und der Bedeutung der methodischen Prinzipien, wie sie zu den Entdeckungen der modernen Naturwissenschaften geführt haben. Die bisherigen, 'unaufgeklärten' Verhältnisse sieht er davon bestimmt, daß die Menschen von ihren Leidenschaften, Vorurteilen und falschen Einsichten geleitet werden und unhinterfragbar geltenden Autoritäten und Traditionen folgen. Dem setzt Saint-Pierre das Verfahren rationaler Überprüfung und Rechtfertigung aller Handlungsmotive und -optionen, aller gesellschaftlichen und politischen Traditionen, Einrichtungen und Herrschaftsformen entgegen. Ihren Maßstab hat diese Prüfung in der Frage, inwiefern sie dem Ziel förderlich sind, zur Verwirklichung des Glücks, der Sicherung von Freiheit, Leben und Eigentum der Bürger beizutragen. Hier liegt der Kern des Vernunftbegriffs, den Saint-Pierre dem irrationalen, weil das Glück – *le bonheur, la bienfaisance, la justice*[20] – von Individuen und Gesellschaft nicht oder nur in unangemessener Weise ins Kalkül ziehende Denken und Handeln in Vergangenheit und Gegenwart kritisch entgegenhält. Maßstab für die Prüfung der Vernünftigkeit der politisch-gesellschaftlichen Einrichtungen und aller das Leben prägenden Verhältnisse sind für ihn „des plaisirs, des maux plus grans, plus durables & qui regardent un plus grans nombre de familles" (*Ouvr.* II. 244).[21] Die aufgeklärten Wissenschaften haben für Saint-Pierre folglich nicht nur die alten Strukturen, Erkenntnisse und Institutionen zu kritisieren und neu zu entwerfen, sondern sie müssen darüber hinaus auch die Standards und die Schemata der Vergleichbarkeit produzieren, denen sich nicht nur die gesellschaftlichen Handlungen und Einrichtungen zu unterwerfen haben, sondern auch die Wissenschaften in ihren Inhalten und Zielbestimmungen selbst.

Saint-Pierre hebt somit die in der *Querelle des anciens et des modernes* einsetzende Differenzierung eines spezifisch neuen, modernen, in der Opposition zum bislang vorherrschenden, sich auf die Autorität der Alten berufenden Bildes der Natur, der Gesellschaft und des Menschen auf eine neue Stufe,

---

20 So die stets wiederkehrenden Bezeichnungen Saint-Pierres für die obersten Ziele und Inhalte vernunftgemäßen Denkens und Handelns.
21 In Saint-Pierre, dem es immer auch um „the securing of greater, more enduring material or personal gains" geht (Carter 1987: 142), hat Kingsley (1929: 61) also mit Recht „perhaps the first systematic Utilitarian" und Vorläufer Benthams erkannt, wie Keohane (1980: 365) in ihm „one of the most thorough-going utilitarians who ever lived" sieht (vgl. auch Molinari 1857: 22).

indem er die Konsequenzen aus der progressiven Geschichtsauffassung und dem an empirischer Überprüfbarkeit und praktischer Nützlichkeit ausgerichteten Vernunftbegriff zieht und seine Anwendung auf die Gesamtheit der menschlichen und gesellschaftlichen Verhältnisse fordert. Das Medium dieses Praktischwerdens der aufgeklärten Vernunft aber ist für Saint-Pierre vor allem die *Politik*.

IV. Politik zwischen Wissenschaft und Staat

Es ist die Form einer rationalen *science politique* oder *science du Gouvernement*, die für Saint-Pierre den Kulminationspunkt bildet, auf den die gesamten Errungenschaften der wissenschaftlichen Entwicklungen der vorangegangenen Jahrzehnte seit der cartesischen Revolutionierung des wissenschaftlichen Denkens hinauslaufen und an dem sie ihren praktischen Probierstein finden. Er geht dabei von einem Begriff von Politik aus, der sich von der Tradition des antiken und mittelalterlichen Politikverständnisses auf spezifische Weise unterscheidet und Politik nicht mehr auf die Realisierung einer inhaltlich bestimmten, aus einer vorgegebenen transzendenten Ordnung der Natur, des Kosmos oder Gottes abgeleiteten Ontologie zu verpflichten sucht (vgl. Welzel 1962). Politik wird bei Saint-Pierre, so könnte man in einer ersten Annäherung festhalten, als das zentrale gesellschaftliche Verfahren der Bestimmung, Einrichtung, Regulierung und Aufrechterhaltung der Staatsmaschine verstanden, deren Funktionen auf die angemessene Bestimmung ihrer Zwecke und Mittel und ihres Verhältnisses zueinander zu organisieren sind. Ihren Zweck wiederum findet sie in einer solchen Organisation des gesellschaftlichen Lebens, die jedem Individuum die Möglichkeit der freien Interessenverfolgung sichert, woraus dann das größtmögliche Wohl der größtmöglichen Zahl der Gesellschaftsmitglieder resultieren soll. Politik und Wissenschaft gehen in diesem Zusammenhang bei Saint-Pierre eine Beziehung ein, wie sie für die weitere Entwicklung der bürgerlichen Gesellschaft und ihres Mechanismus der politischen Integration der Gesellschaft prägend sein wird. Dies gilt in mehrfacher Hinsicht, und zwar im Hinblick auf das Verständnis von *Politik als Wissenschaft* (4.1), zudem aber auch hinsichtlich des für die Neuzeit typischen Phänomens der *Verwissenschaftlichung der Politik* selbst, und zwar in ihren Grundlagen (4.2) wie auch in ihren institutionellen Formen und Verfahren (4.3).

IV.1 Politische Wissenschaft als Schlüsselwissenschaft der Moderne

Die Art und Weise, in der Saint-Pierre die politische Wissenschaft einführt und bestimmt, verleiht ihr gleichsam die Form und Funktion einer Art von 'Superwissenschaft' der Moderne:

„L'Art de bien gouverner, ou si l'on veut la Politique, est une Sience sans comparaison plus utile à l'augmentation des biens & à la diminuation des maux de la Societé humaine qu'aucune autre Sience particuliere & même que toutes ces Siences ensemble, parce qu'elle embrasse toutes ces Siences entant qu'elles sont utiles tant pour l'augmentation du bonheur des hommes dans cète premiere vie, que pour augmenter leur esperance d'une immortalité hureuze" (*Ouvr*. III. 4.)

Saint-Pierre ist vielleicht der erste, der in dieser Schärfe die politische Umsetzung des aufklärerischen und innovativen Potentials der neuen wissenschaftlichen Methoden nicht nur fordert, sondern nachgerade zur ureigensten Bestimmung ihres Wertes erhebt. Der Form nach scheint diese Position zunächst eine Wiederbelebung zentraler Bestimmungen der traditionellen aristotelischen Konzeption von politischer Wissenschaft zu bedeuten, denn auch in dieser bildete die Politik die wichtigste und oberste Wissenschaft, „die sich der übrigen Künste als Mittel bedient und dazu noch gesetzgeberisch bestimmt, was zu tun und was zu lassen sei, [... und] ihr Endziel [umfaßt] die Ziele aller anderen und dieses ihr Ziel ist daher für den Menschen das oberste Gut" (Aristoteles 1956: 1094 a/b). In seiner philosophischen Begründung, in seinen praktisch-politischen Zielsetzungen und politisch-institutionellen Verfahren und Mechanismen unterscheidet sich Saint-Pierres Auffassung jedoch substantiell von dem, was in der aristotelischen Lehre unter Staat, Politik und ‚gutem Leben' verstanden wird. Jeder Bezug zur Verwirklichung einer an sich guten, ihren Zweck jenseits der Individuen und der Realisierung ihrer Interessen findenden Ordnung wird bei Saint-Pierre abgeschnitten; rationale Begründung von Institutionen und Verfahren bedeutet ihre Rückführung auf die berechenbaren Maßverhältnisse gesellschaftlichen und individuellen Wohlstands.

In Saint-Pierres Konzeption findet das neuzeitliche, aus den Naturwissenschaften stammende Ideal der klaren und einsichtigen Erkenntnis in der Politik ihren vornehmsten Gegenstand und Zweck. Die Einrichtungen, Verfahren und Regelungen, die für das Handeln der Menschen verbindlich sein sollen, dürfen nicht mehr einfach Traditionen, göttlichen Geboten oder ähnlichen, rational nicht erfaßbaren Quellen entspringen und unhinterfragbar Anerkennung beanspruchen, sondern sie müssen durch die Prinzipien von Vernunft und Erfahrung begründet werden – „avec le secours de la raizon seule et sans le secours d'aucun autorizianisme, d'aucun fanatisme" (Ms. Rouen 950, 583) – , so daß ihnen jeder Vernunftbegabte bei angemessener Prüfung beipflichten können muß. Methodisch wendet sich Saint-Pierre gegen jede

Form von Überzeugungen, die auf Tradition, Autorität oder den schönen Schein rhetorischer Überredungskunst setzen (*Ouvr.* VII. 198) und nicht auf die wissenschaftliche Demonstration im Sinne der „metode geometrique, qui de toutes les metodes est la plus convaincante pour les esprits qui font uzage de leur raizon" (ebd., VII. 194f.). Im Unterschied zur wissenschaftlichen Diskussion vor Descartes, aber auch zeitgenössischer Autoren, lasse sie sich nicht von historischer oder faktischer Autorität blenden, sondern verlange „des preuves tirées du sujet": „il faut savoir si ce qui a eté fait a été bien fait; si ce qui a eté dit a eté bien dit" (ebd., VI. 124). Während sich „une politique assez superficiel" mit der Sammlung und Verarbeitung der mannigfachen „faits de Politique" zufriedengibt, folgt „un politique [...] profond" zum einen in methodischer Hinsicht den Geboten der geometrischen Darstellung, die ihre Prinzipien und Gründe aufführt und entwickelt, die Vor- und Nachteile klar abwägt und sie nicht hinter eingängigen Wendungen versteckt; und zum anderen befaßt sie sich in inhaltlicher Hinsicht mit „la matiere la plus inportante au bonheur publiq", gibt sich also nicht mit der vorgegebenen Ordnung der Dinge zufrieden (ebd., VI. 124f.).

Indem die Wissenschaft von der Politik auf die Verwirklichung des größtmöglichen Nutzens für Individuen und Gesellschaft abzielt, wird mit ihr, so das Credo Saint-Pierres, der höchste Punkt des modernen Denkens erreicht. Dies drückt sich in der Stellung aus, die er ihr im Verhältnis zu den anderen Wissenschaftsbereichen zuerkennt, ist sie doch wesentlich Summe und Bündelung all dessen, was in ihnen an neuen Erkenntnissen erzeugt wird.[22] Die Politik ist es, die die einzelnen Wissenschaften anleitet und reguliert, ihre Resultate aufgreift, organisiert und darauf hinwirkt, daß die Allgemeinheit von ihnen profitieren kann. Saint-Pierre plädiert mithin für eine „idée de politique complette" und bestimmt sie als „une siance, un art qui embrasse toutes les autres siances et tous les autres arts et les met en euvre pour la plus grande utilité publique; ainsi c'est la siance et l'art le plus inportant pour augmanter et multiplier les biens et pour diminuer les maux non seulemant de la premiere vie, mais aussi de la segonde vie".[23] Damit ist die

---

22 „Tous les arts & toutes les Sianses font partie de la politique" (*Ouvr.* XI. 314). In diesem Sinne exemplarisch sind etwa Saint-Pierres Aussagen zum Verhältnis von „sience du Gouvernement" und „la sience du Droit publiq" (*Ouvr.* VII. 276-278).

23 Saint-Pierre, *Idée de politique complette* (Ms. Neuchâtel, R 188, 1). – Diese Rede von den Folgen des individuellen Handelns für das „segonde vie" verweist auf Saint-Pierres theologische Positionen, auf die hier nicht näher eingegangen werden kann. Es sei nur soviel gesagt, daß er jede weltabgewandte Religion ablehnt und den wahren Gottesdienst einzig und allein in der beharrlichen Arbeit für die Verbesserung des Lebens im Diesseits erblickt. Somit ist auch die Betonung des Wertes von Religion und positiver Folgen irdischen Handelns für das jenseitige Leben funktional auf die Verbesserung des Lebens im Hier und Jetzt bezogen. Saint-Pierre, so faßt es Keohane (1980: 367) prägnant zusammen, „said that what is important about God is not whether his existence can be demonstrated, but how extraordinarily handy it is that man should believe in Him". Entsprechend radikal sind die theologischen und kirchenreformerischen Forderungen Saint-Pierres: alle religiösen Streitfragen,

Science politique mehr als eine Tätigkeit der Sammlung, Vermittlung und Anwendung der Resultate fortschreitender wissenschaftlicher Erkenntnisse, wodurch sie eine bloße Hilfswissenschaft und folglich den anderen nachgeordnet wäre. Die Wissenschaft von der Politik wird gleichsam in den Rang einer 'Königswissenschaft' erhoben, die den anderen das Urteil spricht und Wert und Bedeutung der einzelnen Wissenschaftsbereiche und -fortschritte abwägt (*Ouvr.* VI. 312): „C'est elle qui met le véritable prix aux autres Conoissances."

Nur die politische, d.h. für die Allgemeinheit verwertbare Nützlichkeit hinsichtlich einer spürbaren Steigerung des Wohls und Verringerung der Übel für Individuen und Gesellschaft kann die wissenschaftlichen Anstrengungen in Saint-Pierres Augen rechtfertigen.[24] Dieses Kriterium der Utilität führt dazu, daß er die Politik und nicht etwa die Moral zur Leitwissenschaft erhebt, da nur die politisch-institutionellen Verfahren geeignet sind, allgemein, verbindlich und auf Dauer die gesellschaftlichen Verhältnisse zu verbessern. Obgleich Saint-Pierre seine eigenen Werke selbst in politische und moralische unterteilt und somit den moralischen Reflexionen einen außerordentlich hohen Stellenwert einräumt, hat er sehr früh bereits die systematische Unterordnung der Moral unter die Politik vertreten. So schreibt er 1697 (*Ouvr.* XVI. 172):

„Si je m'attache davantage à la Politique qu'à la Morale, c'est que je suis persuadé que les moindres découvertes que je pourois faire dans la Politique seroient d'une bien plus grande utilité pour le bonheur des hommes, que les plus belles spéculasions de Morale que je pourois faire."

Deutlich überwiegt der kalkulierende Blick auf den berechenbaren Nutzeffekt, und dieser spricht nach Saint-Pierre eindeutig für die Politik, und zwar nicht nur in quantitativer Hinsicht, sondern vor allem im Hinblick auf die Qualität ihrer Umsetzung und Verbreitung. Bei moralischen Traktaten und Interventionsversuchen nämlich ist die Zahl der Adressaten und die Sicher-

---

die das äußere Handeln betreffen und den gesellschaftlichen Frieden stören könnten, müssen durch „*la simple Police Civile & du Gouvernement Seculier*" beendet werden (*Ouvr.* V. 150; vgl. V. 158, 168); die Abhängigkeit nationaler kirchlicher Einrichtungen von äußeren Mächten (wie dem Papst) ist ebenso aufzuheben wie das Zölibat oder das Klosterwesen, das zahlreiche Menschen dauerhaft gesellschaftlich nützlicher Tätigkeiten entzieht (vgl. u.a. *Ouvr.* II. 150ff., V. 67ff., XI. 5ff).

24 Er scheut sich auch nicht, die komplementäre Kritik am seines Erachtens mangelhaften politisch-praktischen Denken der modernen Philosophie und Wissenschaft unmittelbar an den Adressaten zu bringen. Wie er Descartes oder Newton dafür kritisiert, daß sie sich nicht den wirklich wichtigen Wissenschaften zugewendet haben – v.a. der Politik –, so erspart er diesen Tadel auch Leibniz nicht, an den er 1716 schreibt (Saint-Pierre 1995: 69): „J'achève un mémoire politique où j'ai eu l'occasion de parler de M. Descartes et de regretter qu'il ne se soit pas appliqué uniquement à la politique plutôt qu'à la physique, à la Géometrie et à la métaphysique. Mais ce même regret me prend toutes les fois que je songe à M. le Baron de Leibniz par la comparaison que je fais dans ce mémoire de l'utilité du progrès de la politique à l'utilité du progrès des autres sciences."

heit, daß sie sie – richtig – verstehen, ebenso gering zu veranschlagen und so ungewiß wie die Hoffnung, durch sie zu einschneidenden Verhaltensänderungen zu kommen, die sich nicht nur individuell, sondern auch gesellschaftlich bemerkbar machen. Demgegenüber ist es die Politik, die das gesellschaftliche Handeln durch allgemeine Gesetze, die „les fondemens de toute Societé" und „les regles de la conduite des membres de ce Corps" bilden (*Ouvr.* II. 247 u. VI. 33), so reguliert, daß es einerseits in relativ friedlichen Bahnen verläuft – insofern nämlich die bei Zuwiderhandeln angedrohten gesetzlichen Sanktionen als größeres Übel erscheinen als der möglicherweise durch es zu erzielende Vorteil (vgl. auch Dietze 1914: 23ff.). Andererseits ist auf diesem Wege der Gesellschaft diejenige Gesamtstruktur und Entwicklungsrichtung zu verleihen, durch die die Realisierung des als vernünftig und möglich erkannten Fortschritts zu gewährleisten ist.

„Il y a une grande diference entre un projet, qui tend a former des Reglemens utiles pour augmenter la Justice et la bienfaisance [et] un discours de morale qui tend a la même chose. [...] Un bon discours de morale ne peut toucher et inspirer de sentimens de crainte et d'Esperance qu'a celui qui le lit, c'est a dire un contre mille qui ne le lisent point, au lieu que le bon Reglement instruit, ebranle, excite tout le monde a la Justice et a la bienfaisanze." (Ms. Neuchâtel, R 262: 45f.).

Dieser Bestimmung von *Politik als* einer *Wissenschaft*, die nicht bloß eine spezifische Form der Vernunft in der Moderne, sondern *die* ausgezeichnete Form ihrer Selbsterkenntnis und praktischen Verwirklichung ist, korreliert bei Saint-Pierre – und dies ist die zweite Seite der oben angesprochenen Relation von Politik und Wissenschaft – eine entschiedene Forderung nach der *Verwissenschaftlichung der Politik* sowohl in ihrer Begründung (4.2) wie auch in ihrer im Staat zentrierten Praxis (4.3).

IV.2 Zur naturrechtlichen Fundierung politischer Wissenschaft

Die Politik stellt in Saint-Pierres Augen, so haben die bisherigen Ausführungen deutlich gemacht, diejenige gesellschaftliche Form dar, in der die Fortschritte, die durch die historischen und wissenschaftlichen Entwicklungen und Lernprozesse in technischer, materieller und sozialer Hinsicht erreichbar sind, so umgesetzt werden, daß sie den Nutzen und das Glück aller Gesellschaftsmitglieder befördern. Bedeutet dies einerseits die Anbindung der Wissenschaften an gesellschaftliche Nützlich- und Instrumentalisierbarkeit, so hat dies andererseits die Rationalisierung der entsprechenden gesellschaftlichen Verhältnisse zur Voraussetzung. Dies gilt insbesondere für den Staat, durch den nach Saint-Pierre alle politischen, für die Allgemeinheit verbindlichen und das gesellschaftliche Leben strukturierenden Regelungen festgelegt werden. Diese Bindung von Wissenschaft und Politik an den Staat bedeutet in der Konzeption Saint-Pierres jedoch nicht ihre Unterwerfung unter die ‚Staatsraison', sondern erfordert gerade umgekehrt, daß der Staat selbst erst zu rationalisieren ist. Wenn nämlich nur durch die Vermittlung des Staates die historisch möglich gewordenen Fortschritte verwirklicht und eine unvernünftig eingerichtete Gesellschaft radikal – und das heißt hier: rational – umgestaltet werden können soll, setzt dies voraus, daß der Staat selbst rational begründet und organisiert sein muß. Er muß die Prinzipien der Vernunft bereits in sich aufgenommen haben, um ihnen entsprechend handeln und sie gesellschaftlich verwirklichen zu können. Deshalb fordert Saint-Pierre nicht nur einen „nouveau plan de Gouvernement des Etats", sondern ein gänzlich neues „sistème de Politique" (*Ouvr.* VI. 312 u. 315), das die Grundlagen, Institutionen und Verfahren von Politik sowohl auf gesellschaftlicher wie auf internationaler Ebene neu bestimmt. Dies aber bedeutet nicht weniger als die Forderung einer vernunftrechtlichen Begründung von Staat, Politik und Gesellschaft.

Obgleich Saint-Pierre niemals eine umfassende Darstellung der Voraussetzungen und Grundlagen seiner Aussagen zur politischen Reformen und Einrichtungen geliefert hat, darf daraus nicht geschlossen werden, daß seine Forderung nach einem ‚sistème de Politique' eine leere Phrase gewesen ist. An mehreren Stellen seines Werkes finden sich Ausführungen, die zeigen, wie er – in der Tradition des neuzeitlichen naturrechtlichen Denkens stehend – die Notwendigkeit von Staat und Recht herleitet, woraus sich wiederum Zweck und Ziel staatlicher Herrschaft und somit die Bedingungen ihrer Legitimität bestimmen lassen. Methodisch gilt für ihn die Forderung, durch das Studium von „la nature de l'homme & l'origine de la société" zu den Grundlagen des gesellschaftlichen Zusammenlebens zu gelangen, „de s'instruire à fond des premiers principes de la Police":

„l'unique moyen de faire faire [...] la Police de chaque Etat un grand et solide progrès, c'est de suivre exactement les premiers principes qui l'ont fait naître, et de rapeler toûjours tout à ces premiers principes fondés sur la nature elle-même" (*Projet de paix*, III. xxiv und xxvii).

Der Grund für die Existenz des Staates ist nach Saint-Pierre das Interesse der Individuen an ihrer Selbsterhaltung, an der Vermeidung von Übeln und der Sicherung ihres Wohlstands und Eigentums.[25] Der Staat muß zwar, um seine Aufgaben erfüllen zu können, seiner faktischen Stärke nach den Individuen und der Gesellschaft gegenüber absolut sein, doch dies ist er nur, um als Mittel und Funktion ihrer Selbsterhaltung und freien Interessenverfolgung dienen zu können. Saint-Pierre rekurriert auf die Idee eines ursprünglichen Zustands zwischen den Menschen, in dem sie außerhalb der Institutionen eines politisch verfaßten Gemeinwesens leben.[26] Abweichend von der Traditi-

---

25 „Interèt de la conservation de leur vie, interèt de la conservation, & de l'augmentation de toutes leurs sortes de biens, interèt de la cessation ou de la diminuation de toutes leurs sortes de maux" (*Ouvr.* II. 108f.).

26 Diese Idee einer Begründung der Notwendigkeit von Recht und Staat durch die Konstruktion eines „status Hominum extra Societatem civilem" – so die Formulierung im Titel des er-

on, der er konzeptionell zugehört, nennt Saint-Pierre diesen Zustand nicht *Naturzustand*, sondern er bezeichnet ihn, seiner Funktion gemäß, negativ durch das Fehlen jener Attribute, die den staatlich konstituierten Rechtszustand kennzeichnen: es ist dies der „état *d'Impolice* & de *non Arbitrage*", der Zustand „de la *non Societé*". (*Projet de paix*, III. iv; III, viii u.ö.; vgl. auch *Ouvr.* II. 118). Wechselseitige Rechtsansprüche, Streitfälle oder die Auslegung und Einhaltung einmal getroffener Übereinkünfte bleiben in diesem Zustand stets prekär und bilden den Anlaß permanenter Konflikte. Letztlich setzt sich, solange keine allgemeine Instanz objektiver Rechtsbestimmung existiert, derjenige durch, der strukturell oder aktuell die größere Macht in Anschlag bringen und dessen ‚Recht' sich als das des Stärkeren behaupten und realisieren kann. Der außerstaatliche Zustand erweist sich so als Kriegszustand, als „état de Guerre", in dem sich alle Akteure mit allen anderen befinden (*Projet de paix*, III. 81). Der Grund dafür liegt zwar auch in den Leidenschaften der Menschen, in der Konkurrenz um knappe Güter oder in einem auf falscher Einsicht in die eigenen Interessen begründeten Handeln, doch primär ist der Kriegszustand Folge der Struktur des Zustands selbst und nur mit ihm insgesamt aufzuheben: er ist nicht durch moralische Appelle, sondern nur durch neue politisch-institutionelle Vergesellschaftungsformen dauerhaft zu beenden. Nur im staatlichen Zustand gibt es einklagbare Rechtsansprüche, deren Geltung nicht von der eigenen Stärke oder vom Wohlwollen der anderen abhängig ist.

„Les Juges decident entre deux Citoyens de quel côté est le droit, & avec l'autorité de leur Etat, qui vient de la grande superiorité de force, ils font executer la loi, & la font executer pour toujoûrs" (*Ouvr.* II. 116).

Ohne eine solche allgemeine Instanz der Rechtsprechung und -durchsetzung sind Rechte und Pflichten, die es für Saint-Pierre durchaus auch im Naturzustand gibt, rein subjektiv, d.h. alle anderen nicht verpflichtend. Solange jeder einzelne für sich selbst der einzige Richter darüber ist, was zu seiner Selbsterhaltung und zur Vermeidung gegenwärtigen oder künftigen Unglücks notwendig ist, ist jedes natürliche Recht „un droit inutile", das keinen anderen zur Anerkennung verpflichtet[27] (ebd., II. 117). Schließlich kann für den

---

sten Kapitels des Hobbesschen staatsrechtlichen Hauptwerks *De cive* – formuliert Saint-Pierre zuweilen, als handele es sich um einen historisch real vollzogenen Prozeß und nicht nur um eine rechtsbegründende Fiktion; so etwa in der ausführlichen Begründung der Aufhebung des Naturzustandes zwischen Individuen *und* zwischen Staaten, wie er im III. Band des *Projet de paix* (10-147 passim) darlegt. Ebenso sieht er diesen Zustand real existent als „la situation des petits Rois d'Affrique, des malheureux Caciques, ou des petits Souverains d'Amerique: telle est même jusqu'à present la situation de nos Souverains d'Europe" (ebd., I. 7). Dieser Hinweis auf die Situation ‚bei den Wilden' Amerikas oder im Verhältnis der souveränen Staaten untereinander ist ein Topos, der sich bei Hobbes (1651: XIII. 11, 187) oder Locke (1690: II. 14, 277) ebenso findet.

27 In diesem Argumentationszusammenhang verdeutlicht er plastisch diese bloße Subjektivität des Rechts im Naturzustand, die aufgrund der Universalität subjektiver Rechtsansprüche

einzelnen Akteur niemals Gewißheit darüber bestehen, ob nicht irgend ein beliebiger äußerer Gegenstand, wenn er von anderen angeeignet wird, negative Folgen für die eigene Selbsterhaltung haben kann. Solange also der Naturzustand andauert, besteht auch die „malheureuse nécessité", Macht und Mittel zu sichern und zu akkumulieren oder andere auch präventiv zu schwächen, um ihnen nicht irgendwann zu unterliegen (ebd., II. 117).

Es ist diese naturrechtliche Analyse der Situation, in der sich die Individuen unter Abstraktion von allgemeinen Institutionen befinden, aus der Saint-Pierre seine Folgerungen für die Grundlagen und Ziele politischer Einrichtungen und Verfahren zieht. Aus ihr folgt die Einsicht in die Realisierungsbedingungen des Rechts auf Selbsterhaltung und auf individuelles und gesellschaftliches Glück. Nur dann, wenn es alle Individuen übergreifende Institutionen der Setzung, Auslegung und Durchsetzung allgemeinen Rechts gibt, kann dem natürlichen Recht positive Geltung verschafft und die Herrschaft der Gewalt durch die des Gesetzes ersetzt werden.[28] Und genau dies ist der Zweck, zu dem der Staat eingerichtet wurde und dem er folglich auch in seinem Handeln verpflichtet ist: Er ist Resultat der Übereinkunft der Individuen, die ihn gründen und sich ihm unterwerfen, weil er ihrer vernünftigen Einsicht gemäß notwendige Voraussetzung und *Mittel* ihrer individuellen Interessenverfolgung und Glücksmaximierung ist.

„La crainte d'etre pis, l'esperance d'etre mieux. Tels sont les deux uniques ressorts qui ont poussé les familles a former entre elles quelque sorte de Societé [...], & tels sont les principes & les fondemens de toute Societé" (*Ouvr.* VI.12).[29]

Darin, daß Saint-Pierre diese Konsequenz nicht nur für die Individuen, sondern auch für die ‚internationale Gesellschaft' souveräner Staaten zieht, zeigt sich, worauf an dieser Stelle jedoch nur kurz hingewiesen werden kann,

---

dazu führt, daß sich jeder subjektive Rechtsanspruch objektiv nur zufällig und eben nicht aufgrund seines spezifischen Rechtscharakters Geltung verschaffen kann: „le droit qui n'est point decidé par des arbitres, ni soutenu par la grande superiorité de forces de ces arbitres, peut bien être un droit réel pour un des contestans, mais c'est un droit inutile pour lui s'il est moins puissant, tant que les contestans ne seront point en arbitrage permanent." Im Hinblick auf die internationalen Beziehungen formuliert Saint-Pierre diesen Umstand in *Projet de paix*, III. 115ff.

28 Auch Hobbes, der vermeintliche 'Erz-Positivist', hatte die Existenz natürlicher Gesetze im vorstaatlichen Zustand festgestellt (vgl. Hobbes 1647: Kap. 2-3), aber darauf hingewiesen, daß „ihre Innehaltung nur möglich ist, wenn es schon staatliche Gesetze und Zwangsgewalt gibt" (Hobbes 1658: 56). Ebenso ist es auch für Saint-Pierre erst die Existenz einer allgemeinen Staatsgewalt, die dafür sorgt, daß Rechtsansprüche eines einzelnen auch realisiert werden können, denn dadurch erst gilt, „que son droit est non seulement réel, mais que par le Jugement des Juges, & par la supériorité de leur force ce droit réel se change en possession réélle" (*Ouvr.* II. 105; vgl. Saint-Pierre 1912: 7).

29 Daß er hier unter ‚Societé' *politisch verfaßte* Gemeinwesen meint und nicht eine jede vorstaatliche Gesellschaftsform, zeigt seine Formulierung des ‚Gesellschaftsvertrags': vgl. ebd., 12f.

die bemerkenswerte Tiefenschärfe seines Begriffs von Politik. Als erster hat er die Logik der Beziehung von Natur aus freier und gleicher Individuen auf die Verhältnisse zwischen den im Entstehen begriffenen modernen Staaten übertragen, was ihn zu einer scharfen Kritik zeitgenössischer, bis heute tradierter politischer Konzepte geführt hat, die auf die pazifizierende Wirkung von Völkerrecht oder einer Politik des Gleichgewichts setzen (vgl. hier Asbach 1996: 150ff. u. Le Cour Grandmaison 1994: 12ff.). An ihre Stelle setzt er – und auch hier lassen sich zahlreiche aktuelle Anknüpfungspunkte aufwiesen – auf die Einrichtung einer internationalen Rechtsgemeinschaft, wie er sie in der Begründung einer *Union Européenne* nach dem Vorbild der föderalistischen Verfassungsstruktur des Alten Reichs – der *Union Germanique* – exemplarisch entwickelt und einfordert.[30] Somit hat der Staat im Rahmen seiner Aufgabe, die Existenz, den Rechtsfrieden und den individuellen und gesellschaftlichen Wohlstand und Fortschritt seiner Bürger zu gewährleisten, nach Saint-Pierre schließlich die Pflicht, sich selbst wieder in einer übergeordneten Rechtsgemeinschaft aufzuheben, um nicht aufgrund der Dynamik des internationalen Naturzustands selbst zur Ursache der Vereitelung des Zwecks zu werden, in dessen Realisierung der Staat seine vornehmste Aufgabe zu sehen habe.

IV.3 Politische Wissenschaft und die Rationalisierung staatlicher Herrschaft

Aus dieser naturrechtlichen Bestimmung der Grundlagen und Aufgaben politischer Gemeinwesen ergeben sich Forderungen, mit denen die politischen und gesellschaftlichen Verhältnisse, wie Saint-Pierre sie vorfindet, in keiner Weise in Übereinstimmung zu bringen waren. Durch die Reflexion auf die

---

30 Saint-Pierre entfaltet das Alte Reich als Modell ausführlich in *Projet de paix*, I. 60-121 (vgl. Asbach 2000). Daß es sich hierbei nicht nur um eine Mythologisierung des Alten Reichs handelt (Roche 1993: 269; Bély 1990: 699), sondern daß die Parallelisierung von Europäischer Union und Altem Reich auch gegenwärtig noch einige Evidenz hat, zeigen Evers (1994) und, noch weitergehend, Hartmann (1993), in dessen Augen das Alte Reich gar „für ein Europa der Regionen [...] eine Orientierung sein" soll. Interessant ist auch im Hinblick auf die institutionellen Vorschläge Saint-Pierres für eine internationale Rechtsgemeinschaft die Einschätzung Czempiels (1998: 116), daß selbst „die Gründung des Völkerbundes und die der Vereinten Nationen [...] nicht über die Konstruktion des Abbé hinausgegangen" sind. Und Bély (1990: 696ff.) zeigt detailliert, in welchem Maße das *Projet de paix* eine konzeptionell weit angelegte Verbindung von historischen und politischen Prozessen des beginnenden 18. Jahrhunderts und systematischer politischer und philosophischer Reflexionen ist und folgert: „Saint-Pierre pensait les relations internationales avec les concepts, les maximes, les préjugés des diplomates de son temps, même s'il s'efforçait de leur trouver une cohérence nouvelle. L'idée d'une ‚société des nations', qui instaurait la société civile comme modèle, était plus révolutionnaire qu'il n'y paraît" (Bély 1990: 751). Zu diesem Aspekt der Vermittlung philosophischer, historischer und politischer Elemente in der Darstellung geschichtlicher Prozesse vgl. jetzt Asbach (1999b).

rationalen Grundlagen des Staates einerseits und durch die spezifische Wissenschaft von der Politik andererseits zielt Saint-Pierre demzufolge auf eine grundlegende Neubestimmung von Staat und Politik. Eine zentrale Rolle kommt dabei der politischen Wissenschaft zu, der er einen systematischen Vorrang gegenüber dem (natur-)rechtlichen Verfahren zugesteht, da sie auf die Erkenntnis und die Umsetzung der Mittel zur Verwirklichung des Glücks und zur Vermeidung von Übeln für die Bürger und den Staat abzielt (vgl. Ouvr. VII. 276f., VI. 3f.). Die Aufgabe der politischen Wissenschaft besteht darin, die bestehenden Einrichtungen kritisch auf ihre Eignung, diese Ziele zu erreichen, zu überprüfen und zu ihrer Verbesserung bzw. Überwindung beizutragen. Die hiermit geforderte „etude continuelle [...] pour perfexionner les anciens etablisemans & pour en former de tout nouveaux" (*Ouvr.* XVI. 531) hat dabei hinsichtlich der Kritik der bestehenden Verhältnisse eine doppelte Stoßrichtung. Die im Werk Saint-Pierres entworfenen radikalen Veränderungen und Neuerungen betreffen zum einen den Staat und seine Einrichtungen, zum anderen zielen sie auf die Änderung der Verfaßtheit der Gesellschaft selbst, d.h. auf den *Gegenstand* und die sozialen *Voraussetzungen* des Handelns des Staates und seiner Verwaltung.

Was die Formen des Staates im engeren Sinne, d.h. des – modern gesprochen – politisch-administrativen Systems betrifft, fordert Saint-Pierre die Verwissenschaftlichung der Politik auf zwei Ebenen. Erstens müssen die staatlichen Einrichtungen und Verfahren so strukturiert sein, daß sie den wissenschaftlich und technisch möglichen Fortschritt wahrzunehmen und in politisches Handeln umzusetzen vermögen. Darüber hinaus müssen sie zweitens imstande sein, die Suche nach wissenschaftlichen Erkenntnissen, Entdeckungen und Erfindungen selbst schon zu initiieren und zu organisieren, um in die gesellschaftlichen Entwicklungen steuernd einzugreifen, sie prägen und in die als notwendig erachteten Bahnen lenken zu können.[31] Zu diesem Zweck fordert Saint-Pierre eine grundsätzliche Neuorganisation des gesamten Staatsapparates und skizziert die seines Erachtens hierzu notwendigen Institutionen für die sachgemäße Beratung und Entscheidung politischer Fragen. Dies beginnt mit der Forderung nach einer systematischen Ausbildung des Nachwuchses für die politischen, diplomatischen und bürokratischen Aufgaben. Saint-Pierre schlägt die Einrichtung einer *Academie politique* und von *Conferences politiques* vor, in denen diejenigen, die im Staatsdienst tätig sind oder sich auf ihn vorbereiten, die Bedingungen, Möglichkeiten und neuen Ideen für eine erfolgreiche Bewältigung der gesellschaftlichen Aufgaben des Staates erlernen, diskutieren und in den Gang des Regierungshandelns einbringen

---

31 Ziel dieser auf institutionelle und verfahrenstechnische Neuerungen ausgehenden „Sience du Gouvernement" ist es also, „[d']avoir, dans les Conseils des Princes & dans le Ministere, des Politiques incomparablement plus habiles & plus prudens, que ceux d'aujourdui; & pour faire inventer, en beaucoup moins de tems, plus de reglemens & d'etablisemens particuliers très inportans à l'augmentation du bonheur de la Societé" (*Ouvr.* VI. 313).

können.[32] In diesen Zusammenhang gehört auch seine Forderung nach der Institutionalisierung von Lehrstühlen für Politik – *'Professeurs de politique'* oder *'Chaires de Politique'* –, durch welche die für die rationale Gestaltung der staatlichen Politik erforderlichen Kompetenzen entwickelt und vermittelt werden könnten und die gleichsam als Scharnier und Vermittlungsinstanz zwischen Theorie und Praxis politischen Handelns fungieren sollen (*Ouvr.* VI. 333; vgl. auch VII. 17-28 u. VI. 24). Die Verfahren der Besetzung von Ämtern in Staat und Verwaltung müssen nach Auffassung Saint-Pierres vom herrschenden System der Patronage, des Ämterkaufs und vom Erblichkeitsprinzip befreit und unter rein fachlichen Gesichtspunkten der Qualifikation organisiert werden. Zu diesem Zweck will er das Verfahren des „scrutin perfectioné" angewandt sehen, bei dem eine jede neu zu besetzende Position nach dem Prinzip kollegialer Wahlen vergeben und nur dem fachlich Geeignetsten der Aufstieg ermöglicht werden soll. In allen öffentlichen Bereichen und auf allen Ebenen werden ‚*classes*' oder ‚*compagnies*' gebildet, die aus ihren Reihen die jeweils Fähigsten bestimmen, die in die nächsthöhere Klasse oder in jeweils vakante Positionen aufrücken. Schließlich regt Saint-Pierre ein System von Preisen, Wettbewerben und Belohnungen an, durch die innovative Geister angeregt werden sollen, Vorschläge für die Verbesserung der politischen und gesellschaftlichen Einrichtungen zu entwickeln (Saint-Pierre 1718: 74; *Projet de paix*, I. 224; *Ouvr.* VI. 333f.). Auf diese Weise wird den Bürgern zumindest prinzipiell die Möglichkeit eröffnet, nicht mehr nur Objekte staatlicher Verwaltung und Fürsorge zu sein, sondern selbst zu Akteuren des Prozesses der Bestimmung dieser Einrichtungen zu werden.[33]

Solche Lern- und Rationalisierungsprozesse des politischen Systems sind freilich nur denkbar und institutionell verbindlich umzusetzen, wenn die zentralen Instanzen und Verfahren staatlichen Handelns entsprechend eingerichtet werden. Wenn, wie Saint-Pierre es anstrebt, „la sience du Gouvernement [...] le flambeau du Gouvernement" sein soll (*Ouvr.*VII. 28), dann müssen die die neuzeitliche Wissenschaft kennzeichnenden Prinzipien ebenso in die Verfahren der politischen Entscheidungsfindung im Staatsapparat Eingang finden wie auch in die Verwaltung. Das heißt, der Zwang zur permanenten Selbst-Aufklärung über das eigene Tun, zur Begründungspflichtigkeit ihrer Aussagen durch Rückgang auf Vernunft und Erfahrung, zur Kritik unhinterfragte Traditionen, Autoritäten oder Ansprüche und zur Öffnung sowohl für Einwände als auch für neue Ideen soll Moment und Movens des politisch-ad-

---

32   Ausführlich hierzu Saint-Pierre (*Ouvr.* III. 4, 11ff., IV. 88-101, VI. 333ff. oder III. 83f.), wo er das System der *Academie politique* als Instrument der Selbstaufklärung von Monarch und Staatsbeamten hervorhebt, die dadurch zur beständigen Reflexion ihres Tuns, ihrer Maßnahmen und Möglichkeiten angehalten werden.

33   Auf den Zusammenhang, den Saint-Pierre bereits zwischen der republikanischen Form der Gemeinwesen, seiner Friedensorientierung und des ökonomischen und gesellschaftlichen Fortschritts erkennt (vgl. u.a. *Projet de paix*, I. 261ff.), kann an dieser Stelle nur aufmerksam gemacht werden; vgl. die Hinweise bei Le Cour Grandmaison (1994: 16ff.)

ministrativen Systems werden. Zu diesem Zweck schlägt er vor, das Regierungssystem auf der Grundlage von *Conseils*, d.h. kollegialer Gremien der Beratung durch nachweislich qualifizierte, man könnte sagen: professionell geschulte Räte und Beamte, neu zu organisieren. Er plädiert für die Institutionalisierung von Verfahren der offenen, streng an der Sache orientierten und von allen partikularen Interessen befreiten Diskussion und Beratung darüber, welches für den vernunftgemäß eingerichteten Staat die konkreten Ziele sind und die jeweils angemessenen Mittel, sie zu erreichen, damit das Gesamtziel des gesellschaftlichen Lebens und der Zweck des staatlichen Handelns erreicht werden können: die Verwirklichung „[de] *la plus grande utilité du plus grand nombre de familles*" bzw. „le bonheur publiq" (*Ouvr.* XVI. 531 u. VI. 315). Dabei tritt die Frage, wer letztlich die derart zustande gekommenen Entscheidungen ratifiziert – und damit die Frage von Staats- und Regierungsform –, in den Hintergrund, da das Funktionieren des Staates tendenziell dem einer rational organisierten Maschine ähnelt, die im allgemeinen Interesse der Bürger agiert.

„[...] la machine politique bien construite ayant une fois son mouvement elle agite d'elle-même, elle se fortifie elle-même, elle se dirige elle-même vers la plus grande utilité publique, l'Etat devient florissant par sa seule bone constitution, & voilà le sublime de la Politique" (*Ouvr.* III. 200).[34]

Prägnant hat Thomas E. Kaiser die generelle Stoßrichtung und das historisch Neue dieser Ideen Saint-Pierres zu einer Reorganisation des Systems gesellschaftlicher und politischer Herrschaft zusammengefaßt, als er sie unter die Begriffe von „depersonalization, enlightenment, and transparency" gebracht hat (vgl. Kaiser 1983: 629ff.). Unabhängig von der Person der Inhaber der jeweiligen staatlichen Positionen, aufgeklärt und nach für alle durchsichtigen und einsehbaren Prinzipien soll die staatliche Herrschaft nunmehr organisiert werden, an diesen Prinzipien und an ihrem Bezug auf das *bien publiq* allerdings muß sie sich auch messen lassen. Nimmt man nämlich die Vorschläge, die Saint-Pierre zur Reform des politischen Systems entwickelt, insgesamt in den Blick, so beschränkt sich „die Schaffung eines öffentlichen Raumes" nicht auf die besagte Etablierung „einer Vielzahl von Räten" (so Pekarek 1997: 72). Darüber hinaus nämlich bedeutet es die Politisierung aller gesellschaftlichen Bereiche und Probleme, die zum Gegenstand der kritischen Diskussion und der rationalen politischen Eingriffs werden können.

---

[34] 1732 spricht er vom Staat als „la Machine Politique" (*Ouvr.* II. 82; auch III. 215, VI. 12 und, vor allem, 32-34), in der das System der politischen Akademien zur Selbstaufklärung der Regierenden führt, indem es sie zur beständigen Reflexion ihres Tuns anhält (ebd., 83f.), wobei dem System das Telos innewohne, das Funktionieren des Staates von persönlichen Qualitäten des Königs unabhängig zu machen; die Einrichtung dieses Systems bedeute „d'établir une forme de Gouvernement perpetuelle" (ebd., 85). Im Ms. Neuchâtel, R 168, 13, vergleicht er politische Einrichtungen mit „des horloges qu'il faut nétoyer de tems en tems si l'on veut etre toujours contant de leurs operasions." – Vgl. Keohane (1980: 369ff.) sowie Asbach (1996: 148f.) mit weiteren Literaturhinweisen.

Dies aber führt wiederum dazu, daß die jeweiligen gesellschaftlichen Verhältnisse, Entwicklungen und Mißstände nach Saint-Pierre auch zum Legitimationsverlust der Herrschenden führen können, sofern sie den einmal bewußt gemachten rationalen Maßstäben des größtmöglichen Nutzens nicht mehr genügen. Obwohl Saint-Pierre den Begriff einer das Regierungshandeln kritisch begleitenden Öffentlichkeit nirgends systematisch einführt und entwickelt, setzt er doch zumindest de facto eine solche – mit positiven Vorschlägen und Entwürfen verbundene – Instanz der Kritik als wichtigen Motor des erstrebten ‚progrès de politique' voraus. Entsprechend hat er bereits zu Lebzeiten Ludwigs XIV. die im *Projet de paix* vorgetragenen Kritiken und neuen Konzeptionen für die Politik Frankreichs und Europas nicht nur an die Könige und Minister gerichtet, sondern erklärtermaßen auch an eine breitere Öffentlichkeit – „la foule des Lecteurs" –, denn diese soll, wenn die politisch Verantwortlichen versagen, „presser ceux qui sont dans le ministere" und „les déterminer à agir" (*Projet de paix*, II. 353).

Diese durch den Fortschritt der wissenschaftlichen und technischen Vernunft ermöglichten und gebotenen Veränderungen beschränken sich ganz offenbar nicht allein auf den politischen und staatlichen Sektor, sondern beziehen die gesamten gesellschaftlichen Verhältnisse mit ein. Hierbei geht Saint-Pierre, wie schon eingangs bemerkt wurde, weit über den Kreis der feudalen Opposition der Jahrzehnte um die Wende zum 18. Jahrhundert, dem er ursprünglich nahegestanden hatte, hinaus. Als Vorreiter und emphatischer Verfechter eines „an die Absicht praktischer Wirksamkeit" geknüpften Verständnisses von Aufklärung vertritt er vielmehr das Element des Neuen und des Bruchs mit den überkommenen Verhältnissen (Seiderer 1997: 233). Dies bewahrt ihn davor, die Rückkehr zu vorabsolutistischen ständischen Einrichtungen zu fordern, nach solchen etwa wie „nos anciens Etats Généraux du Royaume qui sont heureuzemant abolis", da sie nicht nach den Anforderungen der rationalen Bearbeitung der politisch-sozialen Probleme, sondern gemäß dem ständischen Prinzip aus Repräsentanten von „*Clergé, Noblesse & Tiers Etat*" zusammengesetzt und ausgerichtet gewesen seien (*Ouvr.* XVI. 6). Zielscheibe der Kritik Saint-Pierres ist eine feudal strukturierte Gesellschaft, die auf Privilegien und einer Vielzahl partikularer Sonderrechte beruht, in der die soziale Stellung der Individuen von ihrer Geburt und nicht von ihrer Leistung und ihrem Verdienst abhängig ist, in der die produktiv Tätigen und die Armen die gesamten Lasten der Gesellschaft tragen, während die privilegierten Stände nicht zuletzt durch ein extrem ungerechtes Steuersystem auf deren Kosten von Belastungen befreit sind. Seine Vorschläge zur Änderung der Rekrutierung des Personals in Politik und Verwaltung stellen keine nebensächlichen Ideen zu einer neuen staatlichen Personalpolitik dar, sondern rühren an die Grundlagen der bestehenden Gesellschaft, in der die Titel erblich und staatliche Ämter käuflich sind und nicht nach Kriterien persönlicher Qualifikation vergeben werden. Indem Saint-Pierre demgegenüber die Vergabe von Titeln und die Besetzung von Ämtern an das Vorliegen nachgewiesener persönlicher Fähigkeiten und Verdienste knüpft, werden soziale Stellung und Einfluß der Individuen einzig und allein von den jeweiligen individuellen Faktoren abhängig gemacht, so daß der soziale und politische Rang nicht länger einfach von den Vorfahren ererbt werden kann, sondern vom konkreten Tun abhängt und seinen Höhepunkt erst am Ende eines lebenslangen individuellen Strebens erreichen kann: „l'homme distingué par son merite & par ses longue services ne poura ariver qu'avec l'age à la classe supreme" (*Ouvr.* II. 146; vgl. auch ebd., 121-149).

Es ist also keineswegs so, daß Saint-Pierre für eine Überwindung der gesellschaftlichen Klassen und der Ungleichheit zwischen den Menschen eintreten würde, sondern er mahnt ihre Transformation in Richtung auf einen Zustand an, in dem sie dynamisiert und vom Handeln und der gesellschaftlichen Nützlichkeit abhängig werden.[35] Es geht in seiner Konzeption um die Überwindung der überkommenen ständischen Ordnung und der in ihr geltenden Wertvorstellungen, und ihr Ziel besteht in einer neuen Gesamtverfassung der Gesellschaft, in der die Ermöglichung des freien sozialen und ökonomischen Strebens der Individuen, das Wohl und der Wohlstand der Bürger und des Ganzen im Zentrum stehen. Der durch Leistung und Verdienst erreichte ‚Adel' ersetzt jenen der ständischen Klassengesellschaft, in der Privilegien noch mit dem Verbleib „dans la faineantize & dans une vie lâche, mole & paresseuze" vereinbar waren (*Ouvr.* II. 127). Die zahlreichen Maßnahmen von Saint-Pierres rationalistischer Politikkonzeption laufen auf die Verwirklichung der Strukturen der sich ausbildenden bürgerlichen Ordnung hinaus, in der es für alle Bürger ein System prinzipiell gleicher Rechte und Pflichten gibt, in der keine sozialen, politischen oder religiösen Privilegien oder Diskriminierungen mehr bestehen, in der die materiellen und finanziellen Lasten jeweils im Verhältnis zu ihren Möglichkeiten auf alle Bürger gleichmäßig verteilt werden, in der der Staat die rechtlichen, materiellen und sozialen Bedingungen schafft, unter denen die Freiheit des Strebens der Bürger nach Glück gesichert werden kann.

Den Fluchtpunkt von Saint-Pierres Ideen zu einem neuen *sistème de politique* bildet somit ein neues Verständnis von Politik und Staat innerhalb eines neuen gesellschaftlichen Zusammenhangs, der sich von den bisher herrschenden Strukturen politisch-sozialer Ungleichheit radikal unterscheidet und nach völlig neuen Mechanismen der gesellschaftlichen Integration und Rechtfertigung verlangt. Vom historischen Fortschritt der Vernunft ermöglicht und geboten, sind Glück und Nutzen für das konkrete Leben der Indivi-

---

35 Dies führt ihn zu feinsinnigen Unterscheidungen wie denen, daß er zwar „aprouve fort la division des habitans [...] d'un Royaume en deux classes", daß man aber nicht mehr vom Klassengegensatz als einem zwischen „nobles" und „serviteurs" sprechen sollte – d.h. substantialistisch –, sondern nur mehr – funktionsbezogen – von „*Citoyens Servans*" und „*Cito-yens Servès*" (Ms. Caen, Dossier VII [*observations sur Doria, ‚De la Societé civile'*, 1728], 6).

duen und der Gesellschaft ins Zentrum rationalen Erkennens und Handelns zu stellen, und alle staatlichen und gesellschaftlichen Einrichtungen und Verfahren müssen sich an diesen Zwecken kritisch messen lassen, um bestätigt, reformiert oder umgewälzt und durch neue ersetzt zu werden. Saint-Pierre gehört zu den ersten, die versucht haben, diesen Anforderungen an Staat und Gesellschaft der Moderne durch ein neues Verständnis einer Wissenschaft von der Politik gerecht zu werden.

Politia, Politica und la République
Der Politikbegriff der Prämoderne

Peter Nitschke

Was im folgenden als *Prämoderne* bezeichnet wird, umfaßt – grob skizziert – den Zeitverlauf vom Spätmittelalter bis zur Mitte des 18. Jahrhunderts. Dieser Zeitrahmen wird für die Analyse als ein Horizont sui generis begriffen, in dem sich die Auffassungsmuster über das, was *Politik* ist, sein könnte oder sein soll, maßgeblich zu dem hin verändert haben, was wir heutzutage gemeinhin damit verbinden. Allerdings ist dieser kognitive Umwandlungs- und Formungsprozeß zu einem spezifischen Verständnis des Politischen bzw. von Politik nicht als eine lineare Gleichschaltung für das heutige Bewußtsein zu verstehen. Vielmehr werden zwischen dem 13. Jahrhundert und der Mitte der Aufklärung die Theoreme zur Bestimmung des Politischen derart verschoben und neu geordnet, daß man die heute übliche Begriffszuweisung nicht in jedem Fall exakt mit den Diskursen der Prämoderne in Übereinstimmung bringen kann (vgl. hier generell Nitschke 2000). Von daher der Begriff Prämoderne, verweist dieser Terminus doch auf ein Verständnis, welches antimodern und modern zugleich ist.

Dies gilt auch und gerade für den Begriff der Politik: Er oszilliert in unterschiedlichen Bedeutungsfacetten und kristallisiert sich erst während der Aufklärungsdiskurse zu dem heraus, was als eine positivistische Bestimmung menschlicher Handlungs- und Verfügungschancen in der Gegenwart die Erwartungsregel ist. Lange Zeit ist jedoch das Bedeutungsverständnis von Politik in der abendländischen Debatte von einer ontologischen Fragestellung geprägt gewesen, die sich – trotz aller Zertrümmerung durch die positivistischen und nihilistischen Diskurse seit 1789 – unterschwellig auch bis heute gehalten haben. Darauf wird noch zurückzukommen sein. Doch zunächst gilt es zu rekonstruieren:

I. Die eudaimonistische Ausgangsposition

Die Frage nach der Betriebsformel des prämodernen Politikbegriffs läßt sich nur dann sinnvoll beantworten, wenn man sich die Vorstrukturierung durch die mittelalterliche, im Kern scholastische Interpretation zur Bestimmung des Politischen vergegenwärtigt. Für den Ausgangspunkt ist hier als Referenzgröße Thomas von Aquin gewählt, der mit seinen Aristoteles-Kommentaren die wegweisende Interpretation für eine Neuformulierung des Politischen vor dem Hintergrund des theologischen Seinsverständnisses setzt (vgl. v. Aquin 1974). Bei dem Aquinaten wird das *zoon politikon* des Aristoteles als *animal sociale* oder als *animal politicum* dargestellt (vgl. auch Sellin 1978: 803). Mit dem Begriff *politicus* wird hier die Frage einer guten Ordnung (der Politie als Ganzes) angezeigt: der Politicus handelt und setzt um diejenigen Dinge, die einer *politia* zugrunde liegen bzw. bei ihrer Bearbeitung relevant sind. Indem Thomas hier den aristotelischen Naturbegriff für die Politik übernimmt, wird somit das Verständnis des Politischen als ein von den Menschen um ihrer Natur willen zu betreibender Gegenstand betrachtet. Das Neue, epistemologisch Revolutionäre hieran ist, daß dem Aquinaten nicht nur die metaphysische Naturrechtsdimension hierbei wichtig ist, sondern ebenso auch der Befund einer Organisierbarkeit der menschlichen Lebenswelt im Hinblick auf die gute (gottgewollte) Ordnung. Damit bekommt das Politikverständnis eine praktologische Qualität mit einer spezifischen Funktionszuweisung – zwar immer noch im Rahmen der Theologie, aber doch ein stückweit mit Eigenwert. Der Mensch als Teilnehmer an der natürlichen (göttlichen) Ordnung der Dinge kann und muß sich als animal sociale daran abarbeiten und behaupten. Dies ist quasi seine natürliche Verpflichtung.

Allerdings beinhaltet diese Auslegung keinen selbstbezogenen Positivismus: Nach wie vor gilt der Rückbezug auf die *causa finalis*, auf den Ursprung der Dinge selbst – und das ist Gott. Damit verfügt die Politikauslegung des Aquinaten über eine beträchtliche teleologische Komponente: Wenn Politik zur Natur des Menschen gehört, dann beinhaltet dies auch einen Endzweck für die Politik selbst! – Der Endzweck ist die Glückseligkeit – im Reiche Gottes.

Konzeptionell gestaltet sich daher das metaphysische Verständnis in der Prämoderne von dieser richtungsweisenden Auslegung her im Sinne von Schema I. Die Natur ist der göttlich immanentisierte Ausgangspunkt, von dem sich Mensch-Sein als eine Angelegenheit entwickeln kann (nicht *muß*), die sich als ein politisches Wesen versteht. Von hierher schreitet alsdann die Perspektive weiter zur Gewinnung und Begründung des Handlungsraumes menschlicher Existenz, in dem es um all die Fragen einer guten und gerechten Ordnung geht, die Menschen für ihre eigene (kollektive) Existenz auf Dauer benötigen. Die Politia als Interpretations- und Entscheidungsraum für die gute Ordnung ist jedoch nicht selbstreferentiell, wie die Moderne dies versteht. Jegliches Denken über Politik bleibt hier gekoppelt an die Frage des Endzwecks. Und dieser ist vorgegeben, weil göttlich präformiert. Er dient der Glückseligkeit – nicht in individueller Existenz, denn vom Individuum weiß das Mittelalter noch nicht viel. Gemeint ist hier mehr die *Eudaimonia* zugunsten einer kollektiven Existenz. Der einzelne kann nur dann überleben und erst recht glückselig werden, wenn er sich im Sinnzusammenhang und der Verpflichtung zu den anderen, zur Gruppe als Ganzem, versteht.

Politikbegriff / Schema I (Scholastik):

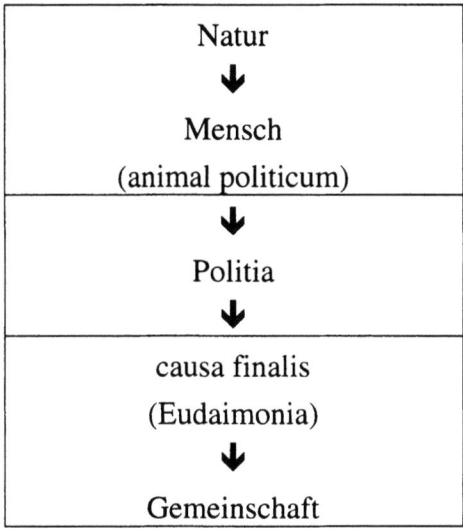

Die Gruppe als Ganzes, die Gemeinschaft, ist als Glaubensbund die repräsentative Formel für die *Gemeinschaft* mit Gott. Insofern ist die causa finalis der Politikauslegung des Aquinaten mit einem dezidierten Heilsanspruch versehen, der eine versteckte eschatologische Konsequenz hat. Der Endzweck ist das menschliche Sein in seinem höchsten und letzten Endzustand.

Man kann diesen Impetus mehr bejahen oder aber auch reduzierend verneinen. Letzteres wäre dann der Weg der sogenannten Säkularisierung. Doch unabhängig davon, wie stark man die erste oder die zweite Bedeutungsvariante gewichtet, gilt in jedem Fall, daß der Bürger ein guter, d.h. ein *gläubiger,* Mensch sein muß. *Politice vivere* heißt dann nicht nur *civiliter vivere*, sondern eben auch *honeste, id est pie vivere*, worauf sich noch Leibniz gegen Ende des 17. Jahrhunderts systematisch bezieht (vgl. Nitschke 1999).

Dieser Anspruch gilt aber nicht nur für den Bürger in seiner Eigenschaft als Untertan von politischer Herrschaft, sondern ebenso (und fast mehr noch) auch für die Herrschaft selbst: Politik ist demnach *regimen rectum et iustum* (Sellin 1978: 806). Alles andere ist demgegenüber von der Tendenz her degenerierte Tyrannenherrschaft – eine Entartung der natürlichen Ordnung der Dinge. Problematisch bleibt hierbei jedoch die faktische Hinnahme der Entartungsformen von politischer Herrschaft: Ein Widerstandsrecht wird von Thomas in systematischer Hinsicht nicht geduldet. Insofern erscheint eine *prudentia politica* bei dem Aquinaten in erster Linie unter dem Aspekt der Ordnungsdurchsetzung und ihrer Bewahrung, die die Menschen zum Gehorsam führen soll, damit sie „in ordine ad bonum commune" bleiben (hier zit. n. ebd.).

Auffällig an dieser scholastischen Grundformel ist der funktionale Bezug zur Stabilisierung von politischer Herrschaft und deren gradueller Gewichtung im Sinne der Eudaimonie. Diese Einschätzung bleibt lange Zeit geradezu paradigmatisch: selbst die Autoren der Reformation sind diesem Argumentationstopos gefolgt, wenn sie – wie Luther – den Politicus-Begriff mit *saecularis* gleichgesetzt haben (vgl. ebd.: 808). Selbst wenn hierbei die Referentialität der menschlichen Handlungswelt als Kategorie mit einer internen Betriebslogik verstanden wird (vgl. Nitschke 2000), dann bleibt der Endzweck auch (und gerade) in der protestantischen Theologie eschatologisch besetzt – und wird sogar (je nach Blickwinkel) durchaus verstärkt. Insofern bekommt die Frage nach der richtigen *prudentia gubernatoria* die Qualität einer *techne* zur angemessenen Lebensführung, d.h., eine konkrete Anleitung der Gläubigen auf Erden.

II. Erkenntniswissenschaft oder Praxis?

Niccolò Machiavelli ist sicherlich der erste und schonungsloseste Autor, der mit dieser finalbezogenen Qualität des scholastischen Politikbegriffs bricht und demgegenüber die zweite Kategorie aus dem Programm des Aquinaten, die Operationalisierung des Daseins, systematisch in den Vordergrund stellt. Damit wird zugleich eine rein endliche, durch und durch relativistische, Verständnisperspektive in bezug auf den Begriff von der Politik eingeführt. Zwar ist im Prinzip nichts neu unter der Sonne, dennoch variieren die Bedeutungsinhalte und Antriebsmomente für politisches Handeln nach Zeit und Raum. So kognitiv revolutionär und erfolgreich diese Dechiffrierung auf Dauer auch ist (vgl. hier Münkler 1987, Nitschke 1995), bleibt das Programm einer neoaristotelischen Politikauslegung im Gefolge der Philosophie des Aquinaten mit ihrer Fixierung auf die gute (christliche) Ordnung das vorherrschende Paradigma. Selbst ein Jean Bodin folgt diesem noch bei seinem Souveränitätsbegriff (vgl. Nitschke 2000). Insofern hat sich auch im französischen Bürgerkrieg in der zweiten Hälfte des 16. Jahrhunderts noch keineswegs eine generelle Trendwende vollzogen (wie Sellin 1978: 811 meint). Im Gegenteil: wenn es (1588) heißt, „tantost Politiques, tantost machaivellistes" (hier zit. n. ebd.), dann zeigt dies deutlich, wie negativ das neue Verständnis von Politik nach wie vor besetzt bleibt.

Ein Zwiespalt bleibt auch deshalb, weil Machiavellis instrumentalistische Auslegung des Politikbegriffs auf reine Machtanwendungs- und Durchsetzungsfragen nur die eine Seite der Medaille ist. Die normative Dimension von Politik wird in dieser utilitaristischen Konzeption nicht hinreichend beantwortet. Das ist insofern eine Verkürzung in der Wahrnehmungsweise von

Politik, da ausgehend von der Aristotelischen Philosophie die scholastischen Interpretationen seit Thomas von Aquin den Aspekt der Klugheit stets auch als eine normative Frage verstanden haben. Die *Wissenschaft von der Politik*, sofern sie sich denn als ein stringent szientistischer Ansatz versteht, formuliert somit nicht einfach nur ein praktologisches Verständnis von Klugheit (*prudentia*), sondern besteht darauf, daß diese Klugheit im wesentlichen keine Wissenschaft, sondern eine Tugend ist (vgl. auch Coleman 1998: 145). Als solches ist sie nicht exakt ermittelbar, muß aber stets vorgelebt werden.

Diese Ambivalenz zwischen einem funktionalen Praxisbezug und einer moralischen Dignität zeichnet denn auch das Verständnis der Prämoderne zur Einordnung des Politikbegriffs noch bis weit ins 17. Jahrhundert hin aus. Bei dem deutschen Philosophieprofessor Rudolph Goclenius kann man anschaulich festmachen, wie diese Ambivalenz epistemologisch paraphrasiert worden ist. Goclenius hat in seinem 1609 publizierten umfangreichen Kompendium *Conciliator Philosophicus* alle Materien der Philosophie systematisch geordnet und erläutert. Bezeichnenderweise erfolgt die Abhandlung *De Politica* erst auf den letzten Seiten des zweiten Buches, nachdem bereits alle anderen Materien besprochen worden sind. Das Beweisverfahren hierzu ist klassisch scholastisch: These und Antithese werden jeweils in einer Erörterung der Argumente zur Konklusion gebracht. Für den Politikbegriff unterscheidet Goclenius sinnigerweise zwischen der Aussage

a) „Politica est scientia practica" – und
b) als Wissenschaft sei sie weder perfekt noch so richtig unwissend (Goclenius 1609: 150).

In der Erörterung dieser beiden Standpunkte heißt es dann (eigene Übersetzung v. Goclenius 1609: 151): „Wissenschaften bestehen nämlich auf wahren und absoluten, ewigwährenden Prinzipien, die an keinem Ort und zu keiner Zeit verschieden sein können." Dieser Anspruch gilt für die Politik nur bedingt. Sie ändert sich, das zeigt nicht zuletzt Machiavelli deutlich an, nach Zeit und Raum. Dennoch gibt es so etwas wie Grundtypen in der Gestaltung der politischen Dinge. Diese – und darauf hat Machiavelli gleichwohl insistiert – bleiben unabhängig von Zeit und Raum konstant. Im Hinblick auf einen stringenten Wissenschaftsbegriff ordnet nun auch Goclenius die Politik als eine (wenn auch etwas minder bemittelte) Teilmenge der Wissenschaft zu. Denn auf einem ganz wesentlichen Gebiet, nämlich dem des Römischen Rechts, mit dem sich Politik stets beschäftigen muß, hat diese Disziplin es auch mit Fragen der Logik selbst zu tun. Somit geht es im Bereich der Politik durchaus auch um die Gewinnung von wissenschaftlichen Aussagen im Sinne des eingangs terminierten Ewigkeitsverständnisses. Aus diesem Grunde konstatiert Goclenius zunächst abschließend (eigene Übersetzung v. Goclenius 1609: 152): Wissenschaften sind *im Ganzen* „einfach wahr in den Lehren, damit die Wahrheit durch Nichts beeinträchtigt wird". „So beschaffen sind die Arithmetik und die Geometrie. Im ganzen oder im Universum werden wahr genannt, die mehr und weniger sind. So beschaffen sind die Medizin, die Ethik, die Ökonomie, die Politik. Die erste Kategorie hat im Ganzen Genauigkeit zu eigen, die letztere nicht."

Der relative Wissenschaftsanspruch der Politik findet demnach seine Bestätigung durch das Prinzip einer nicht hinreichenden Verifizierbarkeit in bezug auf absolut identitäre Aussagen. Dies liegt daran, daß diese Disziplin in Form der maßgeblichen Bezugseinheit Prudentia zugleich eine praktische wie normative Komponente aufweist, die sich von der Empirie und Logik her ständig zu widersprechen drohen. So gesehen ist Machiavellis Unternehmen mit der einseitigen Zuweisung auf den Praxisbegriff nicht nur radikal, sondern auch apodiktisch im Sinne einer Restringierung von Variablen. Goclenius geht – wie die Mehrzahl der prämodernen Autoren – diesen Weg so nicht, sondern verweist weiterhin auf die normative Seite der Logik. Auch diese wird nochmals spezifiziert und nach zwei Angebotsvarianten in der abendländischen Philosophie hin unterschieden (vgl. Goclenius 1609: 252). Politik ist demzufolge:
a) eine prüfende und erkennende Wissenschaft (nach Platon)
b) eine praktische Wissenschaft (nach Aristoteles).

Als Frage nach der Herrschaftskunst – etwa für den Philosophenkönig – gibt Goclenius zunächst Platon Recht. Allerdings versteht er Politik auch als eine ethische Angelegenheit für die Praxis, insofern hier Aristoteles ebenfalls eine Bestätigung findet (vgl. Goclenius 1609: 153). In beiderlei Hinsicht ist daher für den deutschen Philosophen der Bereich der Politik zu Beginn des 17. Jahrhunderts eine spezifische Wissenschaft.

Man sollte nicht meinen, daß dies nur eine deutsche Sicht der Dinge gewesen wäre. Auch andere Autoren der Prämoderne haben dies so gesehen. Fast zeitgleich (1603) konstatiert z.B. Francis Bacon in England (hier zit. n. Peltonen 1996: 291): „there is no composition of estate or society [...] which have not some point of contrariety towards true knowlegde". Vom reinen Wissenschafts- oder Wahrheitsstandpunkt aus betrachtet ist und bleibt die Politik solchermaßen belastet mit dem Makel der epistemologischen Unreinheit. Andererseits resultiert aber gerade daraus ihre Kompetenz für das praktische Gestalten. Insofern ist es auch nicht verwunderlich, daß gerade die utopische Gesellschaft im Entwurf von *Nova Atlantis* bei Bacon recht apolitisch agiert: sie ist eine reine Wissensgesellschaft. Da, wo der spätere Lordkanzler Englands schließlich doch auf ein konkretes Politikverständnis zielt, spricht er stets von *civil knowledge*, womit das zentrale Anliegen zur Begründung einer instrumentalistischen Handlungslehre – bei Absicherung einer nach wie vor spezifischen *bürgerlichen* Ethik – von Cicero, Machiavelli und Justus Lipsius aufgegriffen und verfolgt wird (vgl. Peltonen 1996: 193ff., Pocock 1975, Nitschke 2000).

Die Fixierung auf eine *prudentia civilis*, auf eine Lehre von der bürgerlichen Tugend zur Selbstverpflichtung im Umgang mit den Regeln der politischen Ordnung, die nicht nur befolgt, sondern auch kognitiv internalisiert werden müssen, ist zu Beginn des 17. Jahrhunderts von keinem Autor eindringlicher systematisiert worden als von Johannes Althusius. In seinem in mehrfachen Auflagen publizierten Bestseller zur *Politica Methodicè digesta* formuliert der Syndikus aus Emden das Verständnis von Politik explizit als ein Vermögen, welches zur Symbiose unter den Menschen beiträgt (vgl. Althusius 1614: I,1). Politik als Vernetzungskunst zwischen den Individuen und Gruppen, das ist in dieser Hinsicht mehr platonisch als aristotelisch gedacht. Klassisch aristotelisch erscheint bei Althusius jedoch die formale Einteilung des Politikbegriffs: die Verbindungslinie zieht sich von der allgemeinen Ordnungsfrage über die Gesetze bis hin zur Glückseligkeit der Gemeinschaft. Was ansonsten in der prämodernen Literatur allgemein als *respublica* bezeichnet wird, das taucht bei Althusius interessanterweise im griechischen Terminus der *politeuma* auf, ein Ausdruck, den bereits der Apostel Paulus verwendet hat. Offenkundig will Althusius sich damit absetzen von der römisch-rechtlichen Argumentationsfigur zur Begründung von politischer Ordnung, die stets in der Differenzierung von öffentlicher und privater Sphäre ihre Grundlagen hat. Bei Althusius wird hingegen das Privatwohl durchaus in einem Sinnzusammenhang mit dem *bonum commune* gesehen. Auch wenn die familiare Ebene einen anderen Status hat als eine Genossenschaft im öffentlichen Bereich, so gibt es doch sehr wohl wechselseitige Berührungspunkte und Verschränkungsmöglichkeiten. Kurzum: das Politische und damit *die Politik* sind im Prinzip nach dieser Lesart allgegenwärtig und müssen von daher stets mit Grenzziehungen bedacht und eingehegt werden (vgl. auch Nitschke 2000).

In seiner formalen Klassifikation unterteilt Althusius den Politikbegriff in drei Ebenen, die er im wesentlichen aus der Aristotelischen Lehre übernimmt. Politik ist demzufolge
a) ein Kennzeichen für eine Gemeinschaft des Rechts (*politeuma*)
b) ein Anzeichen für Regierungsvernunft (*ratio administrandi*)
c) eine Frage nach der Ordnung und Bewahrung der Bürgerschaft, „ad quam omnes civium actiones diriguntur" (Althusius 1614: I,5).

Während sich Machiavelli zentral nur für den zweiten Aspekt interessiert hat, wird von Althusius die Korrelation und Interdependenz aller drei Politikebenen systematisch betrachtet. Politik wird hierbei verstanden als eine Erörterungs- und Entscheidungsfrage über die Art und Weise, in der man über bestimmte Materien miteinander spricht und sie konkret aushandelt bzw. anwendet: „Subjectum politicae sunt praecepta de communicatione quarundam rerum, operarum & juris" (ebd.: I,31). Ein solches, auf Kommunikationsprozesse abzielendes Verständnis beinhaltet im Prinzip einen dialektischen Politikansatz, wozu auch die hermeneutische Aufhebung zwischen öffentlicher und privater Sphäre beiträgt, die Althusius – im Gegensatz zu Bodin – erneut einführt. Auch wenn er damit kognitiv mehr einem mittelalterlichen Verständnis verhaftet sein mag, so bedingt dies dennoch eine neue Interpretationsebene für den Begriff von der Politik. Als Wissenschaft verstanden gewinnt nämlich Politik hier im Rahmen ihrer materiellen Handlungs- und Gestaltungsaufgaben einen durchaus eigenständigen Spielraum jenseits der theologischen Präokkupation (vgl. auch Nitschke 1997: 241ff.).

Zwar resultieren nach wie vor die normativen Grundlagen weiterhin aus dem Gesetz Gottes, welches in seinen Kernbestimmungen aus dem *Dekalog* zu entnehmen ist, doch faktisch, d.h., instrumentell müssen die konkreten Umsetzungen dieser Grundsätze durch die Politik ausgehandelt und operationalisiert werden. Politik ist somit die positive Formulierungs- und Exekutivebene für die ansonsten göttlichen Gebote. Als *regula vivendi* setzt der *Dekalog* die Maßstäbe, an denen sich die Politik abarbeiten muß und an denen sie auch gemessen werden kann (vgl. Althusius 1614: XXI,18). Anders also als der Philosoph Goclenius versteht der Jurist und Theologe Althusius Politik als taxierbare Angelegenheit im Sinne einer absolut systematischen Wissenschaft. Das Problem ist nur – und dies besteht auch explizit bei Althusius –, daß durch diese Rückkoppelung an die strikten Aussagen eines göttlich immanentisierten Gesetzes der Politikbegriff wiederum sehr stark in die Nähe einer theopolitischen Besetzung gerät. Zwischen dieser Bestimmung und dem funktionalistischen Credo Machiavellis tun sich eine Fülle von Varianten auf, bei denen aber im Fortlauf der Debatten in der Prämoderne insgesamt immer weniger bestritten wird, daß die Politik nicht auch eine Wissenschaft sei. Bei Arnisaeus wird z.B. bereits 1615 die Frage der Politik als eine architektonische Wissenschaft verstanden, die eine für alle Lebensbereiche übergeordnete Perspektive zu vermitteln hat (vgl. Weber 1992: 113). Die Qualität von politischer Ordnung wird als eine Macht- und Gewaltfrage gelesen, die ganz nach der Doktrin von Bodin nur mit Souveränität behauptet werden könne. Das interne Ziel der politischen Ordnung, genannt *Staat (respublica)*, liegt in der Friedens- und Rechtswahrung begründet. Die eudaimonistische Zielsetzung der Scholastik wird damit bereits tendenziell verlassen. Es verstärkt sich hier die Festlegung auf die technischen Aspekte einer funktionalen Bedürfnisgestaltung und Ordnungsregelung in Form von Befehl und Gehorsam. Nicht umsonst ist für Arnisaeus die Politik *ars* oder *scientia civitatis gubernandae* (hier zit. n. ebd.). Jener Gesichtspunkt also, der für die Hobbessche Implementierung der Logik des Herrschaftsvertrages zentral ist, bezeichnet bei der Suche nach einer spezifischen Relevanz einer Wissenschaft von der Politik den hermeneutischen Ausgangspunkt: Wie können Menschen von Menschen regiert werden, auf daß dieses Regieren als *gut* und *legitim* anerkannt wird?

In der Beantwortung dieser Frage läßt sich das epistemologische Konzept seit dem Ende des 16. Jahrhunderts wie folgt darstellen.

Politikbegriff / Schema II (Philosophia Practica):

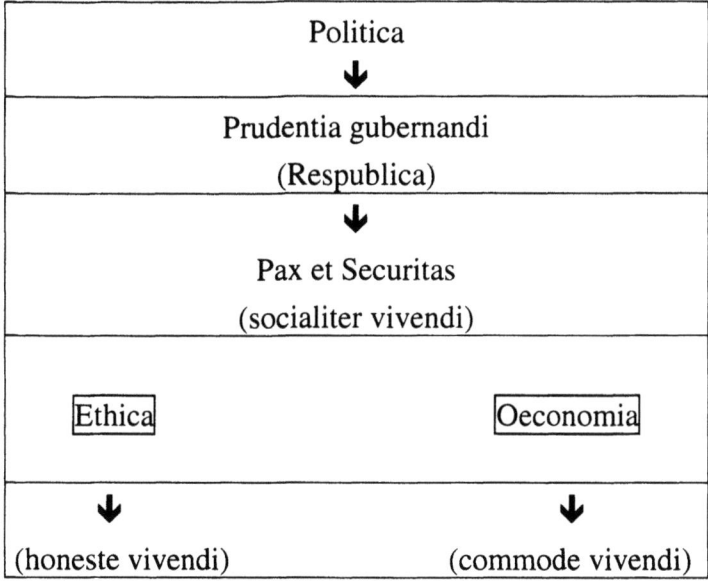

Politik wird demnach als ein Verhaltenscodex verstanden, der zur Herrschaft über Menschen dient und in dem Prinzipien der Klugheit als strategische Mittel eingesetzt werden müssen, um zum Ziel zu kommen. Als Herrschaftslehre ist Politik somit die Anleitung zum richtigen Tun zur richtigen Zeit – eigentlich genau das, was Machaivelli in seiner rigorosen Konzeption zu vermitteln gesucht hat. Jedoch ist die Zweckbestimmung von Politik nach wie vor vom Gedanken einer causa finalis geprägt. Nicht einfach nur um der eigenen Sicherheit und des Überlebens willen existiert Politik, sondern als eine *prudentia socialiter vivendi* ist sie darauf angelegt (Weber 1992: 145), die Menschen in einen Status zu versetzen, demzufolge sie über einen *Habitus* verfügen, um in den sozialen Dingen des Lebens angemessen agieren zu können.

Die Frage nach dem angemessenen Leben wird geleitet vom Ziel der Glückseligkeit. Insofern sind weit bis in die Aufklärungsdebatten des 18. Jahrhunderts hinein die Erörterungen zur Politik immer (noch) besetzt mit Implikationen des guten Tuns. Dieses ist, weil als eine Frage der Ethik strukturiert, dann stets auch eine Frage der Logik von Politik. So müssen auch gerade die Machiavellisten als sogenannte *neopolitici* sich in dieser Hinsicht die Frage gefallen lassen, ob sie denn auch gute Logiker seien (vgl. Leinsle 1998: 133).

Nicht zuletzt Thomas Hobbes hat diesen Aspekt geradezu systematisch beherzigt. Die Logik der Politik muß sich an der Logik des Naturrechts selbst messen lassen können. Insofern ist die Beweisführung über den Naturzustand zur Vertragsbegründung zwingend, zeigt Hobbes hiermit doch die Verwissenschaftlichung des Politikbegriffs im 17. Jahrhundert als ein nachhaltiges Paradigma an: „ethica, logica, rhetorica et tandem politica sive philosophia civilis" fungieren hier auf einer gemeinsamen Betriebsschiene zur Erklärung einer Lehre vom Menschen (hier zit. n. Ludwig 1998: 34, Anm.54). In seiner Sicht einer *scientia civilis* ist *body politic* der Oberbegriff für alle anderen Politikdechiffrierungen (vgl. Ludwig 1998: 25). Was hier als politischer Körper für den *Leviathan* bezeichnet wird, ist bei anderen Autoren meist das Referenzkriterium von *respublica*. Allerdings sind sowohl die Hobbessche Formulierung als auch die gängige Metapher im Hinblick auf *den Staat* noch sehr unspezifisch. Unter dem Republikbegriff kann man alles subsumieren, was irgendwie mit politischer Ordnung zu tun hat (vgl. auch Leinsle 1998: 134, Anm.110). Die *Republik* ist somit hier noch keineswegs ein spezifisches Credo für eine republikanische Ordnung im heutigen Sinne. Vielmehr ist respublica als eine Ordnungsformel zu verstehen, mit der man etwas anderes anzeigen will als eine tyrannische Herrschaft. So gesehen ist nach dem prämodernen Verständnis lange Zeit auch der weise Monarch (noch) ein republikanischer Herrscher.

III. Der „Endzweck" der Politik

Daß die inhaltliche Bewertung von politischer Ordnung bis zum Ende des 17. Jahrhunderts noch weitgehend an die teleologische Ausrichtung einer christlichen Metaphysik gebunden geblieben ist, mag erklären, warum der Respublica-Begriff so undifferenziert verwendet wird. Als ideologischer Kampfbegriff für die *wahre Republik* taucht er erst im englischen Bürgerkrieg signifikant auf und wird schließlich in der Folgezeit stärker auf die Belange der Bürger (auch gegen den Monarchen) hin systematisiert (vgl. Spellman 1998: 110ff.). Dabei tritt, wie schon die Begründung der Vertragstheorie zeigt, die Perspektive einer Positivierung des Naturrechts immer deutlicher in den Vordergrund (vgl. hierzu auch Haakonssen 1996). Einhergehend mit dieser paradigmatischen Neuorientierung erfolgt auch eine stärkere Berücksichtigung der Materialität der Dinge. Hierzu liefert die christliche Metaphysik selbst ihre Anreize, indem sie – immer noch streng scholastisch argumentierend – auf den Nutzen der Handlungen im Diesseits für das bonum commune verweist. Ethik und Ökonomie als Fixpunkte von Politik gewinnen somit eine utilitäre Zielsetzung, die nicht unbedingt mehr einer Aufklärung über den Endzweck bedarf. Die zentrale Metapher der kameralistischen Theorie, der *Endzweck*

Politia, Politica und la République 157

des Staates, bekommt hierdurch einen systematischen selbstreferentiellen Bezug. Politik wird in diesem Kontext mehr und mehr verstanden als ein Medium, mit dessen Hilfe sich materielle Grundbedürfnisse der Gesellschaft organisieren lassen – und zwar
a) im Hinblick auf die Sicherheit
b) zur Abdeckung der natürlichen Bedürfnisse.

Da die Politik für diese Anforderungen über ein eigenes Vernunftprofil verfügt bzw. verfügen muß, ist ihr das Paradigma einer *Vernunft des Staates*, einer Staatsräson zu eigen (vgl. Nitschke 1995). Hierfür kann sie dann auch Kriterien und Mechanismen erzeugen, die um des Endzwecks willen der Geheimhaltung bedürfen. Die Lehre von den *arcana imperii* als Kunst des machiavellistischen Nutzenkalküls (vgl. Stolleis 1990: 37ff.), welches nicht an die Öffentlichkeit dringen darf, hat insofern eine strategische Bedeutung für den prämodernen Politikbegriff. Nicht alles ist erlaubt, doch kann der Fürst alles ausprobieren, solange es im geheimen bleibt.

Politik weist somit eine Art von versteckter Nützlichkeit in ihrer Logik auf. Um der Sache willen, darf sie nicht alles Preis geben, sondern muß arcana imperii betreiben. In dieser Hinsicht sind auch die Bereiche des Völkerrechts und des öffentlichen Rechts, obwohl sie von den Materien her viel mit Politik zu tun haben, letztendlich keineswegs identisch mit der Ebene der Politik (vgl. auch Weber 1992: 146, Anm. 176). Die Politik antizipiert stets nur das, was sie aus dem juristischen Bereich für ihre Belange benötigt – mit anderen Worten: sie instrumentalisiert das juristische Argument für ihre Zwecke. Diese sind mehr und mehr als selbstimmanente, positive Bestimmungen des Daseins zu verstehen. Gerade aber um der möglichst exakten Dezision für die praktischen Zwecke willen bedarf es für die Politik einer Klassifizierung von Daten und Standards. Das betrifft nicht nur die Organisation der Gesellschaft insgesamt, sondern – ebenso wichtig – auch die des Staates. Insofern kann es nicht überraschen, wenn gegen Ende des 17. Jahrhunderts die Verwissenschaftlichung von Staat und Politik allgemein anerkanntes Leitungsprinzip bei der Betrachtung der Grundlagen von politischer Ordnung ist. Christian Weise hat dies 1691 auf den Punkt gebracht, wenn er die „politische Staats-Klugheit" als eine *Doctrina Statistica* bezeichnet (hier zit. n. Weber 1992: 153).

Die Systematisierung allen Seins bedingt somit für die Politik eine Festlegung auf die staatliche Entität. Herrschaft ist nun nicht einfach mehr eine personale Größe, sondern, was Hobbes mit seinem Paradigma unterstreicht, im body politic geht es vor allem auch um die apparative Bestimmung der organisierten Gewalt. In der Durchdringung der vielschichtigen Materien zur Organisation von Land und Leuten hat sich vor allem die kameralistische Schule besonders hervorgetan. Dies impliziert von der Tendenz her auch die Perspektive auf eine Verfassung, wie sie paradigmatisch Leibniz in seinem *Entwurf gewisser Staatstafeln* (1685) für die Ordnung von Herrschaft konkret anzeigt (vgl. Leibniz 1994: 321ff.). Das heißt, der Politikbegriff bekommt die Zuordnung zu einer standardisierten Qualität, vielleicht auch idealen Größe, in Form einer systematischen Statusbeschreibung. Staat und Politik haben damit eine Verfaßtheit, die nicht beliebig ist, sondern je nach Zeit und Raum eine spezifische Konstellation eingehen. Seckendorff z.B. unterscheidet hierfür zwischen einer *descriptio physica* und einer *descriptio politica*. Während der erste Begriff auf die materiellen Anteile oder Güter einer Herrschaft zielt, beinhaltete der zweite Begriff die funktionale Zuordnung in Form der „hoheiten und gerechtigkeiten, welche der Landes=herr der orten hat" (Seckendorff 1994: 304). Descriptio politica ist insofern als eine institutionelle Angelegenheit des Staates zu verstehen.

Im Gefolge dieses hermeneutischen Kristallisationsverfahrens zugunsten der staatlichen Apparate gewinnt auch der wissenschaftsimmanente Anspruch auf die Politik endgültig an Boden. Was von Althusius gefordert worden ist, wird im Verlauf des 17. Jahrhunderts immer mehr zu einem Selbstläufer: die Lehrstühle speziell für die *professiones Ethices vel Politices* werden allen Ortens eingerichtet. Zugleich findet im deutschen Sprachraum eine Eindeutschung des Politikbegriffs statt (vgl. Sellin 1978: 814). *Politick* ist damit entweder als ein Teilbereich der praktischen Philosophie neben Ethik und Ökonomie zu verstehen oder aber als ein umfassendes Verständnis im Sinne einer *tota disciplina* für alle Bereiche menschlicher Existenz (vgl. auch ebd.). Dabei wird der praktische Politikbegriff im Sinne einer individuellen Klugheitslehre für Bürger wie Regenten von der christlichen Politikperspektive besonders bevorzugt – dies allerdings nicht nur in einem funktionalen Sinne, sondern auch normativ, d.h. als ein Anspruch auf Wahrheit.

Dieses nach wie vor metaphysisch-konditionale Verständnis von Politik verliert sich jedoch im Gefolge der Aufklärungsdiskurse des 18. Jahrhunderts mehr und mehr. Es verschwindet zwar nicht gänzlich, doch ist es andererseits auch nicht mehr der maßgebliche Indikator, um den es bei der Bestimmung von Politik geht. Spätestens bei einem Herrscher wie Friedrich II. von Preußen kann man ablesen, wie sehr der funktionale Politik-Approach machiavellistischer Provenienz selbstverständlich geworden ist (vgl. Nitschke 1995: 242ff.). Die politische Praxis kann nunmehr auch Techniken beinhalten, die unter ethischen Kriterien völlig inakzeptabel sein mögen, vom Nutzen her aber für die Gewinnmaximierung des Staates insgesamt relevant sind. Wenn daher das Verständnis von „Republik" in der Aufklärung in normativer Hinsicht „bürgerlich" wird, dann gilt dies nicht für den Politikbegriff selbst: Dieser bleibt verfahrenstechnisch machtzentriert und entledigt sich sogar seiner normativen Anteile mehr und mehr.

Es findet somit im Kontext der Aufklärung eine folgenschwere Dichotomisierung statt: Während der Republik maßgeblich nun materielle Inhalte in Form einer Gewaltenteilung, Mischverfassung und bürgerlichen Souveränität zugeschrieben werden, die sich in den entsprechenden Theorien von Locke über Montesquieu bis hin zu Rousseau systematisch konkretisieren, verliert die Ebene der Politica ihre ethische Dimension, die ihr bis dahin stets zugeschrieben worden ist. Politik als eine Verfahrensangelegenheit für Handeln und Entscheiden wird damit zur reinen Machtfrage, deren Logik utilitär ist, aber eben nicht mehr ethisch begründet zu sein braucht. Der funktionale Zugewinn für dieses restringierte Verständnis wird kompensiert mit der wertbezogenen Aufladung zugunsten der Republik. Nicht umsonst vermischen sich in der staatswissenschaftlichen Betrachtung des 18. Jahrhunderts die Bedeutungsebenen von Politia und Respublica. Als Verfassungs- und Herrschaftsfragen werden beide Ebenen hier zusammengeführt. Die Perspektive auf die gute Ordnung in Stadt und Land bekommt ihre strukturelle Binnendifferenzierung, da nun aufgezeigt werden muß, was an der Republik alles gut ist. Als Institutionenfrage gewinnt damit der Republikbegriff Verfassungsrang – lange bevor die Französische Revolution hieraus ihr praktisches Exempel macht.

Mit der Wissenschaft vom Staate erfolgt schließlich auch die endgültige Festlegung des prämodernen Politikbegriffs auf eine substantielle Handlungseinheit. Politik ist staatliches Handeln, sei es durch den Fürsten, seine Apparate – oder durch das Volk selbst. Problematisch an dieser etatistischen Fixierung ist für den Politikbegriff, daß hiermit der Staat als solches eine wenig hinterfragte Größe bleibt. Die Aufklärung folgt in dieser Hinsicht dem hermeneutischen Erbe der Prämoderne, politische Herrschaft als solches nicht in Abrede zu stellen, sondern sich um die qualitative Bestimmung der Herrschaftsform zu kümmern. Sowohl die deutschen Kameralisten als auch die angelsächsischen und französischen Aufklärer betrachten in der Erscheinungsform des Staates eine historisch wie ontologisch (auf-)gegebene Größe, an der man nicht vorbeigehen kann. In dieser Sicht liegt zweifellos eine subtile Steuerung durch die Vorgaben der Platonischen wie Aristotelischen Philosophie: „Staat" (und damit auch Politik) werden verstanden als anthropogonische Substanz zu Bestimmung des Menschen (vgl. auch Schabert 1998: 131ff.).

Der in diesem Kontext positivistisch durchdeklinierte Versuch einer Systematik von Politik jenseits der schwierigen Felder von moralischen Begründungssätzen führt zu einer weiteren Ausdifferenzierung, die sich konzeptionell wie folgt begreifen läßt.

Politikbegriff / Schema III (Staatswissenschaft):

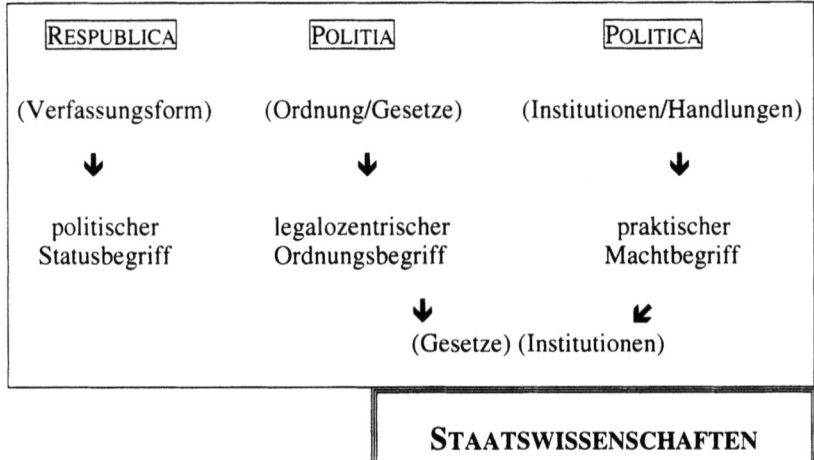

Ethik und ihre Logik spielen nun keine maßgebliche Rolle mehr. Die heute so geläufige Trennung von Politik und Moral hat demnach ihre Ursache in dem vielschichtigen Kristallisationsprozeß zur Spezifizierung eines Begriffs von der Politik im Verlauf der prämodernen Debatten über das Wesen von politischer Ordnung. Mit dieser Positivierung zugunsten von operationablen Verfahrensfragen geht jedoch einher ein Verlust an Glaubwürdigkeit in der Politik. Das funktional Gute muß nicht identisch sein mit dem substantiell Guten. Zweifellos versucht jede moderne Politik dieses Dilemma zu kaschieren oder zu überwinden, doch dies wiederum oftmals nur um den Preis einer ideologischen Aufladung von Ansprüchen gegenüber der Wirklichkeit, die von ihrem Impetus her totalisierend sind.

Da der Endzweck des Staates nicht mehr in einer theologisch begründeten Eudaimonia liegen kann (und darf), weil dies nicht einer utilitären Maxime für das je spezifische Selbst entspricht, muß der Sinn des Ganzen in einem totalen Positivismus vermittelt werden. „Gottes Rolle zu spielen, ohne Gott zu sein" ist nunmehr die Formel der Verheißungsstrategie von Politik (Schabert 1969: 9). Die Folgen, die hieraus erwachsen, sind bekannt und verweisen auf die Problemstellungen der Moderne.

Politisches Handeln und politik-wissenschaftliches Denken in den *Federalist Papers*[1]

Christine Chwaszcza

I. Die rationale Gestaltbarkeit politischer Institutionen

Die *Federalist Papers* sind weder ein theoretischer Traktat, noch systematisch geordnete, methodologische Ausführungen zur politischen Wissenschaft. Sie sind eine in 85 Artikel gegliederte, rhetorische Sammlung und Aufbereitung von Gründen zur Unterstützung des in Philadelphia (Sept. 1787) vorgeschlagenen Entwurfes der Unions-Verfassung, die Alexander Hamilton, James Madison und John Jay angesichts heftiger öffentlicher Kritik zur Verteidigung der Unions-Verfassung unter dem Pseudonym *Publius* veröffentlichten. Daß hinter dieser Verteidigung der Bundesverfassung gleichwohl ein methodischer Anspruch bezüglich der Gestaltung politischer Institutionen steht, wird bereits im ersten Absatz des ersten Artikels deutlich (Art. 1:1; Hervorh. C.C.):

„Nach der völlig unzweideutigen Erfahrung mit der Ineffizienz des bestehenden föderativen Regierungssystems sind wir aufgerufen, über eine neue Verfassung der Vereinigten Staaten von Amerika zu beraten. [...] Man hat verschiedentlich darauf hingewiesen, daß es offenbar dem Volk dieses Landes vorbehalten ist, durch sein Verhalten und Beispiel über die wichtige Frage zu entscheiden, ob menschliche Gemeinschaften tatsächlich fähig sind, durch *Nachdenken und freie Entscheidung* ein gutes Regierungssystem [good government *from reflection and choice*] einzurichten, oder ob sie auf ewig, was ihre jeweilige politische Verfassung betrifft, von Zufall und Gewalt abhängig bleiben."

Angesichts des rhetorischen Charakters der *Federalist Papers* bedarf die Rekonstruktion der hinter dem Entwurf der Bundesverfassung stehenden systematischen Überlegungen einiger strukturierender und ordnender Anstrengungen; doch auch so wird diese Rekonstruktion fragmentarisch bleiben müssen. Daher sei eine kurze Vorbemerkung erlaubt: Contra Charles Beard (1948), der den Autoren der *Federalist Papers* eine pragmatische und anti-intellektuelle Einstellung unterstellt, haben insbesondere Douglas Adair (1974)

---

[1] Dies ist eine überarbeitete Fassung der Überlegungen, die ich an anderer Stelle (vgl. Chwaszcza 1997) vorgetragen habe.

und Morton White (1987) den theoretisch-systematischen Hintergrund der Argumentation von *Publius* herausgearbeitet und die, in der Tat manchmal recht pragmatisch anmutenden, Berufungen auf die „Erfahrung" von *Publius* als Ausdruck eines empiristisch orientierten Verständnisses von politischer Wissenschaft interpretiert, das *Publius* von David Hume übernimmt. Diese Auffassung wird hier nicht nochmals eigens begründet, doch seien zwei Anmerkungen zum theoretischen Ort und zum Status dieser erfahrungswissenschaftlichen Orientierung erlaubt: Erstens beschäftigen sich die *Federalist Papers* primär mit der Gestaltung politischer Institutionen und Fragen ihrer Stabilität, nicht mit der *Rechtfertigung* oder *Begründung* des Zieles oder der Zwecke, denen diese Institutionen dienen sollen. Die Orientierung an einem, modern gesprochen: erfahrungswissenschaftlichen Ansatz im Rahmen der theoretischen Reflexion hinsichtlich der Gestaltung dieser Institutionen, verpflichtet die Autoren der *Federalist Papers* nicht zur Übernahme der moralphilosophischen und der normativen Ansichten David Humes. Die normativen Überzeugungen von *Publius* stehen in lockeanischer Tradition (vgl. für viele: Herz 1999). Der theoretische Ort, an dem der erfahrungswissenschaftliche Ansatz für *Publius* interessant ist, liegt in der Rückbindung institutionentheoretischer Fragen an allgemeine anthropologische Überlegungen hinsichtlich des politischen Handelns von Personen und Personengruppen. Zweitens ist Hume nicht der erste Philosoph, der der „Erfahrung" und empirischen Generalisierungen in der Sozialphilosophie und in der praxisbezogenen politischen Theorie einen entscheidenden Stellenwert einräumt; diese Auffassung findet sich in unterschiedlichen Formen mindestens seit Machiavelli (vgl. z.B. Brown 1984). Doch läßt sich mit einiger Berechtigung die Auffassung vertreten, daß Hume die entscheidende Rolle in der systematischen Fundierung und methodischen Aufwertung des erfahrungswissenschaftlichen Ansatzes in der Sozialphilosophie und der politischen Theorie zukommt.[2] Aber auch hinsichtlich des methodischen Zugriffs auf die Anthropologie gilt, daß dies *Publius* nicht zur Übernahme substantieller Positionen David Humes zwingt.

Abschnitt 2 wird diesen erfahrungswissenschaftlichen Zugriff auf die Anthropologie skizzieren; Abschnitt 3 wird den normativen Problemhinter-

---

[2] Vgl. das Erste Buch von Humes *Treatise of Human Nature*; eine systematische Ausformulierung findet der erfahrungswissenschaftliche Ansatz in den „Geisteswissenschaften" allerdings erst in John St. Mills *On the Logic of the Moral Sciences* (1843). Direkte Bezugnahmen auf Hume in den *Federalist Papers* gelten den politischen *Essays* (Hume 1964/1988); darunter: „That Politics May be Reduced to a Science"; „Of the Rise and Progress of the Art and Sciences"; „Of the First Principles of Government"; „Of Parties in General"; „Idea of a Perfect Commonwealth" - in welchem es heißt: „We shall conclude this subject, with observing the falsehood of the common opinion, that no large state, such as FRANCE or GREAT BRITAIN, could ever be modelled into a commonwealth, but that such a form of government can only take place in a city or small territory. The contrary seems probable." (Hume 1964: 492; vgl. Hume 1988, 2. Bd.: 355).

grund erläutern, vor dem sich die institutionentheoretischen Überlegungen von *Publius* bewegen; Abschnitt 4 wird einige dieser Generalisierungen und die daraus gezogenen institutionentheoretischen Konsequenzen vorstellen.

II. Grundzüge einer erfahrungsgestützten Anthropologie

Der erfahrungsgestützte Zugriff auf die politische Anthropologie ist relativ einfach strukturiert und basiert auf zwei Intuitionen: (1) der Auffassung, daß menschliches Handeln auf einige grundsätzliche und universelle Motivationen zurückgeführt werden kann; (2) daß die Betrachtung und Analyse zeitgeschichtlicher und historischer Ereignisse empirische Verallgemeinerungen hinsichtlich der Wirksamkeit dieser Motivationen bezüglich des politischen Handelns zu ziehen erlaubt. Die Geschichte bietet in diesem Falle einen Schatz an Erfahrungen, die nicht mehr allein den Charakter lehrreicher *exempla* haben, sondern gleichsam als Experimentersatz dienen und zur Überprüfung und Ergänzung der Interpretation zeitgenössischer Ereignisse herangezogen werden können:[3] Die so gewonnenen empirischen Verallgemeinerungen lassen sich prognostisch verwenden. Da ein solcher Umgang mit der Geschichte als dezidiert un-historisch zu bezeichnen ist, sei betont, daß die Geschichte gerade deshalb herangezogen werden kann, weil die grundsätzlichen und universellen Motivationen zeit- und „kultur"-invariant aufgefaßt werden (Intuition 1): Sie bezeichnen Grundzüge der menschlichen Natur; besonders deutlich wird dies in den Ausführungen der Art. 6: 52 und 55. Diese grundsätzlichen und universellen Motivationen sind allerdings von herzerfrischender Allgemeinheit und inhaltlicher Unspezifität: a) Leidenschaften, insbesondere Selbstliebe und persönlicher Ehrgeiz, aber auch persönliche Loyalitäten; b) Interessen, wobei hier insbesondere Eigentumsinteressen zu nennen sind; c) Meinungen; sowie d) Vernunft. Das entscheidende Moment dieses erfahrungsgestützten Zugriffs auf die Anthropologie liegt vor allem in dem Absehen von normativen tugendethischen Überlegungen – anders gesprochen: in der Ablehnung eudaimonistischer Betrachtungen und der Ausklammerung von Fragen der Erziehung der Bürger zur politischen Tugend (Gemeinwohlorientierung) in der Untersuchung politisch-praktischer Fragestellungen.[4] Hier wird ganz deutlich ein explanatorisches Interesse an der

---

3 „Wohin das Prinzip einer Gesetzgebung für Staaten oder Gemeinschaften in ihrer politischen Eigenschaft führt, hat das *Experiment* bewiesen, das wir [unter den Konföderationsartikeln] damit gemacht haben. Es wird ebenso durch andere Ereignisse *bestätigt*, die andere uns bekannte föderative Systeme befallen haben, [...]" (Art. 16: 89; Hervorh. C.C.); vgl. auch Art. 18: 105; Art. 20: 117.

4 Letzteres betont insbesondere Herz (1999), weil hier die Abgrenzung zu Montesquieu besonders deutlich wird.

(politischen) Anthropologie erkennbar, das den neuzeitlichen Paradigmenwechsel von der teleologischen zur (effizienz-)kausalen Orientierung auf den Bereich der *Moral Sciences* fortführt.[5]

Seinen Niederschlag findet dieser erfahrungswissenschaftliche Zugriff auf die Anthropologie nicht nur in den zahlreichen historischen Vergleichen, die leider in vielen Textausgaben gekürzt sind, sondern in wiederholten Anrufungen der „Erfahrung" als „untrüglichem Wegweiser durch menschliche Überzeugungen" (Art. 6: 28), als „Orakel der Wahrheit" (Art. 15: 86; Art. 20: 117) und als „Mutter der Klugheit" (Art. 72: 441).

Das anthropologische Interesse von *Publius* gilt vor allem der Wirkungsmächtigkeit dieser Motivationen hinsichtlich personalen und kollektiven politischen Handelns. Dabei geht es *Publius* im letzteren Falle nicht so sehr um die Erklärung des Zustandekommens unintendierter sozialer Effekte, wie sie etwa in Adam Smiths Erklärungskonstrukt der „invisible hand" oder Bernard Mandevilles *The Grumbling Hive: Or, Private Vices, Publick Benefits* vorliegen, sondern um die Rückwirkung der Dynamik sozialer Interaktion auf die Wirkungsmächtigkeit personaler Motivationen politischen Handelns. Um keine allzu großen Erwartungen aufkommen zu lassen, sei bereits an dieser Stelle betont, daß die verstreuten Bemerkungen von *Publius* keine ausgearbeitete oder strukturierte Theorie der Gruppensoziologie erkennen lassen; bemerkenswert ist jedoch, daß solche Phänomene in den *Federalist Papers* thematisch werden – und zwar, soweit ich sehe, zum ersten Mal in der politischen Philosophie.

III. Gerechtigkeit, „Gemeinwohl" und die Gefährdungen der republikanischen Staatsform

Obwohl Madison im Art. 39 (225) – dem Auftakt zur Untersuchung des „Charakters" des republikanischen Regierungssystems – betont, „daß keine andere (i.e. als die republikanische) Form (i.e. des Regierungssystems) mit dem Geist der Bevölkerung Amerikas vereinbar wäre, mit den fundamentalen Prinzipien der Revolution oder mit der ehrenwerten Entschlossenheit, die jeden Vorkämpfer der Freiheit beseelt [...]", verteidigen die *Federalist Papers* nicht die republikanische Regierungsform als solche – etwa im Gegensatz zur konstitutionellen Monarchie. Sie verteidigen vielmehr das institutionelle Design der Unionsverfassung und damit eine republikanische Regierungsform

---

5 Thomas Hobbes kommt sicherlich das Verdienst zu, diesen Paradigmenwechsel in der politischen Philosophie als erster konsequent vollzogen zu haben; doch sollte dies nicht übersehen lassen, daß die Hobbessche Anthropologie nicht "erfahrungswissenschaftlich" aufgebaut ist, sondern *more geometrico*.

in dem engeren Sinne einer konstitutionellen, repräsentativ-parlamentarisch und föderal organisierten demokratischen Union. Wenn *Publius* Republik und Demokratie kontrastiert, wird eine konstitutionell-repräsentative „Demokratie"-Auffassung einer plebiszitär-demokratischen Auffassung gegenübergestellt (Art. 14: 75). Da einer der prominentesten Einwände gegen die Union sich auf eine plebiszitär-demokratische Auffassung des Republikanismus in Verbindung mit Montesquieus These berief, daß die „Demokratie" nur für territorial überschaubare, „kleine Staaten" geeignet sei, umfaßt die Verteidigung der Unionsverfassung sowohl eine Rechtfertigung des Repräsentationsprinzips, eine Rechtfertigung der Union sowie den Nachweis der Bewahrung der bürgerlichen Freiheit *trotz* Repräsentation und *in* der nationale und föderale Aspekte verbindenden Struktur der Unionsverfassung. Dieser Rechtfertigung unterliegt eine spezifische normative Interpretation der Legitimität der republikanischen/demokratischen Herrschaftsform, die von *Publius* als solche nicht begründet, sondern vorausgesetzt wird, und die sich sowohl inhaltlich, als auch begründungstheoretisch dezidiert an Lockes naturrechtlicher Begründung der Herrschaftslimitation orientiert. Die Legitimität von Herrschaft ist auch für *Publius* davon abhängig, daß sie die *natürlichen* (Freiheits-)Rechte und die Wohlfahrt der Bürger respektiert und schützt.[6] Zwar finden sich in den *Federalist Papers* nur wenige und zerstreute Reminiszenzen, die auf eine naturrechtliche Auffassung personaler Freiheitsrechte verweisen,[7] doch führt White unzweideutige und bestätigende Belege aus anderen Schriften (insbesondere von Hamilton und Madison) an, die dem Umkreis der Verfassungsdebatte zugehören.[8] Nicht die Begründung der Limitierung von Herrschaft, sondern die Gestaltung einer dauerhaften und stabilen Organisation limitierter Herrschaft steht im Zentrum der Verteidigung der Unionsverfassung. Berücksichtigt man ferner die nicht nur im ersten Artikel an prominenter Stelle kritisierte „Ineffizienz" der Konföderationsartikel von 1781 darf das Problem der Stabilisierung eines liberalen Regierungssystems um das der Effizienz, i.S. effektiver Entscheidungsfindung und -durchsetzung, ergänzt werden. Obwohl diese eher „politik-technischen" Fragestellungen recht modern anmuten, gehören sie zum klassischen Repertoire republikanischen Denkens (vgl. hier Skinner 1978). Modernitätsauffällig – und dezidiert liberal – ist dagegen die Einbettung dieser „politik-technischen" Problemstellungen in einen normativen Rahmen, dessen Geltungsbedingungen vor- resp. außer-politisch gesetzt sind: Da Stabilität und Effizienz in jedem

---

6   D.h. „life, liberty, estate": Recht auf körperliche Unversehrtheit und Eigentum, Religions-, Meinungs- und Vertragsfreiheit.

7   Hinweise finden sich in: Art. 2: 5; Art. 10: 51; Art. 43: 268 u. 269; Art. 44: 272; Art. 51: 317.

8   Vgl. im gleichen Sinne Epstein (1984), Pangle (1987) / (1988); sowie Balog (1987) für die These der Vereinbarkeit des substantiellen Freiheitsbegriffs der lockeanischen Tradition und der politischen Konzeptionen der schottischen Aufklärung.

Falle die Annahme einer Mehrheitsregel implizieren, sieht *Publius* die liberal-demokratische Regierungsform durch die Gefahr bedroht, daß die Mehrheit die Minderheit unterdrückt und ihrer natürlichen Rechte beraubt (Art. 10: 55). Damit wird der Schutz der individuellen Rechte als eine genuin moralische, vor- oder außer-politische Form der Gerechtigkeit charakterisiert – und *Publius'* entscheidendes Argument für die Bundesverfassung behauptet, daß die Union und ein repräsentativ-parlamentarisches System einen wirksameren Schutz der persönlichen Rechte garantieren, als eine föderative Verbindung souveräner Einzelstaaten und/oder eine plebiszitär-demokratische Organisationsform (Art. 10). In dem vielzitierten Artikel 10 führt Madison die Mängel (Instabilität, Ungerechtigkeit, Chaos und Mißachtung des Gemeinwohls) der bestehenden, einzelstaatlichen Regierungssysteme und der Föderation allesamt auf das Übel des Faktionismus zurück. Eine aufmerksame Lektüre von Madisons Definition des Faktionismus zeigt allerdings, daß die Gefahr einer Diktatur der Mehrheit nicht die einzige von *Publius* beargwöhnte Form der Korruption des republikanischen/ demokratischen Regierungssystems darstellt (Art. 10: 51; Hervorh. C.C.):

„Unter Faktionismus verstehe ich eine Gruppe von Bürgern, – das kann *eine Mehrheit oder eine Minderheit* der Gesamtheit sein, – die durch den gemeinsamen Impuls einer Leidenschaft oder eines Interesses vereint und zum Handeln motiviert ist, welcher im Widerspruch zu Rechten anderer Bürger *oder* dem permanenten und gemeinsamen Interesse der Gemeinschaft steht."

Obwohl *Publius* des öfteren vom „Interesse der Gemeinschaft" spricht, bleibt seine substantielle Interpretation des Gemeinwohls unbestimmt. In Artikel 51 (317) hält Madison fest: „Gerechtigkeit ist der Zweck von Regierung. Sie ist das Ziel von Gesellschaft". Doch lassen sich aus den in den Artikeln 2 bis 6 von Jay angeführten Vorteilen einer Unionsregierung zur Wahrung der äußeren Sicherheit und den von Hamilton in den Artikeln 11 bis 13 geltend gemachten Vorteilen in ökonomischen Belangen, unschwer Frieden und Förderung der Wohlfahrt als weitere Aspekte des Gemeinwohls ausmachen, die zur Gerechtigkeit, d.h. der Wahrung der individuellen Rechte, hinzutreten müssen. Aufgrund der starken Betonung der individuellen Rechte, und insbesondere der wirtschaftlichen und Eigentumsrechte, ist das „Interesse der Gemeinschaft" jedoch unzweideutig aggregativ zu verstehen, nicht holistisch (vgl. auch Epstein 1984). Mit Leidenschaften und Interessen, die im Widerspruch zu dem „permanenten und gemeinsamen Interesse der Gemeinschaft" stehen, sind, wie der weitere Text zeigt, politische Interessen gemeint: z.B. außenpolitischer und vor allem wirtschaftspolitischer Art.[9] Die Beurteilung

---

9   Vgl. in diesem Zusammenhang *Publius'* Hervorhebung unterschiedlicher Eigentumsverhältnisse als Ursachen der Entstehung von Faktionen; Eigentumskonflikte zählen zu den traditionellen Topoi der republikanischen Faktionismuskritik; eine besondere kapitalistische Wendung republikanischen Denkens oder die Vorwegnahme einer Theorie des Klassenkampfes dürfte Madison daher nicht zu unterstellen sein.

diesbezüglicher „Interessen der Gemeinschaft" erfordert nach Publius politische Erfahrung und Sachkenntnis sowie die Bereitschaft zum Absehen von Partikular*interessen*, was mit der Wahrung individueller *Rechte* keineswegs kollidiert. Der Faktionismus bedroht daher nicht nur individuelle Rechte, sondern gefährdet auch die Möglichkeit kompetenter Entscheidungsfindung bezüglich des „Gemeinwohls". Sofern die Wahrung des „Gemeinwohls" sowohl Kompetenz und Einsichtsfähigkeit als auch ein gewisses Maß an „politischer Tugend" erfordert, deutet sich hier bereits die elitaristische Tendenz an, auf der *Publius'* Verteidigung des Repräsentationssystems basiert. Desgleichen hat die Sorge um Aufrechterhaltung der Deliberationsfähigkeit in politischen Institutionen ihren Grund in dieser expertokratischen Auffassung des „permanenten und gemeinsamen Interesses der Gemeinschaft".

Im Umgang mit dem Übel des Faktionismus unterscheidet Madison zwei Methoden (Art. 10: 51):

„Es gibt zwei Methoden, die negativen Auswirkungen solcher Faktionen abzustellen: zum einen, die Beseitigung der Ursachen, zum anderen die Beherrschung der Konsequenzen. / Auch zur Beseitigung der Ursachen gibt es zwei Methoden: erstens die Freiheit zu zerstören, die für ihre Existenz lebensnotwendig ist; zweitens, alle Bürger mit den gleichen Meinungen, den gleichen Leidenschaften und den selben Interessen zu versehen."

In den Varianten der ersten Methode lassen sich unschwer die „hobbesianische" und die „rousseauistische" Lösung erkennen: Die Aufhebung des Pluralismus über die politische Entmachtung der Bürger durch die Einsetzung eines absolutistischen Souveräns; oder die Aufhebung des Pluralismus über Überformung der Partikularinteressen durch eine – wie Herz (1994) zurecht betont: „vernunft"-geleitete – volonté générale. Madisons Zurückweisung der hobbesianischen Variante erfolgt über den kurzen Verweis auf die Unverzichtbarkeit der Freiheit für das politische Leben und die analoge Unsinnigkeit, die Luft zu vernichten, nur weil sie nicht nur das Leben, sondern auch das Feuer nährt. Die hobbesianische Lösung ist für *Publius* aus normativen Gründen inakzeptabel. Dagegen beruht die Zurückweisung der rousseauistischen Lösung auf einem anthropologischen Einwand (Art. 10: 52):[10]

„Der zweite Weg ist so ungangbar, wie der erste unklug wäre. Solange die menschliche Vernunft fehlbar ist, und der Mensch frei ist, sie zu benutzen, wird es unterschiedliche Meinungen geben. / Solange zwischen seiner Vernunft und seinem Egoismus ein Zusammenhang besteht, werden sich seine Ansichten und seine Leidenschaften wechselseitig beeinflussen und aus seinen Meinungen Ziele erwachsen, an die sich dann die Leidenschaften heften. Die Vielfalt der menschlichen Fähigkeiten, in denen die Eigentumsrechte ihren Ursprung haben, bildet ein ebenso unüberwindliches Hindernis

---

10 Vgl. für die Unüberwindbarkeit des Pluralismus der Meinungen auch Art. 1: 2, Art. 22: 130; Art. 50: 312; Art. 51: 316; Art. 70: 427.

für die Gleichheit der Interessen. Der Schutz dieser Interessen ist die vornehmste Aufgabe von Staaten."

Damit bleibt für *Publius* nur die zweite Methode, d.h. die Beherrschung der *Konsequenzen* des Faktionismus, um der selbstgewählten Aufgabenstellung gerecht zu werden (Art. 10: 54):

„Wie das öffentliche Wohl und individuelle Rechte vor der Gefahr einer solchen Faktion geschützt und gleichzeitig Geist und Form eines demokratischen (popular) Regierungssystems gewahrt werden können, ist der zentrale Gegenstand unserer Untersuchung. Ich betone: Das ist unser eigentliches Ziel."

Publius' Lösung ist bekannt. Aber eine aufmerksame Lektüre zeigt auch, daß *Publius* dieses Ziel dadurch zu erreichen versucht, daß „er" untersucht, ob nicht genau diejenigen motivationalen Gründe und Ursachen, die zum Faktionismus führen, nicht auch dazu eingesetzt werden können, die „Konsequenzen" des Faktionismus einzudämmen (so auch Herz 1994) – und genau hier ist der theoretische Ort, an dem eine explanatorisch verstandene Anthropologie für die „praktischen Interessen" der politischen Theorie aufschlußreiche Einsichten verspricht. Da bereits in der Zurückweisung der rousseauistischen Lösung deutlich geworden ist, daß *Publius* die motivationale Wirksamkeit der Vernunft relativ zu den anderen Motivationsursachen eher schwach einschätzt, sei dezidiert betont, daß damit nicht notwendigerweise ein „*pessimistisches* Menschenbild" verbunden ist (Art. 52: 314f.):

„Es wirft ein schlechtes Licht auf die menschliche Natur, daß solche Vorkehrungen (i.e. Unabhängigkeit der Gewalten) nötig sind, um den Mißbrauch der Regierungsgewalt zu verhindern. Aber ist nicht die Notwendigkeit von Regierung schon an sich die stärkste Kritik an der menschlichen Natur? Wenn die Menschen Engel wären, so bräuchten sie keine Regierung. Wenn Engel Menschen regierten, dann bedürfte es weder einer inneren noch einer äußeren Kontrolle der Regierenden. Entwirft man jedoch ein Regierungssystem von Menschen über Menschen, dann besteht die große Schwierigkeit darin: man muß zuerst die Regierenden befähigen, die Regierten zu beherrschen, und sie dann zwingen, die Schranken der eigenen Macht zu beachten. Die Abhängigkeit vom Volk ist zweifellos das beste Mittel, die Regierung zu kontrollieren, aber die Menschheit hat aus Erfahrung gelernt, daß zusätzliche Vorkehrungen nötig sind."

„Ebenso wie Schlechtigkeit unter den Menschen existiert, die ein gewisses Maß an Vorsicht und Mißtrauen erforderlich macht, so hat die menschliche Natur auch andere Eigenschaften, die ein gewisses Maß an Achtung und Vertrauen rechtfertigen. Das republikanische Regierungssystem geht von der Existenz dieser Eigenschaft in höherem Maße aus als jede andere Regierungsform. Wenn die Bilder, die das politische Mißtrauen einiger Mitbürger gezeichnet hat, getreue Abbilder der menschlichen Natur wären, müßte man daraus schließen, daß es unter den Menschen nicht genug Tugend gibt, als daß sie sich selbst regieren könnten, und daß allein die Ketten des Despotismus sie abhalten könnten, sich wechselseitig zu vernichten und zu verschlingen" (Art. 55: 340f.).

„Optimistisch" versus „pessimistisch" ist keine Beurteilungskategorie explanatorischer Theorien; die Plausibilität explanatorischer Theorien ist eine Frage ihres explanatorischen Potentials, ihrer Vollständigkeit, Realitäts- und Erfahrungsaffinität, wobei „Erfahrung" im vorliegenden Falle nicht nur empiristisch zu verstehen ist, sondern die Übereinstimmung mit unserem Selbstverständnis meint. Das System der *checks and balances* ist ebenso wie das institutionelle Design der Unionsverfassung der Versuch, dem Umstand gerecht zu werden, daß die Einsichts- und Tugendfähigkeit von Menschen begrenzt und schwankend ist – was wohl kaum jemand bezweifeln möchte – und daß Tugend und Vernunft daher kein dauerhaft zuverlässiges Fundament des republikanischen Regierungssystems darstellen, sondern der Unterstützung durch prozedurale Verfahren und institutionelle Vorkehrungen bedürfen. Man mag *Publius* eine gewisse Tendenz zu „worst case"-Betrachtungen unterstellen, da die institutionentheoretischen Überlegungen der *Federalist Papers* in starkem Maße auf die Unschädlichmachung unlauterer Motive politischen Handelns zielen, aber die Unterstellung eines „pessimistischen Menschenbildes" ist meines Erachtens nicht gerechtfertigt. Zwar finden sich wiederholte Bekräftigungen der Ansicht, daß die Erfahrung zeigt, daß Ehrgeiz, Habgier und Rachsucht weder zu unterschätzende, noch grundsätzlich überwindbare Motive politischen Handelns waren und sind (Art. 6: 27; Art. 34: 191), doch stehen diese Überlegungen fast immer in Zusammenhang mit Verteidigungs- und Rüstungsmaßnahmen. Angemessener scheint es, *Publius* die nüchterne Einsicht zuzuschreiben, daß Menschen sowohl von „lauteren" als auch „unlauteren" Motiven getrieben werden; daß es eher selten vorkommt, daß Menschen ihr politisches Handeln ausschließlich an Vernunft- und Tugendgründen orientieren; und daß selbst, wenn dies so wäre, die Gefahren des Faktionismus wegen der Fallibilität der menschlichen Vernunft und der Verschiedenheit der Meinungen nicht gebannt wären.

Im folgenden seien exemplarisch einige konkrete Überlegungen von *Publius* vorgestellt, die vor allem die Dynamik deliberativer Entscheidungsfindung in Gruppen betreffen. Diese Auswahl scheint, da die Fülle an Hinweisen auf eine Fundierung der Institutionentheorie in einer praktischen Anthropologie eine Auswahl und Systematisierung erfordert, angesichts der besonderen Bedeutung, die Faktionen und der Größe politischer Versammlungen in den Überlegungen von *Publius* zukommt, gerechtfertigt.

IV. Die Motive politischen Handelns in größeren Gruppen

Zunächst ist festzuhalten, daß *Publius*, modern gesprochen, Vertreter eines methodologischen Individualismus ist. „Gruppenverhalten" oder eine „group mind" im Sinne eines eigenständigen, irreduziblen sozialen Phänomens wird in den *Federalist Papers* nicht thematisiert; betrachtet werden vielmehr die Motivationen individueller Personen in Gruppen. Diese Motivationen sind die gleichen, die bei der Betrachtung individuellen politischen Handelns eine Rolle spielen: Leidenschaften, Interessen, Meinungen und Gründe (Vernunft/ reason). Bemerkenswert ist, daß alle vier der genannten Motivationen berücksichtigt werden; ein grundsätzliches Mißtrauen gegen die motivationale Wirksamkeit der Vernunft, wie sie in der Regel David Hume zugesprochen wird, findet sich nicht. Doch finden sich reichlich Hinweise für die Auffassung, daß im Falle des Vorliegens konkurrierender Motivationen – die Vernunft spricht für Entscheidung A, Leidenschaft oder Selbstinteresse sprechen für die Entscheidung B – der Vernunft eine schwächere motivationale Kraft zugesprochen wird als den konkurrierenden Motiven. Desgleichen wird verschiedentlich die Notwendigkeit der Unterstützung von Vernunftmotiven durch andere Motive angesprochen (z.B.: Art. 4: 15f.; Art. 15: 144; Art. 34: 191; Art. 42: 255). Offensichtlich vertritt *Publius* die Auffassung, daß sich diese Tendenz verstärkt, wenn mehrere „Gleichgesinnte" zusammenfinden. So verweist *Publius* z.B. auf das Phänomen der Diffusion von Verantwortung in größeren Gruppen, d.h. die Mißachtung von Forderungen der Gerechtigkeit zugunsten des Eigeninteresses. Die angebotene Erklärung ist ebenso einfach wie überzeugend: „Man muß um den guten Ruf weniger besorgt sein, wenn die Infamie der bösen Tat auf mehrere Menschen verteilt werden kann, und nicht ein einzelner dafür verantwortlich ist" (Art. 15: 86). Anlaß für die Überlegung war die mangelnde Neigung der Einzelstaaten, den mit den Konföderationsartikeln eingegangenen Verpflichtungen nachzukommen; und auf dieser Überlegung basiert *Publius'* Verteidigung der Notwendigkeit einer Unionsregierung mit partiell staatenübergreifender legislativer Kompetenz und einer machtvollen, effizienten Exekutive.

Das entscheidende Argument gegen eine plebiszitär-demokratische Organisation politischer Entscheidungsfindung und für das Repräsentationsprinzip bildet jedoch *Publius'* Auffassung, daß mit zunehmender Anzahl von beteiligten Personen eine Emotionalisierung der Debatte festzustellen ist, die die Deliberationsfähigkeit der entscheidenden Versammlung untergräbt (Art. 55: 337):

„Nichts könnte verkehrter sein, als unsere politischen Überlegungen auf arithmetischen Grundsätzen aufzubauen. Sechzig oder siebzig Männern kann man ein bestimmtes Maß an Macht besser anvertrauen, als sechs oder sieben. Doch folgt daraus nicht, daß die Macht bei sechs- oder siebenhundert proportional besser aufgehoben ist. [...] In Wahrheit ist in allen Fällen wenigstens eine Mindestzahl absolut notwendig, damit freie Beratung und Diskussion untereinander zum Tragen kommen und allzu leichte Zusammenschlüsse mit einem unlauteren Ziel vermieden werden können. Andererseits sollte die Anzahl unterhalb einer gewissen Grenze bleiben, damit Konfusion und Unbeherrschtheit einer großen Menge vermieden werden können. In zahlenmäßig besonders großen Legislativen, ganz gleich aus welchen Persönlichkeiten sie zusammengesetzt sind, hat die Leidenschaft es noch immer vermocht, der Vernunft das Zepter zu entwinden. Auch wenn jeder Bürger Athens ein Sokrates gewesen wäre, so wäre jede gesetzgebende Versammlung Athens dennoch ein Pöbel geblieben."

Man mag diese Auffassung mögen oder nicht, eine gewisse Plausibilität ist ihr schwer abzusprechen – zumal wenn man bedenkt, daß der Sieg der Leidenschaften über die Vernunft offensichtlich auf die *Dynamik sozialer Interaktion* in großen Gruppen zurückgeführt wird. Angestellt wird diese Überlegung in der Verteidigung der Festsetzung der Zahl der Abgeordneten für das Repräsentantenhaus und der Wahlkreisbestimmung im Entwurf der Unionsverfassung. Natürlich gibt diese Beobachtung als solche keinen Aufschluß über die angemessene Zahl der Repräsentanten; aber sie dient der Zurückweisung des Vorwurfs von den Gegnern des Verfassungsentwurfes, daß die vorgeschlagene Zahl der Repräsentanten „zu gering ist, als daß sie ein sicherer Hort für die Interessen der Öffentlichkeit sein könnten". Diese Befürchtung scheint vor allem darauf gegründet, daß große Wahlkreise die Bindung der Repräsentanten an die Bürger/Wähler untergraben und diejenigen Personengruppen unter den Bürgern an die „Macht" bringen, „die am wenigsten Verständnis für die Gefühle des Volkes aufbringen" (Art. 55: 335). Es liegt nahe, hinter diesen Vorwürfen, wie *Publius* sie zitiert, eine identitäre oder authentische Auffassung von Repräsentation zu vermuten, die *Publius'* expertokratischer Auffassung der „permanenten und gemeinsamen Interessen der Gemeinschaft" widerspricht. Doch bewegt sich die nachstehende Diskussion zu keinem Zeitpunkt auf einer solch grundsätzlichen Ebene, sondern bleibt durchgehend auf quantitative Überlegungen beschränkt. Und auf dieser Ebene dürfte es außer Frage stehen, daß die Aufrechterhaltung der Deliberationsfähigkeit einerseits abhängig ist von den Möglichkeiten strategischen Handelns und andererseits nicht unbedingt proportional zur Zahl der Beteiligten steigt – zumindest unter „realen Diskursbedingungen". Sowohl dem Faktionismus als auch der Deliberationsunfähigkeit möchte *Publius* über das Repräsentationsprinzip und große Wahlkreise entgegenwirken: In großen Wahlkreisen – so *Publius'* Überzeugung –, werden sich nur solche Kandidaten durchsetzen, die sich durch Kompetenz und die Vertretung über-lokaler Interessen ausgezeichnet haben und so einem größeren Personenkreis bekannt geworden sind (Art. 10: 54f.). Diese Überlegungen mögen überzeugen oder nicht. Sie zeigen jedenfalls deutlich, daß die Verteidigung des Repräsentationsprinzips, der Einteilung der Wahlkreise sowie ihrer Größe und die Überlegungen bezüglich der Gesamtzahl der Abgeordneten im Repräsentantenhaus auf einer durchaus allgemeinen und systematischen Betrachtung der Motive politischen Handelns beruhen.

Die eben zitierte Stelle sollte in Zusammenhang mit einer Bemerkung gesetzt werden, die *Publius* gegen den Vorschlag Jeffersons einbringt, daß Anträge zur Verfassungsänderung, die mit Zwei-Drittel-Mehrheit von mindestens zwei Gewalten vorgeschlagen werden, und die Korrektur von Verfassungsbrüchen durch die Einberufung eines Konventes (Volksversammlung) zu entscheiden seien. Es ist die Einberufung eines Konventes zur *Korrektur von Verfassungsbrüchen*, die *Publius* in diesem Zusammenhang kritisiert. Das wichtigste der Bedenken lautet, daß den Vertretern der legislativen Gewalt, d.h. der Gewalt, von der am ehesten die Gefahr einer Diktatur der Mehrheit ausgeht, aufgrund ihrer größeren Bekanntheit unter und Vertrautheit mit dem Volk die ausschlaggebende Rolle in einem solchen Entscheidungsverfahren zugesprochen würde. Die Abgeordneten würden die öffentliche Debatte dominieren, sie würden aus Ehrgeiz, Selbstliebe oder anderen leidenschaftsinduzierten Motiven die Entstehung von Faktionen fördern, so daß zu erwarten ist: „Die *Emotionen* der Öffentlichkeit und nicht ihre *Vernunft* würden also zu Gericht sitzen" (Art. 49: 309; Hervorh. im Original). Die von *Publius* vorgeschlagene Alternative besteht in dem System der *checks and balances*, worauf gleich noch einzugehen ist. Doch sei festgehalten, daß sich die Zurückweisung der Übertragung einer Kontrollfunktion an eine Bürgerversammlung – die Legitimationsfunktion wird nicht kritisiert – allgemeinen Überlegungen über die Konstitution der Motive politischen Handelns und die Wirkungen sozialer Interaktion in großen Gruppen verdankt.

Es ist hinlänglich bekannt, daß sich *Publius* die Sicherung der individuellen Rechte und des „permanenten und gemeinsamen Interesse der Gemeinschaft" durch die Gewaltenverschränkung und das Zwei-Kammer-System der Legislative verspricht. Dieses Verfahren dient nicht nur der wechselseitigen Kontrolle, sondern besonders im Hinblick auf die Legislative (Zwei-Kammer-System; Veto-Option des Präsidenten) der Rationalisierung der Entschlußfassung, weil die Kompetenzverschränkung retardierende Momente einbaut, die Raum zur Deliberation eröffnen. Das Funktionieren dieses Systems setzt jedoch voraus, daß sich die einzelnen Gewalten tatsächlich behaupten können – und ihre Vertreter dies wollen. Diese prekäre Gelingensbedingung des Systems der *checks and balances* möchte *Publius* jedoch nicht allein der Vernünftigkeit und Tugendhaftigkeit der Amtspersonen überantworten (Art. 52: 314, Hervorh. C.C.; vgl. auch Art. 72: 440):

„Der beste Schutz vor einer allmählichen Konzentration der verschiedenen Kompetenzen bei derselben Gewalt besteht aber darin, den Amtsinhabern jeder der Gewalten die notwendigen verfassungsmäßigen Mittel *und persönliche Motive* zu geben, Übergriffe der anderen abzuwehren. Dabei müssen, wie in anderen Fällen auch, die Vorkehrungen zur Verteidigung der voraussichtlichen Stärke eines möglichen Angriffes entsprechen. *Machtstreben muß Machtstreben entgegenwirken*. Zwischen dem *persönlichen Interesse* des Amtsinhabers und den *Verfassungsrechten des Amtes* muß ein innerer Zusammenhang bestehen."

Deutlicher als in den Überlegungen zu den Motivationsquellen politischen Handelns in Gruppen, die die Gelingensbedingungen vernunft-motivierter Entscheidungsfindung thematisiert haben, zeigt sich hier das Bestreben, genau diejenigen Motive, die eine Gefährdung der republikanischen Regierungsform aufweisen, dazu zu verwenden, dieses Regierungssystem zu stützen (im gleichen Sinne Herz 1999). Diese Wendung darf zweifellos als Programm der Tugendentlastung verstanden werden. Eine grundsätzliche Verabschiedung der Tugend aus der politischen Theorie darin zu erkennen, scheint jedoch nicht unbedingt berechtigt; dafür sind die elitaristische Tendenz von *Publius'* Verteidigung des Repräsentationsprinzips und das Beharren auf der Deliberationsfähigkeit der politischen Gremien zu ausgeprägt.

Die hier zusammengestellten Überlegungen sind fragmentarisch; aber wenn man auf sie aufmerksam geworden ist, findet sich eine Vielzahl kleiner Anmerkungen und immer wiederkehrender Überlegungs- und Argumentationsfiguren, die berechtigten Anlaß zu der Vermutung geben, daß den institutionentheoretischen Überlegungen von *Publius* – primär stammen sie von Madison, der als Autor des Verfassungsentwurfes gilt – eine zwar nicht systematisch ausgearbeitete, aber in ihren Grundzügen einigermaßen geschlossene praktische Anthropologie zugrundeliegt. Es mögen nicht alle Überlegungen – und vor allem nicht alle Explikationen und Erklärungen – überzeugen, aber es ist unverkennbar, daß sich diese Überlegungen dem Bemühen verdanken, eine „realistische", erfahrungsgestützte Anthropologie zu entwikkeln, die sich für die praktischen Interessen der politischen Theorie sinnvoll verwenden läßt.

V. Nachgedanke

Viele Überlegungen von *Publius* scheinen einerseits vertraut und teilweise intuitiv überzeugend, andererseits vor dem Hintergrund der modernen Soziologie ein wenig trivial. Aber man sollte nicht vergessen, daß die *Federalist Papers* zu einer Zeit verfaßt wurden, als sich die Geistes*wissenschaften* als deskriptive Disziplinen erst zu entwickeln begannen. Da so viel von „Erfahrung" die Rede war, soll nicht verhehlt werden, daß die Intentionen von *Publius* – betrachtet man die Entwicklung des us-amerikanischen politischen Systems – nicht aufgegangen sind. Man kann berechtigterweise der Ansicht sein, daß die Entwicklung des us-amerikanischen politischen Systems, vor allem der kaum noch als Schatten-Institution zu bezeichnende Lobbyismus und die damit verbundenen korporatistischen Strukturen sowie die für Europäer immer wieder erstaunliche Entpolitisierung der Politik, die methodologischen und anthropologischen Überlegungen von *Publius* als unzutreffend oder unzureichend erweist. Ist damit zugleich der methodologisch-anthropologische Ansatz von *Publius* und der Versuch einer Verbindung von explanatorischer praktischer Anthropologie und praktischer politischer Theorie gescheitert? – Ich würde sagen: Eher nein als ja! Unabhängig von dem Problem, daß das motivationspsychologische Vokabular und seine Explanationsschemata einer gewissen Überarbeitung bedürfen,[11] scheint Publius ein strukturelles Problem übersehen zu haben, auf das J. Schumpeter in *Kapitalismus, Sozialismus und Demokratie* aufmerksam macht: Ein republikanisches Regierungssystem, wie Hamilton, Madison und Jay es sich erhofften, setzt ein gewisses Maß an „politischer Tugend" der Politiker voraus – was *Publius* nicht nur zugesteht, sondern in seinem Elitarismus geradezu betont. Aber die politische Tugend bedarf der Pflege. Schumpeters nüchterne deskriptive Analyse des demokratischen Systems zeigt, inwiefern die Demokratie – ebenso wie der Kapitalismus – aus strukturellen Gründen dazu neigt, ein „Rekrutierungsproblem" seines (idealen) Personals aufzuweisen, weil ihre Funktionsweise (Tugendentlastung) ihre Voraussetzungen (Tugendhaftigkeit) untergräbt. Man wird dieses strukturelle Moment schwerlich als alleinige Ursache der faktischen Entwicklung auszeichnen können, aber gänzlich negieren wird man es auch nicht können. Daher wird man, vorausgesetzt, daß man das republikanische Ideal von *Publius* nicht aus normativen Gründen für ablehnenswert erachtet, und daß man weiterhin eine etwas modernisierte Version eines methodologisch-individualistischen Erklärungsansatzes nicht aus wissenschaftstheoretischen Gründen ablehnt, kaum um die Frage herumkommen, ob und inwiefern demokratietheoretische Überlegungen – contra *Publius* – nicht doch das Moment der „politischen Erziehung" berücksichtigen müßten – gerade wenn sie *individualistisch* und deliberativ orientiert sind.

---

11 Als moderne Vertreter eines solchen anthropologischen Ansatzes könnten Jon Elster oder Albert O. Hirschmann genannt werden.

Politik als „ausübende Rechtslehre"
Zum Politikverständnis Immanuel Kants

Bernd Ludwig

I. Philosophie und Politik

Immanuel Kant hat lange ein Schattendasein im Rahmen von Erörterungen über Politik geführt, und auch in den modernen juristischen Darstellungen der Rechtsphilosophie wird man des öfteren ein Kant-Kapitel vergebens suchen. Machiavelli, Montesquieu und Tocqueville etwa auf der einen, Hobbes, Locke und Hegel auf der anderen ziehen in der Periode der Neuzeit die maßgebliche Aufmerksamkeit von Politikwissenschaftlern und Juristen auf sich und lassen Kant somit eher als eine Randfigur erscheinen. Außerhalb der Anstrengungen der akademischen Philosophie wird die politische Dimension des Kantischen Denkens ohnehin schnell reduziert auf die „Idee des *Ewigen Friedens*", das Revolutionsverbot und den „Grundsatz der Publizität", und es ist möglicherweise in erster Linie nur der Popperschen Schrift *Die Offene Gesellschaft und Ihre Feinde* zu verdanken, daß Kant in der zweiten Hälfte des 20. Jahrhunderts überhaupt in den öffentlichen politischen Debatten auch außerhalb von erbaulichen Festreden Erwähnung fand.

Dies hat zwei voneinander unabhängige Gründe. Der erste liegt in der Rezeptionsgeschichte: Seit Ihrem Erscheinen gilt Kants bedeutendste einschlägige Schrift, seine „Rechtslehre", der erste Teil seiner *Metaphysik der Sitten*, als eines seiner eher zweitrangigen Werke: „übrigens alte Hefte; ohne Klarheit" heißt es bereits in Johann Gottlieb Fichtes Rechtslehre von 1812 und dieses Urteil wird mindesten hundert Jahre lang mehr oder weniger unverändert weitergereicht. Der sachliche Grund für dieses Urteil ist nicht zuletzt in der äußeren Gestalt der Rechtslehre zu finden, denn das Werk sperrt sich gegen das Verstehen wie kaum ein anderes des ohnehin nicht leichtverständlichen Autors. Der Verdacht, daß es sich folglich um ein mit unzureichender Kraft zustande gekommenes Alterswerk Kants handelt, bot eine naheliegende Erklärung, die ihrerseits freilich zugleich die Motivation für eine intensive Beschäftigung mit der Schrift um ein Weiteres reduzierte. Es sind daher zumeist die drei als „kleinere politische Schriften" klassifizierten, mehr oder weniger aktuellen Anlässen geschuldeten Beiträge *Über den Gemeinspruch ‚Das mag in der Theorie richtig sein, taugt aber nichts für die Praxis'*, *Zum Ewigen Frieden* und *Der Streit der Fakultäten* von denen Kants maßgebliche Beiträge zur Politik erwartet werden. Eine systematische Theorie des Staates oder der Politik ist ihnen freilich nicht ohne Weiteres zu entnehmen. In den siebziger Jahren unseres Jahrhunderts gab es sogar den verzweifelten Versuch, wesentliche Züge von Kants ‚Politischem Denken' in der ästhetischen Theorie des Gemeinsinnes der *Kritik der Urteilskraft* festzumachen (etwa Arendt 1985; vgl. dazu Gerhardt 1991: 316ff).

Seit nunmehr etwa zwanzig Jahren zieht die Kantische Rechtslehre jedoch wieder vermehrt das Interesse auf sich, denn die Einsicht in ihre philosophische Qualität setzt sich gegenüber den Rezeptions-Hemmnissen mehr und mehr durch.[1] Es kommt hinzu, daß mittlerweile gewichtige Gründe dafür sprechen, daß die Unzugänglichkeit der späten Schrift sich weniger einer nachlassenden Geisteskraft ihres Autors, als vielmehr einer mißglückten Drucklegung verdankt (vgl. Kant 1998[2]). Die *Rechtslehre* ist im Begriff, sich nach nunmehr zweihundert Jahren endlich ihren angemessenen Platz im Kantischen Opus zu erobern: Sie wird erkennbar als die Summe einer mehr als vierzigjährigen, kontinuierlichen Beschäftigung mit Fragen der Rechts- und Staatsphilosophie. Und was hinzukommt: es wird deutlich erkennbar, daß sie zugleich auch einen Betrag zur kritischen Diskussion der Französischen Revolution als eines *politischen* Ereignisses darstellt.

Der zweite Grund einer über lange Zeit hinweg eher zurückhaltenden Rezeption – insbesondere im Bereich der politischen Wissenschaften – liegt darin, daß das eigentlich „Politische" – worin auch immer man es zunächst lokalisieren möchte –, bei Kant nicht recht zur Darstellung gelangt. Ob man Politik mit Niccolò Machiavelli als Zügelung der *fortuna* oder mit Max Weber als Eröffnung kollektiver Handlungschancen begreift, oder ob man dem „Politischen" gar eine eigene Dimension im Rahmen der Humaniora zuweist: Kants ausdrückliche Behandlung des Themenbereichs ist eher marginal, denn die Politik ist bei ihm durchweg bestimmt als ein *öffentliches* Handeln im Dienste des *Rechts*, als „ausübende Rechtslehre" (*EF* VIII 370)[2]:

„Das Recht muß nie der Politik, wohl aber die Politik jederzeit dem Recht angepaßt werden" (VIII 429) lautet die zentrale Maxime Kants, die angesichts jenes instrumentellen Umgangs, welchen die moderne Politik mit dem Recht pflegt, wie aus längst versunkenen Zeiten herüberklingt:

„Die politische Maximen müssen nicht von der aus ihrer Befolgung zu erwartenden Wohlfahrt und Glückseligkeit eines jeden Staats, also nicht vom Zweck, den sich ein jeder derselben zum Gegenstande macht, (vom Wollen) als dem obersten (aber empirischen) Princip der Staatsweisheit, sondern von

---

1 Wobei es freilich auch an kritischen Stimmen nicht fehlt, siehe etwa Franco Zottas Vorwort (‚Kant und der Besitzindividualismus') zur Neuauflage von: Saage (1994).

2 Kants Werke werden – wie allgemein üblich – nach der sogenannten *Akademie Ausgabe* (Berlin 1900ff.) mit römischer Band- und arabischer Seitenzahl zitiert. Der leichteren Orientierung wegen werden dabei noch folgende Kürzel vorangestellt: G (*Über den Gemeinspruch*, 1793), R (*Die Religion in den Grenzen der bloßen Vernunft*, 1793), EF (*Zum Ewigen Frieden*, 1795), RL (*Metaphysische Anfangsgründe der Rechtslehre* 1797), SF (*Der Streit der Fakultäten*, 1798).

dem reinen Begriff der Rechtspflicht (vom Sollen, dessen Princip a priori durch reine Vernunft gegeben ist) ausgehen, die physische Folgen daraus mögen auch sein, welche sie wollen. [...] Fiat iustitia, pereat mundus" (*EF* VIII 378f.).

Kant geht sogar ausdrücklich davon aus (s.u.), daß politisches Handeln im Wesentlichen nicht mehr als eine spezifische Form der Administration des Rechts ist, sofern diese den Besonderheiten der jeweils einschlägigen Probleme sowie den lokalen, epochalen und damit kulturellen Anwendungskontexten gerecht wird.

Eine Erörterung von Kants Verständnis der Politik muß damit bei einer Darstellung seiner Rechtsphilosophie beginnen, und diese ist wiederum – womit freilich noch ein weiteres Rezeptionshindernis ins Spiel kommt[3] – ohne ein zumindest elementares Verständnis der Kantischen „Kritischen Philosophie" als Ganzer nicht angemessen möglich: Die eigentliche Leistung Kants im Bereich der gesamten praktischen Philosophie (in Ethik und Rechtsphilosophie, und damit auch in der Politik) besteht nämlich weniger in der Entdeckung neuer Prinzipien, Theoreme oder institutioneller Vorschläge, als vielmehr in einer neuen theoretischen Durchdringung der Grundlagen, welche es seinerzeit erstmals erlaubte, die theologische Fundierung von Ethik und Rechts durch eine genuin philosophische zu ersetzen (auch wenn gemeinhin in erster Linie die Entdeckung gerade der „Formel" des Kategorischen Imperativs als wichtigste Pioniertat im öffentlichen Gedächtnis geblieben ist). Ein ausführlicher Bericht über Kants einzelne Beiträge zu den politischen Debatten seiner Zeit würde daher gerade die spezifische synthetische Leistung nicht zum Vorschein bringen.

Bevor ich zu einer Erörterung der Grundlagen von Kants Theorie der Politik übergehe, möchte ich zunächst noch zur Bestätigung einiger der bisherigen Behauptungen kurz das Wortfeld ‚politisch' bei Kant abstecken. Es ist nicht ohne Pointe, daß der Begriff „politisch" bei Kant zum ersten Mal in der Schrift *Die Religion in den Grenzen der bloßen Vernunft* (1793), also in der philosophischen *Religionslehre* eine über das bloß Episodische hinausgehende Bedeutsamkeit erlangt. „Politisch" ist hier der Gegenbegriff zu „moralisch" (bzw. ethisch),[4] und er grenzt den Bereich der einer äußeren Gesetzge-

---

3 Es ist nicht zuletzt John Rawls' Anspruch, Kants praktische Philosophie dadurch für eine ‚moderne' Theorie der Gerechtigkeit fungibel zu machen, daß er an deren liberale Intuitionen anknüpft, aber die ‚metaphysische' Grundlegung durch ein im Diskurs des zwanzigsten Jahrhunderts anschlußfähigeres, anthropologisches Begründungsprogramm ersetzt (vgl. Rawls 1971: § 40; ähnlich Höffe 1990: Kap. 4). In durchaus verwandter Absicht hatte bereits zuvor Julius Ebbinghaus die Auffassung vertreten, die Rechtslehre sei von Kants transzendentalphilosophischen Voraussetzungen weitgehend unabhängig und von daher in modernen Debatten unmittelbar anschlußfähig (Ebbinghaus 1988: 297f.).

4 Kants Sprachgebrauch bezüglich „ethisch" und „moralisch" ist nicht eindeutig. Einerseits wird „moralisch" als Gegenbegriff zu „natürlich" (im Sinne von „naturgesetzlich") gebraucht und bezieht sich somit auf alle Verbindlichkeit beanspruchenden menschlichen

bung zugänglichen Handlungssphäre des Menschen von der ausschließlich der eigenen Gewissenskontrolle unterworfenen Sphäre der Gesinnung ab *(R VI 95)*:

„Ein rechtlich-bürgerlicher (politischer) Zustand ist das Verhältniß der Menschen untereinander, so fern sie gemeinschaftlich unter öffentlichen Rechtsgesetzen (die insgesammt Zwangsgesetze sind) stehen. Ein ethisch-bürgerlicher Zustand ist der, da sie unter dergleichen zwangsfreien, d.i. blossen Tugendgesetzen vereinigt sind."

Die im engeren Sinne moralische, ethische und die politische Sphäre bleiben begrifflich wie der Sache nach dabei strikt getrennt.

„Ein ethisches gemeines Wesen also, als Kirche, d.i. als bloße Repräsentantin eines Staats Gottes, betrachtet, hat eigentlich keine ihren Grundsätzen nach der politischen ähnliche Verfassung. [...] Sie würde noch am besten mit der einer Hausgenossenschaft (Familie) unter einem gemeinschaftlichen, obzwar unsichtbaren, moralischen Vater verglichen werden können" *(R VI 102)*.

Die politische Gemeinschaft ist (das wäre etwa sowohl gegen Aristoteles als auch z.B. gegen Leibniz zu betonen) umgekehrt gerade *keine* Tugendgemeinschaft (ebd. 96):

„Der Bürger des politischen gemeinen Wesens bleibt also, was die gesetzgebende Befugniß des letztern betrifft, völlig frei: ob er mit andern Mitbürgern überdem auch in eine ethische Vereinigung treten, oder lieber im Naturzustande dieser Art bleiben wolle."

Auch ethische, also nicht-politische Gesetze nicht-politischer Gemeinschaften können gleichwohl *öffentliche* sein, wie es etwa die jeweils partikularen Bekenntnisinhalte christlicher Kirchen sind. Doch es kommt hier ein weiterer, wichtiger Unterschied zum Tragen *(R VI 96)*:

„Übrigens, weil die Tugendpflichten das ganze menschliche Geschlecht angehen, so ist der Begriff eines ethischen gemeinen Wesens immer auf das Ideal eines ganzen aller Menschen bezogen, und darin unterscheidet es sich von dem eines politischen."

Handlungsregeln (im Gegensatz zu bloß technischen Vorschriften, die nur Zweck-Mittel Formulierungen von deskriptiven Grundsätzen darstellen, sc. ‚*Wenn* Du ein Haus kaufen willst, *dann* mußt Du einen Vertrag unterschreiben'). „Moralisch" ist in diesem Sinne der Oberbegriff zu „ethisch", und „rechtlich" (bzw. „juridisch"), die „Moral" entsprechend die Gesamtheit aller verbindlichen Normen in Ethik (bzw. Tugendlehre) und Recht (die „Moralphilosophie" in diesem weiten Sinne heißt bei Kant auch „Sittenlehre" bzw. „Metaphysik der Sitten"). Andererseits wird aber „moralisch" speziell auf die (im genannten Sinne) *ethischen* Verbindlichkeiten bezogen, wenn Kant etwa zwischen Legalität (bloß-äußerlich pflichtkonformes Handeln) und Moralität (Handeln um der Pflicht willen) unterscheidet. Um der begrifflichen Klarheit willen werde ich im folgenden den Terminus „moralisch" ausschließlich im erstgenannten Sinne eines Oberbegriffes zu „rechtlich" und „ethisch" verwenden und zudem heutzutage wohletablierte, aber im Rahmen der *Kantischen* Terminologie schlicht widersinnige, Ausdrücke wie z.B. „Rechts-Ethik" meiden.

Die *politische* Gemeinschaft ist für Kant somit eine *partikulare* (oder auch: lokale) *öffentliche Zwangs*ordnung unter äußeren Gesetzen, die auf *universale* und *ethisch-moralische* Unterordnung keinen Anspruch erhebt. Die Etymologie von „Politisch" weist bei Kant folglich auf die *polis*, d.i. auf die innere (rechtliche) Einheit einer Gemeinschaft und nicht etwa auf den *polemios*, den andersgearteten äußeren Feind derselben zurück.

Neben dieser Entgegensetzung von Politik und Moral ist von vornherein die *positive* Bezogenheit der Kantischen Politik auf den Staat als Rechtsinstitution unübersehbar. Der Gegenstandsbereich der Politik ist die Gewaltausübung unter Menschen. Doch selbstredend ist für Kant nicht schon jede Form der Durchsetzung von Gewalt bereits eine Art von Politik, sondern sein Begriff der Politik ist von vornherein auf den einer Gewaltausübung *durch* die öffentliche, d.i. staatliche Gewalt beschränkt. Eine Widersetzung gegen diese Staatsgewalt z.B. wird ihrerseits nicht etwa bereits politisch, nur weil sie sich selbst *gegen* eine ihrerseits *politische* Gewalt richtet. Diese Identifikation von politischer (im Sinne Kants: rechtlicher) und staatlicher Gewalt ist hierbei unmittelbarer Ausdruck der auf Hobbes zurückgehenden Einsicht, daß jenseits der staatlichen, d.i. jenseits einer öffentlichen, autorisierten Gewalt, die Unterscheidung von Recht und Unrecht im strengen Sinne gegenstandslos wird:

„Where there is no common power, there is no law: where no law, no injustice," hieß es im *Leviathan* (Kap. XIII, Abs. 13), und bei Kant findet diese Stelle ihr fernes Echo in der Behauptung, daß der *natürliche*, d.h der Zustand außerhalb einer öffentlichen Gesetzgebung, „nicht eben darum ein Zustand der Ungerechtigkeit *(iniustus)* [war], einander nur nach dem bloßen Maße seiner Gewalt zu begegnen; aber es war doch ein Zustand der Rechtlosigkeit *(status iustitia vacuus)*" (*RL* VI 312).

Wenn die Politik dem Recht „angepaßt werden" muß, wenn Politik „ausübende Rechtslehre" (s.o.) ist, dann kann – wie wir sehen werden – unter Kantischen Voraussetzungen nur der *Staat* als Administrator des Rechts *politisch* handeln. Kants Theorie der Politik ist daher in erster Linie ein Versuch, Politik als Realisierung von – und Handeln in – Institutionen der Rechtsverwirklichung zu begreifen. Es wird sich zeigen, daß Kant dabei sogar so weit geht, nicht nur z.B. die Notwendigkeit der Abschaffung von Adelsprivilegien, sondern selbst eine solche Form politischer Institutionen, die gemeinhin als historisch-kontingente Resultate des Kampfes um die Beschränkung souveräner Willkür angesehen werden, a priori aus der Idee des Rechts abzuleiten: Die Gewaltenteilung der modernen republikanischen Verfassungen. Andererseits wird man jedoch zu zentralen Fragen heute aktueller politischer Debatten, wie etwa zum Problem des Sozialstaats oder des Staatsbürgerrechts, aus Kants Theorie gerade keine unmittelbaren Beiträge ableiten können. Es wird im Folgenden darum gehen, dem spezifisch Kantischen Begriff von Politik als „ausübende Rechtslehre" ein deutliches Profil zu verleihen, und damit dessen Reichweite und Grenze bestimmbar zu machen.[5]

II. Der Mensch ist Person

Am 8. November 1723 erhielt der Philosoph Christian Wolff eine Kabinettsordre, die ihm befahl, „daß er binnen 48 Stunden nach Empfang dieser Ordre die Stadt Halle und alle unsre übrige Königl. Lande bey Strafe des Stranges räumen sollte". Das Delikt, welches diesen wohl berühmtesten Professor der Stadt Halle hätte an den Galgen bringen können, war nichts anderes, als dies, daß er eine Philosophie lehrte, die im Rufe stand, dem Fatalismus Vorschub zu leisten. Wolff hatte – wie zuvor bereits Spinoza – einen physisch-mechanischen Determinismus vertreten, dessen absolute Notwendigkeit die Behauptung der menschlichen Freiheit jedes Sinnes beraubt – so zumindest der Vorwurf seiner Pietistischen Gegner (vgl. Bianco 1989: 111ff.). Die Vertreibung Wolffs aus Halle (er flüchtete in das protestantische Marburg) war eines der einschneidendsten Ereignisse in der äußeren Philosophiegeschichte des 18. Jahrhunderts, und die zugrundeliegende Frage nach der Vereinbarkeit der Idee der menschlichen Freiheit mit dem Determinismus der modernen (Newtonischen) Naturwissenschaften stand fortan weithin an erster Stelle der philosophischen Tagesordnung. Es ist daher kein Zufall, daß Immanuel Kant in einem der Entwürfe seiner *Preisschrift über die Fortschritte der Metaphysik seit Leibnizens und Wolf's Zeiten* nachdrücklich auf die systematische Wichtigkeit dieser Frage für gerade seine Philosophie hinweist (XX 335):
„Ursprung der critischen Philosophie ist Moral, in Ansehung der Zurechnungsfähigkeit der Handlungen."
Die „critische", d.i. die Kantische Transzendentalphilosophie mit ihren ja durchaus befremdlichen Lehren von Raum und Zeit als „Formen der sinnlichen Anschauung a priori", von der „Deduktion der Kategorien", vom „Ding an sich selbst betrachtet" usw. ist somit – neben vielem anderen – in erster Linie der Versuch, eine Antwort auf die Frage zu liefern, wie der Mensch sich im Geflecht der Naturkausalität als eine freie Ursache *(causa libera)* seiner Handlungen begreifen kann, kurz: wie es (denk-)möglich ist, Menschen ihre Handlungen *zuzurechnen.* Wie können wir unsere Praxis der *Rechtferti-*

---

5   Eine andere Perspektive wählt Volker Gerhardt, der mit Kant eine umfassende Theorie der Politik entfaltet (vgl. Gerhardt 1995). Die hier gegebene Darstellung ist nicht als ein Gegenentwurf zu lesen, sondern sie versucht vielmehr, allein jenen *Kern* des Kantischen Politikverständnisses herauszuarbeiten, der sich aus den speziellen *philosophischen* Voraussetzungen Kants herausschälen läßt. Dies geschieht durchaus mit der Absicht, gerade die Besonderheit (und damit auch das heutzutage möglicherweise Befremdliche) der Kantischen Position deutlich zu machen.

gung unserer Handlungen durch Gründe – und unserer korrespondierenden Ansprüche an das Handeln anderer – überhaupt *begreiflich* machen, wenn sie doch als Naturphänomene determiniert sind? Mit dem Freiheitsproblem bewegen wir uns daher bereits im unmittelbaren Umkreis des Kantischen Politik (*EF* VIII 372):

„Freilich, wenn es keine Freiheit und darauf gegründetes moralisches Gesetz giebt, sondern alles, was geschieht oder geschehen kann, bloßer Mechanism der Natur ist, so ist Politik (als Kunst, diesen zur Regierung der Menschen zu benutzen) die ganze praktische Weisheit und der Rechtsbegriff ein sachleerer Gedanke."

Die Leistung der Kantischen Transzendentalphilosophie hinsichtlich dieser Frage besteht ihrem Anspruch nach darin, daß sie einen *begrifflichen* Ort für die Rede von einer Kausalität jenseits der raum-zeitlichen Ordnung der Natur erschließt, und es so ermöglicht, eine durchgängige Naturkausalität und eine „Kausalität aus Freiheit" als widerspruchslose Einheit zu *denken* (nicht hingegen: „*vorzustellen*", das wäre zuviel verlangt!). Es ist hier selbstredend nicht der Ort, die Kantische Lösung vorzustellen und gar auf ihre logische Konsistenz, ihre Plausibilität und sachliche Angemessenheit hin zu prüfen. Die Implikationen für die praktische – und damit schließlich auch für die politische – Philosophie sind aber in den Grundzügen leicht zu explizieren, und nur vor deren Hintergrund kommen die eigentlichen Leistungen (und auch die Grenzen der Reichweite) der Kantischen Theorie zum Ausdruck.

Die eigentliche Pointe der Kantischen Argumentation liegt darin, daß sich die menschliche Freiheit nur dann begreifen läßt, wenn man sie als eine *Ursache*, und damit als gemäß einem spezifischen *Kausalgesetz* wirkend auffaßt. Ist die Natur jedoch kausal geschlossen – und wir gehen von dieser Annahme aus, wenn immer wir Naturphänomene einschließlich des menschlichen Handelns *erklären* – dann können wir die spezifische *freie* Ursache menschlichen Handelns nicht im Naturzusammenhang *erkennen* (sie müßte sich sonst schließlich zumindest *negativ* als eine Art Lücke im äußeren Kausalzusammenhang zeigen). Kant geht ferner davon aus, daß er in der *Kritik der reinen Vernunft* den Nachweis geliefert hat, die Rede von Verursachung werde nicht schon dadurch sinnlos, daß sich die infrage stehende Ursache nicht in der sinnlichen Anschauung vorstellen läßt (z.B. durch präzise Lokalisierung in Raum und Zeit, wie z.B. das Ereignis der Berührung von zwei Billardkugeln beim Stoß). Die durch Kants „transzendentalen Idealismus" eröffnete Möglichkeit, den Begriff einer „intelligiblen Ursache" einzuführen, ist das Tor, durch welches die Menschliche Freiheit wieder hereinkommen kann. Doch diese Freiheit läßt sich freilich nur *erschließen*, nicht aber auch anschaulich „vorstellen" (doch das ist für praktische, d.h. das Handeln betreffende Zwecke Kant zufolge auch gar nicht erforderlich).[6] Angesichts dessen, daß die Begriffe Ursache und (Kausal-)Gesetz wechselseitig aufeinander verweisen (auch das ist ein Theorem der Transzendentalphilosophie), ist der Mensch somit darauf angewiesen, seine eigene Freiheit aus demjenigen Gesetz zu erschließen, gemäß dem eine *causa libera* wirken kann. Nimmt man nun den Gedanken hinzu, daß dieses Gesetz *voraussetzungsgemäß* kein Naturgesetz sein kann (sonst würde die Freiheit wieder im Netz der Naturkausalität verschwinden), dann kann (auch für diesen Argumentationsschritt sind freilich wieder besondere Anleihen in der theoretischen Philosophie Kants zu machen) das Gesetz der Freiheit nur ein formales sein, und dies ist gerade das „Gesetz für alle vernünftigen Wesen, sofern sie überhaupt einen Willen, d.i. ein Vermögen haben, ihre Kausalität durch die Vorstellung von Regeln zu bestimmen" (*KpV* § 7 Anm.; V 30). Und dies ist – so wäre zu ergänzen – nicht etwa durch die Natur bestimmt. Der hinlänglich bekannte „Kategorische Imperativ", die Imperativ-Formel dieses Gesetzes, lautet (ebd.): „Handle so, daß die Maxime deines Willens jederzeit zugleich als Princip einer allgemeinen Gesetzgebung gelten könne."

Jedes Wesen (und insbesondere jeder Mensch), das sich selbst als frei begreift oder das von anderen als frei angesehen zu werden beansprucht, kann dies – und darin besteht der Grundgedanke der Kantischen Moralphilosophie – einzig unter der Voraussetzung tun, daß es sich dem Anspruch ebenjenes Gesetzes unterworfen betrachtet. Kurz: Wer sich und anderen Handlungen *zurechnet,* setzt immer schon voraus, daß das genannte „Gesetz für alle vernünftigen Wesen" für ihn und für andere *verbindlich ist.* Alle weitere Rede von Verbindlichkeit, verlöre ihren Sinn, wenn diese erste Verbindlichkeit nicht bestünde, denn wir können uns nur als frei begreifen, *sofern* wir uns als dem Gesetz einer *causa libera* unterworfen ansehen. Daß der Mensch „Person" ist, heißt traditionell nichts anderes, als daß er ein der Zurechnung *(imputatio)* fähiges Wesen ist (*RL* VI223), und Kant erhebt nun den Anspruch, *bewiesen* zu haben, daß dies gleichbedeutend damit ist, daß er ebenjenen moralischen Ansprüchen unterworfen ist, welche der kategorische Imperativ formuliert. Es gilt an dieser Stelle eigens festzuhalten, daß die Formel des Kategorischen Imperativs, d.i. das Prinzip der Verbindlichkeit, von Kant *nicht* aus irgendwelchen Rationalitätsbedingungen menschlichen Handelns, irgendwelchen Universalisierbarkeitsforderungen („Was Du nicht willst, daß man Dir tut...") oder gar den wünschbaren Konsequenzen, die aus dessen Befolgung zu erwarten sind, abgeleitet werden. Es handelt sich auch nicht um ein pragmatisches Prinzip gelingender menschlicher Verständigung

---

6 Kants Theorie trägt damit dem scheinbar paradoxen „Er hätte anders handeln können, wenn er anders gewollt hätte – und er hätte anders wollen können, wenn er nicht gerade *er* gewesen wäre!" vorzüglich Rechnung: Möglicherweise hätte der Betroffene als der, der er *ist,* tatsächlich nicht anders gekonnt. Aber wir können uns definitiv keine *raum-zeitlich lokalisierbare* Ursache vorstellen, die ebendies unvermeidlich machte.

über moralische Sachverhalte. Die Formel artikuliert einzig das Prinzip, unter dem Menschen *sich selbst* als *selbstbestimmte* (nicht bloß triebgesteuerte) Wesen verstehen können, als Wesen, deren *Verhalten* als ein der *Rechtfertigung* (und nicht nur der Erklärung und Entschuldigung) fähiges *Handeln* begriffen werden kann.

Es ist unumgänglich, hierauf noch einmal ausdrücklich hinzuweisen, weil sich dieser „Argumentationsstil" bis in die letzten Konsequenzen der Kantischen Rechtsphilosophie nicht ändern wird. Bis hin zum oben bereits erwähnten Prinzip der Gewaltenteilung werden die wesentlichen Bestimmungen des Staatsbegriffs nämlich von Kant auf dieser schmalen – aber dafür der Intention nach um so stärkeren – Argumentationsgrundlage entwickelt: Der Staat, die „Vereinigung einer Menge von Menschen unter Rechtsgesetzen" (*RL* VI 313), *ist* die institutionelle Sicherstellung von jenen Bedingungen, unter denen Menschen ihr wechselseitiges Verhalten als Handeln von *sich selbst bestimmenden Personen* begreifen und somit überhaupt erst rechtfertigen können. Und das, was die „Idee" des Staates ausmacht, muß sich daher im Wesentlichen allein aus dieser Bestimmung ableiten lassen. Das ist das Kantische Programm, welches die Grundlage seiner Theorie der Politik darstellt. Gerade in der angelsächsischen Kant-Literatur wird dieser Grundgedanke fast durchgängig mit konsequentialistischem Beiwerk überformt, womit fraglos die Anschlußfähigkeit an aktuelle Debatte erhöht wird, aber die Eigenwilligkeit und Radikalität des Begründungsprogramms zumeist aus dem Blick gerät.[7]

III. Recht und Eigentum

„Der Inbegriff der Gesetze, für welche eine äußere Gesetzgebung möglich ist, heißt die Rechtslehre" (*RL* VI 229).

Es wurde schon oben darauf hingewiesen, daß Kant (hierin freilich der Tradition von Pufendorf und Thomasius folgend) das Recht durch dessen gänzliche Äußerlichkeit gegenüber der Ethik abgrenzt. Die Rechtslehre, der

---

7 Siehe exemplarisch etwa Pogge (1988) oder auch Höffe (1990). – Charakteristisch für diese Richtung der Kant-Interpretation ist, daß sie fast nie mit dem auskommt „was dasteht", sondern stets den Autor mit (zumeist konsequentialistischen, auf ‚universale' Interessen zurückgreifende) Argumentationen unterstützt, für die es bei Kant gerade *keine* Vorbilder gibt, die aber stattdessen in den *aktuellen* philosophischen bzw. politischen Debatten bereits etabliert sind. Die Feststellung allein, daß die Kantische Theorie sich von diesen modernen „Kantianismen" grundsätzlich *unterscheidet*, entscheidet selbstverständlich noch nicht die Frage, ob sie diesen letztlich in irgendeiner Hinsicht *überlegen* ist. Eine *Nivellierung solcher* Unterschiede erstickt jedenfalls das kritische Potential der Philosophie- bzw. Ideengeschichte generell.

erste Teil der *Metaphysik der Sitten*, bezieht sich auf jene moralischen Verbindlichkeiten (vgl. *RL* VI 230), die *äußere* Handlungen („äußere Willkür") betreffen, d.i. wohlbestimmte Handlungen, sofern diese mit denen anderer Personen kollidieren und somit auch von diesen verhindert werden können.[8]

„Eine jede Handlung ist Recht, die oder nach deren Maxime die Freiheit der Willkür eines jeden mit jedermanns Freiheit nach einem allgemeinen Gesetze zusammen bestehen kann. Wenn also meine Handlung, oder überhaupt mein Zustand mit der Freiheit von jedermann nach einem allgemeinen Gesetze zusammen bestehen kann, so thut der mir Unrecht, der mich daran hindert; denn dieses Hinderniß (dieser Widerstand) kann mit der Freiheit nach allgemeinen Gesetzen nicht bestehen."

Wie anläßlich dieser Formulierung – und auch durch die Architektonik der *Metaphysik der Sitten* als Ganzer (vgl. VI 221) – deutlich wird, ist der durch das Handlungsprädikat „recht" bestimmte Handlungszusammenhang derjenige, in dem Personen *als Personen* äußerlich handeln. Und es wird zugleich noch ein weiteres deutlich: „die Vernunft sagt nur, daß sie [sc. meine Freiheit] in ihrer Idee darauf [d.i. auf die ‚rechten' Handlungen] eingeschränkt sei und von andern auch thätlich eingeschränkt werden dürfe".

Mit diesen wenigen Worten leistet Kant den Überschritt von der allgemeinen Moral zum zwangsbewehrten Recht: Menschen, sofern sie sich als Personen begreifen (und beanspruchen auch von anderen als solche behandelt zu werden) müssen sich in ihren Handlungen auf die *äußeren*, formalen Bedingungen allgemeiner Gesetzlichkeit einlassen. In der von Kant bemühten Sprache der „Verbindlichkeit" heißt das: Sie sind „in der Idee" darauf eingeschränkt. Wer folglich im Namen seiner Freiheit gegen Zwangsmaßnahmen anderer aufbegehrt oder selbst Zwang gegen andere ins Werk setzt, wer darauf beharrt, daß *er* und *andere* befugt oder nicht befugt sind, etwas zu unterlassen, bzw. zu tun, steht damit immer schon unter dem Gebot des oben zitierten *Rechtsgesetzes*. Und da seine Freiheit als *causa libera* nicht weiter reicht, als das, was gemäß diesem „Gesetz intelligibler Freiheit" bewirkt werden kann, ist die Verhinderung aller jener Handlungen, die im Sinne obiger Definition „unrecht" sind, selbst keine Hinderung seiner Freiheit, und damit selbst „recht" (*RL* VI 231). Unter der Kantischen Voraussetzung, daß wir unsere Freiheit nur insoweit kennen, wie wir uns als dem moralischen Gesetz unterworfen ansehen, sind die – zu Recht – sehr knappen Erörterungen zu Begriff und Definition des Rechts nichts weiter, als semantische Explikationen. Zieht man nun noch einmal jene zentrale, definitorische Begriffsbestimmung heran, daß das Recht sich *nur* auf die *äußere* Übereinstimmung der menschlichen Handlungen bezieht, dann erschließt sich der Kantische

---

8 Entsprechend sind jene Verbindlichkeiten, deren Befolgung nicht von einer *äußeren* Gesetzgebung sichergestellt werden kann (weil sie entweder bloße Gewissenspflichten [z.B. Lauterkeit] oder Pflichten mit unspezifischem Inhalt [z.B. Wohltätigkeit] betreffen) Gegenstand der *Tugendlehre*.

Rechtsbegriff vollständig: Da die Konformität von *Gesinnung* und Gesetz nicht Gegenstand einer solchen *äußeren* Gesetzgebung sein kann (und Gesinnungen ohnehin nur das Handeln anderer beeinträchtigen, sofern sie zu Handlungen führen), geht das Recht nicht über eine äußere Zwangsbefugnis hinaus – und jede Zwangsbefugnis setzt ihrerseits umgekehrt ein Recht voraus, wenn die Rede von *Befugnis* eine Sinn haben soll. Kurz: „Recht und die Befugnis zu zwingen bedeuten also einerlei" (*RL* VI 232).

Das so bestimmte Recht ist somit jenes *zwangsbewehrte* Regelwerk, das den wechselseitigen Umgang von Personen, die sich als „Ursache" zurechenbarer Handlungen begreifen, notwendig einhegt.

Allerdings bedarf es noch einer Theorie subjektiver *Rechte* (d.i. einer extensionalen Bestimmung der Sphäre möglicher Freiheit), bevor das entsprechend eingeführte Prädikatenpaar „recht" und „unrecht" zur Klassifikation menschlicher Handlungen dienen kann. Traditionell steht am Anfang einer solchen Theorie die Lehre vom angeborenen Recht, d.i. bei Kant: von der Freiheit als „Unabhängigkeit von eines anderen nötigenden Willkür" (*RL* VI 237). Dieses angeborene Recht bezieht sich – ganz traditionell – auf verschiedene einzelne Rechtstitel, als da etwa wären: das Recht der Selbstherrschaft, auf körperliche Unversehrtheit, auf den guten Ruf, auf alle Handlungen, die die Freiheit der anderen nicht schmälern, etc.

Es kommt nun allerdings zu diesem angeborenen Recht (welches im Grunde nur „ein einziges" ist) eine Fülle von *erworbenen* Rechten hinzu. Kants „Privatrecht" handelt von eben diesem „*äußeren* Mein und Dein" im Unterschied vom angeborenen „*inneren* Mein und Dein". Schon der Umfang der Erörterung über „Das äußere Mein und Dein" läßt dessen überragende Bedeutung für die Rechtstheorie sichtbar werden: Es nimmt in der *Metaphysik der Sitten* mehr Raum ein, als das gesamte öffentliche Recht, das Staats-, Völker- und Weltbürgerrecht zusammen. Und in der Tat, die zentralen Bestimmungen des Kantischen Staatsbegriffs – und auch der spezifische Gegenstandsbereich des Völker- und Weltbürgerrechts – ergeben sich zum großen Teil unmittelbar aus den privatrechtlichen Vorgaben.

Das Problem des äußeren Mein und Dein, insbesondere das Problem des (Sach-)Eigentums steht spätestens seit Robert Filmers Angriffen auf die traditionelle, genaugenommen stoische, Vertragstheorie des Eigentums von Hugo Grotius (und in dessen Nachfolge Samuel Pufendorf) im Zentrum des Problembewußtseins der abendländischen Rechtsphilosophie. John Lockes *Second Treatise* hat – nicht zuletzt durch Rousseaus vermittelnde Publizistik auf dem Kontinent – die Brisanz der Eigentumsfrage endgültig zur Darstellung gebracht: Es ist die Frage, wie es zu rechtfertigen ist, daß einzelne Personen andere vom Gebrauch bestimmter Güter ausschließen können, ohne deren aktuelle Zustimmung dafür eingeholt zu haben. Woher – so ließe sich die Frage pointiert stellen – stammt das *Recht* des Bürgers von Frankreich, von der Nutzung seines provençalischen Ackers etwa den ‚Indianer' auszuschließen, der sich dem Gesetz Frankreichs nicht unterworfen hat, und weder verpflichtet noch willens ist, dies jemals zu tun. Während Lockes Lösungsvorschlag für dieses Problem, seine sogenannte Arbeitstheorie des Eigentums, wohlbekannt ist (vgl. Ludwig 2001), hat die Kantische Eigentumstheorie lange ein Schattendasein geführt, nicht zuletzt, weil sie von Beginn an als das mißratendste Stück der insgesamt verunglückten *Metaphysik der Sitten* galt. An dieser Stelle genügt folgende Skizze des Kantischen Arguments (vgl. Ludwig 1988: 102ff. sowie ders. 1996: 250ff.): Das Eigentumsrecht bezüglich einer Sache darf nicht von der bloß-physischen Relation (etwa: physischer Besitz, Inhabung) zwischen Eigentümer und der infragestehenden Sache abhängen, denn Rechtsbeziehungen müssen – zufolge der oben entwikkelten Voraussetzungen – gemäß bloß-*formalen* Prinzipien geregelt werden, wenn sie als Beziehungen jenseits der Naturbestimmtheit als Beziehungen von *Personen* begriffen werden sollen. Somit muß – da ein generelles Verbot des Gebrauchs von äußeren Gütern rechtlich nicht möglich ist – *jeder* äußere Gegenstand im Prinzip jedermanns Eigentum werden können, unabhängig davon, in welcher physischen Beziehung der Gegenstand zum jeweiligen Eigentümer steht. Eine solche ‚abstrakte' Eigentumsbeziehung ist nun freilich nichts anderes als eine Ausschlußbeziehung gegenüber allen anderen, also ein Verhältnis nicht von einer Person zu der infrage stehenden Sache, sondern eines dieser Personen zu *allen anderen* Personen. Ein solcher Ausschluß anderer ist, selbstverständlich nur unter *der* Voraussetzung rechtmäßig, daß er seinerseits aus einer gemeinsamen Willenserklärung aller Betroffenen hervorgeht *(volenti non fit iniuria)*, also im *bürgerlichen* Zustand unter einem öffentlichen Gesetz eines allgemeinen Willens (dazu unten). Das alte Problem aller kontraktualistischen Eigentumstheorien steht damit wieder auf dem Plan: Warum muß der oben bemühte ‚Indianer' die Eigentumsverhältnisse der französischen Gesetzgebung respektieren, obwohl er an dieser in keinem nachvollziehbaren Sinne beteiligt war, noch ihr jemals zugestimmt hat, ihr also allenfalls unterworfen ist, solange er sich (als Ausländer) ihrem Schutz unterstellt. Oder, schlimmer noch, warum müssen sich die unentwegt neu in die Welt tretenden Personen mit der von ihnen *vorgefundenen* Eigentumsverteilung abfinden.

Kants Argument ist aufgrund der bislang entwickelten Voraussetzungen hier nun kurz und schlagend: Weil rechtliche Beziehungen als Beziehungen von über sich selbst bestimmenden Personen nach *formalen* Prinzipien geregelt werden müssen (s.o.), und weil das rechtliche außer-Gebrauch-Setzen *aller* äußeren Gegenstände (was ja in der Tat auch ein generelles, also durchaus *formales* Gebrauchsverbot wäre) keine rechtlich mögliche Option ist (denn es würde auch jenen Gebrauch verbieten, der niemandes Freiheit einschränkt, also definitionsgemäß „recht" ist), ist derjenige, der einen Eigentumsanspruch stellt, gegenüber demjenigen, der diesen nicht zubilligen will, im Recht, denn nur er handelt in Hin-Blick auf die einzig dem Handlungszusammenhang von Personen angemessene Regelung der Eigentumsfrage. In Kants eigenen Worten (*RL* VI 257):

"Ein Besitz in Erwartung und Vorbereitung eines solchen [bürgerlichen] Zustandes, der allein auf einem Gesetz des gemeinsamen Willens gegründet werden kann, der also zu der Möglichkeit des Letzteren zusammenstimmt, ist ein provisorisch-rechtlicher Besitz, wogegen derjenige, der in einem solchen wirklichen Zustande angetroffen wird, ein peremtorischer Besitz sein würde. – Vor dem Eintritt in diesen Zustand, zu dem das Subject bereit ist, widersteht er denen mit Recht, die dazu sich nicht bequemen und ihn in seinem einstweiligen Besitz stören wollen: weil der Wille aller Anderen außer ihm selbst, der ihm eine Verbindlichkeit aufzulegen denkt, von einem gewissen Besitz abzustehen, bloß einseitig ist, mithin eben so wenig gesetzliche Kraft (als die nur im allgemeinen Willen angetroffen wird) zum widersprechen hat, als jener zum behaupten, indessen daß der letztere doch dies voraus hat, zur Einführung und Errichtung eines bürgerlichen Zustandes zusammenzustimmen."

Gesetzlich geregelte Eigentumsverhältnisse sind folglich denen gegenüber, die außerhalb von ihnen stehen, gerechtfertigt, weil die einzige rechtlich-mögliche Alternative, gemeint ist die generelle *Verhinderung* von Eigentumserwerb, selbst keine rechtmäßige Handlungsoption darstellt. Dies hat andererseits selbstverständlich die Konsequenz, daß *alle* Eigentumsverhältnisse grundsätzlich unter dem Vorbehalt einer Revision gemäß Prinzipien eines Gemeinsamen Willens aller vom Eigentum jemals Betroffenen (also etwa auch der nachfolgender Generationen) stehen.

Kants Eigentumstheorie beabsichtigt somit nicht mehr und nicht weniger als den Nachweis, daß eine rechtliche Ordnung des Zusammenlebens von Personen eine gesetzliche Regelung der individuellen Verfügung über äußere Güter notwendig einschießt, und daß daher die *vorhandenen* Eigentumsregelungen bereits eine *provisorische* rechtliche Verbindlichkeit reklamieren dürfen, ohne daß sie dafür auf die faktische Zustimmung aller Betroffenen warten müssen. Das ist in der Tat nicht viel. Angesichts der Tatsache jedoch, daß Kant im Grunde genommen auf nichts weiter als auf seine Analyse der zurechnungsfähigen Person zurückgegriffen hat, immer noch mehr, als man erwartet haben mag.

Wie sich zeigen wird, liefert die hier bereits im Privatrecht zutage tretende Spannung zwischen einer „provisorischen" Eigentumsordnung einerseits und einer „peremtorischen" Eigentumsordnung andererseits innerhalb der Kantischen Theorie des Staatsrechts dann die Grundlage einer normativen Theorie der Reform. Die *Republik* ist das politische Ideal *peremtorischer* und die Hervorbringung einer *republikanische Verfassung* die Aufgabe der Politik innerhalb *provisorischer* Eigentumsordnungen.

IV. Republik und republikanische Regierungsart

Zweifellos ist mit den bisherigen Betrachtungen die (Kantische) Idee der Republik, bzw. der „Staat in der Idee, wie er nach reinen Rechtsprinzipien sein soll" (*RL* VI 313) noch nicht einmal annähernd bestimmt. Allerdings ist bereits eines der wichtigsten Merkmale ins Blickfeld gerückt: Die Gesetzgebung durch einen allgemeinen Willen, der sich als *vereinigte Willkür* aller Glieder einer politischen Gemeinschaft darstellt. Dieses erste Merkmal einer die Freiheit der Rechtsperson bewahrenden Zwangsordnung ist eine unmittelbare Konsequenz dessen,[9] daß sie eine solche Ordnung ist, die notwendigerweise *nicht nur* die angeborene (und als solche im Prinzip bereits wohlbestimmte) Freiheit ihrer Mitglieder zu sichern, sondern gleichermaßen notwendig auch den Gebrauch *äußerer* Gegenstände, z.B. Eigentumsverhältnisse, *gesetzlich* zu bestimmen (und dann selbstverständlich auch zu sichern) hat. Anders als das *angeborene* Recht (etwa am eigenen Körper), lassen sich Rechte an *äußeren* Gegenständen ja ausschließlich als Willensverhältnisse von Personen rekonstruieren. Es müssen also die Gesetze einer politischen Ordnung notwendig als aus dem Willen aller ihr unterworfenen Personen (als Glieder eines Staatsvolkes) hervorgehend begriffen werden – *weil* und *sofern* es sich um eine Rechtsordnung handelt, in deren Kompetenz es *notwendigerweise* liegt, die Verfügung auch und gerade über *äußeres* Mein und Dein gesetzlich zu bestimmen.

Doch nicht nur die Notwendigkeit einer gesetzgebenden Gewalt des Volkes, sondern auch die einer davon unterschiedenen Exekutive und einer Judikative sind dem Anspruch nach allein aus den Bestimmungen des Privatrechts zu gewinnen. Jedes einzelne Rechtsurteil – so Kant – wird nämlich durch einen dreigliedrigen praktischen Vernunftschluß gewonnen. Ein solcher besteht aus „dem Obersatz, der das Gesetz jenes Willens, dem Untersatz, der das Gebot des Verfahrens nach dem Gesetz, d.i. das Princip der Subsumtion unter denselben, und dem Schlußsatz, der den Rechtsspruch (die Sentenz) enthält, was im vorkommenden Falle Rechtens ist." (*RL* § 45, VI 313).

Diesen drei separaten Bestandteilen des praktischen Urteils korrespondieren drei Gewalten im Staat, der „allgemein vereinigte Wille in dreifacher

---

9 Es ist hier nur en passant darauf hinzuweisen, daß Kant nirgendwo die *Notwendigkeit* der Rechts*zwanges* etwa aus der maliziösen menschlichen Natur oder irgendwelchen Konfliktszenarien ableitet. Sein Thema ist einzig die Zwangs*befugnis*. Die tatsächliche *Erfordernis* des Zwanges ist im Einzelfall stets ein kontingentes Faktum. Für eine Rechtsordnung, in der die Bürger auch ohne Zwanganddrohung immer schon das täten, was das Gesetz ihnen vorschreibt bzw. erlaubt (sei es, weil sie moralisch sind, oder auch nur, weil die Einsicht, daß sie damit die Aufwendungen für den Zwangsstab sparen können, bei ihnen bereits ein hinreichendes Motiv der Folgsamkeit ist), würde dasselbe Staatsrecht einschlägig sein (mit der Einschränkung freilich, daß alle jene Bestimmungen *gegenstandslos* wären, die die staatlichen Zwangsmaßnahmen betreffen).

Person (*trias politica*)" (*RL* § 45, VI 313): Legislative, Exekutive, Judikative, und diese sind „erstlich einander, als so viel moralische Personen, beigeordnet (potestates coordinatae), d.i. die eine ist das Ergänzungsstück der anderen zur Vollständigkeit (complementum ad sufficientiam) der Staatsverfassung; aber zweitens auch einander untergeordnet (subordinatae), so daß eine nicht zugleich die Function der anderen, der sie zur Hand geht, usurpiren kann, sondern ihr eigenes Princip hat, d.i. zwar in der Qualität einer besonderen Person, aber doch unter der Bedingung des Willens einer oberen gebietet; drittens durch Vereinigung beider jedem Unterthanen sein Recht ertheilend." (*RL* § 48, VI 316).

Es muß hier unerörtert bleiben, auf welche Weise der Aufbau des Kantischen Privatrechts diese Lehre der Gewaltenteilung antizipiert. Hier muß der Hinweis genügen, daß die drei „Hauptstücke" der Lehre vom äußeren Mein und Dein (von denen bisher nur das erste herangezogen wurde), tatsächlich den drei Sätzen im Vernunftschluß korrespondieren, und daß sie damit die einschlägigen Prinzipien der drei Gewalten artikulieren. Es ist angesichts dieser rein rechtstheoretischen und -logischen Fundierung der Gewaltenteilungslehre nicht erstaunlich, daß alle jene Begründungen, die auf einen Schutz der Bürger (bzw. des Volkes) vor souveräner Willkür abzielen und die kurz zuvor etwa prominent von Locke oder Montesquieu vorgetragen wurden, bei Kant überhaupt keine Rolle spielen, ja nicht einmal erwähnt werden (was freilich nicht heißt, daß die entsprechenden aktuellen Debatten kein Vorbild oder Anstoß gerade für die Entwicklung der Theorie gewesen sind).

Dem Kantischen Anspruch nach ist also die Idee des gewaltenteiligen Staates, in welchem die *Gesetzgebung* dem „vereinigten Willen des Volkes" (*RL* §46, VI 313), die *Exekutivgewalt* einem dieser Gewalt untergeordneten Regenten (§ 49) und die *Judikative* einer vom Volk jeweils abgeordneten Jury zukommt (ebd.), aus dem bloßen Begriff einer äußeren Organisation des Zusammenlebens von *Personen* (d.i. der Selbstbestimmung und damit der Zurechnung fähiger Wesen) gewonnen – sofern man der Einsicht Rechnung trägt, daß diese notwendigerweise auch eine rechtliche Regelung des *äußeren* Mein und Dein umfaßt.

Dieser „Staat in der Idee, wie er nach reinen Rechtsprinzipien sein soll", muß nun jeder wirklichen Vereinigung zu einem gemeinen Wesen (also im Inneren" zur Richtschnur (norma)" dienen (*RL* § 45, VI 313):
„Die Idee einer mit dem natürlichen Rechte der Menschen zusammenstimmenden Constitution [...] liegt bei allen Staatsformen zum Grunde, und das gemeine Wesen, welches, ihr gemäß durch reine Vernunftbegriffe gedacht, ein platonisches *Ideal* heißt (respublica noumenon), ist nicht ein leeres Hirngespinnst, sondern die ewige Norm für alle bürgerliche Verfassung überhaupt und entfernt allen Krieg. Eine dieser gemäß organisirte bürgerliche Gesellschaft ist die Darstellung derselben nach Freiheitsgesetzen durch ein Beispiel in der Erfahrung (respublica phaenomenon)." (*SF* VII 90).

V. Reform und Geschichte

Es zeigt sich, daß die Idee des Staates bei Kant mit der Idee des institutionalisierten Rechts identisch ist. Der Begriff einer „völlig reinen Staatsverfassung", den Kant auf diese Weise herausgearbeitet hat, ist nichts anderes als die „Idee einer Republik" (XIX 609). Kant resümiert in der *Rechtslehre*:
„Die drei Gewalten im Staat, die aus dem Begriff eines *gemeinen Wesens* überhaupt (res publica latius dicta) hervorgehen, sind nur so viel Verhältnisse des vereinigten, a priori aus der Vernunft abstammenden Volkswillens und eine reine Idee von einem Staatsoberhaupt, welche objective praktische Realität hat." (VI 338).

„Objektive praktische Realität" ist ein technischer Ausdruck für die Verbindlichkeit einer Norm, hier: der respublica noumenon als „ewiger Norm für alle bürgerliche Verfassung" für jede respublica phaenomenon. Das Begriffspaar ‚*noumenal/phaenomenal*' aus dem vorletzten Zitat verweist auf die grundlegende Unterscheidung zwischen intelligibler Welt einerseits und Erscheinungswelt andererseits in Kants *Kritik der reinen Vernunft* zurück (*KrV* A 235). Dies ist somit ein Verweis auf das oben erörterte, paradoxe (aber im Rahmenwerk der Transzendentalphilosophie ja gleichwohl explizierbare) Selbstverständnis des Menschen als *causa libera* in einer kausal-geschlossenen Natur, d.i. als moralisches Wesen (*homo noumenon*), welches seine Handlungen rechtfertigen kann, wie auch als physisches Wesen (*homo phaenomenon*), dessen äußeres Verhalten Teil der Naturvorgänge ist (vgl. *TL* VI 423, 430).

Die Theorie des Staats*ideals* muß somit in Beziehung gesetzt werden zu den wirklichen Akteuren der physischen Welt:
„Dieses Oberhaupt (der Souverän) aber ist so fern nur ein (das gesammte Volk vorstellendes) Gedankending, als es noch an einer physischen Person mangelt, welche die höchste Staatsgewalt vorstellt und dieser Idee Wirksamkeit auf den Volkswillen verschafft."

Während der ‚objectiv-practische' (Norm-)Begriff von einem Staatsoberhaupt von Kant im Zuge der – unübersehbar von Rousseau inspirierten – Erörterung von Souveränität und Gewaltenteilung expliziert wird, ist die Bestimmung des Begriffs von einem Oberhaupt als „*physischer Person*" Gegenstand einer gleichsam idealtypischen Präsentation der drei klassischen Staatsformen Monarchie, Aristokratie und Demokratie in der sich an die ‚ideale' Theorie anschließende Staatsformenlehre. In der eben bereits erörterten Terminologie:
„*Respublica noumenon* oder *phaenomenon*. Die letztere hat drey Formen, aber *respublica noumenon* ist nur eine und dieselbe" (XIX 609).

Dies ist eine Notiz Kants, die aller Wahrscheinlichkeit nach eine Antwort auf den Vorwurf darstellt, welchen Friedrich Schlegel 1796 in seiner Rezension der Kantischen Schrift *Zum Ewigen Frieden* erhoben hatte: Daß Kant dort nämlich nicht zwischen der Form des idealen und der des realen Staates unterschieden habe. Kant hatte diese Rezension gelesen und vermutlich als Anregung für seine ausgearbeitete Darstellung des Staatsrechts in der *Metaphysik* der Sitten genutzt (vgl. Herb/Ludwig 1994: 468ff.). Die Gewaltenlehre wird nun nämlich im Kontext einer Theorie des „Staates in der Idee", der respublica noumenon behandelt, während die klassische Theorie der Staatsformen hingegen im Kontext der respublica phaenomenon angesiedelt ist. Dies hat nunmehr zur Folge, daß die drei klassischen Staatsformen, Monarchie, Aristokratie und Demokratie als jeweils unterschiedene Verhältnisse eines alle drei Gewalten vorstellenden *physischen* „Oberhauptes" zur „vereinzelten Menge ebendesselben als Untertans" (*RL* VI 315) gefaßt werden. Kant geht folglich bei der Diskussion der Staatsformen nun von der – realistischen – Voraussetzung aus, daß insbesondere die Legislativgewalt nicht durch einen empirischen Volkswillen getragen wird: Die Person, welche „die höchste Staatsgewalt" darstellt, schafft vielmehr der Idee eines Oberhaupts „Wirksamkeit auf den Volkswillen", indem sie alle drei Gewalten, die „aus dem Begriff eines gemeinen Wesens überhaupt hervorgehen" (*RL* VI 338), in einer physischen Person vorstellt, der sich jeder Bürger (in der Idee) durch einen „ursprünglichen Kontrakt" unterworfen hat (§ 47). Autokratie, Aristokratie und Demokratie sind damit nicht etwa – wie bei Rousseau – die dem souveränen Volkswillen untergeordneten Formen der Exekutive, sondern vielmehr die spezifischen Organisationsformen der Souveränität selbst. Dies kommt einerseits in jener nachdrücklichen Formulierung des § 51 zum Ausdruck, daß der Monarch im Rahmen der Staatsformenlehre korrekterweise „Autokrator" (also Selbstherrscher, nicht etwa Selbstregierer) genannt werden müsse, und andererseits darin, daß Kant explizit darauf hinweist, daß in der autokratischen Staatsform „nur einer der Gesetzgeber" sei – die Frage nach der Gewaltenteilung ist hier offensichtlich kein Thema mehr. Die Staatsformen als solche gehören somit, wie Kant betont, bloß „zum Maschinenwesen der Staatsverfassung". Sie sind „nur der Buchstabe der ursprünglichen Gesetzgebung" und mögen (als „alte empirische (statuarische) Formen, welche blos die Unterthänigkeit des Volks zu bewirken dienten") „durch alte und lange Gewohnheit (also subjektiv) für notwendig gehalten werden" (*RL* VI 340).

Die Stellung von Oberhaupt (als ‚physischer Person') und Untertan (als Volksmenge) hatte Kant bereits zuvor bei der Erörterung des „Übergangs von dem Mein und Dein im Naturzustande zum dem im rechtlichen Zustande" (*RL* § 41, VI 306f.) angesprochen und dabei darauf hingewiesen, daß der „Verein" von Oberhaupt und Untertan nicht „Gesellschaft" genannt werden könne: Beide seien nicht als „Gesellen [...] einander beigeordnet", sondern als „Befehlshaber" und „Untertan" „einander untergeordnet". In einer früheren Notiz heißt es dazu fast gleichlautend, daß „Oberhaupt und Volk als Herrscher nie eine und dieselbe Person seyn können indem das letztere blos gehorcht der erstere aber blos gebietet (wie denn unter diesen beyden zwar eine Verbündung, Unio, aber keine Gesellschaft superior et subiectus gedacht werden kann) mithin das Volk nicht durch sich selbst sondern nur durch Stimgebung an gewisse Repräsentanten unter ihnen herrschen kann." (XXIII 161).

Der letzte Teilsatz bringt das Stichwort ein, welches in der Rechtslehre an dieser Stelle erstaunlicherweise nicht fällt, aber zentral für die Staatsformenlehre als ganze ist: Repräsentation. Alle Staatsformen sind – allein weil sie Formen des Verhältnisses eines Oberhauptes zum Volk als Untertan, also Formen der Herrschaft, sind – ihrem Wesen nach repräsentativ: Das Oberhaupt stellt als Repräsentant des Volkswillens den allgemeinen Willen gegenüber dem Volkswillen vor. Kant trägt hiermit jener Kritik Rechnung, die ihm sein vermeintlicher Rousseauismus im Gemeinspruch von 1793 von konservativer Seite eingebracht hat (siehe dazu auch *EF* VIII 366): Die nicht-repräsentative Republik Rousseaus ist allenfalls eine Staatsform für Götter oder Engel, und daher ist sie für die menschliche Gesellschaft nicht mehr – aber eben auch nicht weniger – als ein Ideal.

Eine weitere bedeutende Folge der Kantischen Entscheidung, den Begriff der respublica phaenomenon von dem Moment der physischen Separation der drei Gewalten (welches nurmehr allein zum Begriff der respublica noumenon gehört) zu befreien, zeigt sich am Begriff des Despotismus. Die Despotie stellt in der Begrifflichkeit der Rechtslehre das Prädikat einer Perversion des „Staates in der Idee" vor: die Usurpation der Legislative durch die Exekutive (§ 49). Sie kann somit nicht unmittelbar mit einer spezifischen äußeren Organisation eines Staatswesens verknüpft werden (denn als respublica phaenomenon ist definitionsgemäß keine der drei Staatsformen 'physisch' gewaltenteilig), und es kann aus diesem Grunde von vornherein keine besondere begriffliche Beziehung der Despotie zu einer der drei Staatsformen erwartet werden. Vielmehr muß die Despotismus-Frage allein mit Blick auf die Staats-Idee, die 'ewige Norm', erörtert werden: Ein Staatswesen, welches – ungeachtet seiner äußeren Organisation als Autokratie, Aristokratie oder Demokratie – so verwaltet wird, daß der Regent den gesetzgebenden Willen als seinen Privatwillen behandelt, steht einem 'Ideal der Despotie' näher als dem Ideal der Republik. Während die Staatsformenlehre allein auf die Binnenstruktur der respublica phaenomenon Bezug nimmt, gehört die Gegenüberstellung von Despotie und Republik allein zur Sphäre der civitas noumenon, zur Sphäre der *Normen*. Hier aber hat die Frage nach der Staatsform keine eigenständige Bedeutung. Gemessen am Ideal hingegen können Staaten in der Erscheinung selbst „despotisch" oder „republikanisch" regiert werden. In diesem Sinne betont Kant im Streit der Fakultäten, daß die republikanische Verfassung „es entweder selbst der *Staatsform* nach sein mag, oder auch nur nach der *Regierungsart*, bei der Einheit des Oberhaupts (des Monarchen) den Gesetzen analogisch, die sich ein Volk selbst, nach allgemeinen Rechtsprinzipien geben würde." (*SF* VII 88).

Der Begriff „despotisch" wird von Kant konsequenterweise bereits im Rahmen der Erörterung des Staates „in der Idee" definitorisch eingeführt (§ 49), und die Staatsformenlehre greift nur darauf zurück, indem sie dem Ideal der reinen, gewaltenteiligen Republik die Despotie mit ihrer Kontamination der Gewalten gegenüberstellt.

Kants Auffassung einer grundsätzlichen rechtlichen Gleichwertigkeit der drei Staatsformen zeigt sich deutlich bei der Frage nach der rechtmäßigen Umwandlung der Staatsverfassungen, d.i. in seiner Theorie der Reform. Der Souverän – im Kontext der respublica phaenomenon heißt das: das alle drei Gewalten in einer physischen Person vorstellende Oberhaupt – vermag seine eigene Verfassung zu ändern, wenn diese „mit der Idee des ursprünglichen Vertrags nicht wohl vereinbar" ist (340). Eine solche Umwandlung der Verfassung steht (wie Kant betont) nun zwar nicht im völligen „Belieben" des Oberhauptes selbst, doch die verbleibende Restriktion ist erstaunlich schwach. Kant weist deutlich auf eine und – was daran bemerkenswert ist – eben nur diese eine Restriktion seiner „freien Wahl" hin: Es ist die Präferenz des Volkes, welche die jeweils „zuträgliche" Verfassung auszeichnet. König, Adel oder der „demokratische Verein" (341) sind somit verschiedene mögliche Repräsentanten des Volkes.

Kants „reine Republik" ist – mit Plato – eine Norm, aber sie ist – gegen Rousseau – keine besondere Darstellung (*SF* VII 91,6) des Staates. Sie ist in der Tat nicht-repräsentativ, denn sie ist als „Staat in der Idee" Selbstherrschaft des Volkes sensu stricto, und in ihr werden alle Gesetze – so der § 46 der *Rechtslehre* – einstimmig beschlossen (vgl. XIX 609,30). Die Republik in der Erscheinung hingegen, d. h. jede angemessene historische *Realisierung* des Staats ist stets repräsentativ. Oberhaupt und Untertan sind personal nicht identisch. Sie hat allerdings mit der Idee einer staatsformenunabhängigen „reinen Republik, ihrer Wirkung nach" (340) zusammenzustimmen. „Der Wirkung nach" heißt hier: verwaltet, als ob von einer personal getrennten Exekutive nach Gesetzen regiert, die dem vereinigten Volkswillen – eines aufgeklärten Volkes – hätten entspringen können. Die „wahre Republik" – und diese Formel müssen wir bei Kant nun lesen als: Die weitestgehend vollkommene Darstellung der „Idee der Republik" in einem realen Staatswesen (vgl. dazu Unruh 1993) – ist jedoch nicht allein repräsentativ, sie ist darüber hinaus ein „repräsentatives System des Volks, um im Namen desselben, durch alle Staatsbürger vereinigt, vermittels ihrer Abgeordneten (Deputierten) ihre Rechte zu besorgen" (341). Der ‚politische' Unterschied von Demokratie, Aristokratie und Autokratie zieht sich damit letztlich ganz auf den hinsichtlich der Elitenrekrutierung zusammen: Das von den Bürgern gewählte Parlament gegen den Klüngel der Aristokraten und gegen die Dynastie der Monarchen. Allein die repräsentative Demokratie ist – als von aller historischen Partikularität befreit (VI 100 u. 369) – die angemessene, „wahre" Darstellung der Idee der Republik in einem Beispiel der Erfahrung, und solange eine solche nicht besteht, ist es „Pflicht der Monarchen, ob sie gleich *auto-*

kratisch herrschen, dennoch *republicanisch* (nicht demokratisch) zu regieren, d.i. das Volk nach Principien zu behandeln, die dem Geist der Freiheitsgesetze (wie ein Volk mit reifer Vernunft sie sich selbst vorschreiben würde) gemäß sind, wenn gleich dem Buchstaben nach es um seine Einwilligung nicht befragt würde." (VII 91).

Kant macht immer wieder nachdrücklich deutlich, daß sein Begriff einer demokratischen Staatsverfassung mit dem des Rousseauschen Staates für ein ‚Volk von Göttern' wenig gemein hat und daß er von Hobbes die Lektion über die Konstitution eines Staatsvolkes gelernt hat. Erst durch den Willen eines Einzelnen oder einer Versammlung – d. h. vermittels der Repräsentation – wird aus der Menge ein Volk. In der Anmerkung zum § 52 weist er konsequenterweise darauf hin, daß durch die Einberufung der Generalstände seitens Ludwig XVI. die „Herrschergewalt des Monarchen gänzlich verschwand [...] und aufs Volk [!] übergegangen ist" (341, vgl. dazu XIX, 595f.). Wenn aber für Kant hier die französischen Generalstände „das Volk" sind, dann ist jede Spekulation über eine – womöglich versteckte – Forderung nach der direkten Demokratie gänzlich verfehlt: Das Volk als rechtliche Person ist für Kant allenfalls die Versammlung der von allen Bürgern gewählten Vertreter. Spekulationen über eine verborgene Theorie direkter Demokratie (vgl. etwa Maus 1992: 18 u. 199f.) erübrigen sich bei einem angemessenen Verständnis der Rechtslehren-Systematik ohnehin: Kant hat der nichtrepräsentativen Form der Volksherrschaft den Status einer bloßen „Idee" zugewiesen.

Diese Systematik ist nicht zuletzt ein Reflex der politischen Ereignisse im Zuge der französischen Revolution. Kants Stellungnahme zu denselben erfährt mit der Einsetzung des Direktoriums am 26. Oktober 1795, also kurze Zeit nach der Veröffentlichung seiner Schrift *Zum Ewigen Frieden (in der wir noch eine abweichende Topologie der Begriffe vorfinden),* eine Wendung. Unter der Konventsverfassung von 1793 erschien Frankreich den Zeitgenossen zunächst vielfach als eine Reinkarnation der athenischen Demokratie (vgl. etwa Biester 1793), und diese Phase der Revolution lieferte bei Kant auch die Folie für die Staatsformenlehre seiner Friedensschrift: Demokratie als eine nicht-repräsentative „Staats*un*form", in der „alles Herr sein will" und die keine Trennung der Gewalten kennt, d.i. Dekrete wie Gesetze verabschiedet und Gesetze als Dekrete vollzieht. Mit der Einsetzung des Direktoriums ist dieser Spuk vorbei: In der von Kant jetzt explizit so genannten „Republik Frankreich" (XIX 606) muß die Exekutive nun endlich den „das gesammte Volk repräsentierende[n] Rath" befragen: Für Kant zeichnet sich damit in Frankreich die historische Chance einer 'demokratischen Republikanisierung' nach den bürgerkriegsähnlichen Revolutionswirren ab. Daß die Hoffnungen auf eine baldige Republikanisierung sogar des gesamten Globus berechtigt sind, glaubt Kant einige Jahre später dann endlich im *Streit der Fakultäten* von 1798 einem untrüglichen *Geschichtszeichen* entnehmen zu können: Nicht allein die französischen Revolutionäre, auch die Zuschauer der Revolution sind vom republikanischen Enthusiasmus ergriffen. Die Rechtsidee bemächtigt sich offenkundig der gesamten kultivierten Menschheit, und die „moralischen Politiker" sind somit „im Prospekt" (*SF* VII 94), die Bühne der Politik zu betreten.

VI. Politik

„Der moralische Politiker wird es sich zum Grundsatz machen: wenn einmal Gebrechen in der Staatsverfassung oder im Staatenverhältniß angetroffen werden, die man nicht hat verhüten können, so sei es Pflicht, vornehmlich für Staatsoberhäupter, dahin bedacht zu sein, wie sie sobald wie möglich gebessert und dem Naturrecht, so wie es in der Idee der Vernunft uns zum Muster vor Augen steht, angemessen gemacht werden könne" (*EF* VIII 372).

Politik ist (s.o.) die Kunst, den Naturmechanismus der menschlichen Neigungen zur Regierung der Menschen zu benutzen, und der Maßstab der Politik ist ihr Beitrag zu Realisierung einer „wahren Republik" (der repräsentativen Demokratie): „Regieren heißt die Idee eines *status civilis* realisieren" (XXVII 1382), und „ausser der Republik ist kein Heil" (XIX 603). Der *moralische Politiker* formt seine politischen Maximen derart, daß sie „mit der Moral zusammen bestehen können", sein Gegenpart, der *politische Moralist* „schmiedet die Moral so, wie es der Vortheil des Staatsmannes sich zuträglich findet" (*EF* VIII 372). Der Zusammenhang von Politik und Recht stellt sich bei Kant somit in einer recht gradlinigen Subsumtionsbeziehung dar:

„Um nun von einer Metaphysik des Rechts (welche von allen Erfahrungsbedingungen abstrahirt) zu einem Grundsatze der Politik (welcher diese Begriffe auf Erfahrungsfälle anwendet) und vermittelst dieses zur Auflösung einer Aufgabe der letzteren dem allgemeinen Rechtsprincip gemäß zu gelangen: wird der Philosoph 1) ein Axiom, d.i. einen apodiktisch gewissen Satz, der unmittelbar aus der Definition des äußern Rechts (Zusammenstimmung der Freiheit eines jeden mit der Freiheit von Jedermann nach einem allgemeinen Gesetze) hervorgeht, 2) ein Postulat des äußeren öffentlichen Gesetzes, als vereinigten Willens Aller nach dem Princip der Gleichheit, ohne welche keine Freiheit von Jedermann Statt haben würde, 3) ein Problem geben, wie es anzustellen sei, daß in einer noch so großen Gesellschaft dennoch Eintracht nach Principien der Freiheit und Gleichheit erhalten werde (nämlich vermittelst eines repräsentativen Systems); welches dann ein Grundsatz der Politik sein wird, deren Veranstaltung und Anordnung nun Decrete enthalten wird, die, aus der Erfahrungserkenntniß der Menschen gezogen, nur den Mechanism der Rechtsverwaltung, und wie dieser zweckmäßig einzurichten sei, beabsichtigen." (VIII 429)

Das ist unverkennbar die Sprache der *Elemente* Euklids: „Axiome, Postulate, Probleme" (vgl. *Logik*, IX, 110f. bzw. II 402) – die Aufgabe des Politikers gleicht der des Geometers, der die Felder nach dem amtlichen Katasterblatt markieren soll, und beim Setzen der Grenzsteine den jeweiligen Erhebungen und Senken des Bodens Rechnung tragen muß. Der rechtmäßige Spielraum politischen Handelns ist dabei allerdings erstaunlich groß: Zwischen der verbindlichen *Norm* politischen Handelns (sc. „Republikanisieren!") und dem *Legitimitätskriterium*, welches die Grenzen des geforderten Bürgergehorsams feststellt, liegen Welten:

„Dem *summo imperanti* steht nicht frey, worüber selbst der privatwille nicht disponieren kann: z. E. Moralität. Religion zu wählen. Sich selbst verkaufen (*contra* Hobbes). Aber es steht ihm alles frey, wo ieder sein recht disponieren kann, e.g. Auflagen, Strafgesetze, Krieg, Frieden." (XIX, 569).

Dies entspricht freilich dem Paulinischen „Gehorchet der Obrigkeit (in allem, was nicht dem inneren Moralischen widerstreitet), die Gewalt über euch hat" (*RL* VI 371). Der geschuldete Bürgergehorsam findet nur dort seine rechtliche Grenze, wo das „innere Moralische" in Gefahr ist: Der Aufforderung zum Meuchelmord, zur Spionage, zu hinterhältigem Auflauern von Feinden und zu gezielter Verbreitung von Unwahrheit braucht niemand nachzukommen, in welchem Namen sie auch immer ausgesprochen wird (etwa *RL* VI 347, XIX 595). In anderen Fragen (also dort, wo er selbst frei „disponieren kann") hat der Bürger seine Entscheidungskompetenz auf den allgemeinen Willen (in Gestalt des Souveräns) übertragen, wenn dieser dem Reform-Gebot der Republikanisierung spottet. Nur durch eine unbezweifelte Rechtsgeltung (so Kant mit Hobbes) wird der *status civilis* möglich, und ein Recht, sich der souveränen Gewalt auch in „disponiblen" Fragen zu widersetzen, käme somit der Staatsauflösung gleich und machte damit ebenjene Rechtsbegriffe selbst gegenstandslos, mit denen man die staatliche Autorität infrage stellt. Politik stellt sich damit bei Kant als ein im Grunde eindimensionaler Prozeß dar: Die Staatsoberhäupter haben auf dem Wege der politischen Reform ihre Staatswesen, die notwendig aus der Gewalt entstanden sind (*EF* VIII 371), nach Maßgabe der politischen Klugheit zügig, aber behutsam in republikanische Verfassungen zu transformieren.[10] Und die Bürger haben sich auf den möglichen Schlangenwindungen des Weges dahin zu fügen. Allenfalls ein Gebrauch der Vernunft, „den jemand als Gelehrter von ihr vor dem ganzen Publicum der Leserwelt macht" (VIII 37) steht für die mögliche kritische Öffentlichkeit, die diesen Prozess begleitet – sofern sie denn nicht verboten wird. Am gedachten Ende dieses Prozesses steht freilich die repräsentative Demokratie.

Dieses restriktive Politikverständnis mag uns heutzutage als unangemessen erscheinen, denn es ist wenig überzeugend, das Problemfeld der Politik als das einer „ausübenden Rechtslehre" in *dem* Sinne einzugrenzen, daß sich

---

10 Das Thema übereilter bzw. verzögerter Reform ist zu Kants Zeiten vieldiskutiert. In beiden Fällen droht der Rückfall in den Naturzustand: Übereilte Reform setzt die vorhandene Sicherheit der bewährten Institutionen aufs Spiel, Verzögerung der Reformen treibt die Bürger zur Rebellion (siehe *EF* VIII 373 Fn.).

die grundlegenden *normativen* Vorgaben der Politik ausschließlich dem Gesichtspunkt der Verwirklichung einer repräsentativen Demokratie verdanken, und jede einzelne Handlungsmaxime des Politikers letztlich als nichts anderes als eine bloße Spezifizierung allgemeiner Rechtsnormen anzusehen ist. Man wird jene Fragen, die heutzutage z.B. unter dem Titel *sozialer Gerechtigkeit,* unter dem der politischen Partizipation, der Migration, der öffentlichen Kultur oder gar der Forschungsfreiheit verhandelt werden, nicht zu Fragen bloßer politischer Klugheit bzw. der Staatsraison degradieren wollen (oder ihre Beantwortung gar ganz zur Sphäre des subjektiven Beliebens rechnen und sie konsequenterweise einem vermeintlich freien Spiel der Kräfte überantworten). Angesichts der Tatsache, daß unterschiedliche Realisierungsformen des rechtlichen Zustandes jeweils verschiedenen Weisen bürgerlicher Selbstbestimmung unterschiedliche Chancen eröffnen, wird man es zu den Aufgaben der Politik gleichermaßen zählen, auch jene *sozialen* und *kulturellen* Rahmenbedingungen menschlichen Handelns her- und sicherzustellen, die es dem einzelnen *de facto* ermöglichen, an der Rechtsgemeinschaft von über sich selbst bestimmenden Personen teilzuhaben und somit über die spezifische Form der ebendieser rechtlichen Organisation zu bestimmen – und wenn dies hinzukommt, dann bleibt der Staat nicht mehr der einzige politische Akteur, sondern es kommt eine Form der politischen „Öffentlichkeit" ins Spiel, die weit über das hinausgeht, was *Kant* seinerzeit gefordert hatte. Politik wird dabei zwangsläufig zu einem Prozess der öffentlichen Verständigung über ein öffentliches Projekt.

Es haben sich in den vergangenen zweihundert Jahren Gestaltungsspielräume aufgetan, die mit rechtsphilosophischen Argumenten des 18. Jahrhunderts nicht mehr auszumessen sind. Auf die Frage z.B. (welche sich erstmals in den modernen, hochgradig arbeitsteiligen Industriegesellschaften seit dem 19. Jahrhundert nachdrücklich stellt) wie die Erträge kooperativer Tätigkeit den einzelnen Kooperierenden (und auch denen, in deren soziopolitischem Umfeld eine Kooperation überhaupt erst möglich wird) zuteil werden sollen (durch Entlohnung der Arbeit, Renten für Kapital und Boden, Besteuerung und Subventionen), liefert die Kantische Theorie definitiv keinerlei Antwort (sie fordert freilich auch nicht, die Beantwortung dieser Frage durch Einsatz des Marktmechanismus zu umgehen). Genauso wenig vermag sie in Hinblick auf den aktuellen Gestaltungsspielraum politischer Tätigkeit zu klären, in welchem Maße etwa eine zunehmende *politisch*-motivierte Einschränkung der Vertragsfreiheit vonnöten ist, um nicht nur den kompletten Selbstverkauf in die Sklaverei (s.o.), sondern auch etwa eine kontinuierliche Reproduktion von politischen Strukturen zu verhindern, in denen ökonomische Abhängigkeiten zunehmend zum Verlust der Möglichkeit bürgerlicher Selbstbestimmung führen. Im ausgehenden achtzehnten Jahrhundert wird diese brisante Relation von persönlicher Freiheit und Vertragsfreiheit gerade erst einmal entdeckt (vgl. jetzt Klippel 1999).

Daß es in einer Welt, in der „die Rechtsverletzung an einem Platz der Erde an allen gefühlt wird" (*GS* VIII 306) immer noch Gegenden gibt, in denen es bereits ein seltenes Privileg ist, zum Tellerwäscher geboren zu werden und möglicherweise noch ein ungleich selteneres, ein Leben lang ein solcher Tellerwäscher bleiben zu können, ist fraglos eine *politische* Herausforderung – allein deshalb, weil die Risiken und Chancen des modernen Lebens selbst zumeist bereits Resultate zurechenbarer politischer Entscheidungen sind. Dieser Sachverhalt etwa wird von Kant nicht nur nicht thematisiert, sondern geradeheraus marginalisiert: „Diese durchgängige Gleichheit der Menschen in einem Staat, als Unterthanen desselben, besteht aber ganz wohl [zusammen] mit der größten Ungleichheit der Menge und den Graden ihres Besitzthums nach, es sei an körperlicher oder Geistesüberlegenheit über Andere, oder an Glücksgütern außer ihnen an Rechten überhaupt (deren es viele geben kann) respectiv auf Andere; so daß des Einen Wohlfahrt sehr vom Willen des Anderen abhängt (des Armen vom Reichen), daß der Eine gehorsam muß (wie das Kind den Älteren, oder das Weib dem Mann) und der Andere ihm befiehlt, daß der Eine dient (als Tagelöhner), der Andere lohnt, u.s.w." *(GS VII 292)*. Daß das generelle Ausmaß an Ungleichheit nicht naturgegeben, sondern weitestgehend ein Ergebnis *zurechenbarer* politischer Entscheidungen ist, findet keine Erwähnung. Angesichts solcher Passagen ist es zumindest irritierend, Kant als Vorläufer des modernen Sozialstaatsgedanken zu reklamieren. Dem seinerzeit auch von Kant unterschriebenen *credo*, daß es mit der Forderung nach allgemeinen Gesetzen, gutem Geld und guten Wegen im Grunde schon getan sei (vgl. VII 20), fehlte damals wie heute bekanntlich jegliche empirische Evidenz – wobei jedoch zumindest die optimistischen *Erwartungen* der Aufklärung durchaus begreiflich waren.

Allerdings kann die Kantische Theorie der „Politik als angewandter Rechtslehre" umgekehrt immer noch den Blick für jene elementaren Voraussetzungen schärfen, von der *jede* Politik nicht abrücken darf, solange sie die Menschen ernst nimmt als das, was sie sind: *Personen*, die über ihr Handeln *Rechenschaft* geben können:

„Das Recht der Menschen muß heilig gehalten werden, der herrschenden Gewalt mag es auch noch so große Aufopferung kosten. Man kann hier nicht halbieren und das Mittelding eines pragmatisch-bedingten Rechts (zwischen Recht und Nutzen) aussinnen, sondern alle Politik muß ihre Knie vor dem erstern beugen, kann aber dafür hoffen, obzwar langsam, zu der Stufe zu gelangen, wo sie beharrlich glänzen wird." (*EF* VIII 380).

Kants Theorie war in *politischer* Absicht im Wesentlichen ein Beitrag zur theoretischen Bewältigung dreier akuter Probleme des späten 18. Jahrhunderts: Die Eingrenzung der Fürstenwillkür (bzw. die Bindung der Regenten an das allgemeine Gesetz), die Zurückweisung paternalistischer und insbesondere religiöser Bevormundung durch die politischen Gewalten (welche sich auf eine der Idee des Guten nicht fähige menschliche Natur beriefen, *EF* VIII 373) und nicht zuletzt die Begrenzung von Adelsprivilegien.[11] In Zeiten in denen es in erster Linie um diese Ziele ging, war die Forderung, daß die Politik nichts anderes sein solle als *bloß* eine „angewandte Rechtslehre", durchaus nicht abwegig.

---

11 Dies ist Kants Standardbeispiel für das oben erwähnte Prinzip, daß rechtmäßige Verfassungen nur solche Prinzipien enthalten dürfen, die einer allgemeinen Zustimmung eines aufgeklärten Volkes *fähig* sind (vgl. etwa *RL* VI 329; *EF* VIII 350 Fn., 434).

Friedrich Christoph Dahlmanns Politikkonzeption

Wilhelm Bleek

Schon zu Lebzeiten war Friedrich Christoph Dahlmann (1785-1860) mehr durch seine dramatische politische Biographie als durch seine akademischen Veröffentlichungen einschließlich seiner *Politik* (1835) bekannt. Auch heute ist sein Politikverständnis nur vor dem Hintergrund seines abwechslungsreichen Lebens zu verstehen.[1] Am Anfang dieses Beitrages sei daher in groben Zügen der Bildungs- und Berufsweg dieses vormärzlichen Historikers und Politiklehrers skizziert, bevor anschließend die einzelnen Elemente seiner Politikkonzeption in ihrer ideengeschichtlichen Zuordnung herausgearbeitet werden. Abschließend soll die Frage nach der Bedeutung der Politikkonzeption Dahlmanns in seiner Zeit, aber auch für unsere Gegenwart beantwortet werden.

I. Dahlmanns Biographie

Friedrich Christoph Dahlmann wurde am 13. Mai 1785 in Wismar geboren, das damals noch unter schwedischer Herrschaft stand. Seine jugendliche Sozialisation wurde durch die Erfahrung dominiert, daß der Vater als Bürgermeister in dieser Hansestadt an der Ostsee die alte, wenn auch in der frühen Neuzeit reduzierte, Städtefreiheit verkörperte und die Vorfahren väterlicherwie mütterlicherseits sich nicht nur in kommunalen Ämtern, sondern auch im schwedischen wie im dänischen Staatsdienst hervorgetan hatten.

Dahlmann studierte im ersten Jahrzehnt des 19. Jahrhunderts in humanistischer Tradition in Kopenhagen und Halle klassische Philologie und promovierte in diesem Fach 1810 an der traditionsreichen, aber im Untergang befindlichen Universität Wittenberg. Prägend wurden seine Eindrücke zunächst der deutschen Niederlagen gegen das napoleonische Frankreich und dann der deutschen Befreiungskriege. Im Jahr 1812 erhielt Dahlmann an der Universität Kiel eine außerordentliche Professur für Geschichte, ohne je eine Vorlesung in diesem Fach gehört zu haben, was nicht so ungewöhnlich war, wenn man um die Bedeutung der sprachwissenschaftlichen Quelleninterpre-

---

1   Zu Dahlmanns Leben liegt eine materialreiche, aber in der Interpretation veraltete Biographie vor: Springer 1870/1872. Vgl. auch Dahlmanns Fragment einer politischen Autobiographie: Bleek/Lülfing 1993.

tation und des Studiums der Antike für die sich entfaltende Geschichtswissenschaft - und auch die ältere Lehre der Politik - weiß.

1815 machte die „fortwährende Deputation der schleswig-holsteinischen Prälaten und Ritterschaft" den jungen Kieler Professor zu ihrem Sekretär. In diesem Amt als bürgerlicher Berater der Stände setzte sich Dahlmann nicht nur für die Erhaltung der hergebrachten Privilegien, sondern mehr noch für deren Fortentwicklung zu einer zeitgemäßen staatsbürgerlichen Verfassung, für die staatsrechtliche Einheit der beiden Herzogtümer sowie für deren gemeinsame Einbeziehung in den deutschen Nationalverband ein. In Auseinandersetzung mit den absolutistischen und zentralistischen Tendenzen in Dänemark, dessen König in Personalunion auch Herzog von Schleswig sowie Holstein war, griff Dahlmann auf historische Rechte wie die Zusage an die beiden Herzogtümer im Ripener Vertrag von 1460 zurück, „dat se bliwen ewig tosamene ungedeelt". Die politischen Bemühungen in diesem Amt haben nicht nur Dahlmanns lebenslanges Engagement für die Sache der Schleswig-Holsteiner entfacht, sondern sich auch in der historischen Grundlegung seines Politikverständnisses niedergeschlagen.

Nachdem der vergebliche Kampf für die Rechte der schleswig-holsteinischen Stände ihn bei der dänischen Staatsbürokratie so unbeliebt gemacht hatte, daß die versprochene Beförderung zum Ordinarius ausblieb, nahm Dahlmann im Herbst 1829 einen Ruf an die Universität Göttingen an. An der Hannoverschen Landesuniversität übernahm er eine ordentliche Professur in der Philosophischen Fakultät mit der Verpflichtung, über „Politik, Kameral-, Finanz- und Polizeiwissenschaft und Nationalökonomie, sowie über deutsche Geschichte" zu lesen. 1831 wurde Dahlmann Vertreter der Universität Göttingen in der zweiten hannoverschen Kammer und war 1833 an der Ausarbeitung eines neuen hannnoverschen Staatsgrundgesetzes und des Gesetzes über das königliche Haus beteiligt. Nachdem er sich 1833 nicht mehr der Neuwahl in die Kammer gestellt hatte und von Hannover nach Göttingen zurückkehrte, setzte er es sich zum Ziel, vor dem Hintergrund seiner inzwischen gewonnenen politischen Einsichten und gesetzgeberischen Erfahrungen seine akademischen Vorlesungen über „Die Politik" auszuarbeiten; sie erschien im Herbst 1835 in erster Auflage.[2]

Doch Dahlmanns Hoffnungen auf ein friedliches Gelehrtendasein zerstoben schon zwei Jahre später mit dem Verfassungsbruch des neuen hannoverschen Königs. Als am 1. November 1837 König Ernst August von Hannover nach seiner Thronbesteigung einseitig das Staatsgrundgesetz von 1833 aufhob und alle hannoverschen Staatsdiener vom Eid auf diese Verfassung entpflichtete, legten sieben Professoren der Landesuniversität Göttingen in einem Schreiben an das Universitätskuratorium Protest gegen diesen monarchi-

---

2 Dahlmann 1835; Neuausgabe: Dahlmann 1997 (im folgenden wird nach dieser Ausgabe zitiert).

schen Staatsstreich ein. Diese sieben von damals 32 Professoren der Göttinger Universität waren so bekannte Gelehrte wie die beiden Germanisten Jacob und Wilhelm Grimm, der Literaturhistoriker Georg Gottfried Gervinus, der Staatsrechtler Wilhelm Eduard Albrecht, der Orientalist Heinrich Ewald, der Physiker Wilhelm Weber und Friedrich Christoph Dahlmann. Bei dem letztgenannten lag die Initiative zu diesem Protest, die Ausarbeitung der Eingabe und deren öffentliche Rechtfertigung. Die königliche Strafmaßnahme folgte auf dem Fuße: alle sieben Professoren wurden umgehend aus ihren Ämtern entlassen und Dahlmann zusammen mit Jacob Grimm und Gervinus als angebliche Rädelsführer des Landes verwiesen. Der mutige Protest der Göttinger Sieben gegen den Verfassungsbruch der Obrigkeit und deren willkürliche Reaktion erregten in ganz Deutschland über alle politischen Grenzen hinweg ungeheures Aufsehen; so wurden Sammlungen zur Unterstützung der stellungslosen Hochschullehrer durchgeführt, und die sieben Professoren mit Dahlmann an der Spitze stiegen in den Rang von Heroen der bürgerlichen Öffentlichkeit auf.

Nach der Entlassung und Ausweisung aus Hannover war Dahlmann fünf Jahre lang stellungsloser Privatgelehrter, schrieb nicht nur eine *Geschichte von Dänemark*, sondern trug auch jene Quellenkunde zusammen, die ihn und Georg Waitz bis heute zum Standardbegriff bei Geschichtsstudenten gemacht haben. Nachdem in Preußen 1840 Friedrich Wilhelm IV., ein König mit kulturellen Ambitionen unter dem Einfluß der deutschen Romantik, den Thron bestiegen hatte, konnte Dahlmann im Herbst 1842 auf Vermittlung Bettina von Arnims in Bonn einen Lehrstuhl für Staatswissenschaften und deutsche Geschichte übernehmen. An der Rheinischen Hochschule hat er in den 1840er Jahren mit großem Zuspruch nicht nur zahlreiche künftige Gelehrte und Staatsdiener, sondern auch Prinzen und spätere Monarchen wie den preußischen Thronfolger Friedrich unterrichtet, der 1888 für 99 Tage Deutscher Kaiser wurde und dessen liberale Grundauffassungen auf Dahlmann als seinen akademischen Lehrer zurückgingen.

Die vormärzliche Meinungsführerschaft und Popularität Friedrich Christoph Dahlmanns ließ es als selbstverständlich erscheinen, daß er nach dem Ausbruch der Revolution in Deutschland im März 1848 im folgenden Monat in die verfassunggebende Nationalversammlung gewählt wurde und in deren Beratungen in der Frankfurter Paulskirche eine führende Stellung einnahm. Als Mitglied der erbkaiserlichen und später kleindeutschen Casino-Partei, welche die rechte Mitte der Nationalversammlung verkörperte, bot ihm vor allem die Mitgliedschaft im Verfassungsausschuß die Gelegenheit, seine in der *Politik* entwickelte Verfassungskonzeption einer konstitutionellen Monarchie, die gleichermaßen die Freiheitsrechte der einzelnen Bürger wie den Ordnungsgedanken der staatlichen Gemeinschaft sichern sollte, in das Verfassungsrecht und perspektivisch auch in die politische Wirklichkeit umzusetzen.

Zum Höhe-, aber auch Wendepunkt im öffentlichen Ansehen des inzwischen fast 65jährigen wurde für Dahlmann die erneute Auseinandersetzung mit der schleswig-holsteinischen Frage. Am 5. September 1848 erreichte er die Sistierung, d.h. den Vollzugsaufschub, des von Preußen mit Dänemark abgeschlossenen Malmöer Waffenstillstandes durch die Nationalversammlung, weil er darin einen Verrat an der gerechten Sache der Schleswig-Holsteiner und eine Unterwerfung unter das Vetorecht der europäischen Großmächte gegen die deutsche Einigung sah. Die von Dahlmanns eigener Fraktion getragene Reichsregierung, die keine realpolitische Alternative zu dem Waffenstillstand sah, trat zurück. Kurze Zeit sah es so aus, als ob der Bonner Professor selbst an die Spitze der Reichsregierung treten wollte, doch dann wurde er auf den Boden der Realitäten zurückgeholt. Innenpolitisch gelang es Dahlmann nicht, die negative Mehrheit gegen den Waffenstillstand aus linken, rechten und schleswig-holsteinischen Abgeordneten in eine positive Mehrheit für eine Regierungsbildung umzusetzen. Außenpolitisch dokumentierte der Ausgang der Krise, die Zurücknahme des Sistierungsbeschlusses, daß die deutsche Einheit, mochte sie moralisch auch noch so begründet sein, nicht gegen die machtpolitischen Interessen der europäischen Mächte durchzusetzen war. Endgültig mußte die liberal-bürgerliche Mehrheit der deutschen Nationalversammlung ihr doppeltes Ziel einer freiheitlichen Verfassung und der Herstellung der nationalstaatlichen Einheit Deutschlands begraben, als im Mai 1849 König Friedrich Wilhelm IV. von Preußen, der Dahlmann 1842 auf den Bonner Lehrstuhl berufen hatte und dem er sich mit seinem historisch-organischen Denken verbunden fühlte, die ihm von einer Deputation der Nationalversammlung unter Teilnahme Dahlmanns angetragene deutsche Kaiserkrone ablehnte. Wenige Tage später, am 21. Mai 1849, traten die meisten Abgeordneten der Mitte aus der Paulskirche aus; die Austrittserklärung stammte aus Dahlmanns Feder.

Zum Herbst 1850 kehrte Dahlmann endgültig nach Bonn an die Universität zurück. Er übernahm keine politische Aufgabe und publizistische Tätigkeit mehr. In seinen Lehrveranstaltungen verlagerte sich sein Engagement und das Interesse seiner Studenten immer mehr auf Vorlesungen über neuzeitliche Geschichte. Doch weiterhin las der Professor für Staatswissenschaften und deutsche Geschichte in jedem Wintersemester über „Die Politik". Am 3. November 1860, einen Monat vor seinem Tod am 5. Dezember 1860, leitete Dahlmann zum zweiundzwanzigsten und letzten Mal seine Vorlesung über „Die Politik" mit den Worten ein: „Ich eröffne heute einen Vortrag, den ich ein langes Menschenalter hindurch mit Liebe gepflegt habe - - den Vortrag der Lehre vom Staate, der Politik. Ich darf es, glaube ich, ohne Überhebung sagen, meine politischen Überzeugungen sind durch viele Lebensproben durchgegangen und ich habe deren Einwirkung nicht verschmäht, allein ich fand immer wieder an diesen Überzeugungen einen Halt und eine Stütze. Sie haben in ihren Grundlagen keine Änderung erlitten."³

II. Der Untertitel der *Politik* als Programm

Die axiomatischen Grundlagen seiner Politikkonzeption hat Friedrich Christoph Dahlmann bereits im Untertitel seines politikwissenschaftlichen Hauptwerkes auf knappe und prägnante Weise formuliert: „Die Politik, auf den Grund und das Maß der gegebenen Zustände zurückgeführt". Der Hinweis auf die „gegebenen Zustände" als dem Gegenstand seiner Bemühungen beinhaltete, daß die Lehre der Politik nicht von abstrakten Staatskonstruktionen, sondern der vorfindbaren Wirklichkeit auszugehen hatte. Damit setzte sich Dahlmann von den naturrechtlichen Vertragskonzeptionen der frühen Neuzeit und den idealistischen Konstruktionen des 18. Jahrhunderts ab, wie sie in der ersten Hälfte des 19. Jahrhunderts noch durch Carl von Rotteck und Carl Theodor Welcker als Wortführer des südwestdeutschen Liberalismus vertreten wurden. Doch waren die „gegebenen Zustände" nicht lediglich in empirischer Weise zu beschreiben, sondern dem Untertitel der *Politik* zufolge war nach ihrem „Grund", d.h. ihrer Verursachung zu fragen. Der Historiker und Politiklehrer Dahlmann führte die politische Gegenwart vor allem auf die geschichtliche Vergangenheit zurück und konzipierte daher ganz im Geist seiner Zeit eine historische Staatslehre. Doch gleichzeitig weist der Begriff vom „Maß" darauf hin, daß Dahlmann nicht die historistische und konservative Auffassung teilte, wonach jede historisch gewordene Erscheinung als gut und erhaltenswert anzusehen war. Politik sollte vielmehr durch das „Maß" der gegebenen Zustände bewertet und verändert werden, womit nicht im modernen Verständnis ein empirisches Größenverhältnis,⁴ sondern die Wertstruktur der historisch gewordenen Wirklichkeit, oder noch konkreter, die aristotelische Mäßigung der guten Verfassungsordnung gemeint war.

III. Der Staat als aristotelische Politeia

Doch was versteht Friedrich Christoph Dahlmann unter „Politik"? Er hat sein politikwissenschaftliches Hauptwerk unter diesen zugleich einfachen und an-

---
3 Deutsche Staatsbibliothek, Preußischer Kulturbesitz, Berlin, Unter den Linden, Handschriftenabteilung, Nachlaß F. C. Dahlmann, Mappe 380/I, Bl. 4r.
4 Diesem Irrtum unterlag in seiner ansonsten einsichtsvollen Gedenkrede zum 100. Todestag von F.C. Dahlmann Bracher (1971: 48).

spruchsvollen Haupttitel gestellt, doch schon beim ersten Blick in das Buch wird deutlich, daß für ihn *Politik* mit *Staat* identisch ist. So steht schon die Einleitung mit ihren 18 Abschnitten, in denen er in thesenhafter Form seine Politikkonzeption, man muß sagen, bekennt, unter der Überschrift: „Wie der Staat zu der Menschheit stehe". Auch der folgende Hauptteil des Buches handelt in seiner Gesamtheit „vom Staate für sich selber".[5] Für Dahlmann ist der Begriff der „Politik" mit jenem des „Staates" synonym und folglich die Lehre von der Politik mit der Staatswissenschaft identisch.

Doch im Positiven wie im Negativen, bei der Darlegung seiner eigenen Staatskonzeption wie in der Kritik an neuzeitlichen Herrschafts- und Staatstheorien, läßt Dahlmann nicht den geringsten Zweifel daran aufkommen, daß für ihn der Begriff des „Staates" die deutsche Übersetzung der griechischen *politeia* ist. Dahlmanns Politikkonzeption steht gänzlich in der Tradition des aristotelischen Politikbegriffs mit seiner sowohl empirischen als auch normativen Komponente. So setzt er sich in den ersten beiden Abschnitten seiner *Politik* von allen rationalistischen und aufklärerischen Vorstellungen des Staates als einer menschlichen Erfindung, einer Aktiengesellschaft, einer Maschine oder einem Vertragswerk ab und verwirft die damit verbundenen Vorstellungen von einem dem Staat vorangehenden Naturzustand. Vielmehr formuliert der in antiker Sprache und Denken gebildete deutsche Geschichts- und Politikprofessor des 19. Jahrhunderts im dritten Abschnitt seiner *Politik* das Axiom: „Der Staat ist uranfänglich. Die Urfamilie ist Urstaat; jede Familie, unabhängig dargestellt, ist Staat." Dahlmann fügt, um jeden Zweifel an der ideengeschichtlichen Grundlegung seiner Politikkonzeption auszuräumen, das klassische Zitat von Aristoteles hinzu: „Der Mensch ist von Natur ein Staatswesen."

Unter dem „Staat" versteht Dahlmann also weder eine Machtorganisation im Sinne Machiavellis oder einen Herrschaftsverband wie Hobbes noch in Anlehnung an Hegel eine der Gesellschaft übergeordnete metaphysische Idee, sondern in der aristotelischen Tradition eine politische Gemeinschaft der Menschen, die zugleich uranfänglich und historisch entwicklungsfähig ist. Diese klassische Politikkonzeption reichert er unter dem Einfluß der zeitgenössischen Romantik und historischen Schule, ohne deren politische Implikationen zu übernehmen, durch Elemente der organischen Staatslehre, aber auch der christlichen Zwei-Reiche-Lehre in der Tradition von Augustinus und Luther an und kommt so zu einer merkwürdig antiquierten und zugleich

---

5 Dahlmann hat seine erstmals 1835 erschienene Veröffentlichung schon auf dem Titel als 1. Band einer umfassenderen „Politik" mit den Untertitel „Staatsverfassung. Volksbildung" ausgewiesen und im § 17 der Einleitung die Staatsverwaltung sowie die Staatengesellschaft als weitere Teile der Lehre vom Staate genannt. Obwohl Dahlmann diese Gegenstandsbereiche in seinen Vorlesungen über „Politik" ausweislich seiner Vorlesungsmanuskripte und der Nachschriften von Hörern behandelt hat, ist er doch nicht dazu gekommen, sie in Fortsetzungsbänden der „Politik" zu veröffentlichen. So blieb es bei dem ersten Band der „Politik" als einer Staatsverfassungslehre (vgl. Bleek 1997: 284 f. u. 302).

modernen Konzeption der politischen Ordnung: „Denn der Staat ist nicht bloß etwas Gemeinsames unter den Menschen, nicht bloß etwas Unabhängiges, er ist zugleich etwas Zusammengewachsenes, eine leiblich und geistig geeinigte Persönlichkeit" (Dahlmann 1997: § 6). Bemerkenswert ist die Ähnlichkeit dieser personalisierten Staatsvorstellung Dahlmanns mit der einflußreichen juristischen Konzeption vom Staat als eigenständiger juristischer Person, die zur selben Zeit sein Göttinger Kollege Wilhelm Eduard Albrecht entwickelte, später auch Mitprotestierender im Kreis der „Göttinger Sieben" und im April 1848 Mitverfasser des Entwurfs eines Reichsgrundgesetzes (vgl. Huber 1960: 376f.; Stolleis 1992: 91).

Auch in der weiteren begrifflichen und inhaltlichen Ausgestaltung seiner Staatskonzeption steht Dahlmann voll in der aristotelischen Tradition. Gleich anschließend an die Definition des Staates als einer „leiblich und geistig geeinigten Persönlichkeit" konstatiert er: „Die Familie, unabhängig gedacht, ist Volk und Staat in völliger Durchdringung beider." Für Dahlmann, der nach dem frühen Tod seiner ersten Frau abermals eine glückliche Ehe fand und seinen zwei Kindern und den Enkelkindern ein liebevoller, aber auch strenger Familienvater war, bestand kein Zweifel an der politischen Natur, aber auch der herrschaftlichen Wirklichkeit der Familie. Der Vater hatte wie ein guter Monarch seine Familie zu lenken, wie der König seine Untertanen wie ein guter Hausvater zu regieren hatte.

Wie sich der Staat aus der Vielzahl der Familien zusammensetzte,[6] so konzipiert Dahlmann die „Staatengesellschaft" als eine „Staatenfamilie". Universalistischen Ideen vom Aufgehen der einzelnen Staaten in einem Weltreich steht er skeptisch gegenüber: „Wer einen Welt- oder Menschheits-Staat begehrt und in Universal-Monarchieen vorverkündigt sieht, der verschließt der zu Staaten versammelten Menschheit die Aussicht auf ihre höchste Bildungsstufe, auf welcher sich der Staat, wie er von der Familie ausgegangen, in der Staatenfamilie vollende" (Dahlmann 1997: § 16).

Dahlmann geht somit in Anknüpfung an antike Denktraditionen von einem Verständnis des Staates als einer politischen Gemeinschaft aus, das noch nicht auf einer Entgegensetzung von Staat und Gesellschaft beruht, wie sie für die politische Theorie ab der zweiten Hälfte des 19. Jahrhunderts charakteristisch wurde. Er verschränkt vielmehr in seiner Konzeption des „guten Staates" auf eine altertümlich erscheinende Weise, wie sie mit dem Paradigma der Zivilgesellschaft (*civil society*) heute wieder aktuell geworden ist, den politischen Herrschaftsverband und die staatsbürgerliche Gesellschaft. Im Mittelpunkt seines Politikverständnisses steht nicht, um die neudeutsche Fachsprache aufzunehmen, *politics* als der prozedurale oder *policy* als der inhaltliche, sondern *polity* als der normative, ordnungsbezogene Aspekt der

---

6 Die aristotelische Zwischenstufe des Dorfes nannte der Bürgermeistersohn Dahlmann in seiner einleitenden Skizze der Staatskonzeption nicht, widmete den Gemeinden allerdings ein langes Kapitel (vgl. Dahlmann 1997: § 201-250).

Politik, die antike *politeia* mit der Frage nach der guten Verfassung des politischen Gemeinwesens.

IV. Die geschichtliche Grundlage der *Politik*

Die Verwirklichung dieser normativen Idee der Politik als eines „guten Staates" erfolgte aber, daran ließ Dahlmann bei aller Verehrung für die überzeitlichen, klassischen Ideen von Aristoteles keinen Zweifel aufkommen, im geschichtlichen Zusammenhang und im historischen Wandel: „Da die Menschheit kein anderes Daseyn hat als dieses, welches im steten Entwickelungskampfe, räumlich und zeitlich begriffen, in unserer Geschichte vorliegt, so entbehrt eine Darstellung des Staates, welche sich der historischen Grundlagen entäußert, aller ernsten Belehrung und gehört den Phantasiespielen an. Der Idealist, zeit- und ortlos hinstellend, was den guten Staat bedeuten soll, löset Räthsel, die er sich selber aufgegeben hat; er vollbringt mit Menschen, die es nie gegeben hat, die Aufstellung einer Gegenwart, welche keine Fähigkeit zu seyn besitzt" (Dahlmann 1997: § 12). Das Hauptmerkmal der Politikkonzeption Dahlmanns ist neben ihrer zugleich normativen und empirischen Ausrichtung ihre historische Grundlegung (vgl. die Hinweise bei Bracher 1971). Nur wer um die geschichtliche Herkunft der politischen Gegenwart weiß, könne diese verstehen und weiterentwickeln.

In dieser Dominanz der historischen Methode in der Politiklehre spiegelt sich nicht nur Dahlmanns eigener Bildungsweg wider, der ihn zum Historiker gemacht hatte, bevor er zur Politik als akademischem Fach berufen wurde. Auch der Siegeszug der sich in Deutschland in der ersten Hälfte des 19. Jahrhunderts entfaltenden Geschichtswissenschaft und ihre Ausstrahlung auf zahlreiche Nachbarwissenschaften wie die Germanistik, die Rechtswissenschaft und die Volkswirtschaftslehre beeinflußten Dahlmann, der den Brüdern Grimm als Germanisten und dem Althistoriker Barthold Georg Niebuhr als Gründungsvater der deutschen Geschichtswissenschaft in Freundschaft verbunden war.

Der Bedeutung der Vergangenheit für die politische Gegenwart und dem Stellenwert des historischen Ansatzes für die Analyse der Politik gab Dahlmann in seiner *Politik* von 1835 beredten Ausdruck. So postulierte er bereits in deren Einleitung (1997: § 15): „Weil die Menschheit in jedem Zeitalter neue Zustände gebiert, so läßt sich kein Staat grundfest darstellen, außer mit den Mitteln und unter den Bedingungen irgend eines Zeitalters, außer gebunden an die Verhältnisse irgend einer unmittelbaren Gegenwart. Daher drängt alle Behandlung von Staatssachen im Leben und in der Lehre zur Historie hin, und durch sie auf eine Gegenwart, und weiter, weil keine neue Form des Lebens sich vernachlässigen läßt, auf *unsere* Gegenwart, unsern Welttheil, unser Volk." Immer wieder greift Dahlmann in der *Politik* bei seinen Ausführungen zur „guten Verfassung" auf historische Beispiele zurück, doch geht es ihm dabei nicht um die Darstellung der Geschichte per se, auch nur sekundär um die historischen Ursprünge der Gegenwart, sondern primär um das reiche Anschauungsmaterial, das die Vergangenheit für die Erörterungen der Gegenwart zur Verfügung stellt. So leitete er seinen langen und höchst aktuellen Abschnitt über die multiethnische Zusammensetzung von Staaten mit der charakteristischen Aufforderung ein (ebd., § 198): „Fragen wir die Geschichte."

Noch programmatischer setzte sich Friedrich Christoph Dahlmann mit der Verbindung von Politik und Geschichte bzw. dem Verhältnis der beiden Disziplinen und den Folgerungen für Gegenwart und Zukunft der Lehre und Praxis der Politik in seiner Bonner Antrittsrede vom 28. November 1842 auseinander (Dahlmann 1842). Einmal mehr hob er hervor, daß er den historischen Ansatz für den sichersten Weg zur Erforschung des Staates hielt. Doch wie schon zuvor in seiner *Politik* angedeutet (1997: § 236), setzte sich Dahlmann entschieden von jenen zwar historischen, aber nicht bloß konservativen, sondern restaurativen Auffassungen bei Anhängern der politischen Romantik wie Adam Müller und Friedrich Schlegel und Mitgliedern der Historischen Schule wie Leopold von Ranke und Friedrich Carl von Savigny ab, welche die Politik ganz in der Geschichte aufgehen ließen und die Wiederherstellung der Vergangenheit als oberstes Ziel ansahen: „Niemand möchte weniger als ich der Ansicht derer zugezählt werden, welche den Satz aufstellen: diese Einrichtung ist gut, denn sie ist historisch" (Dahlmann 1842: 310-318). Geschichtlichkeit war für Dahlmann ein Grundtatbestand des politischen Lebens, aber kein Argument, mit welchem die politische Entwicklung eingefroren oder gar rückgängig gemacht werden sollte.

Dahlmann stand damit in einer älteren Tradition der Geschichtsauffassung, für welche die Vergangenheit vor allem Anschauungsmaterial zur Lösung aktueller Probleme bietet. In diesem Sinne faßte er das Kapitel in der *Politik* über die Systematik der Staatswissenschaft folgendermaßen zusammen (1997: § 237): „Der Politik bleibt die würdige Aufgabe, mit einem durch die Vergleichung der Zeitalter gestärkten Blicke die nothwendigen Neubildungen von den Neuerungen zu unterscheiden, welche unersättlich seys der Muthwille seys der Unmuth ersinnt." Mit diesem Programm einer auf historischen Einsichten basierenden politischen Reform meinte Dahlmann nicht nur die praktische Politik, sondern formulierte vor allem die Quintessenz seiner Konzeption der akademischen Lehre von der Politik.

Friedrich Christoph Dahlmanns Werk verbindet politische Geschichtsschreibung, für die seine beiden Büchern von 1844 und 1847 über die französische und englische Revolution stehen, die Treitschke (1920: 409) zu Recht als „Sturmvögel der deutschen Revolution" von 1848 eingeschätzt hat, mit einer historischen Staatslehre, deren Hauptwerk *Die Politik* ist. Dahlmann war nicht nur, wie immer wieder hervorgehoben wird, ein Pionier der geschichtlichen Argumentation in der praktischen Politik, sondern zugleich auch ein Stammvater der „politischen Historiker", von denen viele wie Georg Waitz, Heinrich von Sybel und vor allem Heinrich von Treitschke seine Schüler gewesen waren. Gleichzeitig stand er auch in der Tradition der historisch vergleichenden Politikwissenschaft, die schon in den antiken Politiklehren angelegt war und im 18. Jahrhundert vor allem von Montesquieu verkörpert wurde, der aber auch im 20. Jahrhundert mit seinen dramatischen Systemwechseln zumal in Deutschland große Bedeutung zukommt.

V. Die gemäßigte Verfassung

Eine zentrale Rolle in Friedrich Christophs Dahlmanns Politikverständnis nimmt seine Konzeption einer gemäßigten Verfassung ein.[7] Im Hinblick auf seine starke Beeinflussung durch das politische Denken der Antike kann nicht verwundern, daß er nicht nur die Begriffe „Politik" und „Staat", sondern mit diesen weitgehend auch „Verfassung" als synonym verwendet. Daß er im Zusammenhang mit diesen drei Begriffen zumeist auch das Adjektiv „gut" benutzt, unterstreicht den normativen Hintergrund dieser Gleichsetzung: So setzt nach Dahlmann „gute Politik" einen „guten Staat" voraus, der seinerseits auf einer „guten Verfassung" beruht. Unter Verfassung versteht er dabei weniger, wie heute vorherrschend, in einem formalen Sinne das geschriebene Verfassungsgesetz, sondern in einem materialen Verständnis den geordneten Zustand eines politischen Gemeinwesens oder, um es mit modernen Kategorien auszudrücken, dessen Legitimität, nicht Legalität. In der Sprache der *Politik* von 1835 lautet dieses materiale Staats- und Verfassungsverständnis: „Der Staat inzwischen darf keine Macht in seinem Innern gestatten, die sich gegen seine Rechtsanstalten erhebt. Der schlechte Staat bedient sich zu dem Ende lediglich seiner Gewalt, verschlingt die Familie mit der Macht seines Gesetzes, legt sich ein Obereigenthum bei, dringt jeder Regel jede Ausnahme auf. Der gute Staat hingegen, weit entfernt das Privat-Recht zu zerstören, stellt es unter den Schutz des öffentlichen Rechts, und legt dem Eigenthum und den Personen allein diejenigen Beschränkungen auf, welche das öffentliche Wohl erfordert" (Dahlmann 1997: § 11). Und gleich in einem der folgenden Abschnitte werden von Dahlmann auch die organisatorischen Voraussetzungen einer freiheitlichen Konstitution in Gestalt der parlamentarischen Mitwirkungsrechte der Staatsbürger an der Gesetzgebung genannt: „In einem Staate dieser Art ist die Freiheit seiner bürgerlichen Gesellschaft ohne weiteres enthalten, und es ist dieselbe an keine bestimmte äußere Form gebunden, obwohl es freiheitstützende Einrichtungen gibt. In

---

[7] Ansätze seiner aus der Geschichte hergeleiteten Konzeption einer „freien Verfassung" entwickelte Dahlmann (1815) im Zusammenhang mit der Schleswig-Holsteinischen Frage.

Hinsicht auf die Form aber nennen wir denjenigen Staat frei, dessen Grund-Einrichtungen nur nach einer bestimmten allgemeinen Regel und nur unter Zuthun aller Stände oder Gliedmaßen des Volks verändert werden können" (ebd., § 14).

Wie schon im Zusammenhang mit der im Untertitel der *Politik* genannten Kategorie des „Maaßes" erwähnt, spielte für Dahlmann die Idee einer maßvollen Ordnung, einer gemäßigten Verfassung eine große Rolle. Auch mit diesem gleichermaßen normativen wie organisatorischen Begriff stand er in der ideengeschichtlichen Traditionslinie der älteren Politiklehre, die über die Jahrhunderte auf Aristoteles zurückgeht. Danach ist derjenige Staat in „guter Verfassung", in welchem die monarchischen, aristokratischen und demokratischen Elemente miteinander verbunden sind und sich auf diese Weise gegenseitig mäßigen (ebd., § 24). Vor allem aber muß eine „gute Verfassung" sowohl die Obrigkeit als auch die Staatsbürger in ihren Rechten sowie Pflichten binden und kann nur im Konsens beider aufgestellt und geändert werden. Wenn sich das Volk einseitig über die Konstitution hinwegsetzt, so sah Dahlmann darin einen fragwürdigen revolutionären Akt; doch auch den obrigkeitlichen Verfassungsbruch verurteilte er als einen Akt monarchischer Willkür, der das passive Widerstandsrecht der Untertanen erlaubt.[8] Dieses Recht zum passiven Widerstand war für Dahlmann, worauf er auch zwei Jahre nach der Veröffentlichung der *Politik* im Zusammenhang mit dem Protest der sieben Göttinger Professoren bestand, weniger ein gegen den Staat und den Fürsten gerichtetes politisches Recht des Staatsbürgers als vielmehr eine sittliche Pflicht der Persönlichkeit zur Erhaltung der Vorstellung vom „guten Staat" in einer „guten Verfassung".

Doch Dahlmanns ganze Hoffnung und Zuversicht zielte darauf, daß es zu solcher Konfrontation von Regierung und Untertanen nur im seltenen und vermeidbaren Ausnahmefall kommen würde, daß im Normalfall auf beiden Seiten Einsicht und Vernunft vorherrschen würden. Der Glaube an die Macht der Bildung erhob in der bildungsbürgerlichen Politikkonzeption Dahlmanns wie bei vielen seiner liberalen Zeitgenossen der ersten Hälfte des 19. Jahrhunderts die öffentliche Meinung in den Rang einer Gewalt, die über allen anderen politischen Gewalten steht und auf diese einen mäßigenden und wegweisenden Einfluß ausübt. Es ist bezeichnend, daß Dahlmann 1835 in seiner *Politik* lediglich im Zusammenhang mit der allgemeinen Bildung von einer „Nation" spricht (ebd., § 259): „Wo der Geist der Nation einen hohen Schwung nimmt, da allein ist öffentliche Meinung, und diese ist dann eine Macht, ununterbrochen und mehr aus der Tiefe wirkend als alle politischen Institutionen". Die öffentliche Meinung ist für ihn jene Kraft, welche die Staatsorgane in die Schranken verfassungsmäßigen Handelns weisen und bei

---

8 Vgl. Dahlmanns Ausführungen zu Widerstandsrecht und Revolution (1997: §§ 200-207).

Konflikten zwischen ihnen einen Konsens herbeiführen kann (vgl. Habermas auch 1962).

VI. Freiheit und Macht

Doch spätestens die bitteren Erfahrungen in der Deutschen Nationalversammlung von 1848/49 ließen Dahlmann erkennen, daß seine Hoffnungen auf Verwirklichung einer „guten Verfassung" durch die Macht der öffentlichen Meinung illusionär waren, mehr dem von ihm in der *Politik* kritisierten Idealismus und weniger dem im Untertitel propagierten nüchternen Blick auf die „gegebenen Zustände" entsprangen. Andeutungsweise hatte Dahlmann allerdings bereits 1835 geahnt, daß Freiheitsstreben und Machtverhältnisse auseinanderklaffen könnten, wenn er in der *Politik* im Zusammenhang mit den deutschen Verfassungsstaaten feststellte (ebd., § 287): „Sie bauen auf einem Grunde politischer Freiheit, allein die Macht fehlt." Dreizehn Jahre später in der Paulskirche wurde das Verhältnis von Freiheit und Macht zu seinem zentralen Lebensthema.

Im Frühjahr 1850 sprach Dahlmann auf der Gothaer Versammlung den verzweifelten Satz (Treitschke 1911: 429): „Jetzt stehen wir nur noch der brutalen Thatsache gegenüber." Damit meinte er die realen Machtverhältnisse in Deutschland, die keine Verwirklichung der bürgerlichen Hoffnungen auf Einheit und Freiheit erlaubten. Viele Historiker und Publizisten haben später unterstellt, daß das liberale Bürgertum und seine Wortführer nach der Ohnmachtserfahrung von 1848/49 eine Wende vom Idealismus zum Realismus, vom Freiheits- zum Machtgedanken, wenn nicht sogar von der Reform zur Restauration vollzogen hätten.

Als Beleg für diese realpolitische Wende des deutschen Bürgertums von der Priorität des Freiheitsideals zum Vorrang des Machtgedankens ist von dem Historiker Friedrich Meinecke Dahlmanns folgende Äußerung in der Paulskirche zitiert worden (Meinecke 1906: 493): „Denn es ist hier nicht nur die Freiheit, die der Deutsche meint, es ist zur größeren Hälfte die Macht nach der es ihn gelüstet." Doch Meinecke und ihm folgend zahlreiche weitere Autoren wie der Verfassungshistoriker Ernst Rudolf Huber (1960: 385) haben Dahlmanns parlamentarische Äußerung falsch zitiert und dadurch ihre Aussage erheblich simplifiziert. In Wirklichkeit erklärte Dahlmann am 22. Januar 1849 in der Debatte über das Reichsoberhaupt und hatte dabei vor allem seine bitteren Erfahrungen mit der Sistierung des Malmöer Waffenstillstandes im Auge (Dahlmann 1849: 4821): „Die Bahn der M a c h t ist die einzige, die den gährenden Freiheitstrieb befriedigen und sättigen wird, der sich bisher selbst nicht erkannt hat. Denn es ist nicht bloß die Freiheit, die er [der Freiheitstrieb] meint, es ist zur größeren Hälfte die M a c h t, die ihm bisher versagte, nach der es ihm [dem Freiheitstrieb] gelüstet." Das Subjekt dieses Satzes ist also nicht „der Deutsche", den Meinecke erfindet, sondern der „Freiheitstrieb", der sich nicht eigenständig, sondern nur unter günstigen Machtverhältnissen verwirklichen kann. „Macht" kommt in der Rede Dahlmanns in der Paulskirche instrumentelle Bedeutung für die Verwirklichung der „Freiheit" zu, doch keineswegs plädiert der altliberale Politiklehrer und Historiker für einen politischen Prioritätenwechsel von der Freiheit zur Macht, wie ihm unterstellt wurde.

Daß Freiheit ohne Macht nicht möglich sei, ist keine späte Erkenntnis der Liberalen unter dem Eindruck der Bismarckschen Einigung Deutschlands mit „Blut und Eisen", sondern wurde ihnen bereits in der Ohnmachtserfahrung der deutschen Einheits- und Verfassungsbewegung von 1848/49 bewußt. Diese Einsicht brachte August Ludwig von Rochau 1853 mit seinen „Grundsätzen der Realpolitik, angewendet auf die staatlichen Zustände Deutschlands" auf den paradigmatischen Begriff, doch hatte Dahlmann sie bereits 1835 mit seiner Betonung der „gegebenen Zustände" vorbereitet, auch wenn „Macht" wie „Nation" Begriffe sind, die er erst unter dem Eindruck der Erfahrungen der Paulskirche von 1848/49 in den Kern seiner politiktheoretischen Überlegungen aufnahm.

VII. Dahlmann in der ideengeschichtlichen Tradition

Beim abschließenden Versuch, das Politikverständnis Friedrich Christoph Dahlmanns in der Geschichte des politischen Denkens zu verorten, kann von seinem eigenen Abriß der politischen Ideengeschichte im 9. Kapitel der *Politik* ausgegangen werden (vgl. Dahlmann 1997: § 208-237). Gleichzeitig aber gilt es, die Warnung des Autors in der Vorrede seines Bandes zu beachten: „Ich schicke ihn mit der Hoffnung in die Welt, daß er allen politischen Secten misfallen werde" (ebd., 9). Mit politischen Sekten sind im vormärzlichen Sprachgebrauch politische Parteien, im heutigen Verständnis politische Strömungen gemeint.

Im Hinblick auf die zeitgenössischen Politikkonzeptionen grenzte sich Dahlmann sowohl gegen prononciert konservative und restaurative als auch gegen entschieden liberale und demokratische Positionen ab. Im Zusammenhang mit seiner Kritik am politischen Quietismus, zu dem die historische Schule neigte, sind bereits seine Vorbehalte gegen die restaurativen Tendenzen von politischen Romantikern wie Adam Müller, Friedrich Schlegel und Karl Ludwig von Haller erwähnt worden, obwohl er deren historischen Ansatz teilte. Diese hatten nach Dahlmann „das Terrain, welches sie den flachen politischen Freigeistern glücklich abstritten, alsbald dadurch wieder eingebüßt, daß sie die Geschichte da abschlossen wo sie ihnen unbequem ward und ihren Staat auf der Wiederherstellung von Verhältnissen bauten, welche bei dem besten Willen schon darum unwiederherstellbar sind, weil auf bessere Erkenntniß nicht willkührlich verzichtet werden kann, selbst wenn sie die Zustände gefährlich erschüttert haben" (ebd., 1997, § 236). Geradezu bissig waren die Bemerkungen, die Dahlmann in der zweiten Auflage seiner *Politik* nach dem Erscheinen von Friedrich Julius Stahls „*Monarchischem Princip*" (1845) gegen dessen Verschreibung der politischen Freiheit in „homöopathischen Tropfentheilchen" und die Verabreichung von „kleinen concessionirten gelind auflösenden Brustcaramellen seines 'Monarchischen Princips'" einfügte (ebd., § 237).

Doch während sich Dahlmann von diesen konservativen und reaktionären Politiklehren mit Ironie distanzierte, galt unter dem Einfluß des Schreckbildes der Französischen Revolution seine urwüchsige Angst den von demokratischen und radikalen Ideen drohenden Umstürzen. Schon mit der Demokratietheorie Jean Jacques Rousseaus, aber auch mit den naturrechtlichen und rationalistischen Vertragstheorien, von denen südwestdeutsche Liberale wie Carl von Rotteck inspiriert wurden, konnte der historisch und organisch orientierte Dahlmann nichts anfangen, sah in ihnen eine Verletzung des Prinzips der Mäßigung und einen gefährlichen ersten Schritt zur Anarchie. Er und die ihm gleichgesinnten nord- und ostdeutschen Anhänger der bildungsbürgerlichen Mitte traten nachdrücklich dafür ein, durch eine gemäßigte politische Reform die umfassende gesellschaftliche Revolution zu verhindern. So fügte Dahlmann in seiner *Politik* direkt im Anschluß an die Begründung eines passiven Widerstandsrechtes gegen verfassungswidrige Handlungen der Obrigkeit eine entschiedene Warnung an vor Revolution als Umsturz der ganzen gesellschaftlichen Ordnung, Gefährdung der inneren wie äußeren Sicherheit und vor allem als „schwere Krise, die Gewissen verwirrend" (ebd., § 206).

Auch den Vertragstheorien von Hobbes und Locke, aber ebenfalls Machiavellis Herrschaftslehren stand Dahlmann sehr kritisch gegenüber. Unter allen politischen Denkern der Neuzeit stand ihm Montesquieu mit seiner Idee der Mäßigung von Macht durch Gewaltenteilung und seinem Verständnis für die Bedeutung von Geschichte und politischer Sitte für die Stabilität einer freiheitlichen Verfassung am nächsten. Vor allem achtete Dahlmann den französischen Baron als einen politischen Denker, der die englische Verfassung als ein Muster der Freiheit erkannt hatte.

Großbritannien war für die historisch gesinnten Vertreter des norddeutschen Liberalismus während der Vormärzzeit das große Vorbild (vgl. Wilhelm 1927). Auch für Dahlmann war England im Gegensatz zu Frankreich ein Leitbild, weil es über eine historisch gewachsene, nicht revolutionär gesetzte Konstitution verfüge, seine ungeschriebene Verfassung die organische Fortentwicklung der germanischen Volksfreiheiten sei und die gleichgewichtige Verbindung der drei Gewalten und Staatsformen auf der britischen Insel das Prinzip einer vermischten Verfassung auf ideale Weise verwirkliche. Allerdings traf das Bild, das Dahlmann in seiner *Politik* von der englischen Verfassungsrealität zeichnete, in der Wirklichkeit des Jahres 1835 kaum mehr zu. Nach dem Verlust der nordamerikanischen Kolonien im letzten Drittel des

18. Jahrhunderts hatte sich das politische System des Vereinigten Königreiches von einer konstitutionellen zu einer parlamentarischen Monarchie gewandelt, das politische Gleichgewicht zwischen König und Parlament längst zugunsten des letzteren verlagert und besaß das Unterhaus wesentlich mehr politischen Einfluß als das Oberhaus.

Dahlmanns eigentliches Interesse aber galt den politischen Philosophien und Verfassungsverhältnissen der Antike. Ausführlich referierte er Platons Konzeption des idealen Staates. Besonders zugeneigt war er, wie schon aus den vorangegangenen Ausführungen deutlich geworden ist, der aristotelischen Politik. Ihre Auffassungen referierte er nicht nur ausführlich, sie durchwirkten sein ganzes Buch. Im Zusammenhang mit Aristoteles' Politikkonzeption kommt Dahlmann zu Formulierungen, die der Charakterisierung seiner eigenen Politikkonzeption ähnlich sind, wenn nicht mit ihr identisch. So schreibt Dahlmann, daß Aristoteles seinen Staat sowohl auf der Stärke als auch der Schwäche der menschlichen Natur aufbaue, und „Aristoteles beurtheilte das Maas beider aus den geschichtlich vorliegenden Zuständen" (ebd., § 210). Die Ähnlichkeit mit dem Untertitel der *Politik* ist offensichtlich. Es wundert nicht, daß Dahlmann seine Skizze der antiken Staatslehre mit der Feststellung abschließt: „Nehmen wir Alles zusammen, Aristoteles bietet uns einen urbaren Boden der Politik dar, den wir wohl fortbauen mögen" (ebd., § 220).

Es besteht kein Zweifel, daß wir in Friedrich Christoph Dahlmann einen der letzten Aristoteliker im deutschen politischen Denken des 19. Jahrhunderts vor uns haben, sieht man einmal von seinem Schüler Wilhelm Roscher (1892) und dessen *Politik* mit dem charakteristischen Untertitel „*Geschichtliche Naturlehre der Monarchie, Aristokratie und Demokratie*" ab. Wilhelm Hennis und Hans Maier haben das anders gesehen, sie ordneten Dahlmann wegen seines Bezugs auf das „Gegebene" und seines Einflusses auf die „politischen Historiker" der Nachgeschichte der älteren, aristotelischen Politiklehre zu (Hennis 1967: 126; Maier 1967: 203, Anm. 35). Manfred Riedel (1975) hingegen sieht Dahlmann zu Recht am Ausgang der Tradition der klassischen Politiklehre im Allgemeinen und des aristotelischen Politikverständnisses im Besonderen.

Friedrich Christoph Dahlmann blickte nicht nur mit seinen politischen und gesellschaftlichen, sondern auch seinen politiktheoretischen Auffassungen von der „Sattelzeit" (R. Koselleck) um 1830 mehr zurück in die Vergangenheit als in die Zukunft des 19. Jahrhunderts - ganz im Gegensatz zu Tocquevilles „Demokratie in Amerika", die im selben Jahr 1835 erschien. Doch enthält seine von der klassischen Antike inspirierte Politikkonzeption auch heute noch Aussagen von allgemeiner Gültigkeit, an die erinnert werden sollte: die Einsicht in die Geschichtlichkeit der politischen Gegenwart, die Forderung nach Mäßigung in der Verfassungsordnung und die Verknüpfung von realistischer Analyse mit der Bewahrung normativer Grundannahmen in Politikwissenschaft und öffentlicher Meinungsbildung.

Das Politikverständnis von Wilhelm Roscher

Guido Wölky

Die seit Jahren anhaltende Konjunktur der nationalökonomischen Ideengeschichte hat zu einem vermehrten Interesse an der Geschichte der Historischen Schule geführt.[1] Doch auch wenn es in letzter Zeit vereinzelt Ansätze gab, die Tradition einer ganzheitlichen Sozialwissenschaft in Deutschland und den Prozeß der Verselbständigung der Politikwissenschaft über eine Auseinandersetzung mit der Historischen Schule zu rekonstruieren (vgl. Behrmann 1990, v. Bruch 1985), so ist das Interesse der Politikwissenschaft an ihr nach wie vor gering. Dies ist um so bedauerlicher als Wilhelm Roscher, der in der Forschung heute unbestritten als „geistiger Initiator" der Historischen Schule der Nationalökonomie in Deutschland gilt (Eisermann 1992, 27), zwar nicht der einzige, wohl aber der bedeutendste universitäre Vertreter einer traditionellen akademischen Politiklehre im 19. Jahrhundert ist. Noch deutlicher als die politischen Historiker Georg Waitz und Heinrich von Treitschke vertrat er in der zweiten Hälfte des 19. Jahrhunderts die ältere Tradition der aristotelischen Politiklehre.

I. Leben und Werk Wilhelm Roschers bis zur Übernahme der Leipziger Professur

Wilhelm Roscher wurde am 21. Oktober 1817 als jüngstes von fünf Kindern in Hannover geboren. Nach dem frühen Tod des Vaters, der zunächst als freier Anwalt in Hannover und später dann als Jurist im Auswärtigen Amt für die dortige Landesregierung tätig war, wurde Wilhelm von seiner Mutter in tiefer lutherischer Religiosität erzogen (Roscher 1895: VII). Nach dem Ende seiner Schulzeit, die er in Hannover verbrachte, ging er 1835 an die Landesuniversität Göttingen. Die Georgia Augusta wird zur ersten und vielleicht prägenden akademischen Station. Hier entdeckt Roscher seine lebenslang anhaltende Liebe zum klassischen Altertum. Er studiert zunächst alte Ge-

---

[1] In diesem Zusammenhang sei beispielhaft auf die Herausgabe einiger Faksimile-Ausgaben hingewiesen: Wilhelm Roscher, Geschichte der National-Oekonomik in Deutschland (1992); ders., Ansichten der Volkswirtschaft aus dem geschichtlichen Standpunkte (1994); Gustav Schmoller, Grundriß der allgemeinen Volkswirtschaftslehre (2 Bde., 1989). Alle Ausgaben sind jeweils mit umfangreichen Beibänden zur Kommentierung erschienen.

schichte und alte Sprachen, bevor er sich in seinem Studium den beiden herausragenden historischen und politischen Denkern der ersten Hälfte des 19. Jahrhunderts und bedeutenden Göttinger Universitätslehrern, Georg Gottfried Gervinus und Friedrich Christoph Dahlmann, zuwendet (ADB 1907: 486f.). Obwohl Roscher sich selbst immer wieder in die Linie der historischen Rechtsschule Friedrich Karl von Savignys stellte, steht er doch ganz in der Tradition dieser Göttinger staatswissenschaftlichen Schule der 1830er Jahre, die die Politik auf die realistische Grundlage der Geschichte stellen und die politischen Gegebenheiten der Gegenwart in ihrem historischen Werden verstehen wollte (Schmoller 1888: 149f.). Roscher machte es aber im Unterschied zur Göttinger Schule, die noch verhältnismäßig wenig Wert auf die Ausbildung wissenschaftlicher Erkenntnismethoden legte, zu seinem wesentlichen Forschungsanliegen, die gesamten Staatswissenschaften auf eine neue methodologische Grundlage zu stellen (Eisermann 1992: 33).

1838, nur ein Jahr nachdem Dahlmann und Gervinus aufgrund ihres Protestes gegen den Verfassungsbruch des Königs von Hannover zusammen mit weiteren fünf Göttinger Hochschullehrern ihrer Lehrämter enthoben worden waren, wird Roscher im Alter von 21 Jahren an der Göttinger Philosophischen Fakultät promoviert. Nach Fertigstellung seiner Dissertation über den sophistischen Relativismus mit dem Titel *De historicae doctrinae apud sophistas maiores vestigiis* geht er für kurze Zeit nach Berlin, wo er den führenden Vertretern des deutschen Historismus begegnet. Besonders beeindruckt ist er von Leopold v. Ranke. Dessen lutherisch-theistischer Grundüberzeugung fühlt er sich eng verbunden (Eisermann 1956: 125). Daneben war auch das Werk Barthold Georg Niebuhrs, dem Roscher in Berlin noch persönlich begegnete und mit dessen römischer Geschichte er sich bereits vor seinem Abitur ausgiebig beschäftigt hatte, von erheblichem Einfluß auf sein Wissenschaftsverständnis und die Ausbildung seiner historischen Methode. Schließlich übernahm Roscher im wesentlichen Niehbuhrs Thukydides-Bild (Eisermann 1992: 34). Auch in seinen späteren ökonomischen Arbeiten verweist Roscher immer wieder auf die Bedeutung des antiken Geschichtsschreibers für das moderne Wissenschaftsverständnis (Roscher 1861: 1-46 u. 1895: IX).

1840, kurz nach seiner Rückkehr aus Berlin, habilitiert sich Roscher in Göttingen für Geschichte und Staatswissenschaften. In den folgenden Semestern hält er zunächst als Privatdozent Vorlesungen über die Geschichte der politischen Theorie, Staatswirtschaft, Politik und Statistik (Roscher 1842: VII), was in dieser Weite der Tradition der Göttinger Staatswissenschaften, auf die sich Roscher hier ausdrücklich beruft, voll und ganz entspricht (vgl. Rassem/Wölky 1999).

Im Jahre 1842 erscheint Roschers erste größere wissenschaftliche Arbeit mit dem Titel *Leben, Werk und Zeitalter des Thukydides*. Sie ist angelegt als der erste Teil eines geplanten umfassenden dreibändigen Werkes zur antiken Historiographie, dessen zwei andere Bände allerdings weder vollendet noch publiziert wurden. Roscher selbst kündigt im *Thukydides*, der in der Tradition des Berliner Historismus steht und Leopold von Ranke gewidmet ist, bereits an, daß er sich, obwohl die Arbeit der noch ausstehenden zwei Bände schon weit fortgeschritten sei, doch zunächst ganz der Staatswirtschaft widmen werde (Roscher 1842: VII). Die Bedeutung seines Frühwerkes liegt darin, daß Roscher hier, an die Wissenschaftsauffassung eines klassischen antiken Historikers anknüpfend, seine eigene historische Methode und die ihr entsprechende Wissenschaftslehre systematisch entwickelt. In diesem allgemeinen wissenschaftstheoretischen Zusammenhang wird er sie später nicht mehr begründen, denn die Konzentration auf die Staatswirtschaftslehre bedeutet die Spezialisierung seiner bisherigen Forschungen auf nur einen, wenn auch wesentlichen, materiellen Bereich der gesamten Politik- bzw. Staatswissenschaften.

Im Jahre 1843 erscheint dann, wie im *Thukydides* thematisch angekündigt, sein berühmt gewordener *Grundriß zu Vorlesungen über die Staatswirthschaft nach geschichtlicher Methode* mit dem er zum eigentlichen Begründer der älteren Historischen Schule der Nationalökonomie avanciert. Aus der klassischen mechanistischen Nationalökonomie wird bei Roscher nun die „Lehre von den Entwicklungsgesetzen der Volkswirtschaft, des wirthschaftlichen Volkslebens", die eingebunden ist in den gesamtkulturellen und historisch-gesellschaftlichen Entwicklungsprozeß (Roscher 1895: XII). Mit der Einführung der kulturhistorisch vergleichenden Methode in die Nationalökonomie eröffnet Roscher jene wissenschaftstheoretische Kontroverse, die die deutsche Volkswirtschaftslehre nachhaltig prägte und bis heute eigentlich nicht entschieden ist. Die wohl bedeutendsten Vertreter der späten Historischen Schule, Max Weber und Werner Sombart, brachten die Methodenfrage für die Nationalökonomie in den ersten Jahrzehnten unseres Jahrhunderts erneut auf die Tagesordnung und boten damit eine neue Grundlage für die weitere Diskussion (Wittkau 1992: 179-196).

1843, also noch im Erscheinungsjahr seines *Grundrisses*, wird Roscher zum außerordentlichen Professor für Staatswissenschaften, zu Beginn des Jahres 1844 dann zum Ordinarius an der Philosophischen Fakultät der Universität Göttingen ernannt (Roscher 1895: XV).

Als Georg Hanssen im Jahre 1848 an der Leipziger Philosophischen Fakultät seinen Lehrstuhl für praktische Staats- und Kameralwissenschaften aufgibt, um einen Ruf nach Göttingen anzunehmen und damit an jenen Ort wechselt, an dem der junge Roscher als historischer Nationalökonom gerade von sich reden gemacht hatte, schlägt ausgerechnet er, der maßgeblich am Betreiben der Leipziger Philosophischen Fakultät beteiligt war, eine eigene staatswissenschaftliche Sektion mit starker staatswirtschaflicher Ausrichtung innerhalb der Fakultät zu etablieren, der Fakultätsleitung in Leipzig Roscher als seinen Nachfolger vor. Als Roscher den Ruf im Wintersemester 1848/49 schließlich annimmt, sind die Leipziger Staatswissenschaften bereits in einen eher praktisch-staatswirtschaftlich orientierten und einen theoretisch-juristischen Zweig getrennt (Koop 1999: 138ff.).

Mit der Übernahme der praktisch staatswissenschaftlichen Professur durch Roscher gelangt die Tradition der Göttinger Kultur- und Staatswissenschaften aber noch rechtzeitig nach Leipzig, um dort den Prozeß ihrer staatswirtschaftlichen Verengung aufzuhalten. Die Leipziger Staatswissenschaften wurden wieder um die ältere akademische Politiklehre erweitert, eine Tradition, die in Leipzig lange Zeit von Karl Heinrich Ludwig Pölitz, der zwischen 1820 und 1838 die Leipziger Professur für Staatswirtschaft und Politik innehatte, gepflegt worden war (ADB 1888: 389-392).

Insgesamt läßt sich festhalten, daß mit Roschers Wechsel nach Leipzig die dortigen Staatswissenschaften innerhalb der Philosophischen Fakultät einen bedeutenden Aufschwung nehmen. In beinahe einem halben Jahrhundert akademischer Lehr- und Forschungstätigkeit gelingt es Roscher, die Leipziger staatswissenschaftliche Sektion in der zweiten Hälfte des 19. Jahrhunderts zu einem Zentrum der akademischen Politiklehre auszubauen. In der Reihe seiner Leipziger Habilitanden findet sich nicht nur Richard Hildebrand, der Sohn eines anderen bedeutenden Vertreters der älteren Historischen Schule, der später als Professor für Nationalökonomie an der Grazer Universität diese Tradition in Österreich weiterführte, sondern auch Heinrich von Treitschke, neben Georg Waitz der wohl berühmteste Vertreter der älteren akademischen Politiklehre in der zweiten Hälfte des 19. Jahrhunderts in Deutschland.

II. Roschers aristotelisches Politikverständnis

Roschers politikwissenschaftliches Werk ist wohl unter allen ähnlichen Publikationen des 19. Jahrhunderts diejenige, die der aristotelischen Politiktradition am nächsten steht (Maier 1966: 51 u. 262). Ein Blick auf seine veröffentlichten Gesamtdarstellungen und Aufsätze zeigt, daß er sämtliche politikwissenschaftliche Themen, die ihn in seinem Leben beschäftigten, bereits in den 1840er und frühen 1850er Jahren behandelt hat. Die in diesem Zeitraum aufgenommenen Fäden werden konsequent weitergesponnen und zu umfassenden Monographien ausgebaut.

In den Jahren 1847 und 1848 veröffentlichte Roscher in der *Allgemeinen Zeitschrift für Geschichtswissenschaft* zwei Aufsätze mit dem Titel *Umrisse zur Naturlehre der drei Staatsformen*, in denen er das Werden und die Bedeutung von Monarchie, Aristokratie und Demokratie erörtert. Aus diesen Grundgedanken entwickelt er dann in mehr als drei Jahrzehnten kontinuierlicher Fleißarbeit sein bedeutendes, ganz in der aristotelischen Begriffs- und Denktradition stehendes politikwissenschaftliches Spätwerk, die *Politik*. Ge-

schichtliche Naturlehre der Monarchie, Aristokratie und Demokratie, die 1892 erstmalig aufgelegt wurde (Roscher 1933: Vorwort).

Auch Roscher verzichtet in seiner *Politik* beinahe vollständig auf eine staatsphilosophische Fundamentierung im herkömmlichen Sinn. Während Friedrich Christoph Dahlmanns politikwissenschaftliches Werk darauf abzielt, die „gute Verfassung" auf eine empirische Grundlage zu stellen, was bereits im Titel seines 1835 erstmals erschienenen Hauptwerkes *Die Politik, auf den Grund und das Maaß der gegebenen Zustände zurückgeführt* axiomatisch anklingt (ebd., 3), trägt bei Roscher jede „historische Staatsform", in Anklang an Rankes historistische Geschichtsphilosophie, ihren Wert in sich selbst. Denn jede Form ist schließlich Ausprägung einer „geschichtlichen Naturlehre" und damit einer politischen Entwicklung, die sich bei allen Völkern wiederholt. Roscher unterscheidet sechs Staatsformen – Urkönigtum, Aristokratie, absolute Monarchie, Demokratie, Plutokratie und Cäsarismus – voneinander, die er auf die drei aristotelischen Grundformen politischer Herrschaft Monarchie, Aristokratie und Demokratie zurückführt. Er will zeigen, daß die alte aristotelische Klassifikation der Staatsverfassungen auch für die moderne Zeit noch Gültigkeit hat. Zur Legitimation des Alten beruft er sich immer wieder auf moderne europäische Autoren und Staatstheoretiker. Durch seine Abgrenzung von den Protagonisten der Aufklärungsphilosophie, die er hier in diesem Zusammenhang als Idealisten bezeichnet, kleidet er seine politikwissenschaftliche Analyse in ein uns modern erscheinendes Gewand (vgl. ebd., 3-5).

Gerade durch die strenge Übernahme des aristotelischen Klassifikationsmusters aber verleiht Roscher seinem Traditionsbewußtsein und wissenschaftlichen Konservativismus besonderen Ausdruck. Obwohl seine politische Staatstheorie in mancher Hinsicht als organisch bezeichnet werden kann, scheint ihm der Staat doch eher eine Zusammensetzung verschiedenster Elemente, jener in ihrem Wesen sehr unterschiedlichen und sich eigentlich ausschließenden Staatsformen zu sein. Denn eine Staatsform heißt bei Roscher dann demokratisch, wenn sie überwiegend auf demokratischen Elementen ruht, wobei Roscher grundsätzlich unterstellt, daß kein Staat in der Wirklichkeit jemals in seiner idealtypischen Form vorkommt (ebd., 6). Anhand seines idealen Entwicklungsschemas der Staatsformen kann er dann schließlich eine Geschichte beschreiben, die theoretisch nicht nur alle Kulturen durchlaufen, sondern die auch durch die dem jeweiligen kulturellen Entwicklungsstand entsprechende Staats- und Wirtschaftsform abgebildet wird. Die einzelnen Staatsformen folgen bei Roscher aber nicht nur bestimmten Entwicklungsstandards, mit ihnen sind auch bestimmte soziale und politische Prinzipien ausgebildet und verwirklicht. Das demokratische und höchstentwickelte Prinzip setzt die Gleichheit aller Staatsbürger voraus und scheint allein und scheinbar auch idealtypisch dem Genossenschaftsgedanken zu entsprechen (ebd., 267-277). Gleichwohl warnt Roscher mit Berufung auf Platon auch vor der Gefahr einer Übertreibung des Gleichheitsprinzips für die Demokratie: „Wie die Demokratie eine gewisse Gleichheit der Bürger schon voraussetzt, so befördert sie dieselbe auch: Schon darum, weil bei anerkanntem Grundsatze der Gleichheit die noch vorhandenen Ungleichheiten immer auffallender und unerträglicher dünken. Schreitet freilich die Nivellierung so weit fort, die natürlichen Vorzüge des Talentes, Verdienstes, Erwerbes abzuschaffen, so verderbt sie das ganze Volksleben" (ebd., 270). Und weiter heißt es dann: „Namentlich durch kommunistische Bestrebungen, die ja auch das Gleichheitsprinzip als Unterlage haben, geht die Demokratie am sichersten zugrunde" (ebd., 271).

Auch wenn Roscher vor der Gefahr der Übertreibung des Gleichheitsprinzips und des Kommunismus für die Demokratie warnt, so erinnern seine Überlegungen zunächst einmal doch an die marxistische Klassentheorie, denn offensichtlich sind in seiner Theorie die sozialen und ökonomischen Basisverhältnisse dominant und bedingen den gesellschaftlichen bzw. staatlichen Überbau, d.h. hier die Staatsform. Die jeweilige Staatsform ist demnach abhängig von der sozialen Differenzierung der Gesellschaft, auch wenn Roscher in seiner *Politik* die Analyse der Ursachen dieses Zusammenhangs vernachlässigt. Überhaupt ist Roschers soziale Politiklehre gekennzeichnet durch eine mangelnde Differenzierung sozialer und politischer Faktoren, so daß eine generelle Aussage über die Wirkungszusammenhänge verschiedener gesellschaftlicher Teilsektoren gar nicht möglich ist. Exemplarisch läßt sich hier anführen, daß die gesellschaftliche bzw. staatliche Entwicklungsstufe, die Roscher als plutokratisch-proletarische Spaltung interpretiert, tatsächlich keine rechtlich verfaßte Staatsform abbildet und damit aus dem Roscherschen Staatsformenschema eigentlich herausfällt. Roscher schildert hier statt dessen eine soziale Krise, die auf die Staatsform wirkt. Offensichtlich liegt bei Roscher eine Trennung und gleichzeitig ein Wirkungszusammenhang zwischen staatlichen und gesellschaftlichen Verhältnissen vor, deren Beziehung zueinander aber eben nicht aufgelöst wird (ebd., 414-416).

III. Roschers Reformkonservativismus

Auch wenn Roscher stets bemüht und bereit war, das Positive und das Bedeutende in den Arbeiten anderer Denker und auch Andersdenkender zu entdecken und für seine eigenen wissenschaftlichen Arbeiten zu verwerten, so blieb er in seiner politischen und wissenschaftlichen Grundhaltung doch stets konservativ. Zeit seines Lebens berief er sich selbst ausdrücklich auf ein antik-konservatives, institutionelles und überparteiliches Politikverständnis (Roscher 1933: Vorwort). Doch gerade in dieser Spannung zwischen konservativer Grundeinstellung auf der einen und der Toleranz gegenüber anderen Weltanschauungen, anderen wissenschaftlichen Ansätzen und anderen politischen Systemen auf der anderen Seite begründet Roscher sein Reformdenken. Gegen eine doktrinäre Verengung der Wirklichkeit und ihrer verengten theoretischen Abbildung führt er sein integratives und eklektizistisches Wissenschaftsverständnis an: „Man bekämpft ein gegnerisches System durch die Aufdeckung seiner Irrthümer, aber man besiegt es nur, indem man die vielleicht mißverstandenen Wahrheiten, die jedes System enthält, willig in den Kreis des eigenen wissenschaftlichen Lebens nimmt. Darum, je schroffer jetzt und scheinbar unversöhnlicher auch auf dem volkswirthschaftlichen Gebiete die Parteien miteinander kämpfen, desto notwendiger und heiliger die Pflicht der wahren Wissenschaft, jeder entgegengesetzten Einseitigkeit ihr Gutes abzulernen" (Roscher 1874: 1046). Roscher wird vom Gedanken eines direkten Zusammenhanges von Wissenschaft und Politik geleitet, d.h. von der Überzeugung, die Überwindung von politischen Konflikten könne durch eine integrative Wissenschaft gelingen, die aufgrund ihrer Objektivität zwischen unterschiedlichen Positionen vermitteln und diese schließlich überwinden kann. Hier tritt uns also das genaue Gegenteil der Weberschen werturteilsfreien Wissenschaft entgegen. Roscher will ja gerade auf der Basis jener Werte, die uns die wissenschaftliche Forschung liefert, zu objektiven Urteilen gelangen – dies wird weiter unten noch genauer ausgeführt.

Ähnlich vermittelnd und ausgleichend, aber nicht mehr allein im Zusammenhang der Wissenschaft, sondern im Spannungsfeld von Wissenschaft und Politik, äußert sich Roscher später noch einmal im Vorwort zu seiner *Politik,* also zum Abschluß seines wissenschaftlichen Schaffens: „Mein höchster wissenschaftlicher Wunsch für unsere parteizerrissene Zeit geht dahin, es möchten die wahrheits- und vaterlandsliebenden Männer aller Parteien die Irrthümer und Sünden ihrer eigenen Partei und das Wahre und Gute, das sich bei den anderen Parteien findet, klarer einsehen, und nach dieser Einsicht versöhnlicher handeln lernen". Roscher grenzt sich hier ausdrücklich von Dahlmann, seinem großen politikwissenschaftlichen Vorbild ab. Der hatte seinen Politikband im Jahre 1835 mit der Hoffnung in die Welt geschickt, „daß er allen politischen Secten mißfallen werde" (Roscher 1933: Vorwort). Während Dahlmann also seine Ideen vor dem Hintergrund eines konflikthaften Politikverständnisses entwickelt, setzt Roscher auf Ausgleich, Harmonie und Konsens.

Roscher beansprucht für seinen vermittelnden und relativierenden Standpunkt somit sowohl für die Wissenschaft als auch für die praktische Politik Gültigkeit. Das Ziel jedes politischen Handelns ist für ihn ein reformatorisches, d.h. das behutsame Eingreifen in gesellschaftliche Prozesse, um gesellschaftliche Konflikte zu lösen und vor allen Dingen Revolutionen zu verhindern, die für Roscher – so sehr sie auch dem Bedürfnis nach gesellschaftlicher Veränderung entsprechen mögen – „ungeheures Unglück" bedeuten und sogar „widerrechtlich" sind (Roscher 1933: 11 u. 1918: 74; vgl. auch Eisermann 1992: 55). Ein solch vorsichtiges Eingreifen wird erst durch die

Einrichtung zeitgemäßer politischer Institutionen, die die Beziehungen und Konflikte zwischen Staat, Gesellschaft und Individuum regeln, möglich. Immer dann, wenn diese Institutionen den veränderten Bedingungen und den Aufträgen, für die sie ursprünglich ins Leben gerufen worden waren, nicht mehr gerecht werden, kommt es zu gesellschaftlichen Krisen, deren Lösung dann auf friedlichem Weg erfolgen sollte, und zwar durch das Etablieren neuer Institutionen, die der jeweiligen Problematik entsprechen. Deshalb schlägt Roscher in Anlehnung an Francis Bacon ein gesellschaftliches und politisches System permanenter und langsamer gesellschaftlicher Reformen vor, die kaum wahrzunehmen sind. Die entscheidende Voraussetzung dafür ist die Einrichtung einer Verfassung, die so konzipiert ist, daß sie die unterschiedlichen gesellschaftlichen Klassen zur Einsicht bringt, bei der Lösung und Austragung gesellschaftlicher Konflikte ausschließlich die Instrumente des positiven Rechtes zu nutzen (Roscher 1933: 12). Damit steht Roscher fest in der Tradition Edmund Burkes, dem frühen und bedeutenden Theoretiker des europäischen Konservativismus, der den rationalistischen Staatsidealen der Aufklärung eine organische Staatslehre entgegengehalten hatte, die grundsätzlich die Bedeutung traditioneller Rechte für die Funktionsfähigkeit einer Verfassung anerkannte.

Roschers konservatives Bekenntnis hat durchaus überzeitlichen, ja theoretischen Charakter. Auf der Folie seines konservativ-historischen Ansatzes läßt sich erklären, warum ihm nur selten aktuelle politische oder ökonomische Probleme den tatsächlichen Grund seiner wissenschaftlichen Arbeit lieferten. Der letzte Grund zum Verständnis der politischen und ökonomischen Wirklichkeit liegt eben in einer a priori aufgestellten Geschichtstheorie. Obwohl er gerade das Gegenteil erreichen will, wirken Roschers Arbeiten deshalb oft seltsam geschichts- und wirklichkeitsfern.

Eine bemerkenswerte Ausnahme scheint in diesem Zusammenhang seine erstmals 1847 in der *Deutschen Vierteljahresschrift* erschienene Schrift mit dem Titel *Zur Pathologie und Therapie der Korntheuerungen* zu sein, die ab der dritten Auflage 1852 als Abhandlung *Ueber Kornhandel und Theuerungspolitik* in verschiedenen Zusammenhängen und Auflagen veröffentlicht wurde. Allem Anschein nach erkannte und thematisierte Roscher die heraufziehende Gefahr für das bestehende politische System früh, denn er schrieb seine Abhandlung gewissermaßen als Warnung vor Hungerunruhen und Aufständen, noch bevor diese zur Vorgeschichte der Revolution von 1848/49 wurden. Allein, es scheint nur so: Auch diese Arbeit fügt sich ein in sein Ideengebäude einer zeitlosen konservativen politischen Theorie. Bei genauerem Hinsehen zeigt sich nämlich, daß Roschers ureigener konservativ-reformatorischer Standpunkt mit seiner Position zu den aktuellen revolutionären Unruhen verschmilzt. Hier meldet sich der Revolutionsgegner Roscher aus Prinzip zu Wort, wenn ihm auch die letzte große Agrarkrise in Deutschland vom „type ancien" im Jahre 1846/47 den unmittelbaren Anlaß zu diesem tief verwurzelten und überzeitlichen politischen Bekenntnis lieferte. Auch später, d.h.

nach den Erfahrungen von 1848/49, wird Roscher nicht müde, dieselbe Mahnung auszusprechen wie 1847. Noch in der 3. Auflage seiner *Theuerungspolitik* aus dem Jahre 1852 betont er mit Bezug auf Burke „die ungeheure politische Gefahr", die „mit einer Theuerung verbunden seyn würde" (Roscher 1852: V). Nicht unerwähnt bleiben sollte in diesem Zusammenhang auch, daß Roscher seine *Theuerungspolitik* seit 1859 im Rahmen der zahlreichen Auflagen seiner *Nationalökonomie des Ackerbaues und der verwandten Urproductionen* immer wieder als eigenes Kapitel veröffentlichte (Roscher 1903: 714-776). Vor diesem Hintergrund ist es kaum verwunderlich, daß Roscher selbst in der Zeit des politisch liberalen Umbruchs in Deutschland 1848/49, an dem sich ja auch durchaus gemäßigt Konservative beteiligten, anders als etwa sein ehemaliger Göttinger Lehrer Dahlmann, eigentümlich unpolitisch und unparteiisch blieb. Die tiefere Begründung, das konnte hier gezeigt werden, liegt offenbar in seiner konservativen und unverrückbaren, lebenslangen und letztlich religiös motivierten Ablehnung revolutionärer Bestrebungen und der befürchteten gesellschaftlichen Veränderungen.

IV. Roschers politische Kultur- und Geschichtstheorie

Roschers politische Kulturtheorie beruht auf einer historistischen und teleologischen Konstruktion des Geschichtsverlaufes: Hinter dem allgemeinen Gesetz der menschlichen Entwicklung verbirgt sich göttliches Naturgesetz, d.h. Roscher überführt die auf den Entwicklungsgesetzen beruhende Völkergeschichte in eine Naturgeschichte der Völker, wobei er damit die unausweichlich wiederkehrenden, regelmäßigen Stadien in der politischen Entwicklung jedes einzelnen Volkes meint, die nicht von Menschen geplant sind (Weber 1988: 20).

Die historische Notwendigkeit, daß die Menschheit insgesamt eine aufsteigende gesellschaftliche und moralisch-sittliche Entwicklung durchmacht, ist somit bei Roscher nicht Ausdruck des menschlichen, sondern des göttlichen Willens: Ausdruck des hinter dem Gesamtkomplex wirkenden Naturgesetzes. Roscher löst die Kategorie der menschlichen Kultur also in seinem göttlichen Naturbegriff nahezu auf. Die Kulturgeschichte der Menschheit wird so zum göttlichen Willen und durch den Plan Gottes schließlich zur vorherbestimmten Naturgeschichte (Weber 1988: 22-28).

Für Roscher entfaltet die politische Wissenschaft ihre kulturelle Bedeutung und Wirkung erst mittelbar, indem sie die politisch Handelnden bildet, ausbildet, anleitet und aufklärt, d.h. auf ihre praktische Tätigkeit vorbereitet. Mit Hilfe einer vergleichenden kulturgeschichtlichen Methode sollen deshalb die Gesetze der politischen Entwicklungsgeschichte entdeckt werden. Im Rahmen der gesamten Geschichte fällt der Antike deshalb eine ganz besondere Leitfunktion für die Staats- bzw. Politikwissenschaften zu, da an ihr aufgrund ihrer epochalen Abgeschlossenheit der gesetzmäßige Aufstieg und Verfall einer Kultur exemplarisch beobachtet und demonstriert werden kann. Somit bietet die hier verborgene Gesetzmäßigkeit das notwendige empirische Anschauungsmaterial, an dem auch der entwicklungsgeschichtliche Gang moderner Staaten erklärt werden kann (vgl. Roscher 1861, 3). Deshalb erscheint Roscher das Studium der antiken Welt und ihrer Denker auch für moderne Staatstheoretiker und Staatsmänner unentbehrlich. Auch sein staatswissenschaftliches Vorbild findet Roscher im übrigen in der Antike wieder. Er orientiert sich in Arbeit und Methodik ausdrücklich an Thukydides, denn der habe wirklich „für Historiker, für Staatsmänner geschrieben" (Roscher 1842: XI). Die Geschichte erlangt damit überhaupt einen besonderen pädagogischen und didaktischen Wert. Sie soll zunächst einmal helfen, zwischen dem Kampf der Ideologien, zwischen extremen politischen Positionen, Weltanschauungen und Werten zu vermitteln (ebd., 42). Auch wenn Roscher die Vielzahl der Werte anerkennt, so ist die Geschichte gerade nicht wertfrei. Sie stiftet göttlichen Sinn, selbst dann, wenn einzelne Werte durch den Entwicklungs- und Fortschrittsgang immer wieder relativiert werden. Gottes Wille ist, wie gesehen, gleichzusetzen mit den Gesetzen der menschlichen Entwicklung und wird schließlich in ihr selbst abgebildet. Der Wissenschaft verbleibt nur noch die bescheidene Aufgabe, den „unerklärbaren göttlichen Hintergrund" immer weiter zurückzuschieben, um die Gedanken und den Willen Gottes zu verstehen. Nur durch die göttliche Verbindung zwischen grundsätzlich erklärbarer und grundsätzlich unerklärbarer Wirklichkeit gelingt es Roscher, sein Geschichtsverständnis der völligen Irrationalität zu entziehen (vgl. Beckmann 1948: 34 und Hüter 1928: 40). Er fordert die Rationalität der Welt gerade gegenüber der Irrationalität bzw. Unbegreiflichkeit Gottes ein (vgl. Weber 1988: 22ff.). Objektivität und Wahrheit werden über den Prozeß einer Bewußtmachung der Mannigfaltigkeit der Wirklichkeit und der Vielfalt ihrer Normen und Werte sichtbar. Erst dadurch, daß Roscher nach den göttlichen Entwicklungsgesetzen forscht, entgeht er einem völligen Relativismus der Wahrheitsidee, was ihn schließlich davor bewahrt, im letzten Viertel des 19. Jahrhunderts in die großen lebensweltlichen Diskussionen um den Historismus als Wissenschaftsparadigma einsteigen zu müssen (Wittkau 1992: 179-184 u. Eucken 1938: 64ff.).

Die Faszination des Roscherschen Standpunktes liegt ja gerade darin, daß der evolutionäre, vermittelnde und ideologisch nicht starr gebundene Fortschrittsglaube zumindest scheinbar Raum läßt für gesellschaftliche und politische Reformen, auch wenn Roschers konservatives Denken gleichzeitig immer einen widersprüchlichen, hemmenden und starren Grundzug behält.

V. Roschers Wissenschaftslehre und ihre Bedeutung für die Staatswissenschaften

Die Absage an den übersteigerten Rationalismus der Aufklärungsphilosophie sowie die Ablehnung einer idealistischen Begriffsphilosophie können als wesentliche Motive ausgemacht werden, die Roscher bei der Ausbildung seiner Wissenschaftslehre geleitet haben. Hinter seinem Versuch der methodologischen Neubegründung der Staatswissenschaften auf dem Boden der Geschichte läßt sich nahezu seine gesamte Wissenschaftslogik entdecken. In der formalen Gegenüberstellung von Philosophie und Geschichte nimmt der vorkantianische Wissenschaftsbegriff bei Roscher seine zeitgemäße Form an. Geschichte und Erfahrung werden zu einem Synonym für Wissenschaft und Wissenschaftlichkeit überhaupt (vgl. auch Hüter 1928: 37).

Da Roscher die Gegenüberstellung von Philosophie und Geschichte rein formal und nicht inhaltlich begründet, kann der Gegenstand der erkenntnistheoretischen Betrachtung in Philosophie und Geschichte derselbe sein, aber „der Zweck dieser Behandlung wie auch die Methode sind von Grund aus verschieden" (Roscher 1842: 27). Roscher ordnet dementsprechend jeder Methode eindeutig ihre Erkenntnisziele zu, ohne allerdings, daß soll hier hervorgehoben werden, jedem einzelnen Erkenntnisgegenstand ausdrücklich eine bestimmte Methode zuzuweisen.

Für die wissenschaftliche Lehre vom Staat bedeutet das: Dem Philosophen geht es darum, das Recht, den Staat und die Kunst in „idealer" Weise zu durchdenken, d.h. er braucht bei seiner Arbeit nicht ausdrücklich zu trennen zwischen dem, was „wirklich" ist, also in der Realität vorkommt, und dem, was seinem eigenen Denken entspringt. Wichtig ist für ihn lediglich, daß sein „System" logisch widerspruchsfrei ist. Der Historiker hingegen versucht, die rechtliche oder staatliche Wirklichkeit in ihrer vollen Realität zu erfassen (Roscher 1842: 27). Damit spricht Roscher dem Philosophen zwar nicht grundsätzlich die Berechtigung ab, mit seiner besonderen Methode ein idealistisches System der Politik aufstellen zu können. Allerdings kann und darf der Philosoph nicht den Anspruch erheben, mit seiner Methode mehr zu erreichen als einen Teil der Wirklichkeit denkend zu erfassen (Beckmann 1848: 20). Für das Verstehen der konkreten Wirklichkeit in ihren komplexen organischen Wirkungszusammenhängen – für Roscher das eigentliche Ziel wissenschaftlicher Arbeit – hat diese Methode keine Bedeutung. Damit ist schließlich das entscheidende Kriterium der Wissenschaftlichkeit, d.h. der „Objektivität" der Wissenschaft durchbrochen (Roscher 1842: 16). Voraussetzung aller echten staats- bzw. politikwissenschaftlicher Forschung bleibt für Roscher demnach die Anwendung seiner historischen Methode. Denn nur mit ihrer Hilfe kann es tatsächlich gelingen, die politische Wirklichkeit zu erfassen und zu deuten.

Es bleibt aber in diesem Zusammenhang festzuhalten: Auch wenn die logischen Probleme der Wissenschaftskonzeption Roschers nicht auf der oben beschriebenen formalen Ebene liegen, so muß doch Roschers Versuch, das bereits auf seiner irrationalen Geschichtstheorie fußende Abbild einer ohnehin prinzipiell irrationalen Wirklichkeit mit Hilfe begriffsrealistischer Instrumente zu erklären, scheitern. Es kann nicht gelingen, eine metaphysisch, romantisch-organologische und theistisch begründete Wirklichkeit, die weder durch Vernunft, noch durch Erfahrung in rationale Erkenntnis überführt werden kann, mit Hilfe realistischer Begriffe abzubilden (vgl. Weber 1988: 17).

VI. Die Nationalökonomie als politische Wissenschaft

Zwar steht Roscher am Beginn des Prozesses, an dessen Ende die Nationalökonomie schließlich als eigenständige Wissenschaftsdisziplin und bedeutendste Staatswissenschaft etabliert ist. Doch wendet sich gerade er von Beginn an gegen eine zu starke disziplinäre Verengung der Staatswissenschaften. Das bedeutet ohne Zweifel, daß die Nationalökonomie für ihn eine politische Wissenschaft ist und bleibt. In den Bezeichnungen *Volks-, Staatswirtschaft* oder *Nationalökonomie* begegnen uns neben ökonomischen immer auch politische Dimensionen der Disziplin. Roschers synonymer Gebrauch dieser Begriffe und die implizite Beschränkung der „Volkswirthschaft" auf die „Staatswirthschaft" bilden zudem die starke kameralistische Tradition der deutschen Nationalökonomie und ihre staatswissenschaftliche Ausrichtung ab (vgl. Koop 1999: 146).

Roschers mehrbändiges *System der Volkswirtschaft* (1854-1894) gibt uns zunächst einen Überblick über die verschiedenen Zweige der Nationalökonomik und übernimmt damit die Funktion ihrer wissenschaftstheoretischen Systematisierung. Von den allgemeinen volkswirtschaftstheoretischen Grundlagen grenzt Roscher ausdrücklich die Bereiche der Landwirtschaft, des Handels und Gewerbes, der Finanzwissenschaften und der von ihm so bezeichneten Armenpflege und Armenpolitik ab, indem er diesen Zweigen jeweils umfangreiche Einzelbände widmet. Ein Blick auf den zweiten Band seines *Systems* macht den oben beschriebenen Zusammenhang noch einmal deutlich: Roschers *Nationalökonomik des Ackerbaues und der verwandten Urproductionen* aus dem Jahre 1859 trägt den Untertitel *Ein Hand- und Lesebuch für Staats- und Landwirte*. Damit ist noch einmal die starke staatswissenschaftliche Ausrichtung seiner Nationalökonomik herausgestellt. In der Vorrede zur ersten Auflage bezieht sich Roscher dann mit seiner Definition der Landwirtschaft und ihrer Abgrenzung gegen die Stadtwirtschaft explizit auf die Tradition der „älteren Kameralisten" (Roscher 1903: V). Aber erst in ihrer Gesamtheit entfalten Roschers zahlreiche Definitionen derjenigen Wissenschaften, die er zu den politischen zählt, ihren staats- und kameralwissenschaftlichen Kontext in voller Dimension. Politik ist für Roscher zunächst einmal „Staatswissenschaft im Allgemeinen"; sie ist die „Lehre von den Entwicklungsgesetzen des Volkslebens". Dementsprechend ist dann die „Nationalökonomie, Volkswirthschaftslehre, die Lehre von den Entwicklungsgesetzen der Volkswirthschaft, des wirthschaftlichen Volkslebens" (Roscher 1853: 101). Es wird nicht nur deutlich, daß die Nationalökonomie eine politische Disziplin ist, sondern sie ist im Verständnis Roschers auch eine Teildiziplin einer umfassenden akademischen Lehre von der Politik, d.h. einer eigenständigen wissenschaftlichen Disziplin mit entsprechenden Methoden und Inhalten. In seinem *Grundriß* von 1843 heißt es in § 3, der dezidert den Zusammenhang der Staatswirtschaft mit den anderen politischen Wissenschaften beschreibt: „Die Staatswirthschaft ist die Lehre von den Entwicklungsgesetzen der Volkswirthschaft"; und etwas später definiert er die Politik als die Lehre von den „Entwicklungsgesetzen des Staates überhaupt". Die Staatswirthschaft ist also ein wichtiger, deshalb auch besonders ausführlich ausgearbeiteter Teil der Politik (Roscher 1843: 4). Staat, Volk und Nation veranschaulichen nicht nur semantisch die politische Dimension der Ökonomie, die Inhalte dieser Begriffe gehen auch auf in der Wissenschaft vom Staat und sind für Roscher nicht ohne ihn denkbar.

Ist es auch für Roscher ausgeschlossen, daß die Naturgeschichte der Völker durch bewußtes politisches Handeln unterbrochen wird und sich einzelne Völker ihrem schicksalhaft vorbestimmten Entwicklungsgang entziehen könnten, so liegt der Reiz seiner Theorie dann sicherlich vor allem in der Einfachheit der vorgenommenen Schlußfolgerung für die theoretische Wirtschaftspolitik: „Sind die Naturgesetze der Volkswirtschaft erst hinreichend erkannt und anerkannt, so bedürfte es im einzelnen Falle nur noch einer genauen und zuverlässigen Statistik der betreffenden Tatsachen, um alle Parteizwiste über Fragen der volkswirtschaftlichen Politik, wenigstens insofern sie auf entgegengesetzter Ansicht beruhen, zu versöhnen" (Roscher 1918: 79). Der Wirtschaftspolitiker beruft sich ausschließlich auf die „Statistik", die gewissermaßen die Ausarbeitung der Ideale ersetzt und kann einen dementsprechend festen „objektiven" Standpunkt einnehmen. Er wird aber auch zum Therapeuten der Gesellschaft, der die Mittel so einsetzen kann und soll, daß ihr Normalzustand erreicht wird und die naturgesetzlich vorgegebene soziale politische und ökonomische Entwicklung möglichst ohne Konflikte abläuft (Roscher 1918: 79; 1903: 726ff.; 1894: 38). Ist erst einmal die Diagnose gestellt, so gilt es nun, die Therapie auf entsprechenden „Heil- und Linderungsmitteln" aufzubauen (Roscher 1894: 36). Die Bedeutung der Statistik als Hilfs- und Orientierungswissenschaft für den Staatsmann ist ein Überrest der Göttinger staatswissenschaftlichen Tradition des ausgehenden 18. Jahrhunderts (vgl. Rassem/Wölky 1999: 91-95), der sich hier der politischen Theorie Roschers einpaßt. Schließlich aber wird auf diese Weise auch die Wirtschaftspolitik von einer normativen zu einer positiven und objektiven Wissenschaft im Sinne Roschers umgedeutet.

VII. Zeitgenössische Rezeption der Roscher'schen Politik

Bereits die Zeitgenossen übten Kritik an Roschers Wissenschafts- und Politikverständnis. In der Einschätzung Georg Jellineks, einem der Begründer der modernen Staatslehre, spiegelt sich nicht nur der tatsächliche Untergang des Konzeptes einer „gesamten Staatswissenschaft" wider, in seiner Besprechung der Roscherschen *Politik* mit dem Titel *Eine Naturlehre des Staates* aus dem Jahre 1893 offenbart sich auch die ganze Tragik, die dessen Spätwerk anhaftet. Roschers Staatswissenschaft ist nach Jellinek eine politische Wissenschaft, die von verwaltungs- und verfassungsrechtlichen Fragen weitgehend absieht, um zur konkreten historischen Staats- und Verfassungswirklichkeit durchzudringen. Roschers Politikwissenschaft will in erster Linie eine empirische Analyse historisch verwirklichter Staatsformen sein, wobei ihre Analyse der modernen und antiken Staatsformen ausschließlich dem antiken wissenschaftlichen Instrumentarium und dem Verständnis Aristoteles' folgt. Jellinek kritisiert nicht eigentlich Roschers Versuch der Begründung einer empirischen Politikwissenschaft, sondern den Totalitätsanspruch seiner Staatstheorie, die durch das Sammeln sämtlicher Einzelereignisse und deren Subsumption unter das Vorbild antiker Staatsformen zu Erkenntnissen von wissenschaftlicher Qualität gelangen will (vgl. Jellinek 1970: 321).

Roschers politikwissenschaftliches Konzept geht nach Ansicht Jellineks gleich aus mehreren Gründen nicht auf: Zum einen ist für Jellinek nicht die Frage nach der Gleichartigkeit der Staatsformen moderner und antiker Staaten entscheidend. Vielmehr müsse es einer vergleichenden Politikwissenschaft darum gehen, die Differenzen in der sozialen Struktur und rechtlich-institutionellen Entwicklung der Staaten herauszustellen. Nur so könne es gelingen, den umfassenden inneren Struktur- und Funktionszusammenhang eines politischen Gemeinwesens tatsächlich zu erkennen. Jellinek durchschaut, daß Roschers politische Theorie nicht das Ergebnis wissenschaftlicher Reflexion oder Forschung ist, sondern auf Annahmen beruht, die axiomatisch in seiner Geschichtsphilosophie verankert sind. Denn obwohl Roscher einräume, daß die Staatsformen in der Regel in unserer Wirklichkeit weder in der Antike noch in der Moderne in reiner Form vorkommen, ziehe er merkwürdigerweise niemals ernstlich die Bedeutung und Funktion jener „idealen Normen" zur Beschreibung der Wirklichkeit in Zweifel (vgl. ebd., 323).

Zum anderen, und das hängt ursächlich mit dem zuvor Gesagten zusammen, blendet der vormoderne politische Denker Roscher in seiner *Politik* wesentliche Themen, die sowohl Politik- als auch Staatswissenschaften am Ende 19. Jahrhunderts beschäftigen, aus; so etwa das Wahlrecht, das Parteiwesen, aktuelle Verfassungsfragen, den Parlamentarismus, die konstitutionelle Monarchie aber auch Fragen nach dem Verhältnis der europäischen Machtstaaten zueinander und den Wirkungszusammenhang von Außen- und Innenpolitik (vgl. ebd., 328).

Tatsächlich ist Roscher am Ende von seinem eigenen wissenschaftlichen Ansatz so überzeugt, daß er die neuere politik- und sozialwissenschaftliche Literatur beinahe vollständig ignoriert. Jellinek merkt an, daß gerade diese konservative Wissenschaftshaltung auch Roschers Distanz zur modernen verwaltungs- und sozialwissenschaftlich orientierten Staatswissenschaft begründe, obwohl einige Mitglieder des der jüngeren Historischen Schule nahestehenden Vereins für Sozialpolitik diesen Wissenschaftszweig mit begründet hätten (ebd., 328).

Es ist in diesem Zusammenhang bezeichnend, daß sich außer dem Staatsrechtler Jellinek auch zwei bedeutende Begründer der modernen deutschen Sozialwissenschaft, Otto Hintze und Max Weber, programmatisch mit Roschers Werk auseinandergesetzt haben. Während es Weber, dessen Kritik in diesem Zusammenhang vernachlässigt werden kann, zunächst um eine rein wissenschaftstheoretische Auseinandersetzung mit der älteren Historischen Schule ging, um schließlich die eigene wissenschaftstheoretische Position zu formulieren und zu festigen (vgl. Weber 1988: 1ff.), beabsichtigt Hintze über seine Auseinandersetzung mit Roschers *Politik* zur Neubegründung einer modernen wissenschaftlichen Politiklehre zu gelangen. In seinem 1897 erschienen Aufsatz *Roschers politische Entwicklungslehre* wendet sich Hintze explizit dem Roscherschen Alterswerk zu.

Hintzes Kritik ist in erster Linie eine Absage an den deutschen Historismus als geschichtstheoretisches Paradigma, mit dessen Hilfe die aristotelische Politiklehre schließlich in ein entwicklungsgeschichtliches Korsett gezwängt worden sei, so daß sie allein schon deshalb nichts mehr zur Erklärung der politischen Wirklichkeit beitragen konnte. Die eigentliche Klammer der Politiklehre Roschers ist nach Hintze seine Geschichts- und Entwicklungstheorie. Ohne diese Klammer zerfalle das Werk in eine staatswissenschaftliche Beispielsammlung, die dem Wissenschaftler nur noch als umfangreiches ideengeschichtliches Quellenwerk dienen könne. Hintze kritisiert, ähnlich wie Jellinek, daß wie immer bei Roscher, so auch diesmal, die einzelnen Staatsformen in einem naturgesetzlichen Entwicklungslauf nicht nur auseinander hervor-, sondern auch ineinander übergehen: Sie kommen in der Wirklichkeit Roschers also nie in idealer Form vor und können deshalb kaum ihrer Beschreibung dienen (vgl. Hintze 1897: 5).

Die entscheidende Schwachstelle der Politiktheorie Roschers findet Hintze genau wie Jellinek in ihrer innenpolitischen Fokussierung, wonach die gesamte staatliche Entwicklung aus einer inneren sozialen Dynamik heraus erklärt und die Staatengeschichte damit vollkommen aus ihrem außenpolitischen und auch historischen Entwicklungszusammenhang gelöst wird. Nach Hintze muß Roschers Versuch, die aristotelische Staatsformenlehre auf den modernen weltgeschichtlichen Prozeß der Staatenbildung zu übertragen, somit scheitern. Mit seinem Anspruch, das antike Klassifikationsschema auf alle Kulturen der Vergangenheit, Gegenwart und Zukunft zu übertragen, habe er seinem Ansatz jede Historizität und Authentizität genommen (vgl. ebd., 41). Deshalb sei die Staatsformenlehre Roschers letztlich eine Theorie der Innenpolitik.

Schließlich will Hintze die der Roscher'schen *Politik* zugrunde liegende Staatsformenlehre ablösen durch eine allgemeine Verfassungs- und Verwaltungsgeschichte. Was ihm vorschwebt, ist die Trennung einer wissenschaftlichen Politiklehre in einen allgemeinen und speziellen Teil, der die Entwicklung der Staaten unter außen- und innenpolitischen wie staatsrechtlichen Bedingungen erklärt, während der allgemeine Teil schließlich die abstrakteren staatsphilosophischen und ethischen Grundlagen beisteuern soll (vgl. ebd., 43f.).

So markiert Hintzes Position den Versuch einer Neubegründung der akademischen Politiklehre durch die Auseinandersetzung und Überwindung des Roscherschen Politikverständnisses. Lobend äußert sich Hintze über die frühen institutionstheoretischen Ansätze im Werk Roschers, an die später die jüngere Historische Schule anknüpfte. Für Roscher sei der Staat bereits nicht mehr nur Organismus oder Individuum, sondern ein zusammengesetztes System von Institutionen gewesen (ebd., 7). Hintze stellt in diesem Zusammenhang heraus, daß Roschers Reformkonservativismus – wie hier bereits an anderer Stelle näher ausgeführt – an die Idee funktionierender staatlicher Institutionen zur Bewältigung gesellschaftlicher Krisen gekoppelt ist.

Aber auch wenn Hintze hier positive Ansätze einer politischen und ökonomischen Institutionenlehre entdeckt, so bleibt sein Gesamturteil über den Erkenntnisgewinn der Roscherschen Politiklehre doch vernichtend: „Wertvoller scheint mir, ist das negative Resultat, das wir aus diesem mit reichem Material und wissenschaftlicher Sorgfalt unternommenen Versuch ziehen können. Daß es möglich sein müsse, aus der Vergleichung der socialen und politischen Entwickelung aller Zeiten und Völker ein Entwickelungsgesetz des socialen und politischen Lebens überhaupt abzuleiten, ist eine Vorstellung, die schon jahrzehntelang viele Köpfe beschäftigt hat. Roschers Buch lehrt, scheint mir, daß ein großer wissenschaftlicher Gewinn von einem solchen Unternehmen überhaupt nicht zu erwarten ist" (ebd., 43).

VIII. Zusammenfassung

Obwohl Roscher als Historiker der klassischen Antike an der Schwelle zum Berliner Historismus steht, begründet er die ältere Historische Schule der Nationalökonomie ganz in der realistisch-staatswissenschaftlichen Tradition der Göttinger Schule der 1830er Jahre. Anders als Dahlmann sucht Roscher aber nicht nach der „guten Verfassung", sondern lehnt jede Form eines idealistischen Politikansatzes ab. Politik ist für Roscher die „Lehre von den Entwicklungsgesetzen des Staates". Sein Ziel ist es, die typischen historischen und kulturellen Entwicklungsstufen der Staaten und ihre Regierungs- und Wirtschaftsformen zu entdecken. Politikwissenschaft ist in diesem Sinne Teil einer umfassenden empirischen Kulturwissenschaft auf der Suche nach den allgemeinen Gesetzen der kulturellen Entwicklung der Menschheit überhaupt.

Als Politikwissenschaftler steht Roscher nicht nur in der aristotelischen Tradition der älteren Politiklehre und der gesamten Staatswissenschaften, sondern auch auf dem Boden des europäischen Reformkonservativismus Burkes. Roscher wird zum Begründer einer modernen deutschsprachigen Nationalökonomie, weil es ihm gelingt, die drohende staatswirtschaftliche Verengung der Staatswissenschaften aufzuhalten, indem er die Nationalökonomie gleichermaßen als eigenständige politische Wissenschaft und Teil der akademischen Politiklehre begreift und sie nicht aus ihrem Zusammenhang der traditionellen Staatswissenschaften löst.

Die wissenschaftsgeschichtliche Bedeutung Roschers für die Politikwissenschaft ist insbesondere darin zu sehen, daß er die Leipziger praktischen Staatswissenschaften an die Göttinger Tradition der aristotelischen und realistischen Politiklehre heranführte und Leipzig schließlich zu einem Zentrum der akademischen Politiklehre der zweiten Hälfte des 19. Jahrhunderts ausbaute.

Obwohl Roscher praktische Politik Zeit seines Lebens fern lag, lassen sich bei ihm erste Ansätze einer wissenschaftlichen Politikberatung finden. Formal versteht er die praktische Politik als Therapiemöglichkeit eines gestörten, aber zu kurierenden gesellschaftlichen Normalzustandes.

Das einigende Band der älteren Historischen Schule war aber nicht die praktische Politik, sondern die Kritik an der Rezeption und theoretischen Weiterentwicklung der Aufklärungswissenschaft. Ihr Postulat war die Ausbildung einer praxisnahen sozialwissenschaftlichen Forschung und ihrer Methoden. Die eigentliche Klammer der Roscherschen Politiklehre ist dementsprechend seine Geschichtstheorie und die daraus abgeleitete Methode, die er bereits am Beginn seiner akademischen Laufbahn im übergeordneten Zusammenhang der gesamten Staatswissenschaften begründet. Roschers Methode ist aber nicht im eigentlichen Sinne historisch oder empirisch zu nennen, sondern vergleichend morphologisch. Sie beruht letztlich voraussetzungslos auf verschiedensten geistesgeschichtlichen und erkenntnistheoretischen Traditionen, ohne dies offenzulegen, und ist somit erkenntnislogisch kaum noch aufzuschlüsseln.

Roscher steht dem religiösen Historismus Rankes durchaus nahe. Sein politikwissenschaftlicher Ansatz unterscheidet sich aber von Rankes nicht nur methodologisch, sondern vor allen Dingen durch die alleinige Ausrichtung auf die Innenpolitik. Der innenpolitisch zentrierte Ordnungsprozeß der einzelnen Staaten bestimmt bei Roscher nicht nur deren jeweilige Regierungs- und Wirtschaftsform, sondern auch ihre innen- und außenpolitische

Entwicklung. Die einzelnen Staaten und Epochen werden isoliert betrachtet und trotz gegensätzlichen Anliegens aus ihrem historischen Entwicklungsprozeß herausgelöst. Roscher vernachlässigt aber nicht nur die Zusammenhänge, sondern auch die Dynamik historischer Ereignisse. Sein erkenntnistheoretischer Ansatz der Politikwissenschaft beruht weder auf einem normativen, noch einem empirischen Ansatz im engeren Sinn, sondern ist überlagert von einem nicht rationalisierbaren, metaphysisch-religiösen Weltbild: Das, was ist, soll auch so sein, weil Gott es so gewollt hat. Mit seinem politikwissenschaftlichen Standpunkt steht Roscher in der Nähe eines religiösen Naturalismus. Nicht zuletzt seine Religiosität macht ihn so zu einem praktisch unpolitischen Menschen.

Literaturverzeichnis

Adair, Douglass (1974): 'Experience Must Be Our Only Guide': History, Democratic Theory and the United States Constitution", repr., in: ders. Fame and the Founding Fathers, hrsg. v. Trevor Colburn, New York.
ADB (1888): Allgemeine Deutsche Biographie, hrsg. durch die historische Commission bei der königlichen Akademie der Wissenschaften, Bd. 26, Leipzig.
ADB (1907): Allgemeine Deutsche Biographie, hrsg. durch die historische Commission bei der königlichen Akademie der Wissenschaften, Bd. 53, Leipzig.
Aischines (1997): Orationes, hrsg. v. M. R. Dilts, gr., Stuttgart.
Alberti, Valentin (1696): Compendium Juris Naturae, Orthodoxae Theologiae Confirmatum, Editio Secunda, Correctior & Auctior, Lipsiae.
Althusius, Johannes (1961): Politica Methodicè digesta atque exemplis sacris et profanis illustrata, Faksimiledruck d. 3. Aufl. Herborn 1614, Aalen.
Aquin, Thomas von (1974): Selected Political Writings. Latin-English, hrsg. v. A. P. d'Entrèves. Oxford.
Aquin, Thomas von (1977): Summa theologica, hrsg. von der Albertus-Magnus-Akademie Walberberg bei Köln, Bd. 13, Heidelberg/Graz u.a.
Arendt, Hannah (1970): Macht und Gewalt, München/Zürich 1985^5.
Arendt, Hannah (1985): Das Urteilen. Texte zu Kants Politischer Philosophie, München.
Arendt, Hannah (1993^3, 1989^2): Vom Leben des Geistes I und II, Das Denken/Das Wollen, München / Zürich.
Arendt, Hannah (1994): Vita Activa oder Vom tätigen Leben, München / Zürich.
Ariost, Ludovico (1980): Der rasende Roland (1516-32), 2 Bde., München.
Aristoteles (1956): Nikomachische Ethik. Werke in deutscher Übersetzung, hrsg. v. E. Grumach, übers. v. Franz Dirlmeier, Bd. 6, Berlin.
Aristoteles (1960) [1831-1870]: Opera, hrsg. v. Immanuel Bekker, Berlin.
Aristoteles (1985): Nikomachische Ethik. Auf der Grundlage der Übersetzung v. Eugen Rolfes hrsg. v. Günther Bien, 4., durchgesehene Aufl., Hamburg.
Aristoteles (1990): Politik. Übersetzt und mit erklärenden Anmerkungen versehen v. Eugen Rolfes. Mit einer Einleitung v. Günther Bien, 4. Aufl., Hamburg.
Aristoteles (1991): Politik. Werke in deutscher Übersetzung, hrsg. v. E. Grumach u.a., übers. u. erl. v. Eckart Schütrumpf, Bd. 8: Politik, Teil I, Buch I, und Bd. 9: Politik, Teil II: Bücher II-III, Berlin.
Aristotle in twenty-three volumes (1994): The Loeb Classical Library, gr.-engl., hrsg. v. G.P. Goold, Harvard UP, Cambridge/Mass. und London.
Arrian (1894): Epicteti Dissertationes, hrsg. v. Heinrich Schenkl, Leipzig.
Asbach, Olaf (1996): Politik und Frieden beim Abbé de Saint-Pierre. Erinnerung an einen (fast) vergessenen Klassiker der politischen Philosophie, in: Politisches Denken. Jahrbuch 1995/96, Stuttgart/Weimar, S. 133-163.
Asbach, Olaf (1999a): Internationale Rechtsgemeinschaft oder Autarkie kleiner Republiken? Dimensionen und Probleme des Staats- und Völkerrechts bei Jean-Jacques Rousseau, in: Politisches Denken. Jahrbuch 1999, Stuttgart/Weimar, S. 105-154.
Asbach, Olaf (1999b): Von der ‚Union Germanique‘ zu ‚Union Européenne‘. Historische, philosophische und politische Dimensionen des Föderationsgedankens

beim Abbé de Saint-Pierre, in: Höpel, Thomas u.a. (Hrsg.), Deutschlandbilder – Frankreichbilder 1700-1850, Leipzig [i.V.].

Asbach, Olaf (2000): Die Reichsverfassung als föderativer Staatenbund. Das Alte Reich in der politischen Philosophie des Abbé de Saint-Pierre, in: Olaf Asbach, Sven Externbrink, Klaus Malettke (Hrsg.), Altes Reich, Frankreich und Europa. Politische, philosophische und historische Aspekte des französischen Deutschlandbildes im 17. und 18. Jahrhundert, Berlin [i.V.].

Backhau, Jürgen (Hrsg.) (1998): Christian Wolff and Law & Economics. The Heilbronn Symposium, Hildesheim (=Christian Wolff, Gesammelte Werke, III: Materialien und Dokumente; 45).

Bacon, Francis (1981): De Augmentis Scientiarum: Of the Dignity and Advancement of Learning, in: Works, Bd. 5, repr., Stg.-Bad Cannstatt.

Bacon, Francis (1985): The Essays, ed. John Pitcher, Harmondsworth.

Bacon, Francis (1989): The Works of Francis Bacon, ed. James Spedding et al., 14 Bde., London 1857-1874, Bd. 10, repr., Stg.-Bad Cannstatt, 2. Aufl.

Baczko, Bronislaw (1978): Lumières de l'utopie, Paris.

Badian, Ernst (1997): Zöllner und Sünder. Unternehmer im Dienst der römischen Republik, Darmstadt.

Baker, J. H. (1978): Introduction, in: The Reports of Sir John Spelman, The Selden Society, ed. J. H. Baker, London, Bd. 2.

Baltrusch, Ernst (1989): Regimen Morum. Die Reglementierung des Privatlebens der Senatoren und Ritter in der römischen Republik und frühen Kaiserzeit, München.

Beckmann, Helmuth (1948): Die Historische Methode Wilhelm Roschers, Phil.Diss., Bonn.

Behme, Thomas (1996): Gegensätzliche Einflüsse in Pufendorfs Naturrecht, in: F. Palladini, G. Hartung (Hrsg.), Samuel Pufendorf und die europäische Frühaufklärung. Werk und Einfluß eines deutschen Bürgers der Gelehrtenrepublik vor 300 Jahren (1694-1994), Berlin, S. 74-82.

Behrmann, Günter C. (1990): Das wissenschaftliche Ganzheitsideal der Historischen Schule und die Verselbständigung der Wissenschaft von der Politik, in: Bock, Michael / Homann, Harald / Schiera, Pirangelo (Hrsg.), Gustav Schmoller heute: die Entwicklung der Sozialwissenschaften in Deutschland und Italien, Berlin, S. 333-371.

Bély, Lucien (1990): Espions et ambassadeurs au temps de Louis XIV, Paris.

Bianco, Bruno (1989): Freiheit gegen Fatalismus. Zu Joachim Langes Kritik an Wolff, in: N. Hinske (Hrsg.), Zentren der Aufklärung I. Halle. Aufklärung und Pietismus, Heidelberg, S. 111-156.

Bien, Günther (1985): Die Grundlegung der politischen Philosophie des Aristoteles, 3., unveränderte Auflage mit aktualisierter Bibliographie, München.

Bien, Günther (1990): Einleitung. Bemerkungen zum Aristotelischen Politikbegriff und zu den Grundsätzen der Aristotelischen Staatsphilosophie, in: Aristoteles, a.a.O. (1990).

Biester, J. E.: (1793^6) Einige Nachrichten von den Ideen der Griechen über Staatsverfassung, Berlinische Monatsschrift.

Bleek, Wilhelm (1997): Friedrich Christoph Dahlmann und sein Werk über „Die Politik", in: Friedrich Christoph Dahlmann: Die Politik auf den Grund und das Maaß der gegebenen Zustände zurückgeführt, hrsg. v. Wilhelm Bleek, Frankfurt/Main [Neuausgabe], S. 271-322.

Bleek, Wilhelm / Lietzmann, Hans J. (Hrsg.) (1999): Schulen der deutschen Politikwissenschaft, Opladen.

Bleek, Wilhelm / Lülfing, Daniela (1993): „Meinem edelen und mannhaften Freunde Jacob Grimm, dem Bruder Wilhelms, in Dank + Liebe gewidmet", in: Jahrbuch der Brüder Grimm-Gesellschaft, Bd. 3, S. 7-28.

Bleicken, Jochen (1975): Lex Publica. Gesetz und Recht in der römischen Republik, Berlin/New York.

Bleicken, Jochen (1989): Die Verfassung der römischen Republik, 5. Aufl., Paderborn.

Bleicken, Jochen (1991^3): Die athenische Demokratie, Paderborn.

Bloch, Ernst (1985): Christian Thomasius, ein deutscher Gelehrter ohne Misere, in: ders., Naturrecht und menschliche Würde, Frankfurt/Main, S. 315-353.

Blumenberg, Hans (1996): Die Legitimität der Neuzeit. Erneuerte Ausgabe, Frankfurt/M.

Bödeker, H.E./Hont, Istvan (1995): Naturrecht, Politische Ökonomie und Geschichte der Menschheit. Der Diskurs über Politik und Geschichte in der Frühen Neuzeit, in: Otto Dann, Diethelm Klippel (Hrsg.), Naturrecht – Spätaufklärung – Revolution, Hamburg (Studien zum achtzehnten Jahrhundert; 16), S. 80-89.

Bodin, Jean (1961): Les six Livres de la Republique, Aalen.

Bodin, Jean (1981/86): Sechs Bücher über den Staat, übers. Bernd Wimmer, hrsg. Peter C. Mayer-Tasch, München.

Boehmer, Justus Henning (1726): Introductio in Ius Publicum Universale ex genuinis Iuris Naturae Principiis deductum [...], Editio secunda emendatior, Halae Magdeburgicae (impensis Orphanotrophei).

Bracher, Karl Dietrich (1971): Über das Verhältnis von Politik und Geschichte. Gedenkrede auf Friedrich Christoph Dahlmann, in: ders.: Das deutsche Dilemma. Leidenswege der politischen Emanzipation, München, S. 41-63.

Brandwood, L. (Hrsg.) (1976): A Word Index to Plato, Compendia - Computer-Generated Aids to Literary and Linguistic Research, vol. 8, Leeds.

Brown, Robert (1984): The Nature of Social Laws, Cambridge.

Bruch, Rüdiger v. (1985): Zur Historisierung der Staatswissenschaften. Von der Kameralistik zur historischen Schule der Nationalökonomie, in: Berichte zur Wissenschaftsgeschichte 8, S. 131-146.

Brückner, Jutta (1977): Staatswissenschaften, Kameralismus und Naturrecht. Ein Beitrag zur Geschichte der Politischen Wissenschaft im Deutschland des späten 17. und frühen 18. Jahrhunderts, München (Münchener Studien zur Politik; 27).

Brunner, Otto (1968): Das „Ganze Haus" und die alteuropäische „Ökonomik", in: ders., Neue Wege der Verfassungs- und Sozialgeschichte. Zweite, vermehrte Auflage, Göttingen, S. 103-127.

Burkert, Walter (1977): Griechische Religion der archaischen und klassischen Epoche, Stuttgart.

Burns, J.H. (Ed.) (1996): The Cambridge History of Political Thought 1450-1700, Cambridge.

Canning, Joseph (1999): The Role of Power in the Political Thought of Marsilius of Padua, in: History of Political Thought 20,1 (= Scholastics Enlightenments and Philosophic Radicals. Essays in Honour of J. H. Burns, ed. by Janet Coleman), S. 21-34.

Carter, Christine Jane (1987): Rousseau and the Problem of War, New York/London.

Castan, Joachim (1999): Hochschulwesen und reformierte Konfessionalisierung: das Gymnasium Illustre des Fürstentums Anhalt in Zerbst 1582-1652, Halle/Saale (Stud. z. Landesgesch.; 2).

Cataldi Madonna, Luigi (1994): Die Konzeption der Vernunft bei Christian Thomasius. Ein Mittelweg zwischen Empirismus und Rationalismus, in: Hans Friedrich Fulda, Rolf-Peter Horstmann (Hrsg.), Vernunftbegriffe in der Moderne (Stuttgarter Hegel-Kongreß 1993), Stuttgart, S. 153-173.

Chwaszcza, Christine (1997): Anthropologie und politische Institutionentheorie in den Federalist Papers, in: Historische Mitteilungen 10, Heft 2.

Clausen, Lars/Schlüter, Carsten (Hrsg.) (1991): Hundert Jahre typographische Gemeinschaft und Gesellschaft. Ferdinand Tönnies in der internationalen Diskussion, Opladen (3. Kieler Tönnies-Symposion 1987).

Codex Justinianus (1991): [534], ausgew. und hrsg. von Gottfried Härtel und Frank-Michael Kaufmann, Leipzig.

Coleman, Janet (1998): Some Relations between the Study of Aristotle's Rhetoric, Ethics and Politics in late Thirteenth- and early Forteenth-Century University Arts Courses and the Justification of Contemporary Civic Activities (Italy and France), in: Political Thought and the Realities of Power in the Middle Ages / Politisches Denken und die Wirklichkeit der Macht im Mittelalter, hrsg. v. J. Canning u. O. G. Oexle, Göttingen, S. 127-157.

Condren, Conal (1980): Democracy and the *Defensor Pacis*: On the English Language Tradition of Marsilian Interpretation, in: Il Pensiero Politico 13, S. 301-316.

Conring, Hermann (1730): Opera, ed. W. Goebel, Braunschweig.

Conring, Hermann (1994): Der Ursprung des Deutschen Rechts, hrsg. Michael Stolleis, Frankfurt.

Czempiel, Ernst-Otto (1998): Friedensstrategien. Eine systematische Darstellung außenpolitischer Theorien von Machiavelli bis Madariga. 2., aktual. u. erw. Auflage, Opladen/Wiesbaden.

Dahlmann, Friedrich Christoph (1815): Ein Wort über Verfassung, in: ders.: Kleine Reden und Schriften, hrsg. v. Carl Varrentrapp, Stuttgart 1886, S. 12-67.

Dahlmann, Friedrich Christoph (1835): Die Politik auf den Grund und das Maaß der gegebenen Zustände zurückgeführt, Göttingen [2. und 3. Aufl., Leipzig 1847; Neuausgabe: hrsg. v. Otto Westphal, Berlin 1924; Neuausgabe, hrsg. v. Manfred Riedel, Frankfurt/Main 1968].

Dahlmann, Friedrich Christoph (1842): Erster Vortrag an der rheinischen Hochschule. 28. November 1842, Bonn 1842 [wiederabgedruckt in: ders., Kleine Reden und Schriften, hrsg. v. Carl Varrentrapp, Stuttgart 1886, S. 310-318].

Dahlmann, Friedrich Christoph (1849): [Rede am 22.01.1849], in: Stenographische Berichte über die Verhandlungen der deutschen constituierenden Nationalversammlung, hrsg. v. Franz Wigard, Bd. 7, Frankfurt/Main, S. 4820-4822.

Dahlmann, Friedrich Christoph (1997): Die Politik auf den Grund und das Maaß der gegebenen Zustände zurückgeführt, hrsg. v. Wilhelm Bleek, Frankfurt/Main [Neuausgabe].

Danner, Bruce (1998): Courteous Virtù in Spensers Book 6 of The Faerie Queene, *Studies in English Literature. 1500-1900*, vol. 38, No.1, S.1-18.

Dante Alighieri (1972): [ca. 1313-1321], La Divina Commedia, ed. and annotated by C. H. Grandgent, rev. by Charles S. Singleton, Cambridge/Mass.

Literaturverzeichnis 239

Dante Alighieri (1989): [1317], Monarchia, lat./dt. Studienausgabe, eingel., übers. und kommentiert von Ruedi Imbach und Christoph Flüeler, Stuttgart.

Deibel, Daniela (1997): Die Politeia und das Politische bei Platon, unveröffentl. Magisterarbeit, Erlangen.

Demosthenes in seven volumes (1962-1986): The Loeb Classical Library, gr.-engl., hrsg. v. J. A. Vince, C. A. Vince, A. T. Murray etc., London, Harvard UP/Cambridge.

Denzer, Horst (1972): Moralphilosophie und Naturrecht bei Samuel Pufendorf. Eine geistes- und wissenschaftsgeschichtliche Untersuchung zur Geburt des Naturrechts aus der praktischen Philosophie, München (Münchener Studien zur Politik; 22).

Denzer, Horst (Hrsg.) (1973): Jean Bodin. Verhandlungen der Internationalen Bodin-Tagung, München.

Denzer, Horst (1985): Spätaristotelismus, Naturrecht und Reichsreform, in: Pipers Handbuch der politischen Ideen Bd. 3, München, S. 233-273.

Denzer, Horst (1986): Bodin, in: Klassiker des politischen Denkens, Bd. 1, 6. Aufl. München.

Denzer, Horst (1987): Pufendorf, in: Klassiker des politischen Denkens, Bd. 2, 5.Aufl. München.

Dettenhofer, Maria (Hrsg.) (1994): Reine Männersache? Frauen in Männerdomänen der antiken Welt, Köln.

Dietze, Erwin (1914): Charles Abbé de Saint-Pierre (1658-1743). Ein Beitrag zur Geschichte der französischen Aufklärung und der vor-rousseauschen Pädagogik, Langensalza.

Donaldson, Peter S. (1992): Machiavelli and Mystery of State, Cambridge.

Döring, Detlef (1992): Pufendorf - Studien, Berlin.

Dreitzel, Horst (1970): Protestantischer Aristotelismus und absoluter Staat. Die "Politica" des Henning Arnisaeus (ca. 1575-1636), Wiesbaden (Veröffentlichungen des Instituts für Europäische Geschichte Mainz, Abt. Universalgeschichte; 55).

Dreitzel, Horst (1983): Hermann Conring und die politische Wissenschaft seiner Zeit, in: Michael Stolleis (Hrsg.), Hermann Conring (1606-1681). Beiträge zu Leben und Werk, Berlin, S. 136-172.

Dries, Karl Heinz (1963): Die Rechtslehre des Thomasius unter besonderer Berücksichtigung der Veränderungen seines Rechtsbegriffs, Köln.

Drouet, Joseph (1912): L'abbé de Saint-Pierre. L'homme et l'oeuvre, Paris.

Ebbinghaus, J. (1988): Die Strafe für Tötung eines Menschen nach Prinzipien einer Rechtsphilosophie der Freiheit, in: Ders., Gesammelte Schriften, Bd 2, hrsg. v. G. Geismann u. H. Oberer, Bonn S. 283-380.

Eder, Walter (1995): Die athenische Demokratie im 4. Jahrhundert v. Chr., Vollendung oder Verfall einer Verfassungsform? Akten eines Symposiums 3.-7. August 1992, Stuttgart.

Egger, Carolus (1998): Neues Latein Lexikon / Lexicon recentis latinitatis, Darmstadt (Italienische Originalausgabe Rom 1992).

Eisermann, Gottfried (1956): Die Grundlagen des Historismus in der deutschen Nationalökonomie, Stuttgart.

Eisermann, Gottfried (1992): Die Grundlagen von Wilhelm Roschers wissenschaftlichem Werk, in: Vademecum zu einem Klassiker der deutschen Dogmengeschichte, hrsg. von Bertram Scheffold u.a., Düsseldorf, S. 27-78.

Elyot, Thomas (1992): A Critical Edition of Sir Thomas Elyots *The Boke named the Governour*, 1531, ed. Donald W. Rude, NY/London.
Epstein, David (1984): The Political Theory of the Federalist Papers, Chicago.
Eucken, Walter (1938), Die Überwindung des Historismus, in: Jahrbuch für Gesetzgebung, Verwaltung und Volkswirtschaft im Deutschen Reich, Jg. 62, 1. Halbband, S. 63-86.
Evers, Tilmann (1994): Supranationale Staatlichkeit am Beispiel der Europäischen Union: Civitas civitatum oder Monstrum?, in: Leviathan, 22. Jg., Nr. 1, S. 115-134.
Fabricius, J.A. (1752): Abriß einer allgemeinen Historie der Gelehrsamkeit, Bd. 1, Leipzig.
Faguet, Emile (1912): Dix-huitième siècle. Études littéraires, Paris.
Feder, Johann Georg Heinrich (1776): Lehrbuch der praktischen Philosophie, vierte, vermehrte und verbesserte Auflage, Göttingen.
Fetscher, Iring (1985): Politisches Denken im Frankreich des 18. Jahrhunderts, in: Pipers Handbuch der politischen Ideen, Bd. 3, München, S. 423-528.
Figal, Günter (1995): Sokrates, München.
Flaig, Egon (1994): Weisheit und Befehl. Die „Politeia" und das Ende der Politik, in: Saeculum, Bd. 45, S. 34-70.
Floyd, Thomas (1973): Picture of a perfit Commonwealth 1600, repr., Amsterdam.
Fontenelle, (1687): Digression sur les Anciens et les Modernes, in: W. Krauss (Ed.), Fontenelle und die Aufklärung, München 1969, S. 147-157.
Fontenelle, Bernard le Bouvier de (1883): Eloge de Varignon, in: ders., Eloges, éd. par F. Bouvillier, Paris, S. 173-183.
Freyer, Hans (1955): Theorie des gegenwärtigen Zeitalters, Stuttgart.
Friedländer, Paul (1960^2): Platon, Bd. III: Die platonischen Schriften. Zweite und dritte Periode, Berlin.
Fusco, Sandro-Angelo (1982): Familie und Erziehung in der römischen Antike, in: Heinz Reif (Hrsg.), Die Familie in der Geschichte, Göttingen 1982, S. 10-27.
Gardiner, Stephen (1968): Obedience in Church and State. Three political tracts by Stephen Gardiner, ed. Pierre Janelle, repr., NY.
Gebhardt, Jürgen (1984): The Origins of Politics in Ancient Hellas: Old Interpretations and New Perspectives, in: J. M. Porter, Sophia and Praxis. The Boundaries of Politics, Chatham, New Jersey.
Gebhardt, Jürgen, (1999): Zum Begriff des Politischen in der hellenischen Antike, in: W. Merkel, A. Busch (Hrsg.), Demokratie in Ost und West. Für Klaus von Beyme, Frankfurt/Main, S. 36-54.
Gelzer, Matthias (1912): Die Nobilität der römischen Republik, Berlin/Leipzig, zitiert nach: ders., Kleine Schriften Bd. I, Wiesbaden 1962, S. 17-134.
Gembruch, Werner (1969): Reformforderungen in Frankreich um die Wende vom 17. zum 18. Jahrhundert. Ein Beitrag zur Geschichte der Opposition gegen System und Politik Ludwigs XIV., in: Historische Zeitschrift 209, S. 265-317.
Georges, Karl Ernst (1991) [1910]; Kleines Deutsch-Lateinisches Handwörterbuch, Darmstadt.
Gerhardt, Volker (1995): Immanuel Kants Entwurf ‚zum Ewigen Frieden'. Eine Theorie der Politik, Darmstadt.
Gerhardt, Volker (1991): Vernunft und Urteilskraft. Philosophische Anthropologie im Anschluß an Immanuel Kant und Hannah Arendt, in: Martyn P. Thompson

(Hrsg.), J. Locke und I. Kant. Historische Rezeption und gegenwärtige Relevanz, Berlin, S. 316-333.

Gewirth, Alan (1979): Republicanism and Absolutism in the Thought of Marsilius of Padua, in: Medioevo 5, S. 23-48.

Glafey, Adam Friedrich (1965): Vollständige Geschichte des Rechts der Vernunft. Worin die in dieser Wissenschaft erschienen Schriften nach ihrem Inhalt und wahren Wert beurteilt werden [...], ND der Ausgabe Leipzig 1739, Aalen.

Goclenius, Rudolph (1977): Conciliator Philosophicus, Nachdr. d. Ausg. Kassel 1609, Hildesheim/New York.

Göhring, Martin (1947): Weg und Sieg der modernen Staatsidee in Frankreich (Vom Mittelalter zu 1789), 2. Aufl. Tübingen.

Goyard-Fabre, Simone (1981): Notes [Kommentar zu:] Abbé de Saint-Pierre, Projet pour rendre la paix perpétuelle en Europe, éd. par S. Goyard-Fabre, Paris, p. 479-559.

Grimm, Frédéric Melchior (1878): Correspondance littéraire, philosophique, et critique (1753-1793): éd. par Maurice Tourneux, tome III, Paris.

Grunert, Frank (1997): Zur aufgeklärten Kritik am theokratischen Absolutismus. Der Streit zwischen Hector Gottfried Masius und Christian Thomasius über Ursprung und Begründung der summa potestas, in: Vollhardt, a.a.O. (1997), S. 51-77.

Haakonssen, Knud (1996): Natural Law and Moral Philosophy. From Grotius to the Scottish Enlightenment, Cambridge.

Habermas, Jürgen (1962): Strukturwandel der Öffentlichkeit, Neuwied.

Hall, Edward (1809): Halls Chronicle, containing The History of England, during the Reign of Henry the Fourth, and the succeeding Monarchs, to the End of the Reign of Henry the Eighth, in which are particularly described the Manners and the Customs of those Periods, London.

Hamilton, Alexander/George Madison/John Jay: Die Federalist-Artikel, hrsg. v. A. und W.P. Adams, Paderborn u.a.

Hammerstein, Notker (1972): Jus und Historie. Ein Beitrag zur Geschichte des historischen Denkens an deutschen Universitäten im späten 17. und im 18. Jahrhundert, Göttingen.

Hansen, Mogens H. (1995): Die athenische Demokratie im Zeitalter des Demosthenes. Struktur, Prinzipien, Selbstverständnis, Berlin.

Hazard, Paul (1939): Die Krise des europäischen Geistes 1680-1715, Hamburg.

Hegel, Georg Wilhelm Friedrich (1995): Grundlinien der Philosophie des Rechts oder Naturrecht und Staatswissenschaft im Grundrisse. Mit Hegels eigenen Notizen und den mündlichen Zusätzen, 4. Aufl., Frankfurt/Main (Werke in 20 Bänden; 7).

Hennis, Wilhelm (1967): Bemerkungen zur wissenschaftsgeschichtlichen Situation der Politischen Wissenschaften, in: Schneider, Heinrich (Hrsg.), Aufgabe und Selbstverständnis der Politischen Wissenschaft, Darmstadt, S. 120-132.

Hennis, Wilhelm (1981): Politik und praktische Philosophie [Habil.-Schr. Frankfurt 1959], in: ders. (identischer Sammeltitel), Stuttgart, S. 1-130.

Herodotos (1963-1988): Historien, hrsg. v. J. Feix, gr.-dt., München.

Herz, Dietmar (1999): Die wohlerwogene Republik. Das konstitutionelle Denken des politisch-philosophischen Liberalismus, Paderborn u.a.

Hintze, Otto (1897): Roschers politische Entwicklungstheorie, in: Schmollers Jahrbuch, Jg. XXI, Heft 3, S. 1-45.

Hobbes, Thomas (1647): De cive (Vom Bürger), in: ders., Vom Menschen/Vom Bürger (Elemente der Philosophie II/III), hg. v. G. Gawlick, Hamburg 1977, S. 57-327.
Hobbes, Thomas (1651): Leviathan, or The Matter, Forme, & Power of a Commonwealth ecclesiastical and civill, ed. by C.B. Macpherson, London 1968.
Hobbes, Thomas (1658): De homine (Vom Menschen), in: ders., Vom Menschen/Vom Bürger (Elemente der Philosophie II/III), hg. v. G. Gawlick, Hamburg 1977, S. 1-56.
Hobbes, Thomas (1841): Malmesburiensis opera philosophica quae latine scripsit omnia, ed. William Molesworth, Vol. 3: Leviathan, sive de materia [...], London.
Hobbes, Thomas (1994a): Vom Menschen, Vom Bürger. Elemente der Philosophie II/III, eingeleitet u. hrsg. v. Günter Gawlick, 3. Aufl. Hamburg.
Hobbes, Thomas (1994b): Leviathan oder Stoff, Form und Gewalt eines kirchlichen und bürgerlichen Staates, hrsg. u. eingeleitet v. Iring Fetcher, übersetzt v. Walter Euchner, Frankfurt/M.
Hoelkeskamp, Karl-Joachim (1987): Die Entstehung der Nobilität. Studien zur sozialen und politischen Geschichte der römischen Republik im 4. Jh. v. Chr., Stuttgart.
Hoelkeskamp, Karl-Joachim (1996): Exempla und mos maiorum. Überlegungen zum kollektiven Gedächtnis der Nobilität, in: Gehrke, Hans-Joachim / Möller, Astrid (Hrsg.) Vergangenheit und Lebenswelt. Soziale Kommunikation, Traditionsbildung und historisches Bewußtsein, Tübingen 1996, S. 301-338.
Höffe, Otfried (1996): „Sed authoritas, non veritas, facit legem". Zum Kapitel 26 des Leviathan, in: Thomas Hobbes, Leviathan oder Stoff, Form und Gewalt eines bürgerlichen und kirchlichen Staates, hrsg. v. Wolfgang Kersting, Berlin (Klassiker Auslegen; 5), S. 235-257.
Höffe, Ottfried (1990): Kategorische Rechtsprinzipien, Frankfurt.
Holinshed, Raphael, et al. (1807/1808): Holinsheds Chronicles of England, Scotland and Ireland, in six vols., London (Nachdruck der zweiten Ausgabe von 1587).
Hömig, Herbert (1988): Der Abbé de Saint-Pierre und die politischen Theorien der französischen Aufklärung, in: Abbé Castel de Saint-Pierre, Kritik des Absolutismus, München, S. 1-75.
Hooker, Richard (1676): The Works of that Learned and Judicious Devine, Mr. Richard Hooker, in eight Books of Ecclesiastical Polity, London.
Hooker, Richard (1989): Of the Laws of Ecclesiastical Polity (1593/1648), ed. Arthur St. McGrade, Cambridge.
Hübener, Wolfgang (1994): Unvorgreifliche Überlegungen zum möglichen Sinn des Topos „politischer Averroismus", in: Averroismus im Mittelalter und in der Renaissance, hrsg. von Friedrich Niewöhner und Loris Sturlese, Zürich, S. 222-238.
Huber, Ernst Rudolf (1960): Deutsche Verfassungsgeschichte, Bd. 2, Stuttgart.
Hume, David (1964): Philosophical Works, vol 3, hrsg. v. T. H. Green / T.H. Grose, Aalen; dt. Politische und ökonomische Essays, 2 Bde., hrsg. v. Udo Bermbach, Hamburg 1988.
Hüter, Margret (1928): Die Methodologie der Wirtschaftswissenschaft bei Roscher und Knies, Jena.
Imbach, Ruedi/Flüeler, Christoph (1989): Einleitung, in: Dante Alighieri, Monarchia, lat./dt. Studienausgabe, Stuttgart, S. 11-57.
Imboden, Max (1963): Johannes Bodinus und die Souveränitätslehre, Basel.

Jacob, Margaret C. (1981): The Radical Enlightenment. Pantheists, Freemasons and Republicians, London.
Jaeger, Werner (1934ff.): Paideia, Bde. I-II, Berlin.
Jaeger, Werner (1947): Paideia, Bd. III, Berlin.
James VI and I (1994): Political Writings, hg. v. Johann P. Sommerville, Cambridge.
Jauß, Hans Robert (1964): Ästhetische Normen und geschichtliche Reflexion in der 'Querelle des Anciens et des Modernes', in: Charles Perrault, Parallèle des anciens et des modernes, München, S. 8-64.
Jellinek, Georg (1970): Eine Naturlehre des Staates. Wilhelm Roscher: Politik, geschichtliche Naturlehre der Monarchie, Aristokratie und Demokratie, Stuttgart 1892, in: Ausgewählte Schriften und Reden, Bd. 2, Aalen, S. 320-329. [Neudruck der Ausgabe Berlin 1911].
Kahn, Victoria (1994): Machiavellian Rhetoric. From the Counter-Reformation to Milton, Princeton UP.
Kaiser, Thomas E., (1983): The Abbé de Saint-Pierre, Public Opinion, and the Reconstitution of the French Monarchy, in: Journal of Modern History 55, pp. 618-643.
Kant, Immanuel (1983): Über die Misshelligkeit zwischen der Moral und der Politik, in Absicht auf den ewigen Frieden (1775) [=Anhang I. in: Zum ewigen Frieden. Ein philosophischer Entwurf], Werke in zehn Bänden, hrsg. v. W. Weischedel, Bd. 9, Darmstadt, S. 228-244.
Kant, Immanuel (1995): ‚Zum ewigen Frieden'. Eine Theorie der Politik, Darmstadt.
Kantorowicz, Ernst H. (1998): Königtum unter Einwirkung wissenschaftlicher Jurisprudenz, in: ders., Götter in Uniform. Studien zur Entwicklung des abendländischen Königtums, hrsg. von Eckhard Grünewald und Ulrich Raulff, Stuttgart, S. 180-202.
Kelsen, Hans (1934): Reine Rechtslehre. Einleitung in die rechtswissenschaftliche Problematik, Leipzig/Wien.
Keohane, Nannerl O. (1980): Philosophy and the State in France. Trom the Renaissance to the Enlightenment, Princeton.
Kersting, Wolfgang (1994): Die politische Philosophie des Gesellschaftsvertrags, Darmstadt.
Kingsley, Martin (1929): French Liberal Thought in the Eighteenth Century. A Study of Political Ideas from Bayle to Condorcet, 3rd Ed., New York/London 1963.
Klippel, Diethelm (1999): Persönliche Freiheit und Vertrag im deutschen Naturrecht des 18. und 19. Jahrhunderts, in: J. F. Kervégan / H. Mohnhaupt (Hrsg.), Gesellschaftlicher Freiheit und vertragliche Bindung in Rechtsgeschichte und Philosophie, Frankfurt, S. 121-142.
Kondylis, Panajotis (1986): Die Aufklärung im Rahmen des neuzeitlichen Rationalismus, München.
Koop, Dieter (1999):‚ Die Historische Schule der Nationalökonomie. Ihr Wissenschaftsverständnis und die Historisierung der politischen Wissenschaft(en), in: Bleek, Wilhelm / Lietzmann, Hans J. (Hrsg.), Schulen der deutschen Politikwissenschaft, Opladen, S. 131-157.
Koyre, Alexandre (1997): Vergnügen bei Platon, Berlin.
Krauss, Werner (1969): Vorwort, in: Fontenelle und die Aufklärung. Textauswahl und einleitende Abhandlung von W. Krauss, München, S. 7-67.
Kuriki, Hisao (1974): Die Rolle des Allgemeinen Staatsrechts in Deutschland von der Mitte des 18. bis zur Mitte des 19. Jahrhunderts, in: Archiv des öffentlichen Rechts 99, S. 556-585.

Lawson, George (1992): Politica sacra et civilis, 1660, ed. Conal Condren, Cambridge.
Le Cour Grandmaison, Olivier (1994): Idées d'Europe et paix perpétuelle: notes sur l'abbé de Saint-Pierre, in: Les Temps modernes, XLIX, No. 574, Mai 1994, p. 1-21.
Lefkowitz, Mary R. (1992): Die Töchter des Zeus. Frauen im alten Griechenland, München.
Lehmann, Gustav A. (1997): Oligarchische Herrschaft im klassischen Athen. Zu den Krisen und Katastrophen der attischen Demokratie im 5. und 4. Jahrhundert v. Chr., Opladen.
Leibniz, Gottfried Wilhelm (1994): Entwurf gewisser Staatstafeln (1685), in: Geschichte der Staatsbeschreibung. Ausgewählte Quellentexte 1456-1813, hrsg. v. M. Rassem u. J. Stagl, Berlin, S. 319-329.
Leinsle, Ulrich G. (1998): Selbstdarstellung der Salzburger Philosophie im Promotionsakt, in: Salzburger Jahrbuch für Philosophie XLIII, S. 115-138.
Leys, Wayne, A. R. (1971): „Was Plato non-political?", in: Gregory Vlastos (Hrsg.), Plato. A Collection of Critical Essays II: Ethics, Politics, and Philosophy of Art and Religion, Macmillan, S. 166-173.
Link, Christoph (1979): Herrschaftsordnung und bürgerliche Freiheit. Grenzen der Staatsgewalt in der älteren deutschen Staatslehre, Wien/Köln/Graz.
Link, Christoph (1985): Rechtswissenschaft, in: Rudolf Vierhaus (Hrsg.), Wissenschaften im Zeitalter der Aufklärung, Göttingen, S. 120-142.
Locke, John (1690): Two Treatises of Government, ed. by Peter Laslett (student edition), Cambridge 1988.
Löffelberger, Michael (1992): Marsilius von Padua. Das Verhältnis zwischen Kirche und Staat im „defensor pacis" (Schriften zur Rechtsgeschichte 57), Berlin.
Ludwig, Bernd (1988): Kants Rechtslehre, Hamburg 1988.
Ludwig, Bernd / Herb, Karlfriedrich (1994): Kants kritisches Staatsrecht. Jahrbuch für Recht und Ethik II, S. 431-478).
Ludwig, Bernd (1996): Postulat, Deduktion und Abstraktion in Kants Lehre vom intelligibelen Besitz, in: Archiv für Rechts- und Sozialphilosophie 82, S. 250-259.
Ludwig, Bernd (1998): Die Wiederentdeckung des Epikureischen Naturrechts. Zu Thomas Hobbes' philosophischer Entwicklung von *De Cive* zum *Leviathan* im Pariser Exil 1640-1651, Frankfurt a.M.
Ludwig, Bernd (2001): Arbeit, Geld, Gesetz. Zur Neubestimmung von Ziel und Aufgabe der Eigentumstheorie John Lockes, in: Jahrbuch für politisches Denken.
MacMullen, Ramsey (1988): Roman Elite Motivation. Three Questions. In: Past & Present 88, S. 3-16.
Maier, Hans (1966): Ältere deutsche Staatslehre und westliche politische Tradition. Münchener Antrittsvorlesung, Tübingen (Recht und Staat; 321).
Maier, Hans (1966): Die ältere deutsche Staats- und Verwaltungslehre. Ein Beitrag zur politischen Wissenschaft in Deutschland, Neuwied/Berlin.
Maier, Hans (1967): Zur Lage der politischen Wissenschaft in Deutschland, in: Schneider, Heinrich (Hrsg.), Aufgabe und Selbstverständnis der Politischen Wissenschaft, Darmstadt, S. 191-227.
Manin, Bernard (1997): The Principles of Representative Government, Cambridge.
Mannheim, Karl (1995): Ideologie und Utopie, Frankfurt/M., 5. Aufl.
Marlowe, Christopher (1997): Complete Plays and Poems, ed. E. D. Pendry, London.

Marsilius von Padua (1932): [1324], Defensor Pacis, hrsg. von Richard Scholz (Fontes Iures Germanici Antiqui in usum Scholarum ex Monumentis Germanicae Historicis, seperatim editi, 7), Hannover.
Marsilius von Padua (1958): [1324], Der Verteidiger des Friedens (Defensor Pacis), auf Grundlage der Übers. von Walter Kunzmann bearb. und eingel. von Horst Kusch, 2 Bd., Darmstadt.
Maus, Ingeborg (1992): Zur Aufklärung der Demokratietheorie, Frankfurt.
Meier, Christian (1966): Res publica amissa. Eine Studie zur Verfassung und Geschichte der späten römischen Republik, Wiesbaden.
Meier, Christian (1978): Entstehung und Besonderheit der griechischen Demokratie, in: Zeitschrift für Politik 25, S. 1-31.
Meier, Christian (1983): Die Entstehung des Politischen bei den Griechen, Frankfurt a.M.
Meier, Christian (1993): Athen. Ein Neubeginn der Weltgeschichte, Berlin.
Meinecke, Friedrich (1906): Die Idee der Staatsräson in der neueren Geschichte, München.
Meißner, Franz-Joseph (1988): Zu Sprache, Übersetzung und Text, in: Abbé Castel de Saint-Pierre, Kritik des Absolutismus, München, S. 77-102.
Merbury, Charles (1972): A Briefe Discourse of Royall Monarchie, as of the Best Common Weale: Wherin the Subiect may beholde the Sacred Maiestie of the Princes most Royall Estate, 1581, repr., Amsterdam.
Molinari, Gustave de (1857): L'abbé de Saint-Pierre. Membre exclu de l'Académie française. Sa vie et ses oeuvres, Paris
Münkler, Herfried (1987): Im Namen des Staates. Die Begründung der Staatsraison in der Frühen Neuzeit, Frankfurt a.M.
Nederman, Cary J. (1990): Private Will, Public Justice. Household, Community and Consent in Marsiglio of Padua's *Defensor Pacis*, in: Western Political Quaterly 43, 699-717.
Nederman, Cary J. (1990a): Nature, Justice, and Duty in the *Defensor Pacis*. Marsiglio of Padua's Ciceronian Impulse, in: Political Theory 18, 615-637.
Nederman, Cary J. (1992): Freedom, Community, and Function: Communitarian Lessons of Medieval Political Thought, in: American Political Science Review 86, 977-986.
Nederman, Cary J. (1992a): The Union of Wisdom and Eloquence before the Renaissance: The Ciceronian Orator in Medieval Thought, in: Journal of Medieval History 18, 75-95.
Nederman, Cary J. (1994): Tolerance and Community: A Medieval Communal Functionalist Argument for Religious Toleration, in: The Journal of Politics 56, S. 901-918.
Nederman, Cary J. (1995): Community and Consent. The Secular Political Theory of Marsiglio of Padua's *Defensor Pacis*, Lanham, London.
Nederman, Cary J. (1995a): From *Defensor Pacis* to *Defensor Minor*: The Problem of Empire in Marsiglio of Padua, in: History of Political Thought 16, S. 313-329.
Nitschke, Peter (1995): Staatsräson kontra Utopie? Von Thomas Müntzer bis zu Friedrich II. von Preußen, Stuttgart/Weimar.
Nitschke, Peter (1995): Zwischen Innovation und Tradition: der politische Aristotelismus in der deutschen politischen Philosophie der Prämoderne, in: Zeitschrift für Politik 42, S. 27-40.

Nitschke, Peter (1997): Die föderale Theorie des Johannes Althusius, in: Konsens und Konsoziation in der politischen Theorie des frühen Föderalismus, hrsg. v. G. Duso u.a., Berlin, S. 241-258.

Nitschke, Peter (1999): Die Gerechtigkeit und der Staat – das Alternativszenario in der politischen Philosophie von Gottfried W. Leibniz, Neubiberg.

Nitschke, Peter (2000): Einführung in die Politische Theorie der Prämoderne, Darmstadt.

Oestreich, Gerhard (1967): Die Idee des religiösen Bundes und die Lehre vom Staatsvertrag, in: Hans Hubert Hofmann (Hrsg.); Die Entstehung des modernen souveränen Staates, Köln/Berlin (Neue Wiss. Bibliothek, 17, Geschichte), S. 115-136.

Pascale, Blaise (1647): Fragment de Préface sur le Traité du vide, in: Oeuvres de Blaise Pascal, publiées suivant l'ordre chronologique par L. Brunschvicg et P. Boutroux, t. II (1647-1652), Paris 1908, p. 127-145.

Pekarek, Marcel (1997): Absolutismus als Kriegsursache. Die französische Aufklärung zu Krieg und Frieden, Stuttgart/Berlin/Köln.

Peltonen, Markku (1995): Classical Humanism and Republicanism in English Political Thought. 1570-1640, Cambridge.

Peltonen, Markku (1996): Bacon's political Philosophy, in: The Cambridge Composition to Bacon, hrsg. v. M. Peltonen, Cambridge, S. 283-310.

Perkins, Merle L. (1959): The Moral and Political Philosophy of the Abbé de Saint-Pierre, Geneve et Paris.

Perrault, Charles (1688): Paralelle des Anciens & des Modernes en ce qui regarde les arts et les sciences, 4 vol., Paris 1688-1697 (Reprint München 1964).

Piaia, Gregorio (1997): „Sancte Marsili, ora pro nobis"? Sull'Ispirazione Religiosa in Marsilio da Padova, in: Rivista di Storia della Filosofia 52, 77-89.

Pindar (1967): Siegesgesänge und Fragmente, hrsg. v. Oskar Werner, München o.J.

Platon (1990): Werke, hrsg. v. Heinz Hofmann, Darmstadt.

Platon (1991): Sämtliche Werke, 10 Bände, Griechisch und Deutsch, übers. v. Friedrich Schleiermacher, hrsg. v. Karlheinz Hülser, Frankfurt a.M., Leipzig.

Pocock, John G. A. (1975): The Machiavellian Moment. Florentine Political Thought and the Atlantic Republican Tradition, Princeton, N.J..

Pogge, Thomas (1988): Kant's Theory of Justice, in: Kant-Studien 78, S. 407-433.

Popper, Karl (1992^7): Die offene Gesellschaft und ihre Feinde I. Der Zauber Platons, Tübingen.

Pufendorf, Samuel von (1985): Die Verfassung des deutschen Reiches, Übersetzung, Nachwort und Anmerkungen v. Horst Denzer, 2. Aufl., Stuttgart.

Pufendorf, Samuel von (1994): Über die Pflicht des Menschen und des Bürgers nach dem Gesetz der Natur, hrsg. u. übersetzt v. Klaus Luig, Frankfurt/Main (Bibliothek des deutschen Staatsdenkens; 1).

Pufendorf, Samuel von (1994): Die Verfassung des Deutschen Reiches, lat./dt., hrsg. Horst Denzer, Frankfurt a.M.

Pufendorf, Samuel von (1998): De jure naturae et gentium, hrsg. v. Frank Böhling, Berlin.

Pufendorf, Samuel von (1998): De Jure Naturae et Gentium, Berlin (= Gesammelte Werke, hrsg. v. Frank Böhring; 4, 1/2).

Quaritsch, Helmut (1986): Souveränität. Entstehung und Entwicklung des Begriffs in Frankreich und Deutschland vom 13. Jahrhundert bis 1806, Berlin (Schriften zur Verfassungsgeschichte; 38).

Quillet, Jeannine (1970) : La Philosophie Politique de Marsile de Padoue (L'Église et l'État au Moyen Age 14), Paris.
Raab, Felix (1964): The English Face of Machiavelli. A changing Interpretation. 1500-1700, London/Toronto.
Raaflaub, Kurt (Hrsg.) (1993): Anfänge des politischen Denkens in der Antike. Die nahöstlichen Kulturen und die Griechen. Schriften des Historischen Kollegs (Koll. 24), München.
Rabinet, André (1995): Correspondance Leibniz-Castel de Saint-Pierre, Paris.
Rassem, Mohammed / Wölky, Guido (1999): Zur Göttinger Schule der Staatswissenschaften bis zu den Freiheitskriegen, in: Bleek, Wilhelm / Lietzmann, Hans J. (Hrsg.), Schulen der deutschen Politikwissenschaft, Opladen, S. 79-104.
Rawls, John (1971): A Theory of Justice, Harvard.
Reeve, C.D.C. (1988): Philosopher-Kings, Princeton UP.
Reichhardt, Rolf (1985): Einleitung, in: Handbuch politisch-sozialer Grundbegriffe in Frankreich 1680-1820, hg. v. R. Reichhardt u. E. Schmitt, Heft 1/2, München, S. 39-148.
Riedel, Manfred (1975): Politik und Geschichte. F.C. Dahlmann und der Ausgang der Aristoteles-Tradition, in: ders., Metaphysik und Metapolitik. Studien zu Aristoteles und zur politischen Sprache der neuzeitlichen Philosophie, Frankfurt/Main, S. 307-329 [Wiederabdruck der Einleitung zu der von Manfred Riedel 1968 besorgten Neuausgabe der Dahlmannschen „Politik"].
Riedel, Manfred (1994): Art. „Gesellschaft, bürgerliche", in: Geschichtliche Grundbegriffe. Historisches Lexikon zur politisch-sozialen Sprache in Deutschland, hrsg. v. O. Brunner, W. Conze, R. Koselleck, Bd. 2, 3. Aufl., Stuttgart, S. 719-800.
Ritter, Joachim (1988): >Politik< und >Ethik< in der praktischen Philosophie des Aristoteles, in: ders., Metaphysik und Politik, 2. Aufl., Frankfurt/Main, S. 106-132.
Ritter, Joachim (1956): Das bürgerliche Leben. Zur aristotelischen Theorie des Glücks, in: Vierteljahresschrift für wissenschaftliche Pädagogik 32, S. 60-94.
Roche, Daniel (1993): La France des Lumières, Paris.
Roscher, Wilhelm (1838): De historicae doctrinae apud sophistas vestigiis, Göttingen.
Roscher, Wilhelm (1842): Leben, Werk und Zeitalter des Thukydides, Göttingen.
Roscher, Wilhelm (1843): Grundriß zu Vorlesungen über die Staatswirthschaft nach geschichtlicher Methode, Göttingen.
Roscher, Wilhelm (1847): Umrisse zur Naturlehre der drei Staatsformen, in: Allgemeine Zeitschrift für Geschichte, Bd. 7, S. 79-88, S. 322-365, S. 436-473; und ders., (1848): Umrisse zur Naturlehre der drei Staatsformen, in: Allgemeine Zeitschrift für Geschichte, Bd. 9, S. 285-326 und S. 381-413.
Roscher, Wilhelm (1852): Ueber Kornhandel und Theuerungspolitik, (3.Aufl.) Stuttgart/Tübingen.
Roscher, Wilhelm (1853): Über die Stellung der Nationalökonomie im Kreise der verwandten Wissenschaften, in: Berichte über die Verhandlungen der Königlich Sächsischen Gesellschaft der Wissenschaften zu Leipzig, Philologisch-historische Classe, Leipzig.
Roscher, Wilhelm (1854-1894): System der Volkswirtschaft. Ein Hand- und Lesebuch für Geschäftsmänner und Studierende, 5 Bde., Stuttgart.
    Bd. 1   Die Grundlagen der Nationalökonomik, Stuttgart 1854 (hier zitiert als 25. Aufl. Stuttgart/Berlin 1918).

Bd. 2   Nationalökonomik des Ackerbaues und der verwandten Urproductionen, Stuttgart 1859 (hier zitiert als 13. Aufl. Stuttgart/Berlin 1903).
Bd. 3   Nationalökonomik des Handels- und Gewerbefleißes, Stuttgart 1881.
Bd. 4   System der Finanzwissenschaften, Stuttgart 1886.
Bd. 5   System der Armenpflege und der Armenpolitik, Stuttgart 1894.
Roscher, Wilhelm (1859): Nationalökonomik des Ackerbaus und der verwandten Urproductionen, Stuttgart.
Roscher, Wilhelm (1861): Ansichten der Volkswirtschaft aus dem geschichtlichen Standpunkte, Leipzig.
Roscher, Wilhelm (1874): Die Geschichte der National-Oekonomik in Deutschland, München.
Roscher, Wilhelm (1892): Politik. Geschichtliche Naturlehre der Monarchie, Aristokratie und Demokratie, Stuttgart.
Roscher, Wilhelm (1895): Geistliche Gedanken eines Nationalökonomen, hrsg. von Carl Roscher, Dresden.
Roscher, Wilhelm (1933): Naturgeschichte der Monarchie, Aristokratie und Demokratie, Meersburg/Naunhof/Leipzig. [Neudruck der Politik: Geschichtliche Naturlehre der Monarchie, Aristokratie und Demokratie, Stuttgart 1892].
Rotteck, Carl von (1830): Lehrbuch des Vernunftrechts und der Staatswissenschaften, Zweiter Band: Allgemeine Staatslehre, Stuttgart.
Rousseau, Jean-Jacques (1981): Die Bekenntnisse, München.
Rouvillois, Frédéric (1996): L'invention du progrès. Aux origins de la pensée totalitaire (1680-1730), Paris.
Rubinstein, Nicolai (1987): The history of the word *politicus* in early modern Europe, in: The Languages of Political Theory in early-modern Europe, ed. Anthony Pagden, Cambridge, S. 41-56.
Rubinstein, Nicolai (1994): Italian political thought, 1450-1530, in: The Cambridge History of Political Thought. 1450-1700, ed. J. H. Burns/Mark Goldie, Cambridge, S. 41-58.
Saage, Richard (1994^2): Eigentum, Staat und Gesellschaft bei I. Kant, Baden-Baden.
Sachers, E[rich] (1953): Potestas patria, in: Realencyclopädie der classischen Altertums-wissenschaft XXII 1, München, S. 1046-1175.
Saint-Pierre, Abbé de (1708): Memoire sur la reparation des chemins, o.O., o.J.
Saint-Pierre, Abbé de (1718): Diskurs über die Polysynodie, in: ders., Kritik des Absolutismus, hrsg. v. H. Hömig u. F.-J. Meißner, München 1988, 113-256.
Saint-Pierre, Abbé de (1912): Annales politiques (1658-1740). Nouvelle édition, par Joseph Drouet, Paris.
Saint-Pierre, Abbé de (1995): Correspondance G.W. Leibniz – Ch.I. Castel de Saint-Pierre, éd. intégralement selon les manuscrits inédits des bibliothèques d'Hanovre et de Göttingen par André Robinet, Paris.
Saint-Pierre, Abbé de (AAE): Manuskripte des Abbé de Saint-Pierre in den Archives du Ministère des Affaires étrangères, Paris.
Saint-Pierre, Abbé de (Ms. AN): Manuskripte des Abbé de Saint-Pierre in den Archives nationales de France, Paris, Série R^4: „Papiers de la Maison d'Orléans".
Saint-Pierre, Abbé de (Ms. Caen): Manuskripte aus dem Nachlaß des Abbé de Saint-Pierre in den Archives départementales du Calvados, Caen, Frankreich.
Saint-Pierre, Abbé de (Ms. Neuchâtel): Manuskripte aus dem Nachlaß des Abbé de Saint-Pierre in der Bibliothèque publique et universitaire, Neuchâtel, Schweiz.

Saint-Pierre, Abbé de (Ms. Rouen): Manuskripte aus dem Nachlaß des Abbé de Saint-Pierre in der Bibliothèque municipale, Rouen, Frankreich.
Saint-Pierre, Abbé de: Ouvr. = Ouvrajes de politique et de morale, 16 vol., Rotterdam/ Paris 1733-1741[zit. mit röm. Band- und arab. Seitenzahl].
Saint-Pierre, Abbé de: Projet de paix = Projet pour rendre la paix perpétuelle en Europe, 3 vol., Utrecht 1713/1717 [zit. mit röm. Band- und arab. Seitenzahl].
Schabert, Tilo (1969): Natur und Revolution. Untersuchungen zum politischen Denken im Frankreich des achtzehnten Jahrhunderts, München.
Schabert, Tilo (1998): *Menschen* schaffen – Über das Verhältnis von Macht und Anthropogonie, in: Anfänge, hrsg. v. dems. u. D. Clemens, München, S.131-172.
Schaffeld, Norbert (1998): Is it pestilent Machivilian pollicy that thou hast studied?: Der Ordnungs- und Orientierungsverlust in den Dramen Christopher Marlowes, in: Zeitschrift für Anglistik und Amerikanistik, 46. Jg., Heft 4, S. 298-315.
Schmidt, Werner (1995): Ein vergessener Rebell. Leben und Wirken des Christian Thomasius, München.
Schmoller, Gustav (1888): Zur Literaturgeschichte der Staats- und Sozialwissenschaften, Leipzig.
Schneiders, Werner (1961): Recht, Moral und Liebe. Untersuchungen zur Entwicklung der Moralphilosophie und Naturrechtslehre des 17. Jahrhunderts bei Christian Thomasius, Münster.
Schneiders, Werner (1971): Naturrecht und Liebesethik. Zur Geschichte der praktischen Philosophie im Hinblick auf Christian Thomasius, Hildesheim, New York (Studien und Materialien zur Geschichte der Philosophie; 3).
Schneiders, Werner (Hrsg.) (1986): Christian Wolff (1679-1754). Interpretationen zu seiner Philosophie und deren Wirkung. Mit einer Bibliographie der Wolff-Literatur, zweite, durchgesehene Auflage, Hamburg (Studien zum achtzehnten Jahrhundert; 4).
Schneiders, Werner (Hrsg.) (1989): Christian Thomasius (1655-1728), Interpretationen zu Werk und Wirkung, Hamburg (Studien zum achtzehnten Jahrhundert; 11).
Schneiders, Werner (1995): Das Zeitalter der Aufklärung, Einleitung, in: Lexikon der Aufklärung. Deutschland und Europa, hrsg. v. dems., München, S. 9-23.
Schnurr-Redford, Christine (1996): Frauen im klassischen Athen. Sozialer Raum und reale Bewegungsfreiheit, Berlin.
Scholz, Peter (1998): Der Philosoph und die Politik, Stuttgart.
Schuller, Wolfgang (1995): Frauen in der griechischen und römischen Geschichte, Konstanz.
Seckendorff, Veit Ludwig von (1994): Vorbericht / Von denen ab- und eintheilungen auch zugehörigen stücken eines landes/ Additiones, in: Geschichte der Staatsbeschreibung. Ausgewählte Quellentexte 1456-1813, hrsg. v. M. Rassem u. J. Stagl, Berlin, S. 295-306.
Segall, Hermann (1959): Der „Defensor Pacis" des Marsilius von Padua. Grundfragen der Interpretation (Historische Forschungen II), Wiesbaden.
Seiderer, Georg (1997): Formen der Aufklärung in fränkischen Städten. Ansbach, Bamberg und Nürnberg im Vergleich, München.
Sellin, Volker (1978): Politik, in: Geschichtliche Grundbegriffe. Historisches Lexikon zur politisch-sozialen Sprache in Deutschland, Bd.4, hrsg. v. O. Brunner u.a., Stuttgart, S. 789-874.
Sidney, Algernon (1996): Court Maxims, 1664-1665, ed. H. W. Blom et al., Cambridge.

Skemp, J.B. (1980): „How Political is the Republic?", in: History of Political Thought, vol. 1, iss. 1, S. 1-7.
Skinner, Quentin (1978): The Foundations of Modern Political Thought, 2 Bde., Cambridge.
Skinner, Quentin (1994): The Foundations of Modern Political Thought, 1978, Cambridge, Bd. 1: The Renaissance.
Snare, Francis (1991): Morals, Motivation and Conventions. Humes Influential Doctrines, CUP.
Spaemann, Robert (1997): „Die Philosophenkönige", in: Otfried Höffe (Hrsg.), Platon.
Sparshott, F. E. (1971): „Plato as anti-political thinker", in: Gregory Vlastos, Plato. A Collection of Critical Essays II: Ethics, Politics, and Philosophy of Art and Religion, Macmillan, S. 174-183.
Spellman, W. M. (1998): European Political Thought 1600-1700, Houndmills/London.
Spenser, Edmund (1996): The Fairy Queen, ed. Douglas Brooks-Davies, London.
Springer, Anton (1870/1872): Friedrich Christoph Dahlmann, 2 Bde., Leipzig.
Starkey, Thomas (1989): A Dialogue between Pole and Lupset (ca. 1533), ed. Thomas F. Mayer, London.
Sternberger, Dolf (1984): Drei Wurzeln der Politik, Frankfurt a.M.
Stolleis, Michael (Hrsg.) (1983): Hermann Conring. Beiträge zu Leben und Werk, Berlin.
Stolleis, Michael (1988): Geschichte des öffentlichen Rechts in Deutschland, Bd. 1, München.
Stolleis, Michael (1990): Arcana Imperii und Ratio Status. Bemerkungen zur politischen Theorie des frühen 17. Jahrhunderts, in: Ders., Staat und Staatsräson in der frühen Neuzeit. Studien zur Geschichte des öffentlichen Rechts, Frankfurt a.M., S. 37-72.
Stolleis, Michael (1992): Geschichte der Öffentlichen Rechts in Deutschland, Bd. 2, München.
Stolleis, Michael (Hrsg.) (1995): Staatsdenker in der frühen Neuzeit, 3. Aufl., München.
Strauss, Leo (1963): Marsilius of Padua, circa 1275-1342, in: History of Political Philosophy, ed. by Leo Strauss and Joseph Cropsey, Chicago, 227-246.
Strauss, Leo (1964): The City and Man, Chicago.
Strauss, Leo (1989): Naturrecht und Geschichte, 2. Aufl., Frankfurt.
ter Meulen, Jacob (1917): Der Gedanke der Internationalen Organisation in seiner Entwicklung I: 1300-1800, Haag.
Thomasius, Christian (1709a): Drey Bücher der Göttlichen Rechtsgelahrheit [...]. In das Teutsche übersetzet mit einer Vorrede Ephraim Gerhards, Halle (Renger).
Thomasius, Christian (1709b): Grund=Lehren des Natur=und Völker=Rechts, nach dem sinnlichen Begriff aller Menschen vorgestellet/ In welchen allenthalben unterschieden werden die Ehrlichkeit/ Gerechtigkeit und Anständigkeit [...], Halle im Magdeburgischen (Renger).
Thomasius, Christian (1718): Fundamenta juris naturae et gentium ex sensu communi deducta, in quibus ubique secernuntur principia honesti, justi ac decori [...]. Editio quarta praecedentibus auctior et correctior [...], Halae & Lipsiae (Saalfeld).
Thomasius, Christian (1730): Institutionum Jurisprudentiae Divinae Libri Tres [...]. Editio septima prioribus multo correctior [...], Halae Magdeburgicae (Saalfeld).

Thomasius, Christian (1987): Vom Laster der Zauberei, Über die Hexenprozesse (De Crimine Magiae, Processus Inquisitorii contra sagas), hrsg., überarbeitet und mit einer Einleitung versehen von Rolf Lieberwirth, 2. Aufl., München.

Thukydides (1900): Historiae, hrsg. v. Henry Stuart Jones, Oxford.

Thukydides (1993): Geschichte des Peloponnesischen Krieges, 2 Bde., hrsg. v. G. P. Landmann, gr.-dt., München.

Tierney, Brian (1991): Marsilius on Right, in: Journal of the History of Ideas 52, 3-17.

Tönnies, Ferdinand (1963) [1887]: Gemeinschaft und Gesellschaft. Grundbegriffe der reinen Soziologie, Darmstadt.

Torraco, Stephan F. (1992): Priests as Physicians of Souls in Marsilius of Padua's *Defensor Pacis*, San Francisco.

Trampedach, Kai (1994): Platon, die Akademie und die zeitgenössische Politik, Stuttgart.

Treitschke, Heinrich von (1911): F. C. Dahlmann, in: ders.: Historische und politische Aufsätze, Bd. 1, Leipzig [7. Auflage], S. 348-434.

Treitschke, Heinrich von (1920): Deutsche Geschichte im Neunzehnten Jahrhundert, Bd. 5, Leipzig [7. Auflage].

Ullmann, Walter (1961): Principles of Government and Politics in the Middle Ages, London.

Ullmann, Walter (1974): Zur Entwicklung des Souveränitätsgedankens im Spätmittelalter, in: Festschrift Nikolaus Grass, Bd. 1, hrsg. von Louis Carlen und Fritz Steinegger, Innsbruck, München , 9-27.

Unam sanctam (1989): [1302], in: Dante Alighieri, Monarchia, lat./dt. Studienausgabe, eingel., übers. und kommentiert von Ruedi Imbach und Christoph Flüeler, Stuttgart, 347-355.

Unruh, Peter (1993): Die Herrschaft der Vernunft. Zur Staatsphilosophie Immanuel Kants, Baden-Baden.

Veyne, Paul (1988): Brot und Spiele. Gesellschaftliche Macht und politische Herrschaft in der Antike, Frankfurt/New York.

Vlastos, Gregory (1991): Socrates - Ironist and Moral Philosopher, Cambridge.

Voegelin, Eric (1957): Order and History: Plato and Aristotle, Louisiana State UP.

Vollhardt, Fritz (Hrsg.) (1997): Christian Thomasius (1655-1728). Neue Forschungen im Kontext der Frühaufklärung, Tübingen (Frühe Neuzeit; 37).

Vorsokratiker (1996^{19}): Fragmente, hrsg. v. Hermann Diels, Walter Kranz, gr.-dt., Berlin.

Wade, Ira O. (1977): The Structure and Form of the French Enlightenment. Vol. I: Esprit Philosophique, Princeton.

Walch, J.G. (1968): Philosophisches Lexikon, 2 Bde., ND der 4. Aufl., Leipzig 1775 (zuerst 1726), Hildesheim.

Weber, Max (1985): Wirtschaft und Gesellschaft. Grundriß der verstehenden Soziologie, Tübingen.

Weber, Max (1988): Roscher und Knies und die logischen Probleme der historischen Nationalökonomie, in: Ders., Gesammelte Aufsätze zur Wissenschaftslehre, Tübingen, S. 1-145.

Weber, Wolfgang (1992): Prudentia gubernatoria. Studien zur Herrschaftslehre in der deutschen politischen Wissenschaft des 17. Jahrhunderts, Tübingen.

Welzel, Horst (1962): Naturrecht und materiale Gerechtigkeit, 4., neubearb. u. erw. Aufl., Göttingen.

Wesel, Uwe (1997): Geschichte des Rechts. Von den Frühformen bis zum Vertrag von Maastricht, München.
White, Morton (1987): Philosophy, the Federalists, and the Constitution, New York/ Oxford.
Wiebking, Wolfgang (1973): Recht, Reich und Kirche in der Lehre des Christian Thomasius, Tübingen.
Wilhelm, Theodor (1927): Die englische Verfassung und der vormärzliche Liberalismus, Phil. Diss. Tübingen.
Winters, Peter Jochen (1963): Die »Politik« des Johannes Althusius und ihre zeitgenössischen Quellen. Zur Grundlegung der politischen Wissenschaft im 16. und im beginnenden 17. Jahrhundert, Freiburg.
Wittkau, Annette (1992): Historismus. Zur Geschichte des Begriffs und Problems, Göttingen.
Wolf, Erik (1951): Große Rechtsdenker der deutschen Geistesgeschichte, 3. Aufl., Tübingen.
Worden, Blair (1994): Ben Jonson among the Historians, in: Culture and Politics in Early Stuart England, ed. Kevin Sharpe/Peter Lake, Basingstoke/London, S.67-89.
Xenophon (1962): Erinnerungen an Sokrates, hrsg. v. Peter Jaerisch, München.

Autorenverzeichnis

Asbach, Olaf (Jg. 1960): Dr. phil., Wissenschaftlicher Mitarbeiter am Institut für Philosophie der Philipps-Universität Marburg. Forschungsschwerpunkte: Politische und Gesellschaftstheorie des 20. Jahrhunderts, Politische Philosophie der Neuzeit, Schwerpunkt Französische Aufklärung.

Bleek, Wilhelm (Jg. 1940): Dr. phil. habil., Universitätsprofessor für „Politikwissenschaft" an der Ruhr-Universität Bochum. Forschungsschwerpunkte: DDR- und Deutschlandforschung, Geschichte der Politikwissenschaft, Verwaltungspolitik, deutsch-nordamerikanische Beziehungen.

Chwaszcza. Christine (Jg. 1962): Dr. phil. habil., Privatdozentin für „Philosophie" an der Christian-Albrechts-Universität zu Kiel. Forschungsschwerpunkte: Praktische und Politische Philosophie.

Deibel, Daniela (Jg. 1972): M.A., Wissenschaftliche Mitarbeiterin am Lehrstuhl von Prof. Dr. J. Gebhardt, Institut für Politische Wissenschaft, Universität Erlangen-Nürnberg. Forschungsschwerpunkte: Politische Philosophie, Ideengeschichte, Antike Politische Theorie.

Denzer, Horst (Jg. 1941): Dr. phil., Leitender Akademischer Direktor an der Akademie für Politische Bildung Tutzing. Forschungsschwerpunkte: Politische Ideengeschichte, frühneuzeitliche Politik.

Koch, Bettina (Jg. 1970): M.A. in mittelalterlicher Geschichte, Wissenschaftliche Mitarbeiterin am Institut für vergleichende Städtegeschichte in Münster. Forschungsschwerpunkte: Mittelalterliche (und frühneuzeitliche) politische Theorie.

Lietzmann, Hans J. (Jg. 1952): Dr. phil. habil., Vertreter einer Universitätsprofessur für „Politikwissenschaft" an der Universität GH Essen. Forschungsschwerpunkte: Politische Theorie, Politische Systeme, Europapolitik, Innenpolitik, Theorie- und Professionsgeschichte.

Ludwig, Bernd (Jg. 1955): Dr. phil. habil., Privatdozent für „Philosophie" an der Humboldt-Universität zu Berlin, zugleich Lehrbeauftragter für „Philosophie" an der Ludwig-Maximilians-Universität München. Forschungsschwerpunkte: Politische Philosophie, Rechtsphilosophie der Neuzeit, Wissenschaftstheorie der Natur- und Sozialwissenschaften.

Lutterbeck, Klaus-Gert (Jg. 1966): Wissenschaftlicher Mitarbeiter im interdisziplinären DFG-Projekt „Selbstaufklärung der Aufklärung. Individual-, Gesellschafts- und Menschheitsentwürfe in der anthropologischen Wende der Spätaufklärung" am Interdisziplinären Zentrum für die Erforschung der Europäischen Aufklärung an der Martin-Luther-Universität Halle-Wittenberg. Forschungsschwerpunkte: Geschichte des öffentlichen Rechts im Alten Reich, politische Ideengeschichte des Naturrechtsdiskurses im 17. und 18. Jahrhundert.

Nitschke, Peter (Jg. 1961): Dr. phil. habil., Universitätsprofessor für „Wissenschaft von der Politik" an der Hochschule Vechta. Forschungsschwerpunkte: Politische Ideengeschichte und Politische Theorie/Philosophie, Regionalismus in der Europäischen Union, Staatslehre und Verwaltungswissenschaft, Innere Sicherheit und Polizeigeschichte.

Ottow, Raimund (Jg. 1954): Dr. phil. habil., Wissenschaftlicher Mitarbeiter im DFG-Forschungsprojekt „´Ancient Constitution` und parlamentarische Regierung. Verfassungskonzeptionen in England, 1590-1714" an der Humboldt-Universität zu Berlin, Institut für Sozialwissenschaften, Lehrstuhl für „Theorie und Ideengeschichte der Politik". Forschungsschwerpunkte: Politische Ideengeschichte Europas, 16.-19. Jahrhundert.

Weber-Schäfer, Peter (Jg. 1935): Dr. phil. habil., Universitätsprofessor für „Politikwissenschaft" an der Ruhr-Universität Bochum. Forschungsschwerpunkte: Politische Theorie und Ideengeschichte.

Wölky, Guido, M.A. (Jg. 1964): Doktorand am Lehrstuhl Politikwissenschaft 1 der Ruhr-Universität Bochum. Forschungsschwerpunkte: Geschichte der Politik- und Staatswissenschaften des 18. und 19. Jahrhunderts.

Zmeskal, Klaus (Jg. 1968): M.A., externer Doktorand an der Universität Passau. Forschungsschwerpunkte: Elitenforschung, Geschichte der Römischen Republik.

Einführung in die Arbeitstechniken der Politikwissenschaft

Klaus Schlichte
Einführung in die Arbeitstechniken der Politikwissenschaft
187 Seiten. Kart.
26,80 DM/25,– SFr/196 ÖS
ISBN 3-8100-2305-1

Der Band dient als Anleitung für Studierende, die Grundfertigkeiten des wissenschaftlichen Arbeitens in der Politikwissenschaft zu erlernen bzw. zu vervollkommnen.
Besonderes Gewicht wird dabei auf die Recherche, die mündliche und schriftliche Darstellung von Arbeitsergebnissen und die Organisation des Studiums gelegt.

Aus dem Inhalt:
1. *Was tut man im Studium*
Die großen schriftlichen Arbeiten – Die kleinen Schriftstücke – Die mündlichen Formen – Ein Plädoyer für die Gruppe – Vom Genuß einer Vorlesung – Autonome Seminare – Lehrveranstaltungen bewerten – Ins Ausland? – Praktika mit Perspektive – Literatur
2. *Wie gehe ich vor?*
Planen mit Zeit und Geld – Die Wahl des Themas – Die schnelle Vorrecherche – Überlegungen zu Thema und Fragestellung – Entwurf einer Einleitung – Entwarnung
3. *Wie finde ich Material?*
Welche Informationsquellen gibt es? – Welche Suchstrategien gibt es? – Die Vorrecherche – Die erweiterte Recherche – Recherchieren für die Examensarbeit – Literatur
4. *Was mache ich mit dem Material?*
Was ist eine Methode? – Welche Methoden werden in den Sozialwissenschaften verwendet? – Welche Methoden brauche ich im Studium? – Was lese ich? – Wie lese ich „richtig"? – Das Material ordnen – Literatur
5. *Wie schreibe ich?*
Der Platz, an dem ich schreibe – Der Schreibprozeß – Arbeiten besprechen – Kleine Schriften – Literatur
6. *Wie referiere ich?*
Vom Unterschied zwischen Referat und Seminararbeit – Wie bereite ich mich vor? – Vortragen und Präsentieren – Moderation und Diskussion – Der Diskussionsbeitrag – Das Protokoll – Literatur
7. *Das Examen*
Planung: Zeit und Geld – Examensgruppen – Abschlußarbeiten – Klausuren schreiben – Mündliche Prüfungen – Probleme und Beschwerden – Literatur

■ **Leske + Budrich**
Postfach 300 551 . 51334 Leverkusen
E-Mail: lesbudpubl@aol.com . www.leske-budrich.de

Was wird aus der Demokratie?

**Werner A. Perger/
Thomas Assheuer (Hrsg.)
Was wird aus der Demokratie?**
Ein Buch mit der ZEIT
Ca. 160 Seiten. Kart.
19,80 DM/19,- SFr/145 ÖS
ISBN 3-8100-2757-X

An der Jahrtausendwende scheint die liberale Demokratie in einer prekären Lage. Zunehmend geraten nationale Demokratien in eine Zerreissprobe zwischen der Dynamik der globalen Ökonomie und den politischen Gegenkräften innerhalb der eigenen Grenzen.

- Hat die demokratische Freiheit überhaupt eine Chance gegenüber der kontinenteübergreifenden Macht des entfesselten Kapitalismus?
- Hat sie genügend Kraft gegenüber dem illiberalen Populismus, der Demokratie nicht mehr als freiheitlichen Inhalt, sondern nur noch als Instrument zur Machtergreifung versteht?
- Müssen Parlamente klein beigeben, wenn Finanzmärkte sie als Investitionshemmnis betrachten?
- Wächst angesichts supranationaler Machtstrukturen das Ohnmachtsgefühl der Bürger und ihr Misstrauen gegenüber der Demokratie?
- Müssen die demokratischen Parteien traditionelle rechtsstaatliche Errungenschaften abbauen, um dem Ansturm der antidemokratischen Kräfte Wind aus den Segeln zu nehmen?
- Ist die Zivilgesellschaft ein Ausweg aus der Krise?
- Kann es eine gerechte Weltgesellschaft geben?
- Ist Kapitalismus ohne Demokratie denkbar?
- Was also wird aus der Demokratie?

Die ZEIT hat prominente Autoren gebeten, sich zu diesen Fragen Gedanken zu machen.
Die Herausgeber, Werner A. Perger und Thomas Assheuer, haben Essays aus dieser ZEIT-Serie zusammengestellt.

■ **Leske + Budrich**
Postfach 300 551 . 51334 Leverkusen
E-Mail: lesbudpubl@aol.com . www.leske-budrich.de

MIX
Papier aus verantwortungsvollen Quellen
Paper from responsible sources
FSC® C105338

If you have any concerns about our products,
you can contact us on
ProductSafety@springernature.com

In case Publisher is established outside the EU,
the EU authorized representative is:
**Springer Nature Customer Service Center GmbH
Europaplatz 3, 69115 Heidelberg, Germany**

Printed by Libri Plureos GmbH
in Hamburg, Germany